TRAITÉ
DE
PATHOLOGIE ET DE THÉRAPEUTIQUE
GÉNÉRALES.

PARIS. — IMPRIMERIE DE FELIX LOCQUIN,
16, rue N.-D. des Victoires.

TRAITÉ

DE

THÉRAPEUTIQUE GÉNÉRALE

VÉTÉRINAIRE

PAR

O. DELAFOND,

Professeur de pathologie, de thérapeutique, de police sanitaire,
de médecine légale et de chirurgie pratique à l'école royale vétérinaire d'Alfort,
membre correspondant de la société royale et centrale d'agriculture,
des sociétés vétérinaires du Calvados et de la Manche, du Finistère,
des départements de l'Ouest,
de la société vétérinaire de Londres, etc., etc.

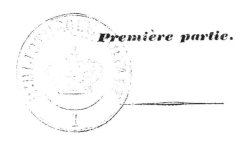

Première partie.

PARIS

ANCIENNE MAISON BÉCHET JEUNE,

LABÉ, SUCCES^r, LIBRAIRE DE LA FACULTÉ DE MÉDECINE,

Place de l'École de Médecine, 4.

—

1843

PRÉFACE.

Le *Traité de thérapeutique générale vétérinaire* que nous publions aujourd'hui forme la seconde partie du *Traité de pathologie générale* qui a paru en 1838, et le complément du *Traité de pharmacie théorique et pratique* qui nous est commun avec notre estimable collègue M. Lassaigne.

La science qui enseigne les moyens de guérir les maladies constitue la thérapeutique : ces moyens ont été distingués en hygiéniques, chirurgicaux et pharmacologiques. Notre ouvrage traite plus spécialement de ces derniers, ou de cette partie de la médecine qui possède dans ses attributions l'étude que le vétérinaire doit faire de l'administration des agents médicamenteux, de leur action, de leurs effets physiologiques et consécutifs, et des règles qui en dirigent l'emploi rationnel dans le traitement des maladies.

La constitution et le tempérament des animaux domestiques; l'organisation diverse, l'étendue variable de leur appareil digestif, la vascularité plus ou moins grande de leur peau et l'épaisseur différente de son épiderme, apportant dans l'attouchement l'agression, l'absorption des molécules médicamenteuses, des modifications sensibles dans l'action des médicaments et dans les effets qui en résultent, il était indispensable que nous fissions connaître succinctement ces différences importantes, envisagées sous le point de vue de la thérapeutique. C'est, qu'en effet, si on veut obtenir dans les animaux une action médicamenteuse, prompte, énergique, durable et suivie d'un effet curatif certain, il n'est point indifférent de choisir, selon l'espèce d'animal, certaines surfaces de l'organisme. Ainsi, dans tel animal, c'est la muqueuse gastrique qui doit être préférée à la peau ; tandis que dans tel autre, c'est à cette dernière ou au tissu cellulaire, que l'on doit confier l'action et les effets locaux ou généraux des médicaments.

Il était aussi très utile de relater, dans les animaux herbivores monogastriques, polygastriques ou carnivores, comment et sous quelle forme les médicaments devaient être administrés pour en obtenir des effets constants et efficaces. C'est ainsi que les expériences de Daubenton, de Gilbert et de M. Girard, ont démontré, par exemple, que les médicaments dont l'action doit se passer sur la caillette et dans l'intestin des ruminants, devaient être donnés en breuvages, versés peu à peu dans la bouche et déglutis à petites gorgées ; c'est ainsi que dans le chien qui vomit avec la plus grande facilité les remèdes qu'on lui administre par la gueule, il est souvent préférable de confier à la peau l'absorption de certains médicaments dont on désire obtenir des effets généraux ; c'est ainsi enfin que chez le mouton, dont la peau est fine, sensible et très vasculaire, l'action médicamenteuse peut être obtenue avec plus de certitude par une friction pénétrante, qu'en faisant déglutir le médicament dont une partie peut tomber dans le rumen ou s'arrêter dans le feuillet.

Or, si telle surface doit être préférée à telle autre surface pour faire obtenir de bons et salutaires effets des médicaments, si la forme sous laquelle on les administre contribue essentiellement à favoriser leur action locale et générale, il était utile que nous fixassions l'attention des vétérinaires à cet égard. Nous avons donc dans notre livre, et à l'imitation du fondateur des écoles vétérinaires, de l'illustre Bourgelat (1), traité avec détail de l'administration des médicaments sous les formes de breuvages, d'électuaires, de pilules, comme aussi de la manière de procéder à l'emploi d'une friction simple ou pénétrante, d'une fumigation, d'une injection, dans les diverses espèces d'animaux domestiques. Ces détails, qui ont été dédaignés par Moiroud (2), et tout récemment par notre collègue M. Rainard (3), nous y attachons une grande importance, étant persuadé que, si dans beaucoup de cas les médicaments de bonne qualité et administrés à une dose convenable aux animaux, restent sans effets primitifs ou secondaires, c'est qu'on en a fait un mauvais emploi.

Il nous a paru logique, après avoir traité de l'administration des médicaments, de faire connaître par quel mécanisme les principes actifs de ces agents agissent et procurent la guérison des maladies. Le contact du remède avec les tissus, les effets primitifs ou locaux qui résultent de ce contact, l'absorption des molécules actives et solubles du médicament, ses effets sur l'organisme, son élimination des voies circulatoires dans certains cas, son imprégnation avec les tissus dans d'autres, devaient ensuite fixer toute notre attention. Cet article, nous l'avons considéré comme important, et traité avec détail.

(1) Bourgelat, *Traité de Matière médicale Vétérinaire*, 1765.

(2) Moiroud, *Traité élémentaire de Matière médicale*, 1831.

(3) Rainard, *Traité de Pathologie et de Thérapeutique générales vétérinaires*, 1840.

Lorsqu'on parcourt l'histoire de la matière médicale humaine et vétérinaire, on ne tarde point à s'apercevoir que les idées qui ont été rattachées aux effets primitifs et secondaires ou curatifs des médicaments, ont été la conséquence des opinions que les médecins et les vétérinaires ont eues sur la nature et le siège des maladies. Nous devions donc, à cette occasion, faire connaître succinctement les grandes et principales doctrines thérapeutiques qui ont occupé longtemps et occupent encore aujourd'hui la scène médicale. Parmi ces doctrines, nous avons fait connaître celles d'Hippocrate, de Brown, de Razori, de Broussais et d'Hahnemann; nous avons exprimé notre opinion sur chacune d'elles, et nous avons terminé ce chapitre en traitant des avantages et des inconvénients qui se rattachent à la médecine *agissante* et à la médecine *expectante*.

Après avoir ainsi initié le lecteur au mécanisme de l'action des médicaments, nous nous sommes occupé de classer les moyens de guérir les maladies. L'ordre que nous devions adopter dans cette classification devait se lier nécessairement à l'étude des diverses médications que nous nous proposions d'examiner et se rattacher à l'enseignement et à la pratique vétérinaire.

Pour l'enseignement il était indispensable que l'élève conservât les premières notions qu'on lui avait déjà inculquées sur la vertu des médicaments en étudiant la pharmacie, et que le même ordre, le même enchaînement dans les idées, se retrouvassent dans l'étude de leur emploi et de leurs effets curatifs dans la guérison des maladies. Pour atteindre ce but, nous avons donc dressé un tableau synoptique des médications ou des moyens de guérir, selon les bases qui avaient présidé à la confection du tableau synoptique de la classification des médicaments dans le traité de pharmacie que nous avons publié avec M. Lassaigne. C'est ainsi que nous avons cherché à rattacher par un lien commun l'étude de la pharmacie à l'étude de la matière médicale et de la thérapeutique, étant persuadé que s'il est important pour l'élève d'apprendre le choix, la confection, la conservation des armes dont il doit se servir pour combattre les maladies, il est non moins utile et indispensable que la matière médicale lui fasse connaître le pouvoir de ces armes, et que la thérapeutique lui enseigne les moyens d'en faire un usage rationnel.

Pour la pratique, le vétérinaire en parcourant cette classification trouvera exposés dans un ordre méthodique les moyens généraux propres à combattre les congestions, les inflammations aiguës et chroniques, les névroses, les affections organiques, les maladies dues aux corps étrangers divers, les accidents qui peuvent accompagner la parturition, et ainsi il lui sera possible de faire un choix convenable de la médication propre à combattre la maladie dont il aura reconnu le siége et la nature.

Quant à l'exposé des médications ou de l'ensemble de l'action et des effets primitifs, consécutifs ou curatifs des médicaments, un ordre méthodique a présidé aussi à cette exposition. Ici nous avons voulu nous rattacher encore une fois à l'enseignement et à la pratique. Pour l'un comme pour l'autre, cas il nous a paru utile de commencer l'étude des médications le plus souvent employées dans la pratique ou de celles qui sont appelées à combattre les congestions, les inflammations aiguës, maladies qui constituent à elles seules les trois quarts des maladies que l'élève doit étudier, et que le praticien doit avoir à combattre.

Considérant comme un moyen thérapeutique de premier ordre la soustraction du sang ou du fluide qui vivifie et nourrit l'organisme, nous avons commencé par traiter avec détail des saignées générales et locales destinées à combattre une foule de maladies; comme aussi nous n'avons rien voulu omettre des inconvénients et des dangers qui en suivent l'emploi dans certains cas.

Le régime diététique, cet autre puissant moyen curatif de beaucoup d'affections, mais dont l'usage ne peut être avantageux qu'autant que le praticien prendra en considération la nature, le siège des maladies, l'âge, et surtout l'espèce d'animal, a fixé aussi toute notre attention. Ainsi donc, bien que les émissions sanguines se rattachent à la chirurgie, bien que le régime diététique soit du domaine de l'hygiène, nous avons pensé devoir nous occuper sérieusement de ces deux grandes méthodes thérapeutiques.

Dans l'exposé des médications, après avoir énuméré les agents et les médicaments qui entrent dans chacune d'elles, nous avons décrit d'une manière générale l'action déterminée par le contact et la vertu des médicaments, les effets locaux et généraux qui en sont la conséquence immédiate, et les avantages curatifs qui en découlent. Nous insistons ensuite sur les avantages et les inconvénients qui peuvent résulter de l'emploi momentané ou prolongé de la médication; nous faisons connaître les principales maladies qu'elle est appelée plus particulièrement à combattre, comme aussi celles où elle peut être désavantageuse ou nuisible; et enfin nous terminons en traitant de l'emploi particulier de chaque médicament compris dans la médication et employé plus spécialement pour guérir certaines maladies.

Relativement aux médications curatives rationnelles que

nous conseillons de mettre en pratique pour la guérison des congestions, des inflammations aiguës et chroniques, des névroses, des altérations des liquides circulatoires, des maladies organiques, nous avons non seulement puisé dans notre propre expérience, mais encore nous avons mis à contribution celle de nos devanciers. Nous avons donc choisi dans tous les traités de matière médicale, de pathologie, de chirurgie vétérinaires, les recueils, les journaux, les mémoires des sociétés vétérinaires, les comptes-rendus, les bulletins de la société royale d'agriculture, de l'académie royale de médecine, de l'académie des sciences, tout ce qui se rattachant à la thérapeutique, nous a paru utile d'être consigné dans notre travail; nous avons aussi jugé convenable de faire une excursion dans le domaine de la thérapeutique des maladies des hommes, et de consigner ce qui pouvait être applicable aux maladies des animaux. Pour les lecteurs qui pourraient douter de la véracité de nos assertions, nous avons eu le soin de nommer les auteurs et d'indiquer les ouvrages où les faits ont été consignés.

Beaucoup de substances médicamenteuses sont, selon la dose, ou des poisons violents qui peuvent causer la mort, ou des agents médicinaux d'une grande énergie et capables de guérir des maladies redoutables. Dans l'usage de ces médicaments, la guérison repose assurément sur la dose médicinale; et bien que dans beaucoup d'affections la posologie soit très variable, selon la nature, le siège, l'âge de la maladie, la constitution et l'espèce d'animal, il est cependant rigoureusement utile que le vétérinaire chiffre un poids du médicament qui ne puisse que remédier au mal et non l'aggraver. Il était donc important, à l'égard des substances considérées comme médicaments et comme poisons, tels que l'opium et ses préparations, la noix vomique et son extrait, la belladone, l'émétique, le sublimé corrosif, l'arsenic, etc., d'en déterminer la dose médicinale. Pour parvenir à ce résultat nous avons fait beaucoup d'expériences, sur les animaux, nous avons puisé dans nos observations, dans les auteurs, dans les faits consignés dans les annales de la science, et nous avons pu ainsi indiquer d'une manière aussi exacte que possible, la dose médicinale et la dose toxique. Toutefois, en cas d'administration d'une dose trop forte, nous avons fait connaître les phénomènes qui caractérisent l'intoxication et indiqué les antidotes et les moyens de remédier à ces sortes d'accidents; enfin nous avons spécifié les altérations que les substances toxiques déterminent sur les solides et les liquides lorsqu'elles compromettent sérieusement la vie.

Tels sont l'ordre et la méthode que nous avons adoptés dans l'exposition des matières contenues dans ce traité. Les recherches que nous avons faites dans les auteurs, les expériences auxquelles nous nous sommes livré pour parvenir à la connaissance exacte de l'action de beaucoup de médicaments, les observations que nous avons recueillies dans l'exercice de la médecine, nous font espérer que la lecture de notre travail permettra à nos confrères d'apprécier les connaissances que la science vétérinaire possède aujourd'hui en thérapeutique, et de juger si nous avons enrichi la science d'un livre utile tout à la fois à l'enseignement et à la pratique.

TRAITÉ

DE

PATHOLOGIE ET DE THÉRAPEUTIQUE

GÉNÉRALES.

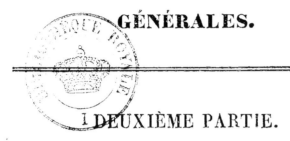

DEUXIÈME PARTIE.

THÉRAPEUTIQUE GÉNÉRALE VÉTÉRINAIRE.

§ Ier. *Introduction.*

Définition, division, distinction. — But et importance de la thérapeutique générale et de la thérapeutique spéciale.

La thérapeutique (de θεραπευειν, je remédie) est cette partie de la médecine qui traite de l'art de guérir les maladies. Elle comprend l'étude des agents qui peuvent concourir à la guérison des maladies, et renferme par conséquent dans son vaste et important domaine l'hygiène, la chirurgie et la pharmacologie.

L'application de ces trois parties de la médecine à la guérison des maladies a fait distinguer la thérapeutique en *hygiénique*, *chirurgicale* et *pharmacologique*. Nous puiserons dans les attributions de ces deux premières parties de la thérapeutique, ce qui nous paraîtra se rattacher spécialement à la guérison des maladies internes. Quant à la troisième elle fera plus particulièrement l'objet de notre étude.

Aussi bien en médecine humaine qu'en médecine vétérinaire, on comprend sous la même dénomination, *la pharmacologie*, la matière médicale et la thérapeutique. Cherchons à limiter ces deux parties importantes de l'art de guérir. La *matière médicale* ou la *pharmacologie* s'occupe de l'administration, de la puissance et des effets des agents connus sous le nom de médicaments, comme aussi des phénomènes consécutifs qui en découlent pour la guérison des maladies ; laissant les connaissances qui se rattachent à l'histoire naturelle, au choix, à la conservation, à la préparation de ces agents, à la *pharmacie*, science dont nous avons traité dans un autre travail.

La *thérapeutique* s'occupe, après la connaissance de la nature et du siège des maladies (diagnostic), du choix et de la direction des moyens convenables pour en faire obtenir la guérison. Elle constitue en d'autres termes, cette partie de la médecine qui s'applique à l'art difficile de remplir les indications curatives fournies par l'étude des maladies.

De même que la pathologie se divise en générale et en spéciale, de même il existe une thérapeutique générale et une thérapeutique spéciale.

La *thérapeutique générale* enseigne les moyens de guérison des maladies envisagées dans ce qu'elles offrent de commun sous le rapport de leurs causes, de leur nature, de leurs symptômes, de leurs terminaisons, sans prendre en considération l'organe ou les tissus qui peuvent être attaqués et altérés dans leurs parties constituantes. Cherchons à bien faire comprendre toute notre pensée en citant quelques exemples.

L'observation a démontré que l'action de certaines causes excitantes donnait naissance à des maladies caractérisées par un afflux sanguin rapide accompagné de chaleur, de rougeur, de gonflement et de douleur, et que pour faire cesser cet état morbide, désigné sous les noms de congestion, d'inflammation aiguë, les soustractions sanguines, l'emploi successif des réfrigérants, des astringents, des tempérants, des émollients, étaient les moyens thérapeutiques rationnellement reconnus comme capables d'atténuer, de modérer, de faire cesser l'irritation, l'afflux sanguin et enfin l'inflammation. Or que ces phénomènes pathologiques se passent dans le poumon, les muqueuses intestinales, pulmonaires, la peau, le cerveau, la moelle épinière ou partout ailleurs, si cause excitante, si congestion sanguine rapide, si inflammation aiguë il y a, l'emploi général des mêmes moyens thérapeutiques sera indiqué, attendu que l'indication à remplir consistera à faire cesser l'afflux sanguin, calmer la douleur, modérer la chaleur, prévenir ou combattre les réactions vitales, et enfin ramener la fonction troublée à son rhythme normal. Les mêmes considérations pourraient trouver place ici à l'égard des maladies connues sous le nom de névroses qui, quel que soit leur siège, réclament plus spécialement l'emploi des antipasmodiques, des calmants ; des maladies anhémiques essentielles pour lesquelles on met généralement en usage les toniques, les analeptiques, etc. Enfin n'existe-t-il pas des états pathologiques qui, dans leur nature et indépendamment de leur siège, réclament plus spécialement l'emploi des diurétiques comme les épanchements séreux (hydropisies) ; des altérants ou fondants, comme les indurations diverses ; des anthelmintiques, pour engourdir, tuer et expulser les parasites qui vivent aux dépens des animaux? D'ailleurs l'application des moyens thérapeutiques pharmacologiques généraux puisés dans les médications diverses et dans l'action simple ou combinée des médicaments, exige des préceptes généraux dont le praticien ne peut point s'écarter pour parvenir à la guérison des maladies. Ainsi se rangent dans cette dernière catégorie l'emploi successif ou combiné des médications débilitante et révulsive, débilitante et calmante, astringente et transpositive, et presque toutes les médications composées. Envisagée sous ce rapport, la thérapeutique générale compte comme avantages :

1° En ce qui touche l'enseignement, elle donne à l'homme de la science, la possibilité de poser les grandes bases sur lesquelles s'appuyent les diverses méthodes rationnelles employées dans l'art de guérir, et lui permet de ne plus s'occuper de détails qui le conduiraient à d'inutiles et fastidieuses répétitions qui terniraient la clarté qui doit briller dans l'exposition de la thérapeutique spéciale d'une maladie étudiée en particulier.

2° En ce qui regarde la pratique, les grandes données de la thérapeutique conduisent le vétérinaire à savoir que dans le traitement de la généralité des maladies, il convient d'associer plusieurs médicaments simples qui, quoique très différents dans la puissance de leurs moyens d'action, concourent cependant aux mêmes effets. Elle lui rappelle sans cesse que les moyens curatifs doivent toujours être basés sur la nature, le siège, les phases des maladies, plutôt que sur les symptômes si variés qu'elles offrent quelquefois ; enfin et surtout qu'il doit tenir compte du tempérament, de l'âge, de la constitution et de l'espèce d'animal domestique qu'il est appelé à guérir. Tels sont, selon nous, les précieux avantages de la thérapeutique générale.

Thérapeutique spéciale. La *thérapeutique spéciale* s'occupe des moyens curatifs qui conviennent particulièrement à une maladie isolée. Elle règle l'emploi de leur action et de leurs effets d'après les connaissances que le vétérinaire a pu acquérir sur la nature du mal, l'organisation intime et les fonctions de l'organe qui en est le siège. Si, pour bien faire comprendre notre pensée, nous spécifions en disant : l'inflammation a son siège dans le poumon, organe composé de beaucoup de vaisseaux, de tissu cellulaire, de nerfs, remplissant une fonction importante à la vie ; nous trouverons des indications toutes spéciales pour combattre cet état pathologique.

En effet, les saignées grandes et répétées, la diète sévère, l'usage des émollients, l'emploi des révulsifs, seront les moyens spéciaux propres à guérir l'inflammation pulmonaire. Si nous exprimons que ces mêmes moyens devront être employés avec plus de promptitude et d'énergie dans la congestion et l'inflammation du cerveau et de la moelle épinière, c'est parce que ces organes, indépendamment du rôle important qu'ils remplissent dans les fonctions vitales, sont d'une texture délicate qui pourrait être altérée soit par l'accumulation sanguine, soit par l'inflammation. Et si nous disons que ces mêmes moyens curatifs devront être usités avec tiédeur dans le même état pathologique occupant des organes moins importants à la vie et beaucoup moins vasculaires, comme les tendons, les os, les cartilages, etc. c'est que ces parties résistent davantage à l'action désorganisatrice de l'inflammation. Nous pourrions encore multiplier ces citations si nous n'étions pas convaincu qu'elles sont suffisantes pour faire assez comprendre qu'il existe en quelque sorte une thérapeutique spéciale pour chaque maladie, ou en d'autres termes, que pour une maladie donnée, des indications particulières sont à remplir.

La thérapeutique spéciale ou appliquée est donc une étude qui se lie et se confond intimement avec la pathologie spéciale et il suffit d'énoncer ce fait pour comprendre toute son utilité pratique. Enfin pour résumer tout ce que nous venons d'exprimer sur le sujet de ces deux branches de la thérapeutique, nous dirons : la thérapeutique générale enseigne, dirige, pose le bases des méthodes curatives applicables aux diverses maladies dont la nature, le cours et les terminaisons ont entre eux une grande ressemblance et paraissent dépendre des mêmes causes; elle fait en outre connaître l'emploi, la puissance des moyens curatifs médicamenteux chirurgicaux et hygiéniques capables de procurer la guérison des maladies; tandis que la thérapeutique spéciale applique ces diverses connaissances à la guérison d'une maladie donnée et en dirige l'emploi selon l'organisation anatomique de la partie attaquée et les fonctions plus ou moins importantes dont elle est chargée. Enfin de même que la pathologie générale et la pathologie spéciale, la thérapeutique générale et la thérapeutique spéciale sont deux parties distinctes d'une même science, qui doivent constituer, dans l'enseignement médical, une étude séparée, mais qui dans l'application s'unissent et se confondent mutuellement pour concourir au même résultat, la guérison des maladies.

§ II. *Moyens mis à la disposition du thérapeutiste pour modifier les organes malades.*

Nous avons dit dans la première partie de notre travail que les maladies résultaient d'une altération notable survenue soit dans la position, la structure des diverses parties vivantes, soit dans le trouble d'une ou de plusieurs fonctions. Or le thérapeutiste pour remédier aux diverses et nombreuses lésions qui constituent les maladies, va puiser dans l'hygiène, la pharmacie, la chirurgie, les agents et les moyens capables de modifier les parties vivantes et malades pour les ramener à l'état normal.

Moyens hygiéniques. L'étiologie des trois quarts des maladies des animaux domestiques se rencontre dans le travail auquel ils sont soumis, les aliments dont ils sont nourris, les boissons dont ils s'abreuvent, les lieux qu'ils sont forcés d'habiter. La connaissance des moyens d'hygiène est donc une mine féconde que peut exploiter le vétérinaire pour prévenir les maladies, modifier leurs funestes effets lorsqu'elles sévissent, et concourir puissamment à leur guérison. Les exemples ne nous manqueront point pour démontrer toute l'exactitude de cette assertion. En effet, n'est-ce pas en évitant les erreurs de régime que l'on prévient le développement de maladies graves qui déciment parfois les troupeaux des bêtes ovines et bovines, alors que déjà quelques animaux en ont été victimes? n'est ce pas en transhumant les troupeaux d'une localité dans une autre localité, quelquefois même d'un pâturage dans un autre pâturage dont la nature du sol, la disposition topographique, l'exposition, l'espèce, la quantité, la qualité des plantes qui y croissent, sont différents, que l'on prévient et que souvent on fait cesser l'existence de quelques maladies graves comme le sang de rate, la cachexie aqueuse, les météorisations, l'hématurie, les maladies charbonneuses, etc. etc., affections dont sont si fréquemment atteintes les bêtes bovines et ovines réunies en troupeaux ? N'est-ce pas non plus en apportant des modifications dans l'assainissement des écuries, des étables, des bergeries que l'on parvient à faire disparaître ces fâcheuses maladies connues sous les noms de fièvres putrides, de fièvres charbonneuses, de phthisie pulmonaire, de morve et de farcin dues à l'insalubrité des étables, causes si bien signalées par Tessier dans la Beauce, Petit en Auvergne, Huzard à Paris, Grognier à Lyon et beaucoup d'autres vétérinaires ? N'est-ce pas surtout en diminuant les travaux pénibles auxquels on soumet les chevaux de poste, de diligence, de trait, que l'on prévient les altérations septiques du sang, les maladies des testicules, la morve et le farcin qui déciment aujourd'hui tant de chevaux dans les grandes administrations de voitures publiques ? Or dans toutes ces circonstances, les ressources thérapeutiques tirées de l'hygiène ont une puissance que ne sauraient posséder l'action des médicaments, les divers moyens chirurgicaux comme la saignée, les sétons, parce qu'elles mettent d'abord les animaux dans des conditions opposées à celles qui ont fait naître le mal, et qu'ensuite elles modifient la prédisposition de l'économie en exerçant une utile influence sur plusieurs grandes et importantes fonctions comme la respiration, la digestion les sécrétions cutanées et urinaires, la locomotion, enfin sur les actes de chimie vivante qui constituent la nutrition. Les moyens d'hygiène n'ont point une action prompte, perturbatrice comme les médicaments, la saignée, les sétons; mais ils modifient lentement par des mutations intestines et occultes les éléments qui constituent les matériaux réparateurs de l'édifice animal soit en diminuant, soit en augmentant, soit en changeant la nature de ces matériaux, soit enfin en régularisant le jeu des organes pour ramener l'organisme à l'état normal.

C'est notamment dans les maladies chroniques, dans celles dites organiques et surtout dans celles qui ont leur siège dans les liquides circulatoires que l'hygiène développe toute la force de sa puissance et l'incontestable utilité de ses moyens. Aussi le vétérinaire qui sait connaître, apprécier et mettre en pratique les moyens d'hygiènes a certes à sa disposition une des plus précieuses ressources que fournit la thérapeutique. En médecine humaine, sauver la vie du malade, la conserver même avec des infirmités, après avoir fait des dépenses de temps et d'argent, le but est atteint; mais en médecine vétérinaire il faut guérir rapidement, radicalement, sans occasionner beaucoup de dépenses, les animaux étant dans le plus grand nombre de cas des objets de spéculation. C'est donc encore un motif de plus en médecine vétérinaire d'avoir recours à l'hygiène qui dans beaucoup de cas fournit des éléments de guérison presque toujours simples, faciles à mettre en pratique et peu coûteux.

Moyens chirurgicaux. Jusqu'à ce jour les moyens chirurgicaux ont donné les preuves incontestables de tout leur pouvoir thérapeutique pour la guérison des maladies soit externes, soit internes. En émettant d'abord cette assertion, nous n'entendons point seulement parler des opérations chirurgicales proprement dites qui consistent à brûler, à exciser, à extirper, à amputer, etc., des lésions capables d'occasionner la mort ou de déterminer des accidents graves et sérieux que la main armée de l'instrument a seule la prérogative de pouvoir guérir; mais encore de celles qui comme les saignées, les sétons, les cautérisations, les débridements, soit seules, soit associées à d'autres moyens curatifs, ont une efficacité incontestable dans beaucoup de maladies internes. Les cures obtenues par les moyens chirurgicaux donnent en quelque sorte la mesure de la certitude de la médecine dans un grand nombre de maladies graves. En effet, dans les congestions cérébrales, rachidiennes, pulmonaires, intestinales, hépatiques, spléniques, etc., la saignée générale n'est-elle pas le seul moyen héroïque pour combattre ces redoutables maladies qui menacent d'une destruction complète ou partielle les organes qu'elles envahissent? nous ferons les mêmes réflexions à l'égard des inflammations aiguës ou suraiguës qui réclament avant tout autre moyen thérapeutique, les émissions sanguines répétées quelquefois coup sur coup. Et les sétons, les trochisques, la cautérisation actuelle et pénétrante, comme exutoires et comme agents révulsifs, ne contribuent-ils pas aussi puissamment à la guérison de beaucoup de maladies. En général on peut dire et répéter avec assurance, puisque l'expérience journalière le démontre, qu'en médecine vétérinaire les moyens thérapeutiques chirurgicaux dont il vient d'être question, sont d'un grand et utile secours, car non seulement ils ont l'immense avantage d'être expéditifs, et quelquefois d'un succès incontestable, mais ils ont encore celui d'être mis en pratique à peu de frais; motif, nous le répèterons sans cesse, très important à considérer dans la médecine des animaux qui doit généralement être faite à bon marché.

Indépendamment de ces grands avantages, les moyens thérapeutiques chirurgicaux en possèdent encore d'autres non moins utiles; ce sont ceux de prévenir par leur emploi raisonné un grand nombre de maladies. En effet, qui pourrait aujourd'hui mettre en doute les précieux avantages d'une saignée faite à propos dans le cas de pléthore sanguine, pour prévenir la fourbure, la pneumonite, l'apoplexie de la rate, etc.? Qui pourrait nier les heureux effets d'un séton, d'un trochisque, comme exutoire ou comme émonctoire pour détourner l'invasion de beaucoup de maladies et surtout des fléaux épizootiques et enzootiques. L'histoire des moyens préservatifs contre ces dernières maladies ne peut faire élever aucun doute à cet égard. Au reste en traitant particulièrement des médications antiphlogistique révulsive et caustique nous aurons occasion de faire sentir beaucoup mieux que par cette courte exposition, tous les avantages de quelques procédés chirurgicaux, dans le traitement des maladies.

Moyens médicamenteux. Les médicaments peuvent être définis des agents qui, mis en contact avec les parties vivantes externes ou internes, opèrent la guérison des maladies ou concourent à la faire obtenir. Les moyens médicamenteux puisés dans la pharmacie, forment la troisième ressource de la thérapeutique dont l'utilité a été de tout temps sentie pour faire obtenir la guérison d'une foule d'affections. Les effets provoqués par les agents dont il s'agit, ne sauraient être comparés à ceux que nous avons examinés jusqu'alors. Choisis généralement parmi les substances minérales et végétales et pris fort peu dans le règne animal, les médicaments mis en rapport avec les parties vivantes ne déterminent que des effets passagers dont le résultat procure la guérison. Là se borne leur action, ils rétablissent les dérangements de l'organisme; mais ils ne contribuent point à le consolider, inhabiles qu'ils sont, pour la plupart, à servir d'éléments convenables à la nutrition et à faire partie intégrante de la composition des organes. Ces propriétés distinguent le médicament de l'*aliment* qui est digéré et assimilé à l'économie pour en faire partie, et le différencient du *poison* qui porte en lui des éléments destructeurs capables de susciter la mort, quoique cependant les poisons, à une dose plus ou moins faible, puissent devenir des médicaments doués de vertus curatives fort énergiques.

Les succès que le thérapeutiste peut obtenir des agents médicamenteux sont soumis à différentes conditions qu'il importe de signaler dès à présent et de l'observation desquelles dépend souvent leur vertu curative. 1° Par lui-même le médicament doit être pur, bien conservé et surtout bien préparé par le pharmacien. Si ces conditions ne sont pas exactement remplies le médicament est infidèle, ou ne suscite point les phénomènes primitifs et consécutifs que l'on attend de son action.

2° Le bon emploi d'un médicament repose toujours sur un diagnostic fondé de la nature du siége de la maladie, de son état simple ou compliqué, enfin des périodes qui accompagnent son cours et sa durée. Cette condition est de rigueur. Son inobservation est la source de discussions sur la vertu des médicaments et de déceptions dans les effets curatifs qu'on en attend. Nous ferons quelques réflexions à cet égard. Le diagnostic des maladies en médecine humaine et bien plus encore en médecine vétérinaire est parfois hérissé de difficultés, et il faut convenir que les qualités précieuses de l'art du diagnostic ne sont point toujours le partage de toutes les personnes qui cultivent la médecine. Or il peut arriver, et il arrive en effet, que les erreurs de diagnostic conduisent à l'emploi d un médicament dont l'usage ne produit que peu ou point de résultats avantageux ; il y a plus, son action apportant des troubles profonds et graves dans quelques fonctions importantes, peut provoquer des effets nuisibles et parfois mortels. En effet, et pour citer quelques exemples, l'expérience n'a-t-elle pas appris qu'un des plus précieux médicaments que possède la thérapeutique, le quinquina, dont les effets sont incontestablement bons dans les maladies périodiques, les fièvres intermittentes, était souvent dangereux dans les maladies et les fièvres continues ; que les diurétiques chauds, si avantageusement employés dans beaucoup de maladies, sont pernicieux dans les inflammations aiguës des voies urinaires ; que les purgatifs qui contribuent si puissamment à la guérison de nombreuses maladies, sont incendiaires dans les inflammations aiguës des muqueuses digestives? Ne sait-on pas aussi qu'il existe des médicaments dont la vertu curative n'exerce toute sa puissance que dans les périodes de début d'état et de terminaison des maladies? Nous citerons ici pour exemple l'émétique qui, employé à grande dose, procure des avantages incontestables dans la période de congestion et d'inflammation du poumon, avec râle crépitant, tandis que ses effets curatifs sont sinon nuisibles, au moins sans résultat, dans l'hépatisation qui s'annonce avec absence complète de la crépitation, l'existence de la respiration tubaire et la matité pectorale. Le camphre employé désavantageusement dans le début de beaucoup de maladies aiguës, est doué d'une grande vertu thérapeutique lorsque ces inflammations marchent vers la terminaison par la gangrène. Les astringents ne sont réellement efficaces que dans le début, le déclin et souvent la chronicité des maladies. Les réfrigérants, les tempérants, ne conviennent qu'au début; les sétons sont presque toujours dangereux dans le cours des maladies épizootiques qui s'accompagnent d'une altération septique du sang. Ces citations que nous pourrions multiplier beaucoup, nous portent donc à conclure que dans l'emploi d'un médicament, dont l'action est énergique, il faut avant tout que le praticien prenne en considération la nature, le siège de la maladie, ainsi que les diverses périodes qui accompagnent son cours. Qu'autrement il peut commettre des erreurs capitales, compromettre la vie des animaux, porter atteinte à ses connaissances médicales et à sa réputation. Nous ajouterons d'ailleurs que l'emploi des médicaments sans discernement, dans des maladies dont le diagnostic est sinon erronné au moins mal assis, jette une véritable perturbation dans la confiance qui doit être accordée à certains médicaments. Cette dernière assertion n'est pas hasardée, il nous serait facile de l'appuyer par des faits se rattachant à l'emploi de l'émétique dans les maladies de poitrine, de l'opium dans le tétanos, du camphre dans les inflammations et les altérations du sang, si nous n'aimions mieux convaincre positivement nos lecteurs à cet égard, lorsque nous traiterons particulièrement de ces médicaments. Mais ce n'est pas tout: l'âge, le tempérament, la constitution, l'espèce d'animal, apportent encore d'autres difficultés dans l'emploi des médicaments. En effet, quelle que soit l'espèce et la nature de la maladie que le vétérinaire ait à combattre, il doit prendre en considération l'état jeune, adulte ou vieux de l'animal; l'action du médicament selon la dose, ne suscitant pas les mêmes effets à ces diverses périodes de la vie des animaux. La constitution, le tempérament des différentes espèces domestiques, amènent encore de notables différences sous ce rapport. Enfin dans le cheval, le bœuf, le mouton, le chien, le porc, animaux d'une organisation anatomique très dissemblable, la dose et l'action des médicaments ne doivent point être négligées par le praticien, aussi aurons-nous soin dans chaque médication de faire ressortir ces applications pratiques pour la guérison des maladies. Quoi qu'il en soit de toutes ces conditions générales qui doivent être remplies par le praticien, il faut convenir aussi que dans quelques circonstances maladives, l'action et les effets curatifs des médicaments sont sinon certains, au moins très probables. Les succès qui sont obtenus journellement par les purgatifs dans les cas de coliques stercorales dues à l'accumulation, au dessèchement, des matières alimentaires dans les gros intestins ; l'éther dans les météorisations simples des ruminants ; le quinquina dans les maladies intermittentes, les altérations septiques des solides et des liquides, peuvent être cités entre autres exemples comme preuves des grands avantages que peut procurer toute la puissance de l'action médicamenteuse dans ces maladies. Cependant ces citations que nous pourrions multiplier encore, ne doivent point, hâtons-nous de le dire, ainsi que l'ont fait presque tous les hippiatres et les vétérinaires des écoles de Bourgelat et de Chabert, faire accorder trop de vertus exclusives ou spécifiques aux médicaments. Ce sont, certes, des agents d'une utilité incontestable, mais dont les effets sont subordonnés à l'opportunité de leur emploi. On ne devra donc jamais oublier que les effets curatifs des médicaments découlent de phénomènes vitaux positifs ou négatifs qu'ils suscitent dans les parties vivantes et malades, et que ce sont les mutations, les perturbations qu'ils y opèrent, qui concourent à la guérison des maladies; mais que comme ces mutations, ces perturbations, sont variables selon le type des maladies, leur période, leur marche régulière ou irrégulière, et leurs terminaisons diverses, il ne faut point exagérer les avantages curatifs des médicaments, puisque leurs effets reposent sur des états morbides qu'il est souvent difficile de pouvoir bien apprécier. Nous ajouterons encore à cette occasion que les bons effets des médicaments reposent sur l'art d'en diriger l'action sur les organes, et comme cette action se traduit au dehors par des phénomènes divers, selon l'agent médicamenteux, l'organisation et la constitution des animaux, il est indispensable que le vétérinaire l'étudie afin de l'affaiblir si elle est trop forte et de l'augmenter si elle est trop faible. Le vétérinaire seul possède ces connaissances; il ne peut compter toujours sur l'intelligence des propriétaires sous ce rapport. Les ressources médicales fournies par les médicaments reposent donc, comme on le voit, sur des connaissances étendues des causes, des symptômes, de la nature, du siège, des périodes diverses, des terminaisons différentes des maladies, comme aussi de l'âge, du tempérament, de l'action des médicaments sur les tissus vivans, sains ou malades, et de l'appréciation de cette action. Ces connaissances ne peuvent s'acquérir que par une étude constante et attentive que ne réclame généralement pas l'emploi des moyens thérapeutiques chirurgicaux et hygiéniques. Sous ce rapport, ces derniers moyens ont des avantages sur les agents pharmacologiques. Enfin si nous terminons en disant que l'achat des médicaments doit être pris en considération relativement à la durée du traitement, la valeur des animaux, et que d'ailleurs les médicaments, les exotiques notamment, peuvent être falsifiés, mal choisis, mal préparés, nous ajouterons encore aux motifs précédents, pour que la valeur des ressources thérapeutiques fournies par la pharmacie soit placée au-dessous de celles offertes par l'hygiène et la chirurgie.

Il découle comme conséquence des considérations succinctes que nous venons d'exposer quant à la valeur absolue et relative qu'on doit attacher aux moyens thérapeutiques, hygiéniques, chirurgicaux et médicamenteux.

A. 1° Que les ressources thérapeutiques puisées dans l'hygiène sont non seulement très précieuses comme moyen préservatif des maladies des animaux, mais qu'elles sont encore appelées à concourir puissamment à la guérison des maladies sporadiques, enzootiques et épizootiques.

2° Qu'elles forment à elles seules presque toute la thérapeutique des maladies des bestiaux réunis en troupeaux.

3° Qu'elles sont d'un facile emploi et généralement peu coûteuses.

4° Qu'enfin elles doivent être placées au premier des moyens thérapeutiques vétérinaires, parce qu'elles peuvent s'appliquer à toutes les maladies connues.

B. 1° Que les moyens chirurgicaux comme l'emploi des saignées, des sétons, des trochisques etc., sont utiles, non seulement pour prévenir dans quelques circonstances les maladies, mais encore d'une efficacité puissante incontestable pour concourir à la guérison de toutes les maladies qui s'accompagnent d'afflux sanguin et qui se présentent avec le type franchement inflammatoire.

2° Que ces moyens sont toujours faciles à mettre en pratique sans occasionner beaucoup de dépenses.

3° Que pourtant ils doivent être placés après les moyens hygiéniques selon l'étendue de leur valeur thérapeutique, puisqu'ils ne trouvent leur emploi que dans des cas maladifs particuliers.

C. 1° Que les moyens thérapeutiques médicamenteux sont puissants et très efficaces pour la guérison d'une foule de maladies;

2° Que ces grands avantages sont placés sous la dépendance de connaissances positives sur la nature, le siège, les phases, le type, les terminaisons, les complications des maladies, l'âge, le tempérament, la constitution, l'espèce d'animal domestique ;

3° Que cette vertu curative dépend encore de leur choix, de leur confection, de leur administration, de l'art d'en augmenter, d'en diminuer, d'en régulariser la puissance, conditions si nombreuses, si variées et parfois si difficiles à remplir ;

4° Enfin que ces moyens pharmacologiques quant à la bonté, l'efficacité et la certitude de leurs effets curatifs, doivent être considérés comme la troisième ressource de la thérapeutique des maladies des animaux.

§ III. *Surfaces sur lesquelles on peut faire usage des médicaments. — Mode d'emploi des médicaments. — Avantages et inconvénients.*

La surface cutanée, les surfaces muqueuses, digestive, respiratoire, génito-urinaire et auditive, le tissu cellulaire, la circulation veineuse ; telles sont les voies dont le thérapeutiste peut disposer pour l'application des médicaments. On fait parvenir sur les tissus vivants qui composent ces surfaces des médicaments sous les formes solide, liquide et gazeuse dont les molécules actives sont les unes retenues sur ces surfaces, les autres absorbées et entraînées dans le torrent circulatoire et distribuées dans tous les points de l'économie.

Plus ou moins organisées, les surfaces dont il s'agit entretiennent des rapports sympathiques soit par continuité soit par contiguité, soit par rapports fonctionnels, soit par l'intermède de cordons nerveux avec les tissus, les organes environnants placés à une grande distance, et ces sympathies, ainsi que nous le dirons plus loin, peuvent être mises en jeu par l'action des médicaments. Or il est donc utile que nous fassions connaître pourquoi le praticien doit choisir de préférence telle ou telle surface lorsqu'il veut exercer le pouvoir des agents médicamenteux. D'un autre côté comme l'action des médicaments et particulièrement les effets curatifs qui en découlent dépendent beaucoup du mode d'emploi des préparations médicinales, nous croyons aussi devoir traiter de l'application externe et de l'administration interne des médicaments.

A. Surface cutanée.

Emploi des médicaments sur cette surface.

La surface cutanée offre une immense ressource au thérapeutiste qui sait habilement en profiter. Formé par un canevas fibreux renfermant une multitude de divisions vasculaires très fines, de filets nerveux minces déliés épanouis sous son épiderme ; étant le siége de sécrétions importantes ; entretenant de nombreuses sympathies avec les muqueuses des voies respiratoire, digestive et génito-urinaire, doué d'une vive sensibilité et d'une force absorbante très active, le tissu cutané peut être considéré comme le théâtre où il est possible de mettre l'action des médicaments en jeu avec sûreté, sécurité, avantages et économie. En effet le vétérinaire peut augmenter, affaiblir, régulariser les effets primitifs des médicaments sur la peau ; il peut même prolonger longtemps ces effets sans nuire essentiellement à l'exercice régulier des fonctions intérieures. La surface muqueuse digestive est, sans doute, à préférer dans beaucoup de cas à la surface cutanée, mais aussi le thérapeutiste peut s'exposer à troubler les fonctions intestinales qu'il est souvent si utile de conserver, et à susciter des dérangements profonds et durables dans la nutrition.

On a dit et répété que la fourrure de la peau, l'épaisseur de son épiderme, son peu de vascularité dans les grandes espèces domestiques, étaient des causes qui s'opposaient à l'action des médicaments. Cette opinion, bien que fondée, a été poussée trop loin. Quoique l'épiderme soit formé d'une substance inorganique, composée de cellules superposées dont les plus externes sont desséchées et dures, il suffit de faire quelques lotions sur cette production pour la rendre perméable à diverses préparations médicamenteuses. La malpropreté, l'accumulation de cellules épidermiques desséchées, telles sont les causes qui diminuent ou empêchent l'absorption dont il s'agit. Nous verrons d'ailleurs plus loin comment il est possible de rendre la peau accessible aux molécules médicamenteuses, lorsque nous traiterons de l'emploi des frictions pénétrantes.

Toutefois nous dirons qu'autant la pénétration des médicaments est lente à s'opérer à travers l'épiderme, autant elle devient prompte, active et énergique lorsque cet organe protecteur est aminci, enlevé ou détruit, parce qu'alors les molécules médicamenteuses sont mises immédiatement à la surface des pores absorbants des vaisseaux sous épidermiques. Quant à la peau du mouton, l'expérience a démontré sa grande sensibilité, et prouvé que sa faculté absorbante était aussi prompte qu'énergique. En effet, recouverte d'un épiderme très mince et toujours souple puisqu'il est sans cesse abrité par la toison de l'action dessiccative de l'air et de la chaleur, toujours humectée par la sécrétion de la sueur, fine, très vasculaire et nerveuse, la peau des bêtes à laine possède toutes les conditions favorables à l'action et à l'absorption des médicaments. Aussi verrons-nous quel parti le vétérinaire peut retirer de ces précieux avantages pour la guérison des maladies du mouton. Non moins fine et non moins vasculaire, la peau du chien se trouve placée à peu près dans les mêmes conditions.

Quant à la peau du porc, quoique épaisse, recouverte de poils durs et d'un épiderme coriace, sa force absorbante n'en est pas moins forte. L'observation journalière ayant appris que la peau du cochon bien portant réclamait le besoin incessant d'être humectée, et que la santé de cet animal dépendait souvent de la possibilité de satisfaire ce besoin, cette remarque nous a conduit à tenter quelques expériences sur la vitalité de la peau du porc et la propriété qu'elle pourrait posséder à se laisser pénétrer par les molécules des médicaments. Dans ces essais, nous avons pu constater que la vitalité, la sensibilité, la force absorbante de la peau du cochon, étaient au moins aussi énergiques que ces mêmes facultés examinées dans la peau des autres espèces domestiques, lorsqu'on avait l'attention de débarrasser le tissu cutané des ordures, de la crasse, des endurcissements de l'épiderme.

C'est donc bien à tort qu'on a refusé à la peau des animaux un pouvoir absorbant actif et que par cette raison même on s'est éloigné de l'idée de profiter largement de la surface cutanée pour l'application, l'absorption des médicaments. On s'est ainsi privé d'une grande ressource lorsque les muqueuses digestives sont dans un état phlegmasique qui repousse toute médication active et excitante à leur surface.

Bain. On désigne sous le nom générique de bain, l'immersion et le séjour du corps ou d'une partie du corps ou des membres dans un liquide, dont la température peut être variable.

Distinction. Le bain est dit *général* lorsque tout le corps des animaux est plongé dans le liquide. On l'appelle *partiel* ou *local* si une partie du corps, un seul ou deux membres y sont plongés.

Sous le rapport de la température du liquide, le bain est dit *chaud* ou *froid*, et relativement à la nature du bain, on le désigne sous le nom de bain *simple* ou *aqueux* si c'est l'eau pure qui le forme, et sous celui de *médicamenteux* si ce liquide tient en dissolution ou en suspension des substances médicinales.

Bains généraux. Les bains généraux peuvent être employés *chauds*, *tempérés*, *froids* et *très froids*.

Les *bains chauds* sont ceux dont la température peut être portée pour les animaux de 30 à 35 degrés centigrades. Usités pour le mouton, le chien et le porc, ils ne le sont jamais pour les grandes espèces domestiques à cause des difficultés de pouvoir placer les animaux dans une baignoire. Ce n'est que dans les lieux où se trouvent naturellement des bassins d'eau chaude naturelle qu'on peut donner ces bains.

Dans les grands hôpitaux vétérinaires, les chiens, les moutons, les porcs, peuvent être mis dans des baignoires appropriées et confectionnées exprès. Dans la pratique ordinaire, on fait prendre les bains aux petits animaux dans un cuvier, un demi-tonneau, un baquet ou un seau; souvent indociles, le vétérinaire est obligé d'assujettir quatre ou deux membres pour éviter que les animaux ne se livrent à de trop grands mouvements. Toutefois la contrainte qui s'accompagne de cris, de mouvements plus ou moins désordonnés, est toujours nuisible aux bons effets du bain.

La première fois que l'animal est plongé dans le bain, on doit d'abord l'y laisser séjourner tranquille pendant une demi-heure ou une heure, puis le nettoyer avec la main ou avec une brosse et du savon pour enlever toute la crasse qui, attachée à la peau, nuirait aux bons résultats du bain. En général, à la sortie du bain il faut sécher la peau par l'emploi du couteau de bois, du bouchon de paille, de l'éponge, de morceaux de linge, puis entourer les animaux de couvertures, les exposer à la chaleur d'un foyer, les placer dans un lieu chaud, enfin les mettre coucher sur une bonne litière. Ces attentions sont indispensables pour éviter les refroidissements de la peau et toute répercussion funeste. C'est surtout à l'égard des bains chauds pris dans le cas de maladie interne qu'il faut agir ainsi si l'on ne veut pas rendre ces moyens thérapeutiques précieux, plus nuisibles qu'utiles.

Bains tempérés. Les bains tempérés sont ceux dont l'eau est élevée de 25 à 30 degrés. Ces bains ne sont ni toniques ni débilitants, mais essentiellement hygiéniques. On les fait prendre en été aux animaux en les conduisant dans les eaux courantes des ruisseaux, des rivières ou des fleuves. Il est bon de les y laisser pendant quelque temps en repos; les chevaux, les chiens et surtout les porcs prennent naturellement ces bains avec beaucoup de plaisir, le cheval y agite ses membres antérieurs, s'y couche et parfois s'y roule ; le porc y reste plongé avec délices ; certaines espèces de chiens comme les barbets, les épagneuls, les griffons de chasse, ceux dits chiens de Terre Neuve, y nagent avec plaisir. Ces bains sont très utiles pour l'entretien de la santé des animaux ; l'eau rafraichit la peau ; son absorption rend le sang plus facilement circulable dans les petits vaisseaux, favorise les fonctions cutanées et ne procure point une débilitation générale ainsi qu'on le remarque à la suite des bains d'eaux chaudes. Beaucoup d'affections cutanées accompagnées de croûtes, de prurit, de rougeurs, sont guéries par l'emploi de ces bains. Il est toujours convenable de sécher les animaux après ces sortes de bains en les bouchonnant, et de ne point les exposer à des courants d'air qui, volatilisant l'eau qui mouille la surface cutanée et abaissant considérablement sa température, peuvent susciter des affections catarrhales ou de graves pleurésies.

Bains froids. D'une température de 17 à 25 degrés, les bains sont considérés comme *bains frais*, mais à celle de 10 à 15 degrés ils sont regardés comme *bains froids*. Les bains généraux à cette température refroidissent la peau tout à coup, refoulent le sang des capillaires et causent ordinairement aux animaux un frisson suivi bientôt de tremblements généraux. Cette secousse, imprimée tout à la fois par la pression du liquide et par un abaissement subit de la température habituelle de la peau, est bientôt suivie d'une réaction qui ramène vivement le sang dans les capillaires cutanés et provoque une sugillation qui s'accompagne de chaleur et de rougeur. Or c'est cette double réaction qui, rendant la peau moins impressionnable au froid, tonifie le tissu cutané et concourt à la guérison de quelques maladies psoriques anciennes.

Les bains de mer qu'on fait prendre aux animaux sur les bords de l'Océan et surtout de la Méditerranée, provoquent plus énergiquement les deux effets dont nous venons de parler. D'abord ce liquide tenant en solution le sel marin, est plus pesant que l'eau douce, puis le choc produit par la vague exerce une plus forte pression que l'eau tranquille. En outre, le chlorure de sodium que l'eau de mer renferme, indépendamment qu'il tient sa température basse, ajoute encore au froid et à la pression un effet excitant tonique bien plus durable que celui qui résulte du contact de l'eau froide et douce à la même température. L'habitude de faire nager les animaux auxquels on soumet ces sortes de bains, vient ajouter à leurs bons effets.

Bains locaux. On nomme ainsi l'immersion d'une partie isolée du corps et des membres. Les bains que l'on fait prendre aux pieds ont reçu le nom particulier de *pédiluves* : ces bains peuvent être *chauds* ou *froids*. Les oreilles des chiens de chasse, le ventre et les organes génito-urinaires dans les petits animaux, les extrémités des membres dans les grands comme dans les petits, telles sont les parties auxquelles on fait prendre des bains locaux.

Pédiluves. Dans toutes les saisons de l'année, on mène les grands animaux dans les eaux courantes ou stagnantes, froides ou tempérées, pour y plonger les extrémités jusqu'au genou ou aux jarrets. En hiver et même lorsque la saison est tempérée on doit toujours avoir l'attention de recouvrir l'animal avec des couvertures en laine ou en coutil, pour prévenir les refroidissements et les arrêts de transpiration. C'est notamment lorsque les animaux éprouvent de vives douleurs aux phalanges ou aux pieds, que la fièvre est forte, la peau chaude, que l'on doit avoir cette attention.

On se sert aussi pour ces sortes de bains de seaux, de bottes en cuir, de fosses retenant l'eau ; ces divers moyens ont des avantages et des inconvénients.

Emploi du seau. On peut se servir avec avantage pour faire prendre le bain de pied, d'une espèce de seau haut et étroit, confectionné exprès pour ces sortes de bains ; d'un seau ordinaire, et pour les petits animaux de sébilles ou autres vases. Le fond du seau doit être épais, plat et solidement maintenu aux douves par une profonde rainure; autrement les grands animaux en appuyant sur le fond de ce vase le défoncent, le renversent et répandent le bain.

Emploi de la botte. On a imaginé pour les bains des membres des grands animaux, de se servir d'une botte en cuir noir épais de la hauteur du genou ou des jarrets et assez large pour permettre facilement l'entrée et la sortie du pied d'un cheval très gros. Le fond de cet appareil est garni en dehors d'une plaque en forme de fer à cheval pour éviter l'usure rapide du cuir. La partie supérieure de la botte est, à dix, à quinze centimètres de son ouverture, terminée par un cuir plus souple que celui de tout le reste de l'appareil et auquel est fixée une courroie agencée de manière à froncer la botte et à la maintenir au dessus du genou ou du jarret. Cette baignoire en cuir est préférable à celles en bois; elle n'est point susceptible d'être brisée, défoncée ou renversée dans les mouvements d'impatience qu'exécutent les animaux. En outre, l'appareil étant placé, on peut se passer de les surveiller exactement.

Les pédiluves froids étant d'un usage si fréquent et si utile dans la guérison de beaucoup de maladies des phalanges des animaux et surtout des chevaux, qu'on a imaginé de faire construire dans des infirmeries une fosse en brique ou en toute autre maçonnerie bien cimentée à l'endroit où les animaux, étant attachés à l'auge, placent les membres antérieurs. Le fond de ces fosses, dont la profondeur doit permettre l'immersion du pied jusqu'au milieu du canon, doit être formé de terre glaise pour donner un appui moins dur et moins douloureux au pied. Il existe dans les infirmeries du collége vétérinaire de Londres, une écurie assez spacieuse pour renfermer plusieurs chevaux, dont le sol creusé au-dessous du terrain environnant forme une fosse toujours remplie d'eau et dans laquelle on place les animaux pendant le temps nécessaire pour faire prendre le bain.

Ces fosses sont assurément très avantageuses pour l'usage des bains froids, mis en pratique pendant une ou plusieurs heures; mais employés constamment nuit et jour ainsi qu'on l'a conseillé, elles ont le grave inconvénient d'empêcher les animaux de se coucher pour reposer soit la partie malade, soit les membres sains qui sont chargés de supporter le poids du corps. Dans les cas cependant de sècheresse extrême de la corne, de seimes, de bleimes, de resserrement douloureux des talons, de fourbure aiguë ou chronique bornés aux membres antérieurs ou postérieurs, les bains pris de cette manière ont des effets plus avantageux que les bains temporaires et les cataplasmes froids et astringents qu'on attache aux pieds pour les remplacer.

Bains médicamenteux. On nomme ainsi les bains dans lesquels on fait entrer des substances médicamenteuses susceptibles d'en augmenter les effets. Ces bains qui peuvent être émolliens, astringents, excitants, sulfureux, etc., sont souvent ordonnés. Nous en traiterons en détail dans les médications émolliente, astringente, excitante, etc. (Voyez ces médications).

Douche. La douche consiste à faire tomber d'une certaine hauteur, ou à faire arriver de plus ou moins loin sur quelque partie du corps ou des membres une colonne d'eau plus ou moins volumineuse, *chaude*, *froide* ou *médicamenteuse*. En médecine vétérinaire on se sert communément pour les douches d'une grosse seringue à l'aide de laquelle on dirige, à une distance de quelques pas, le liquide sur la partie malade que l'on désire modifier. Dans quelques cas maladifs les douches ont un puissant avantage sur les bains, en ce sens que leur effet est plus prompt et surtout plus énergique. Le refroidissement du liquide dans son passage dans l'air, la pression qu'il exerce en frappant la partie qu'on désire modifier, l'ébranlement qu'il produit sur le système nerveux endolori, sont des effets puissants qui contribuent activement à la guérison de quelques maladies. Les douches froides ou rendues réfrigérantes à l'aide du sel marin, de la glace, de la neige, du vinaigre, sont souvent employées dans les entorses récentes, les tiraillements douloureux des tendons, les contusions, les congestions du tissu podophylleux.

Lotion. On désigne par cette expression l'action de laver pour nettoyer et modifier les parties malades. On se sert ordinairement de linge, d'étoupes, d'éponges, que l'on trempe dans des liquides chauds, froids ou médicamenteux, selon l'effet qu'on désire obtenir, et dont on exprime le liquide en le laissant échapper sur l'endroit malade.

Épithème, d'επι, sur, et de θίθημι, je mets. On est convenu en thérapeutique de donner ce nom à tout médicament *topique* qui ne tient ni de la nature de l'onguent, ni de celle de l'emplâtre. On ne doit distinguer en médecine vétérinaire que deux espèces d'épithèmes, les liquides et les mous.

A. *Epithèmes liquides*.

1° *Fomentation*, de *fovere*, bassiner, échauffer. On nomme ainsi l'action de maintenir au moyen de compresses, d'étoupes, d'éponges, de bandages, un liquide chaud, froid ou médicamenteux, sur une partie malade du corps ou des membres.

2° *Bandage matelassé*. Cet appareil simple consiste dans une toile taillée pour s'adapter convenablement à la région malade du corps ou des membres, et que l'on matelasse en dedans avec des étoupes ou du vieux chanvre. On imbibe ce bandage d'un liquide approprié et on le maintient à l'aide de liens sur la partie malade.

Les bandages matelassés *chauds* demandent l'attention de les tenir constamment humectés par un liquide chaud, autrement ils se refroidissent et deviennent plutôt nuisibles qu'utiles. Moins lourds que les cataplasmes, d'un usage aussi quelquefois moins dispendieux, les bandages matelassés sont fréquemment usités en médecine vétérinaire.

B. *Epithèmes mous.*

1° *Sachet.* On réserve ce nom aux épithèmes mous confectionnés avec des bouillies liquides composées de son cuit et chaud, de balles d'avoine exposées à la vapeur d'eau bouillante, d'avoine, de baies de genièvre cuites dans du vinaigre et renfermées dans un petit sac que l'on place sur, ou au voisinage des parties malades.

Les sachets sont très employés en médecine vétérinaire. Renfermant des substances émollientes, toniques ou irritantes, ils restent bien en place et conservent leur chaleur longtemps. On les applique souvent sur les reins des animaux et autour des articulations supérieures des membres. On doit avoir soin de les humecter souvent avec des liquides chauds, afin de les maintenir à la même température, et de les recouvrir avec des couvertures en laine pour leur conserver une douce chaleur. Ils sont exposés cependant à se déplacer comme aussi à se refroidir ; il faudra donc autant que faire se pourra, ne les employer que le jour, si la nuit on ne peut point les humecter souvent.

2° *Cataplasme.* Le cataplasme est un médicament d'une consistance à peu près semblable à celle d'une bouillie épaisse et fait pour être mis sur la peau, autour du pied, rarement sur les plaies.

Les cataplasmes ont été distingués en cataplasmes *cuits* et en cataplasmes *crus*.

1° *Cataplasmes cuits.* Ces sortes de bouillies sont composées le plus ordinairement de farine de grain de lin, de son, de farine d'orge, de mie de pain, de mauves, de guimauves, et autres plantes émollientes cuites et hachées ou pilées dans un mortier. On y ajoute du lait, de la crème, du beurre, de l'huile, de la graisse dans le but d'augmenter leurs vertus. Les huiles, les graisses qu'on y ajoute, ont en outre l'avantage de faire conserver la chaleur plus longtemps. Les cataplasmes peuvent avoir aussi pour base des substances excitantes, astringentes, résolutives, etc. (*Voy.* notre Traité de pharmacie, art. Cataplasmes). Toutefois lorsqu'on applique les cataplasmes il faut avoir la précaution de bien nettoyer la partie et de couper les poils s'ils sont nombreux, longs et fourrés. On étend le cataplasme sur une toile, on en replie les bords et on le pose sur la région malade, où on le maintient à l'aide de liens convenablement agencés. On doit ensuite l'entourer d'une tresse en paille, si c'est au sabot ; et partout ailleurs, si c'est un cataplasme chaud, on devra le recouvrir, autant que faire se pourra, d'une seconde enveloppe pour lui conserver le plus de chaleur possible. Les cataplasmes, quelles que soient les substances qui les composent, se dessèchent, se durcissent toujours sur les parties enflammées, chaudes et douloureuses ; ils devront donc être maintenus humides en les arrosant avec des liquides appropriés.

Cataplasmes crus. Cette dénomination est réservée aux cataplasmes qui sont confectionnés avec des feuilles, des racines de plantes qui jouissent de vertus émollientes et anodines, comme les racines de carottes, de navets, les feuilles et les sommités de ciguë, de belladone, de datura, de morelle, etc. que l'on réduit en pulpe en rapant les racines et triturant les feuilles dans un mortier. Ces cataplasmes humectent la partie et l'imprègnent par absorption de leurs principes médicamenteux. Ils ont l'inconvénient de sécher promptement ; aussi faut-il, lorsqu'on désire prolonger leurs effets, les changer souvent. On peut cependant pour remédier à ce désavantage, les arroser avec des liquides dont la vertu se rapproche de celle des plantes qui composent le cataplasme.

Le cataplasme cru qui se fait avec de la farine de graine de moutarde, porte le nom de sinapisme. Nous en traiterons spécialement.

Sinapisme. de σιναπι, sénevé ou moutarde. Le sinapisme est composé de farine de moutarde délayée dans l'eau froide, de manière à confectionner une bouillie épaisse. C'est un médicament précieux que le sinapisme dans la médecine des animaux. L'engorgement qui est le résultat de son action énergique, permet d'obtenir successivement un effet révulsif prompt, une saignée locale et un exutoire dont on peut prolonger les effets plus ou moins de temps ; mais tous ces avantages thérapeutiques ne peuvent être obtenus qu'autant que les conditions suivantes auront été remplies.

1° On rasera les poils le plus près possible de la peau.

2° On frictionnera la partie avec le vinaigre bouillant ou on cherchera à en altérer l'épiderme en frottant la peau avec l'ammoniaque ordinaire étendue de moitié son poids d'eau.

3° On confectionnera le cataplasme et on l'étalera sur une toile à laquelle seront appliqués des liens destinés à maintenir le tout sur la partie.

4° Une couche de foin fin, ou d'étoupes sera étalée sur une autre toile, et appliquée sur la toile enfermant le cataplasme. Cette seconde toile ainsi que le coussin formé par le foin ou les étoupes intermédiaires devra maintenir le cataplasme exactement appliqué sur la peau.

On fait souvent usage des sinapismes sur les parois latérales de la poitrine pour combattre la pleurite, la pneumonite, la péricardite. Pour appliquer et maintenir le cataplasme dans cette région, le vétérinaire attachera aux deux enveloppes une baguette du volume du petit doigt. Cette baguette empêchera la toile de se plisser et, servant de point d'attache aux liens qui vont s'attacher sur le garrot, elle maintiendra solidement tout l'appareil.

Ce cataplasme a toujours l'inconvénient de se déplacer en glissant du côté du ventre. Pour empêcher ce déplacement le vétérinaire devra entourer l'encolure près du poitrail avec un surfaix ou avec un morceau de toile. Chaque bandage devra porter quatre rubans ou ficelles d'un demi-mètre de long, et fixés à la toile, savoir : le premier à la portion correspondante au passage des sangles, le second à l'extrémité supérieure et antérieure, le troisième au milieu, et le quatrième à l'extrémité postérieure. Ces liens, lorsque le sinapisme sera appliqué, devront être passés, le premier entre les deux membres, pour venir s'attacher à la ceinture de l'encolure, et les trois autres, remontant sur le garrot et le dos, viendront se lier sur ces parties avec ceux du côté opposé. Pour éviter que les liens qui passent sur le garrot et le dos ne viennent occasionner des blessures toujours dangereuses, on aura soin de glisser au dessous un petit botillon de paille ou de les entourer de chiffons, d'étoupes ou de chanvre.

Dans les endroits où on ne peut maintenir le cataplasme de moutarde avec un bandage, comme à l'encolure, aux fesses, au voisinage de quelques articulations, on délaye peu la farine, on y ajoute quelques blancs d œufs, et on colle le tout à la surface de la peau. Il est rare cependant que l'application de ces sinapismes résiste aux mouvements désordonnés auxquels se livrent les animaux pendant leur action. Il faut alors avoir le soin d'en réappliquer d'autres aussitôt.

Fumigations. On désigne sous ce nom en médecine les expansions de vapeurs que l'on dirige sur une partie quelconque du corps ou sur le corps en entier pour y déterminer un effet thérapeutique qui varie suivant la nature de la substance vaporisée.

Les fumigations médicinales sont *générales* ou *locales*. Elles sont générales lorsque tout le corps y est soumis, et locales lorsqu'elles ne sont dirigées que dans quelques parties seulement comme dans le nez, le vagin, par exemple.

Les fumigations se préparent de diverses manières et reçoivent différents noms : ainsi les vapeurs de l'eau bouillante, celle des décoctums mucilagineux, sont des fumigations émollientes ; les vapeurs des décoctums, des plantes aromatiques, du vin, de l'alcool ou de quelques teintures, sont des fumigations excitantes, celles faites avec le tabac portent le nom de stupéfiantes, etc. ; enfin des substances solides susceptibles de prendre la forme élastique par l'action du calorique ou de fournir des produits vaporeux par leur décomposition au feu ou leur combustion à l'air, servent souvent de bases à certaines fumigations : tels sont le soufre, le cinabre, les baies de genièvre, les plantes aromatiques.

Fumigations générales. Lorsqu'on se propose d'agir sur toute la surface de la peau des animaux on les place, ainsi que nous l'avons déjà dit dans notre Traité de pharmacie, page 508, dans une chambre étroite, munie d'un fourneau établi en maçonnerie à l'un des côtés de la muraille et portant une chaudière en fonte pour faire bouillir l'eau avec les plantes émollientes ou aromatiques. La porte de cette pièce doit être munie d'une petite fenêtre vitrée, à coulisse, qui permet de surveiller les animaux. Les buanderies telles qu'on les construit sont très propres à l'administration de ces sortes de fumigations pour les grands animaux.

On peut aussi disposer dans une stalle d'écurie deux ou trois ou quatre cerceaux de tonneaux cloués à la stalle sur lesquels on étale des couvertures ou des draps descendant jusqu'à terre et embrassant antérieurement l'encolure pour laisser la tête libre et, postérieurement, se fermant sur l'animal. On fait dégager de la vapeur d'eau dans une chaudière portative placée aux environs et, par un tuyau s'échappant du couvercle de la chaudière et se rendant sous l'appareil, on peut faire arriver la vapeur. Les fumigations aromatiques sulfureuses se pratiquent de la même manière.

Mais le procédé le plus simple, le plus économique et aussi le moins embarrássant, consiste à recouvrir l'animal avec de longs draps traînant jusqu'à terre et attachés avec des liens au cou et en arrière des fesses. Pour pratiquer des fumigations émollientes, on met l'eau simple ou chargée de principes émollients dans un seau, et on place ce vase sous le ventre de l'animal. Pour les fumigations aromatiques, sulfureuses ou mercurielles on place des charbons allumés dans un petit réchaud et on projette dessus les substances qui doivent fournir la fumigation.

Il est encore préférable de se servir d'une espèce de grosse cuillère en fer battu ou bien d'une pelle à feu ordinaire que l'on fait rougir ; on y projette les substances que l'on veut vaporiser, et une personne tient cet appareil sous le ventre de l'animal. Ce dernier moyen est préférable parce que l'appareil est portatif, tandis que le réchaud et les vases qui renferment la matière en combustion peuvent être brisés ou renversés par les mouvements des membres des animaux.

Les fumigations émollientes que l'on pratique pour combattre l'entérite et la péritonite aiguës, l'inflammation des mamelles ; les fumigations aromatiques si fréquemment employées dans les congestions pulmonaires, les refroidissements subits de la peau qui précèdent l'imminence des maladies des séreuses, se font de cette manière.

Fumigations locales. Ces fumigations se donnent dans les naseaux, le vagin. Nous en traiterons en parlant des surfaces muqueuses, respiratoires et génito-urinaires.

Frictions. De *fricare*, frotter. La friction est l'action de frotter le corps ou les membres en exerçant une pression plus ou moins forte. La friction est d'une grande ressource en thérapeutique vétérinaire, aussi est-elle souvent et avantageusement employée.

On donne le nom de friction *générale* aux frottements opérés sur le corps et les membres, et celui de friction *locale* à ceux exercés sur une surface circonscrite du corps ou des membres. On appelle la friction *sèche* si elle est faite avec un bouchon de paille, de foin, la brosse, le gant hygiénique. Elle reçoit le nom d'*humide* ou de *médicamenteuse* si elle est pratiquée avec des médicaments liquides. Enfin selon les effets qu'on désire en obtenir, on la désigne encore sous les noms d'*émolliente*, d'*excitante*, d'*irritante*, de *vésicante*, *etc.*

Règles générales. Quelle que soit l'espèce de friction que le vétérinaire désire pratiquer, la peau devra toujours être frottée dans le sens opposé à la direction des poils. Si la friction doit être *locale* et *médicamenteuse*, on s'attachera avant tout à bien nettoyer la peau et à couper les poils, s'ils sont longs et fournis.

Frictions sèches. Ces frictions doivent toujours être continuées jusqu'à ce que la peau soit chaude et débarrassée de toute humidité. Si on se contente d'essuyer seulement l'eau ou la sueur qui baigne le corps, on n'obtient point tous les bons effets de la friction. Dans les cas où il s'agit surtout de congestionner le tissu cutané dans une grande étendue, non seulement il faut persister dans leur emploi jusqu'à ce que la peau soit sèche et chaude, mais encore rouge, injectée et douloureuse.

On combine souvent ces sortes de frictions avec les fumigations excitantes, et il est rare qu'on n'ait pas à se louer de l'emploi simultané ou successif de ces deux moyens thérapeutiques. Les frictions sèches, toutes les fois qu'elles sont générales, doivent être continuées pendant longtemps, et renouvelées souvent si on désire en obtenir un résultat avantageux. C'est surtout lorsqu'on les emploie dans les congestions intérieure que cette indication doit être scrupuleusement remplie.

Frictions humides. Les frictions humides, faites avec l'alcool, l'eau de vie camphrée, le vinaigre, l'essence de térébenthine, la teinture de cantharides, de scille, de belladone, d'opium, de digitale, etc., doivent, quelles que soient les parties où on les emploie, être précédées de frictions sèches dans le but de nettoyer la peau, de l'échauffer, de la congestionner, et de la préparer à l'action médicamenteuse, qui alors produit tout l'effet qu'on doit en attendre. Toujours l'application du médicament devra être pratiquée à rebrousse poil, pour bien faire pénétrer le liquide jusqu'à la peau, qu'on frottera ensuite doucement, légèrement, ou avec force et vivacité, selon la nature du médicament employé. Dans la friction médicamenteuse qu'on désigne sous le nom de *pénétrante*, ou, en d'autres termes, dans celle où on veut faire parvenir dans le tissu cutané et dans les vaisseaux capillaires la partie active du médicament, la friction devra être douce, lente, et continuée pendant longtemps. On choisira de préférence les parties du corps ou des membres où la peau sera fine et vasculaire, parce que l'absorption y sera plus rapide et plus complète. Comme toutes les frictions pénétrantes irritent plus ou moins la peau, durcissent son épiderme ou le soulèvent, et qu'alors l'absorption devient infidèle, il est indispensable de changer le lieu de la friction, et d'en agir ainsi jusqu'à ce qu'on ait obtenu l'effet désiré. Il est aussi indispensable de pratiquer ces frictions le matin, et toujours lorsque les animaux sont *à jeûn;* autrement l'absorption ne serait ni active, ni complète, ni profitable. Cette condition est de rigueur.

La friction pénétrante terminée, la partie sera lavée et nettoyée convenablement. Sans cette attention, il pourrait arriver qu'une portion du médicament attachée à la peau déterminât par son séjour, par son altération, une irritation plus ou moins forte. Cependant, si le thérapeutiste désire obtenir tout à la fois une irritation vive, une vésication, et une action pénétrante par absorption, comme dans les frictions cantharidées, ammoniacales, émétisées, il devra laisser une couche légère de médicament à la surface cutanée pour continuer l'action médicamenteuse et la rendre en quelque sorte permanente.

Embrocation. L'embrocation est une opération thérapeutique, qui consiste à verser et à frotter doucement, avec la main, une partie malade avec les huiles simples ou médicinales, dans le but de les faire pénétrer dans l'épiderme pour l'assouplir, et de permettre l'absorption des principes médicamenteux qu'elles renferment. Les huiles qui servent à faire les embrocations, sont froides ou chaudes. Sous ce dernier état, elles pénètrent plus facilement l'épiderme, assouplissent mieux la peau, et l'absorption de leurs principes médicamenteux se fait avec plus de promptitude.

Les embrocations sont fréquemment usitées dans les maladies de la peau, avec épaississement, induration et endurcissement de l'épiderme. On les emploie aussi avec succès dans les douleurs rhumatismales des articulations.

Onction. L'onction est l'action d'oindre une partie de la peau avec de la graisse pure ou chargée de matières médicamenteuses. Les onctions se font ordinairement avec les préparations pharmaceutiques qu'on nomme *onguents* et *pommades*. Les onctions peuvent être émollientes, anodines, excitantes, fondantes, etc. Quelques précautions doivent être prises dans leur emploi. Nous allons les indiquer.

1° Les poils de la partie seront rasés, et celle-ci lavée et nettoyée avec de l'eau savonneuse chaude.

2° La peau sera frictionnée doucement avec la main, si elle est rouge et douloureuse.

3° Dans toutes les saisons de l'année, et particulièrement dans les temps chauds, la couche de graisse qui reste attachée à la peau, devenant rance et irritante, sera enlevée et la peau nettoyée avec de l'eau de savon, ou, ce qui est préférable, avec une faible solution de sous-carbonate de soude.

4° Si le thérapeutiste désire faire absorber, par la *méthode endermique*, le principe médicamenteux dont la pommade ou l'onguent sont chargés, voici les attentions qui doivent être prises dans ces *onctions pénétrantes :*

A. L'animal devra être à jeûn, la vacuité de l'estomac favorisant l'absorption des molécules du médicament.

B. La peau sera préalablement échauffée et nettoyée avec de l'eau chaude simple ou savonneuse, pour humecter l'épiderme, dilater, assouplir ses cellules, les rendre plus perméables à l'imbibition et à l'absorption qui doit se faire à sa face interne.

C. Le vétérinaire commencera d'abord par oindre la peau d'une couche peu épaisse de pommade ou d'onguent, et la frottera doucement avec la main nue ou garnie d'une vessie de porc. Cette dernière précaution est indispensable pour prévenir les accidents qui pourraient survenir de l'absorption par la main nue du mercure, de l'acide arsénieux, qui forment la base de quelques pommades et onguents.

D. Plus la friction sera pratiquée doucement et longtemps, plus elle deviendra pénétrante. La destruction de l'épiderme, l'irritation des tissus vasculaires sous-jacents, bien qu'activant d'abord l'absorption, la rendraient infidèle après quelques frictions.

E. La quantité du médicament employé devra toujours être minime. Une forte couche de graisse, en obstruant les porosités cutanées, ralentirait l'absorption.

F. Dans le but d'échauffer rapidement la peau et de dilater son tissu là où elle est épaisse, on approchera de la partie un corps chaud, un morceau de fer rouge par exemple, et on aura soin de la chauffer tout en continuant l'opération.

G. L'onction pénétrante deviendrait infailliblement infidèle si on persistait à la pratiquer toujours aux mêmes endroits. L'épiderme se durcirait, la peau s'irriterait, s'enflammerait, et l'absorption, ralentie par ces causes, ne se ferait bientôt plus. Il est donc essentiel, ainsi que nous l'avons déjà dit pour les frictions pénétrantes, de changer le lieu de l'onction aussitôt qu'on s'aperçoit que la peau commence à s'irriter.

Le temps nécessaire pour opérer une bonne friction pénétrante varie selon la nature de la préparation médicamenteuse, la finesse de la peau, sa vascularité, l'état pléthorique ou de laxité des animaux, la nature de l'altération que l'on cherche à guérir, et surtout la quantité du médicament qui doit être absorbé ; mais cependant, quoique cette évaluation soit difficile, une onction pénétrante réclame de 20 à 30 et même 40 minutes pour être convenablement achevée.

L'opération étant terminée, la peau sera soigneusement lotionnée et nettoyée, pour éviter l'action irritante de la préparation qui pourrait rester attachée à sa surface.

Charges. — *Céroènes* ou *Ciroènes.* On appelle ainsi en médecine vétérinaire un mélange composé de cire, de poix, de lie de vin, quelquefois de cantharides, que l'on applique chaud sur les parties malades, et notamment sur les reins, autour des articulations des membres qui sont atteints de tiraillements, d'entorse ou d'hydropisies synoviales. On ne coupera pas les poils aux endroits où ces préparations devront être appliquées, à moins qu'ils ne soient longs et très fourrés. Les charges seront chauffées et liquéfiées, de manière à ne point brûler la peau, mais à la rubéfier fortement. On aura soin de les étendre avec une spatule en rebroussant le poil. Dans le but de donner plus de dureté et de solidité à ces préparations, comme aussi pour les empêcher de glisser sur les parties voisines et de s'attacher à la litière lorsque les animaux se couchent, on doit aussitôt leur application projeter et attacher à leur surface de la bourre ou des étoupes hachées.

Vésicatoires. On accorde ce nom à un topique qui, appliqué sur la peau, suscite la formation d'ampoules plus ou moins volumineuses, formées par le soulèvement de l'épiderme, et renfermant un fluide séreux provenant de l'irritation causée par l'application de médicaments vésicants, tels que les cantharides, l'ammoniaque, l'euphorbe, etc. Les vésicatoires sont de puissants agents thérapeutiques dans la médecine des animaux; il est donc important que nous tracions ici les divers moyens à mettre en pratique, pour en assurer le pouvoir curatif.

La préparation vésicante la plus employée en médecine vétérinaire est l'onguent vésicatoire (1). Pour appliquer cet onguent sur le tissu cutané, dans les régions où les frottements, la litière, les dents des animaux pourraient l'enlever, on doit commencer par couper les poils, nettoyer la peau et la frictionner vigoureusement avec l'onguent pour en pénétrer l'épiderme. On l'étend ensuite en couches plus ou moins épaisses sur une

(1) *Voyez* pour la préparation de cet onguent, notre *Traité de Pharmacie théorique et pratique.*

feuille de papier collé que l'on applique sur une toile pourvue de liens, destinés à maintenir le bandage exactement appliqué sur la partie que l'on désire irriter. Lorsqu'on fait usage des vésicatoires pour combattre les diverses affections des organes renfermés dans la poitrine, on emploie l'appareil dont nous avons parlé en traitant des sinapismes.

Dans toutes les régions du corps et des membres où l'onguent peut tenir attaché à la peau à l'aide des poils, on se contentera d'en imprégner ceux-ci en frottant à rebrousse poil. On fait ainsi usage de cet onguent dans le traitement de la gale, des dartres, des tumeurs indurées des articulations, des molettes, des vessigons, des contusions récentes, etc.

Pansement. Le pansement des vésicatoires est important à connaître. Après la première ou la seconde application, il s'élève sur la peau de petites ampoules, que l'on peut exciser sans inconvénient si elles sont nombreuses; mais que l'on doit conserver si elles le sont peu. Bientôt ces ampoules se crèvent, et du véritable pus est sécrété au dessous de l'épiderme. C'est cette suppuration qu'il faut entretenir en excitant la peau avec l'onguent basilicum, le digestif simple ou le digestif animé, l'essence de térébenthine, la pommade d'euphorbe, etc. On étale ces composés sur une feuille de papier à vésicatoire qu'on applique sur la partie suppurante que l'on doit avoir soin de recouvrir d'une toile simple ou garnie d'étoupes pour conserver une douce chaleur à la plaie. Pendant ces pansements, on ne devra point exposer l'animal au froid ni à un courant d'air; on abstergera le pus qui baigne la plaie sans la frotter, ni la sécher complètement; on ne la lavera point si elle n'est pas trop salie par la dessiccation du pus. Quant aux pansements subséquents, ils pourront être faits de la même manière, seulement si la plaie est pâle, la suppuration sanieuse ou séreuse, il faudra l'animer avec les pommades irritantes; que si au contraire cette plaie est rouge, saignante et vivement irritée, il sera indispensable de la panser avec de la graisse récente, du beurre, de la crême, pour diminuer l'inflammation, calmer la douleur et rendre la suppuration louable.

Pendant la durée du vésicatoire, et surtout dans le moment où la cicatrisation commence à s'opérer, une douleur prurigineuse porte les animaux à déchirer les bandages pour se mordre, se frotter ou se gratter la plaie, qui alors excoriée, apparaît saignante et livide. Pour éviter ces inconvénients, on doit attacher l'animal très court, lui mettre un collier en bois pour éviter l'action de la dent, et le tenir éloigné des barres, des poteaux, des murailles, pour prévenir les frottements.

Lorsque les maladies qui ont réclamé l'emploi des vésicatoires marchent vers une terminaison heureuse, que la convalescence est presque terminée, on doit le supprimer. Cette suppression demande encore certaines attentions. Si la surface suppurante n'existe que depuis quelques jours, on peut sans inconvénient laisser tarir la sécrétion pathologique dont elle est le siège. Que si au contraire le vésicatoire est placé depuis longtemps, on ne doit en arrêter la sécrétion que peu à peu, en cessant l'emploi des suppuratifs à la circonférence de la plaie, et les remplaçant par de la fécule, de la farine, des étoupes sèches, ou la bassinant avec de l'eau de Goulard. Dans le cas où le vésicatoire est entretenu depuis 3 à 4 mois et plus, la suppression de cet exutoire doit être précédée de l'application d'un séton dans le voisinage, et ce n'est que lorsque le séton donnera de la suppuration, que l'on pourra seulement se permettre la suppression dont il s'agit.

Quant à l'application des moxas, de la cautérisation transcurrente, inhérente et objective, des sangsues, des ventouses à la surface de la peau, nous renvoyons aux ouvrages de chirurgie vétérinaire, où ces opérations thérapeutiques sont traitées.

Méthode iatraleptique. La méthode iatraleptique est un procédé thérapeutique, qui consiste à déposer sur la peau dépourvue de son épiderme des médicaments solubles susceptibles d'être absorbés. En médecine humaine, cette méthode est aujourd'hui fréquemment employée pour faire agir des médicaments qui, quoique à petites doses, sont doués d'une grande énergie, comme l'acétate de morphine, la strychnine, les extraits de datura, de belladone, de ciguë, etc. Pour dénuder le derme de la peau de l'homme, les médecins appliquent un vésicatoire ; lorsqu'ils ont obtenu la formation d'une grosse ampoule, ils la crèvent, pour faire écouler le liquide qu'elle contient, et déposent à la place le médicament qu'ils désirent faire absorber. D'autres coupent l'épiderme formant l'ampoule avec des ciseaux et mettent le médicament sur la plaie, qu'ils recouvrent ensuite de papier collé ; ou bien encore, lorsque le vésicatoire suppure depuis quelque temps, ils recouvrent la plaie qui vient d'être pansée avec le médicament dont ils veulent obtenir les effets.

En médecine vétérinaire, ce n'est toujours, du moins dans les grands animaux, qu'avec beaucoup de soins qu'on parvient à obtenir une ampoule assez grosse pour pouvoir injecter le médicament dans son intérieur, parce que, d'une part, la peau des animaux, en général, n'est point aussi fine que celle de l'homme, et que, d'autre part, en se mordant, se roulant, ou se grattant, ils déchirent les ampoules. Mais ce qu'il est facile d'obtenir, c'est la dénudation de la peau par l'action des cantharides. Nous nous sommes assuré par expérience que l'absorption était très active à la surface suppurante des vésicatoires placés sur tous les animaux. Les vétérinaires ont pu constater, aussi bien que nous, combien la pénétration de la cantharidine est rapide et va augmenter la sécrétion urinaire, lorsqu'on panse les vésicatoires dont la suppuration est languissante, avec le mélange de vésicatoire et de basilicum. C'est donc une nouvelle voie ouverte aux agents thérapeutiques que la méthode iatraleptique. Les vétérinaires ne doivent point dédaigner d'en faire usage, parce qu'elle peut faire obtenir des résultats avantageux dans la pratique. On pourra objecter que les médicaments dont on doit se servir sont très chers ; mais si on réfléchit que par cette méthode ils agissent à une très faible dose, qu'on est sûr de leur action et des effets qu'on en attend, on dédaignera cette considération à l'égard de certains animaux atteints de tétanos, de vertige, ou de maladies dans lesquelles la surface digestive ne peut point supporter sans danger les effets de quelques médicaments actifs.

B. Surfaces muqueuses.

1° *Surface muqueuse digestive.* L'étendue de la surface que nous allons examiner dans les diverses espèces domestiques; le rôle important qu'elle joue dans l'économie; sa continuité avec le foie, le pancréas; ses liaisons nerveuses avec le poumon, le cœur et l'encéphale par les nerfs pneumo-gastriques et trisplanchniques; ses relations sympathiques avec la peau, les muqueuses respiratoires, les reins et tout l'organisme; l'absorption vive et active qui s'y passe, donnent une idée de la haute influence qu'elle doit exercer lorsqu'elle est impressionnée par l'action médicamenteuse. Depuis un temps immémorial, les médecins aussi bien que les vétérinaires ont généralement préféré cette surface à toute autre dans l'emploi des remèdes; d'abord, parce que l'administration des drogues est facile, ensuite parce que le thérapeutiste peut accélérer, diminuer, régulariser leur action. Toutefois, avant de faire agir des médicaments actifs sur la muqueuse digestive, le praticien devra se rappeler l'étendue, l'organisation des muqueuses dans les diverses espèces domestiques, son état sain ou morbide.

1° *Cheval. L'estomac du cheval* est petit relativement au volume du corps. La muqueuse de sa moitié gauche est recouverte d'un épithélium épais qui entrave beaucoup l'action médicamenteuse. La moitié droite ou pylorique est au contraire épaisse, rouge, recouverte d'un épiderme fin et d'une texture glanduliforme bien remarquable. C'est assurément cette surface qui est chargée de la sécrétion du suc gastrique et de la plus grande partie de la digestion. Les matières alimentaires, les boissons, les breuvages, ne séjournent que fort peu de temps dans le viscère gastrique; ils passent rapidement dans le canal intestinal. La surface muqueuse stomacale s'irrite et s'enflamme difficilement; elle supporte des doses élevées de médicaments excitants sans s'irriter de manière à pervertir les fonctions stomacales. Pourtant une circonstance vient rendre le praticien circonspect dans l'administration de médicaments énergiques et irritants : c'est que le cheval ne peut point rejeter par le vomissement les matières qui sont parvenues dans son estomac, ainsi que peuvent le faire le chien et le porc.

L'*intestin grêle* de la longueur moyenne de 21 à 22 mètres paraît être le lieu où se passe l'action médicamenteuse dans le cheval. Pourvu d'une muqueuse fine, villeuse, mais assez résistante, cette portion de l'intestin est le siège principal de l'absorption des molécules des médicaments. Cependant, comme cette partie intestinale dans le cheval est pourvue d'une forte tunique musculeuse, les médicaments y circulent rapidement. D'après quelques expériences faites par M. Yvart, et que nous avons répétées, les boissons et les breuvages arrivent en moins de 10 à 15 minutes au cœcum.

Le *cœcum* et le *côlon* sont, comme on sait, de vastes réservoirs, dans lesquels les médicaments, associés à une grande quantité de liquides et à 25 à 30 kilogrammes de matières alimentaires, exercent peu d'action. Pourtant les purgatifs secouent assez vivement ces gros viscères, et les forcent à expulser les matières qu'ils renferment. Il ne faudrait cependant pas s'imaginer que les gros intestins ne soient pas susceptibles de ressentir l'influence des médicaments; l'observation démontre au contraire qu'ils sont absorbés par cette surface, et que leur action locale y est puissante, notamment lorsque le cheval a été soumis à une diète sévère pendant quelques jours.

Ruminants. Les animaux ruminants sont pourvus de quatre estomacs, le rumen, le réseau, le feuillet et la caillette. Le premier doit être considéré comme le lieu qui tient en dépôt la matière alimentaire qui doit subir par l'acte de la rumination une mastication et une salivation complète ; le second comme le réservoir des liquides ; le troisième comme l'organe destiné à opérer un mélange plus intime des aliments qui viennent d'être soumis à l'action des dents et à la salivation ; enfin le quatrième comme le véritable estomac chargé de sécréter le suc gastrique et d'opérer la digestion. Les trois premiers estomacs sont tapissés par une muqueuse fine très vasculaire, pourvue de longues villosités foliacées (rumen), ou de petites élévations coniques (réseau, feuillet). Cette muqueuse est protégée par un épithélium épais, qui la rend moins impressionnable à l'action des médicaments.

La terminaison de l'œsophage dans ces quatre estomacs doit être bien connue. On sait que ce conduit en arrivant au rumen se dilate en forme d'entonnoir, pour donner accès aux aliments fourragés par l'animal ; qu'en passant au dessus du réseau il constitue une gouttière dont l'ouverture, située en bas et fermée incomplètement par deux grosses lèvres charnues, permet aux liquides avalés à grande gorgée d'arriver dans ce réservoir ; qu'en parvenant au feuillet, le conduit dont il s'agit se divise en beaucoup de petites filières qui s'engagent entre les lames du feuillet pour donner passage aux aliments ruminés qui ont encore besoin d'être modifiés par ce viscère ; enfin qu'il se termine au véritable estomac par une ouverture ronde qui livre passage tout à la fois aux aliments et aux liquides qui ont franchi les gouttières du feuillet. Il résulte de cette organisation que la caillette est le viscère qui reçoit les aliments ruminés, la plus grande partie des boissons, et qui doit les digérer. Nous ajouterons que la muqueuse de ce viscère étant fine, vasculaire et très étendue, doit être considérée comme la surface où commence à se manifester la première impression des médicaments qu'on administre aux ruminants.

Intestin grêle. La longueur de cet intestin est de 25 à 26 mètres. Mince, très facile à déchirer, veloutée et garnie de longues et nombreuses villosités, pourvue de beaucoup de follicules agglomérés, doublée par une tunique charnue peu épaisse, la muqueuse de cette partie du tube digestif doit être très influencée par les médicaments. Aussi l'action locale, les phénomènes sympathiques qui sont consécutifs à cette action, développent-ils toute leur puissance dans les diverses médications qui se passent sur cette surface si vaste, si organisée, et partout si douée d'une grande vitalité.

Gros intestin. Le cœcum et le côlon de 5 à 6 mètres de long, peu dilatés, contenant des aliments très triturés, ces gros viscères sont bien plus accessibles à l'action médicamenteuse dans les ruminants que dans le cheval. La muqueuse qui les tapisse remarquablement fine, est douée d'une grande force absorbante.

3° *Porc* et *chien.* Dans ces animaux l'estomac est simple et pourvu d'une muqueuse fine très vasculaire qui en tapisse toute la surface. Les intestins grêle et gros de la longueur de 3 à 4 mètres sont par conséquent plus courts que ceux de toutes les autres espèces domestiques. Leur muqueuse, quoique très villeuse, est assez épaisse; leur membrane charnue est douée d'une contraction plus forte que celle des ruminants. Les effets des médicaments sont assurément puissants sur une telle surface. Cependant le vétérinaire ne devra point toujours compter sur les effets énergiques de beaucoup d'entre eux, le porc et le chien particulièrement pouvant rejeter les matières qui irritent l'estomac, par le vomissement.

Il découle de tout ce que nous venons de relater ici succinctement sur l'organisation anatomique du tube digestif et de la muqueuse qui le revêt, que toutes choses étant égales d'ailleurs, les effets primitifs et consécutifs des médicaments qui manifestent plus particulièrement leur action sur le tube intestinal, devront être plus marqués dans les animaux ruminants que dans les chevaux, et plus dans ceux-ci que dans le chien et le porc.

C'est en effet ce que la pratique démontre toutes les fois que l'on prend toutes les précautions que réclame l'administration des médicaments chez les diverses espèces d'animaux domestiques.

Indépendamment de ces différences d'organisation du tube intestinal dont le thérapeutiste devra tenir compte dans le choix et la dose des médicaments qu'il désire administrer, il doit encore s'assurer de la vacuité ou de la plénitude de l'estomac, comme aussi de l'état sain ou malade de la surface digestive. Ce serait en vain que le vétérinaire attendrait quelque effet d'un médicament administré, l'estomac étant rempli d'aliments, la matière médicamenteuse se trouvant mélangée à une masse de matières alimentaires susceptibles parfois d'altérer, de changer sa composition chimique. Ses effets seraient donc, si non annulés, au moins considérablement diminués. Bien plus, dans la supposition où l'agent médicamenteux irriterait ou débiliterait la muqueuse gastrique, il pourrait contrarier, gêner ou pervertir les fonctions stomacales, provoquer une indigestion dans les herbivores, et le vomissement dans le chien et le porc. Or, il est donc essentiel dans la médecine des animaux, comme dans celle de l'homme, de ne point administrer de médicaments lorsque l'estomac et les intestins ne sont pas dans un état convenable de vacuité, ou lorsque les animaux ne sont point à jeun.

Lorsque l'on croit devoir provoquer l'excitation, l'irritation même de la surface gastrique par l'emploi de médicaments diffusibles, amers, âcres ou purgatifs, il importe beaucoup de s'assurer de l'état sain de la surface muqueuse : car, autant cette surface résiste à l'impression des excitants passagers et revient rapidement à son état naturel, autant cette impression reste profonde et longue à disparaître lorsqu'elle est irritée ou enflammée. Il peut résulter d'ailleurs de cette administration intempestive, soit des troubles profonds et durables dans la digestion, soit une exaspération dans la maladie, qui alors peut compromettre la vie des animaux, et même causer la mort. Cependant, on ne doit pas trop exagérer les effets qui peuvent être la suite de l'emploi irrationel de médicaments actifs, comme les émétiques, les purgatifs, les diurétiques, les toniques; il faut bien aussi se persuader que ces effets, s'ils sont passagers, ne sont point toujours nuisibles, que quelquefois même ils sont avantageux, et que d'ailleurs les viscères de la digestion, destinés à être en contact avec les corps extérieurs, ont obtenu de la nature une grande force de réaction vitale, qui les rend moins impressionnables que beaucoup d'autres surfaces à l'action des corps médicamenteux. Dans le cas cependant où le praticien redouterait que l'excitation pharmacologique aggravât l'inflammation, il serait prudent de n'administrer l'excitant qu'à petite dose, d'en cesser l'emploi s'il était désavantageux, de laisser écouler quelque jours après son administration, ou bien enfin de l'associer à des émollients qui lui serviraient de correctif.

Emploi des médicaments sur la surface digestive.

A. *Surface buccale.* La forme des médicaments qui sont usités dans la bouche des animaux sont les *gargarismes* et les *masticatoires*.

1° *Gargarismes.* On donne ce nom à des liquides qui sont introduits dans la bouche dans le but de modifier l'état pathologique de la membrane buccale, et, par continuité de tissu, celle du pharynx. Ces gargarismes peuvent être émollients, astringents, acidules, légèrement caustiques, etc. Ils sont *liquides* ou *mous*.

Les *gargarismes liquides* se donnent avec une seringue munie d'une canule droite ou courbée; cette dernière est préférable, parce qu'elle permet au vétérinaire de se placer à côté de l'animal, d'injecter le liquide avec plus de facilité, et de ne point être blessé.

L'animal étant tenu en liberté s'il est docile, attaché bas à un anneau s'il est indocile, le vétérinaire passe la canule de la seringue dans l'espace interdentaire, et injecte doucement le liquide dans la bouche. L'animal mâchonne ordinairement pendant l'injection, et alors le liquide se répand dans toutes les parties de la bouche.

Si l'animal est atteint d'angine ou de laryngite, il ne faut jamais pousser le liquide trop fort dans le fond de la bouche ; le gargarisme pourrait passer dans le pharynx, et comme dans ces sortes de cas l'animal éprouve beaucoup de difficultés dans la déglutition, le liquide pourrait tomber dans la trachée, occasionner un toux pénible et des phénomènes de suffocation. Cette attention est du reste toujours indispensable, lorsque le vétérinaire fait usage de gargarismes irritants ou légèrement caustiques.

Dans d'autres circonstances, au contraire, le vétérinaire doit borner le jeu de la mâchoire inférieure à l'aide d'un licol dont il aura serré la muserolle, et injecter le gargarisme avec assez de vigueur pour forcer le liquide à franchir le voile du palais et à parvenir dans le pharynx pour y être dégluti. Ces sortes d'injections se pratiquent lorsque les animaux sont atteints de fractures de la mâchoire inférieure, de tétanos, de maladies de poitrine, de vertige. On en fait surtout usage lorsqu'on désire faire arriver dans l'estomac des liquides chargés de principes féculents, de bouillons nourrissants. Les chevaux s'habituent facilement à ces sortes d'injections, et on les voit bientôt sucer avec plaisir les liquides miellés et amylacés.

Les gargarismes sont fréquemment usités pour calmer la soif, combattre les inflammations, déterger les ulcérations aphtheuses dont la muqueuse buccale est souvent affectée.

Les *gargarismes mous* sont ordinairement composés de miel, de mélasse et de différentes substances liquides ou demi solides, parfois de liquides caustiques. Les plus fréquemment usités sont le miel, l'hydromel concentré, associés à la poudre de réglisse, de guimauve, comme aussi les mélanges de miel, d'acide hydrochlorique, d'alcool sulfurique et d'eau.

Pour se servir de ces préparations, on attache une petite éponge, un chiffon ou des étoupes au bout d'un bâtonnet. On imbibe cette partie du gargarisme, et on la promène sur les endroits malades que l'on désire modifier. Pour en faire usage dans les lieux occupant le fond de la bouche comme au voile du palais, aux amygdales, il est nécessaire d'abattre les animaux, de leur maintenir la bouche ou la gueule ouverte par un pas d'âne ou deux cordes attachées aux deux mâchoires pour les écarter en tirant en sens contraire. On emploie particulièrement ces procédés dans l'angine couenneuse du porc et le glossanthrax des grands animaux domestiques.

2° *Masticatoires.* Les masticatoires sont des préparations qui doivent être mâchées par les animaux. On leur donne encore les noms de *nouets*, de *billots*, de *masticadours*. Voici comment on en fait usage. Pour les ruminants, on place les médicaments destinés à être mâchés dans un chiffon de linge vieux, avec lequel on entoure un morceau de bois arrondi du volume et de la longueur d'un mors de bride. On attache à chaque extrémité de ce morceau de bois deux cordes assez longues pour être fixées sur la nuque ou à la base des cornes.

Pour les chevaux on se sert ordinairement du mors d'un filet ou du mors appelé *masticadour*, autour duquel on attache le masticatoire.

Dans la campagne, les vétérinaires font souvent usage de masticatoires confectionnés soit avec une branche verte de figuier dont ils forment un mors, soit avec des bois verts et astringents, comme par exemple les tiges du genêt commun, qu'ils tordent et placent dans la bouche des animaux.

On fait usage des masticatoires lorsque les animaux sont à jeun ou dans les intervalles qui séparent les repas pour exciter leur appétit. On laisse mâcher ces préparations pendant une ou plusieurs heures, et on les retire. Les médicaments dont on se sert excitent ordinairement la salivation, et la salive imprégnée des principes médicamenteux émollients, excitants, stomachiques, antiputrides, etc., étant déglutie par les animaux, va modifier l'état de l'estomac.

Les substances dont on se sert le plus ordinairement sont le miel, la poudre de guimauve, de réglisse, la graine et la farine de moutarde, le sel, le poivre, l'ail, l'asa fœtida, l'extrait de genièvre, la thériaque, selon les indications que le vétérinaire désire remplir.

Mode d'administration des médicaments sur la surface gastro-intestinale.

L'administration des médicaments sur la surface gastro-intestinale mérite toute l'attention du vétérinaire. En effet, c'est sur cette voie qu'on fait agir le plus souvent les médicaments, et c'est aussi assurément la surface sur laquelle on doit le plus compter sur les effets curatifs qu'on en attend. Ces effets dépendent beaucoup du mode d'administration de la substance médicinale, et c'est à ce point que telle substance administrée sous une forme ne manifestera que très peu d'action, tandis que sous une autre forme, ses effets seront énergiques. Nous dirons plus, le même médicament préparé par la même personne, administré sous le même état, produira encore des effets différents selon le procédé qui aura été employé pour le faire prendre à l'animal. Il est donc utile, indispensable même, que nous donnions à cette partie de la thérapeutique toute l'attention qu'elle réclame. Les préparations médicamenteuses dont nous allons nous occuper sont les *mash*, les *boissons*, les *panades*, les *tartines médicinales*, les *breuvages*, les *électuaires*, les *pilules*, les *injections œsophagiennes* et les *lavements*.

1° *Mash*. Cette expression qui nous vient des Anglais et du mot *mash*, qui veut dire *mélange*, est un composé d'avoine et de graine de lin, ou d'avoine et de son, sur lequel on jette de l'eau bouillante. On compose aussi le mash avec la farine d'orge et le son, mélangé et mouillé avec un peu d'eau. Le seigle, l'orge macérée pendant quelque temps dans l'eau, donnent aussi un excellent mash. Ces préparations qui sont connus des agriculteurs et des vétérinaires sous le nom de *provende* (1), sont particulièrement données aux chevaux. C'est surtout lorsqu'ils sont fatigués, échauffés ou bien lors de la convalescence de maladies graves, qu'on en fait usage. On rend quelquefois le mash médicamenteux, en ajoutant à la matière alimentaire le sel de cuisine, le nitrate de potasse, la fleur de soufre, le crocus metallorum, les oxydes de fer, la poudre de gentiane, les baies de genièvre pulvérisées, etc. On y mélange aussi souvent le foin, la paille hachée, des carottes coupées par morceaux, et des bouillons de viande. L'administration des médicaments, lorsqu'on les associe aux mélanges dont il s'agit, est très avantageuse pour les chevaux, les bêtes bovines, ovines, les porcs, et les volailles. Les animaux prennent volontiers cette préparation, ils la recherchent même lorsqu'elle est assaisonnée avec le sel marin, le nitre, etc. Les mashs médicamenteux ont l'avantage d'exciter l'appétit, de favoriser la digestion, de la rendre plus complète, et enfin de ne point susciter d'irritation sur les muqueuses.

2° *Soupes et panades*. Les soupes ou panades sont des composés de pain, ou de farine d'orge, auxquels on ajoute parfois une ou plusieurs autres substances cuites à l'eau ou à la vapeur, telles que des haricots, des lentilles, des pommes de terre, des carottes, des betteraves, de la chair de citrouille, des châtaignes (2). Ces mélanges analeptiques et restaurants sont fréquemment usités dans les maladies où il est utile de remonter l'économie et de réformer le sang, comme dans la cachexie aqueuse ou hydrohémie des moutons, les altérations septiques des liquides, les convalescences de maladies aiguës qui ont

(1) *Voyez* notre *Traité de Pharmacie*, page 443.

(2) *Voyez* notre *Traité de pharmacie théorique et pratique*, p. 144.

nécessité, pour être guéries, l'usage d'abondantes émissions sanguines. Dans le but de rendre ces panades médicamenteuses, on y ajoute du vin, de la bière, du cidre, du sel marin, des oxydes de fer. Lorsque les animaux ne peuvent point, ou refusent de les manger seuls, on les leur administre ordinairement avec une cuilière, en mettant en pratique le procédé employé pour donner les électuaires. (Voyez ce mot.)

3° *Tartines médicinales.* On nomme ainsi des tranches de pain, sur lesquelles on étend des substances médicinales qu'on fait manger aux animaux, et principalement aux ruminants. Ces préparations sont connues sous le nom vulgaire de *léchon*, parce que les animaux les lèchent avec plaisir. Les substances qu'on étend sur le pain sont le miel, le sirop, la farine de moutarde délayée dans l'eau, le sel de cuisine, le nitrate de potasse, les poudres excitantes et toniques, etc. On étend une légère couche de ces substances sur une tranche de pain, ou bien on saupoudre celui-ci de sel marin, de poudres excitantes toniques, etc., et on donne cette préparation aux bêtes à cornes et aux moutons, qui la mangent avec avidité. Ces tartines provoquent la salivation à la manière du masticatoire; augmentent l'appétit, rendent l'animal plus gai, excitent les fonctions de la digestion et toutes les sécrétions.

Le bétail, dit M. Mathieu, vétérinaire à Épinal, est friand de ces préparations : il est bon de lui en donner de temps en temps, même lorsqu'il se porte bien (1).

4° *Boissons.* On réserve le nom de boissons à l'eau pure ou chargée de principes médicamenteux, lorsqu'elle est prise naturellement par les animaux. C'est en cela que les boissons diffèrent des *breuvages* qui sont donnés à l'aide de secours étrangers.

L'eau est la boisson naturelle de tous les animaux domestiques; c'est elle qui, rafraîchissant la surface digestive, apaise

(1) *Recueil de médecine vétérinaire*, 1838, page 72.

la soif, facilite le parcours des matières alimentaires, et qui aussi, passant dans le sang, rend ce liquide plus fluide et moins excitable. Elle est, dit Bourgelat, une des conditions absolues de l'existence des animaux.

Les boissons ont été distinguées par Moiroud en boissons *simples, alimentaires* et *médicinales*.

A. *Boissons simples*. Ces boissons sont celles qui sont composées d'eau pure. Les eaux qui sont chargées de chaux, de cuivre, de soufre, et en général qui ne dissolvent pas le savon; les eaux stagnantes, fétides, impures des mares, des étangs, des fossés en partie desséchés par le soleil; les eaux de la fonte des neiges, doivent être rejetées comme boisson des animaux malades. Les eaux d'une température basse et peu aérées, provenant de puits profonds, de citernes, de sources glaciales, quoique pures, sont nuisibles, à cause de leur température basse, si ce n'est dans quelques cas d'hémorrhagie intérieure. Ces eaux refroidissent toute l'économie, occasionnent des tremblements généraux, qui peuvent être suivis de répercussions, de métastases funestes.

L'eau qui doit abreuver les animaux malades, dans le plus grand nombre des cas, doit avoir une température de 20 à 25°; on la fait prendre tiède ou chauffée à 30 ou 35° dans quelques circonstances particulières, et notamment dans les phlegmasies des viscères renfermés dans la poitrine. La soif est généralement augmentée dans toutes les inflammations qui ont leur siége dans le tube alimentaire, et dans toutes celles qui s'accompagnent d'une forte fièvre de réaction; aussi les boissons doivent-elles être prodiguées dans ces sortes de circonstances. Les eaux courantes battues, les eaux stagnantes et pures doivent seules être données sans aucune attention aux animaux. Les eaux de puits, de source, de citernes devront être exposées à l'air dans des tonneaux ou dans des baquets 6 à 12 heures avant d'être bues. Quant à la quantité d'eau dont on doit abreuver les diverses espèces domestiques lorsqu'elles sont malades, elle varie selon les saisons, la température, l'espèce d'animal, et surtout la maladie dont il est atteint. Cependant, nous devons dire avec Bourgelat (1) que le chien, proportionnellement au volume du corps, boit plus que le cheval, le cheval plus que le bœuf, le bœuf plus que la chèvre, la chèvre plus que le mouton. La boisson ordinaire du chien est d'un demi litre à un litre d'eau par jour, celle du cheval de 36 à 40 litres, celle du bœuf de 25 à 30 litres, et celle du mouton de 5 décilitres à 1 litre au plus. En général, les animaux herbivores, les ruminants surtout, boivent beaucoup lorsqu'ils sont nourris avec des aliments desséchés, et peu lorsqu'ils le sont avec des substances contenant une grande proportion d'eau. On place ordinairement auprès des animaux malades, dans les auges, les crêches ou les baquets, les liquides dont ils doivent s'abreuver, et qu'ils prennent à volonté. Certes, à l'égard du plus grand nombre des maladies, on doit agir ainsi; mais dans quelques autres cas, comme dans le diabétès, les hydropisies, l'hydrohémie des moutons, la gastrite, l'entérite aigüe, on ne doit point laisser boire les animaux à volonté, parce qu'il pourrait en résulter une aggravation dans la maladie ou des indigestions mortelles. Il existe donc des circonstances où il faut abreuver souvent les malades, et d'autres où ils doivent être rationnés. Les animaux qui ont l'habitude d'aller boire à la rivière, refusent, étant malades et quoique pressés par la soif, de boire à l'écurie ou à l'étable, dans les auges ou dans les augettes. Dans ces circonstances, afin d'appéter les animaux, on a recours aux eaux blanches, aux buvées avec la farine d'orge, le son, les tourteaux, boissons dont nous allons nous occuper.

B. *Boissons alimentaires*. On nomme ainsi les boissons dans lesquelles on ajoute à l'eau des substances alimentaires dans le but d'engager les animaux à prendre des boissons en abon-

(1) *Matière medicale veterinaire*, t. II, p. 239.

dance et de rendre l'eau moins pesante, plus facilement digestible et plus nutritive. Les farines d'orge, de seigle, d'avoine, le son, les recoupes, la drèche, les tourteaux de colza, le pain émietté, les bouillons de viande, de tripes, de têtes de mouton, le lait, la crème, les jaunes d'œufs, telles sont les substances et les liquides dont on se sert pour rendre les boissons alimentaire. Ces boissons doivent être données dans des augettes, des barbotoires, des baquets; jamais dans les mangeoires, à moins qu'elles ne soient disposées convenablement pour cet usage. Ces vases devront être nettoyés journellement, les substances alimentaires dont il vient d'être question s'aigrissant, se putréfiant rapidement, l'odeur et la saveur qu'elles acquièrent alors, dégoûtent les animaux.

Quant à la quantité de matière alimentaire à associer au liquide pour les différentes espèces, nous l'indiquerons lorsque nous traiterons de la diète et du régime analeptique.

C. *Boissons médicinales.* On réserve ce nom à l'eau qui est chargée de principes mucilagineux, miellés, sucrés, acides, astringents, diurétiques, toniques, purgatifs, etc. Ces boissons répondent aux tisanes en médecine humaine.

Si les animaux refusent ces boissons lorsque les principes médicamenteux qu'elles contiennent sont désagréables à l'odorat ou au goût, il faut leur ajouter la farine d'orge, la farine d'avoine, le son ou le lait, pour les engager à les boire. Enfin si, après leur avoir fait endurer la soif, les animaux les refusent de nouveau, on les donne en breuvage avec la seringue ou à l'aide de la bouteille.

Les boissons médicamenteuses, lorsqu'elles sont prises par les animaux, sont bien préférables aux breuvages qui les tourmentent, déterminent la toux et occasionnent quelquefois des accidents mortels. Nous reviendrons sur les indications que réclame l'usage des boissons médicinales, lorsque nous traiterons des diverses médications.

4° *Breuvages.* On donne le nom de breuvages à des préparations liquides que les animaux refusent de boire, et que le vétérinaire est obligé de donner ou de faire administrer à l'aide de vases et d'instruments particuliers. Ces breuvages répondent aux *potions*, aux *mixtures*, aux *apozèmes* des médecins.

L'administration des breuvages aux animaux est d'une grande importance; d'elle dépend l'action et les effets curatifs des médicaments; elle n'est pas non plus sans danger pour les animaux dans beaucoup de maladies. Le fondateur des écoles vétérinaires, l'illustre Bourgelat (1), qu'on a qualifié si souvent et à tort de théoricien, a consacré un article long et détaillé à l'administration des breuvages dans les divers animaux domestiques, pénétré qu'il était de l'importance qui se rattache à cette administration dans la pratique médicale vétérinaire. Depuis, Daubenton (2), Tessier (3), de Gasparin (4), d'Arboval (5), n'ont point trouvé ce sujet indigne de leur plume. Nous traiterons donc avec quelques détails de la manière d'administrer les breuvages aux animaux.

A. *Considérations préliminaires*. Les breuvages peuvent être administrés à toutes les heures de la journée, lorsque l'état des animaux le réclame. Les breuvages qui renferment des médicaments dont l'action pourrait déterminer une indigestion, dont les molécules doivent spécialement agir sur les muqueuses digestives, comme les purgatifs, ou dont les principes médicamenteux doivent pénétrer dans le torrent circulatoire par absorption, seront particulièrement donnés les animaux étant à jeûn.

La quantité de liquide que doit contenir chaque breuvage ne doit pas être trop considérable : son administration, étant trop longue, fatiguerait, impatienterait, et forcerait l'animal à

(1) *Matière médicale vétérinaire*, t. II, p. 259, 3e édit.
(2) *Instructions pour les Bergers*, 10e leçon, p. 126.
(3) *Instruction sur les bêtes à laine*, p. 190 et 194.
(4) *Des maladies contagieuses des bêtes à laine*, p. 60.
(5) *Traité de la clavelée*, p. 115.

exécuter des mouvements pendant lesquels le breuvage pourrait être renversé, le vase brisé, le vétérinaire ou les personnes qui l'aident, être blessés. En outre le liquide, étant dégluti par force, peut tomber dans le larynx, la trachée, les bronches, occasionner la toux, la suffocation, et même des maladies incurables du poumon.

Le breuvage autant que possible ne doit contenir que des substances médicinales solubles; si parfois le liquide tient en suspension des médicaments insolubles, ceux-ci seront divisés en poudre très fine pour rester suspendus dans la liqueur, et être entraînés avec elle dans l'estomac sans s'attacher à la muqueuse de la bouche et l'affecter désagréablement. Dans cette circonstance, le vase qui contient le breuvage devra être fréquemment agité pendant l'administration. Si quelques parties du médicament se sont attachées à la muqueuse, il faudra nettoyer la bouche par une injection d'eau pure.

Les animaux susceptibles de vomir, comme le chien, le porc, le chat, devront être surveillés, afin de réitérer l'administration du même breuvage, s'il est rejeté, ou d'administrer le médicament sous une autre forme qui ne suscite point le vomissement.

La manière d'assujettir les animaux pour leur faire prendre les breuvages, les procédés à suivre pour introduire la liqueur dans leur bouche ou leur gueule, méritent toute l'attention du vétérinaire.

1° *Administration des breuvages aux chevaux.* On donne les breuvages aux chevaux avec la bouteille, la corne, la seringue et le bridon à breuvage. La tête doit toujours être élevée modérément, afin que le liquide par son propre poids descende vers le détroit du gosier et force l'animal à l'avaler. Placée trop haut, le liquide, arrivant trop précipitamment dans le pharynx, tomberait dans la trachée, et occasionnerait la toux et la suffocation; tenue trop bas, le liquide s'écoulerait par la commissure des lèvres et ne serait point dégluti par l'animal. Pour maintenir la tête élevée, quelques praticiens passent la longe du licol sur la traverse supérieure du râtelier, la font redescendre et tenir par un aide. Lorsque la tête est levée assez haut, le vétérinaire se place à côté de l'animal ou bien monte dans l'auge ou dans le râtelier, et donne le breuvage. Dans ce procédé, les mâchoires sont rapprochées par la muserole, et l'animal, ne pouvant faire jouer la mâchoire inférieure que très difficilement, déglutit mal le breuvage qui s'échappe en partie par la commissure des lèvres. Lorsque les animaux sont méchants ou très difficiles, ce procédé a cependant l'avantage de mettre les aides et le vétérinaire à l'abri de tout danger.

Bourgelat conseille de se servir d'un bridon. On passe, dit-il, la longe du bridon dans une poulie sous laquelle on place l'animal, et qui est située à quelques pieds au dessus de sa tête. A la faveur de cette disposition, on peut élever ou laisser descendre la tête à volonté; toutefois, on l'élève de manière que l'ouverture des lèvres soit au dessus du niveau du fond de la bouche.

Le procédé le plus simple pour maintenir la tête élevée convenablement consiste à faire une anse avec une corde ou avec la longe du licol, et d'une ouverture telle que la mâchoire supérieure puisse passer dedans. On accule l'animal dans l'angle formé soit par deux murs, soit par la stalle et l'auge; on place l'anse dans la bouche et on la ramène sur le chanfrein. On passe une fourche en bois ou en fer dans cette anse, et un aide soulève et tient la bouche de l'animal à la hauteur voulue par le vétérinaire ou la personne qui administre le breuvage. De cette manière la mâchoire inférieure est libre, et l'animal peut exécuter facilement les mouvements de la déglutition. La personne qui tient la tête et celle qui verse le breuvage ne risquent point d'être blessées. Les animaux eux-mêmes ne sont exposés à aucun danger, l'aide baissant et soulevant la tête à volonté selon le besoin. Le vétérinaire peut toujours mettre ce procédé en usage, parce qu'il est simple, tandis que les premiers peuvent lui manquer.

Les vases, dont on se sert pour donner le breuvage, sont ordinairement une corne ou une bouteille. La corne n'est autre chose qu'une corne de bœuf coupée à sa petite extrémité. La tête étant levée, on remplit la corne de liquide, qu'on empêche de couler en fermant la petite extrémité avec le doigt; on l'approche, on l'introduit entre les lèvres jusque sur la langue, et on laisse couler le liquide dans la bouche. On réitère cette opération lorsque le cheval a avalé la liqueur, jusqu'à ce que tout le breuvage soit pris. La corne est commode, mais on n'en rencontre pas chez tous les propriétaires. A défaut de la corne, on se sert d'une bouteille en verre ou en terre cuite (cette dernière est préférable), dans laquelle on introduit le breuvage; puis on place le goulot de la bouteille dans l'intervalle qui constitue les barres, ou entre la commissure des lèvres, et on verse le liquide à petites gorgées. L'introduction du goulot de la bouteille en verre dans la bouche n'est pas sans danger; l'animal peut avec les dents facilement la briser et avaler quelques parcelles de verre, ou se blesser l'intérieur de la bouche. Aussi, pour prévenir cet inconvénient, doit-on entourer le goulot de la bouteille d'étoupes ou de chiffons attachés avec une ficelle.

Ces diverses manières d'administrer les breuvages ne sont pas sans inconvénients: en effet, dit Bourgelat, on est obligé à chaque gorgée de retirer et d'introduire la corne ou le col de la bouteille dans la bouche, ce qui incommode l'animal qui s'en inquiète et s'en défend, surtout lorsque la liqueur qu'on lui fait avaler est de mauvais goût; les agitations auxquelles il se livre lui font rejeter le fluide, le lui font avaler irrégulièrement, ce qui souvent provoque la toux et occasionne la suffocation. On en a vu devenir plus ou moins difficiles à aborder pour leur avoir réitéré cette opération désagréable plusieurs fois le jour pendant le cours d'une maladie.

Ce sont ces inconvénients, ajoute Bourgelat, qui ont suscité l'invention du bridon à breuvage. Cet appareil consiste en un solide bridon, pourvu d'une bonne sous-gorge et portant un mors creux percé d'un trou dans son milieu. Ce mors se continue en dehors avec un réservoir de la capacité d'un demi litre, solidement maintenu à un montant du bridon. On met le bridon à l'animal, on passe la longe qui réunit les deux rênes en une seule à peu de distance du mors, dans une poulie attachée à un morceau de fer long de 50 à 60 centimètres, et fixé dans un mur; on verse le breuvage dans le réservoir, on lève la tête de l'animal, et le liquide se répand aussitôt dans la bouche.

Ce bridon, quoique fort commode, avait d'abord un grave inconvénient; c'était celui de laisser écouler sans cesse le liquide contenu dans le réservoir, en sorte que si l'animal venait à tousser ou que par toute autre cause le vétérinaire se trouvât forcé de baisser la tête, le liquide contenu dans l'entonnoir se répandait entièrement sur le sol. Plus tard, pour remédier à cet inconvenient, M. Rigot père a adapté un robinet à l'entonnoir, lequel permet de pouvoir laisser écouler le liquide à volonté. Ainsi perfectionné, le bridon à breuvage peut être employé avec beaucoup d'avantages dans les grands hôpitaux vétérinaires et dans les établissements où se trouvent beaucoup de chevaux; mais dans la pratique, à la campagne, les vétérinaires seront toujours forcés de se servir de la corne ou de la bouteille pour donner les breuvages au cheval, à l'âne et au mulet. Quel que soit celui des moyens qu'on emploie, il ne faut lever la tête, dit Bourgelat, qu'autant qu'il est nécessaire pour empêcher le breuvage de tomber hors de la bouche. En forçant cette position, on expose l'animal à tousser, à diriger la liqueur dans la trachée, à être suffoqué ou à se défendre d'avaler. Il faut aussi faire reposer le cheval, et lui laisser descendre la tête par intervalle lorsqu'il est longtemps à avaler, ou lorsqu'il tire sur sa longe. Il ne faut pas non plus verser une trop grande quantité de liqueur à la fois, car l'animal la rejette en partie, ou il l'avale plus difficilement et tousse. On peut aussi forcer les animaux à déglutir en passant doucement la main de haut en bas le long des parois du pharynx.

2° *Administration des breuvages aux bêtes bovines.* Pour administrer des breuvages à une bête bovine jeune, grande et vigoureuse, deux personnes sont indispensables : l'une pour tenir la tête, l'autre pour introduire la corne ou le col de la bouteille dans la bouche. Pour cela, l'aide qui doit tenir la tête approche l'animal, se place entre la tête et l'épaule, saisit vigoureusement la corne droite, s'il est placé à droite, avec la main droite, tandis que de l'autre main, passée entre les deux cornes, il vient enfoncer l'index et le médius dans les deux narines. Il renverse alors le sommet de la tête en bas, en élevant le nez, et pour maintenir la tête dans cette position, il appuie le chignon contre son ventre. Lorsque la bête est jeune et sensible, il suffit de lui saisir le mufle en introduisant les doigts dans les naseaux et de tourner la tête de côté, pour la tenir dans une position convenable. La tête maintenue, le vétérinaire se place du côté opposé à l'aide, il introduit la corne ou la bouteille dans la bouche ou entre la commissure des lèvres, et verse le breuvage que l'animal avale alors facilement. Selon que le thérapeutiste désire faire parvenir le breuvage dans le rumen, le feuillet et la caillette, deux procédés d'administration essentiels à connaître doivent être mis en pratique.

Si le breuvage doit parvenir dans le rumen, l'aide doit tendre l'encolure, en renversant la tête en bas pour allonger l'œsophage et faire, ainsi que l'assure M. Girard, resserrer, rapprocher les lèvres de la gouttière, et dilater l'infundibulum en entonnoir qui termine l'œsophage au rumen. Le breuvage doit être versé en masse, afin que l'animal, l'avalant à grandes gorgées, le liquide par son poids et la contraction énergique de l'œsophage n'enfile point la gouttière œsophagienne, et tombe directement dans le rumen.

Si au contraire le breuvage doit aller humecter les aliments desséchés contenus dans le feuillet, ou exercer une salutaire influence sur la muqueuse de la caillette et de l'intestin, l'aide devra seulement soulever et porter la tête en haut, et le vétérinaire verser une petite quantité de breuvage dans la bouche. L'animal avalera alors à petites gorgées, et le liquide, s'engageant dans la gouttière œsophagienne, arrivera dans le feuillet et dans la caillette. Cependant, nous ferons bien observer que, quel que soit le lieu où le vétérinaire désire faire parvenir le breuvage, si l'animal est météorisé, s'il est atteint d'angine, de tétanos, de maladies de poitrine, de laryngite aiguë ou croupale, et généralement dans toutes les circonstances où la déglutition sera rendue difficile, le liquide sera versé avec beaucoup d'attention dans la bouche, pour que le ruminant puisse le déglutir doucement. Dans le cas contraire le liquide, occasionnant de la douleur à l'animal en passant dans le pharynx ou étant dégluti difficilement et incomplètement, tombe dans le larynx, détermine aussitôt des quintes de toux, et peut occasionner un violent accès de suffocation. Ces inconvénients ont été particulièrement signalés par M. Rouchon, vétérinaire à St-Astier, dans les fortes météorisations du rumen. En effet, dit ce vétérinaire, 1° la pression exercée sur le diaphragme et les poumons par les organes gastriques, très pesants et fortement distendus, diminue la capacité thoracique et amène une gêne dans la respiration et une grande difficulté dans les mouvements d'élévation et d'abaissement de la glotte qui cause la chute du liquide dans le larynx.

2° La grande distension du rumen, produite par le dégagement de gaz dans son intérieur, fait nécessairement resserrer l'orifice inférieur de l'œsophage. Ce resserrement, empêchant d'une part l'évacuation des gaz par la bouche, et d'autre part s'opposant à l'entrée des liquides déglutis dans le rumen, force le breuvage à stagner dans l'œsophage, et ce canal en étant rempli, le trop plein du breuvage refluant dans le pharynx, tombe dans le larynx, enfile le canal trachéal, arrive dans les bronches, où il occasionne une vive inflammation du poumon ou une mort prompte par asphyxie.

3° La compression de l'œsophage entre les deux piliers du diaphragme, ce muscle étant fortement porté en avant par le poids et la distension de la panse, concourt encore à rendre l'arrivée des liquides dans le rumen plus difficile, et à provoquer les accidents qui amènent l'asphyxie. Ces trois causes, dit M. Rouchon, sont, je pense, suffisantes pour provoquer les dangers qui suivent l'administration des breuvages dans les cas de fortes météorisations; lors même qu'elles n'existeraient pas simultanément, une seule pourrait les susciter (1).

Administration des breuvages aux bêtes ovines. Bourgelat est le premier auteur qui ait consigné dans son *Traité sur la Matière médicale vétérinaire*, la manière de faire prendre les breuvages aux bêtes à laine. Depuis lui, Daubenton (2), Tessier (3), Gohier (4), d'Arboval (5), M. Girard (6), ont senti toute l'importance qui se rattache au mode d'administration des breuvages aux moutons, puisqu'ils ont décrit dans divers travaux sur les maladies de ces précieux animaux les procédés à suivre dans cette administration. En effet, de la manière de donner le breuvage aux bêtes à laine dépendent les effets du médicament qu'on emploie et les avantages curatifs qu'on désire en obtenir. En outre, en prenant quelques attentions que nous signalerons plus loin, on peut prévenir la suffocation et l'asphyxie déterminées par le passage des liquides dans le larynx, accidents qui ont été signalés par la plupart des auteurs que nous venons de citer.

(1) *Journal des vétérinaires du Midi*, t. IV, p. 15.

(2) *Instruction pour les Bergers*, 10e leçon, p. 126.

(3) *Instruction sur les bêtes à laine*, p. 190 et 194.

(4) *Mémoires et Observations sur la Chirurgie et la Médecine vétérinaires*, t. II, p. 418.

(5) *Traité de la clavelée*, p. 115.

(6) *Traité de l'inoculation du claveau*, p. 38.

Pour faire prendre les breuvages aux moutons, deux procédés sont généralement mis en pratique; les voici : dans le premier, le berger saisit le mouton par un des membres postérieurs, le retourne, le place sur son cul, les jambes de devant étant élevées et le corps tenu presque perpendiculairement entre les cuisses; il maintient ensuite la tête assez haut, soit en prenant les cornes entre ses mains, si cornes il y a, soit en plaçant une de ses deux mains sous la mâchoire, si la tête est dépourvue de cornes. L'animal maintenu dans cette position, le vétérinaire écarte une des commissures des lèvres avec un ou deux doigts, et, avec un vase en forme de biberon ou en forme de broc dont le bec est un peu allongé, il verse la liqueur dans la bouche en proportion de ce que le mouton en avale. Tel est le procédé décrit par Bourgelat.

Dans le second procédé, indiqué par d'Arboval et M. Girard, le vétérinaire accule le mouton dans l'encoignure de deux murs ou de deux rateliers, le place entre ses jambes et le maintient en place en rapprochant ses cuisses; soutenant alors la tête un peu au dessus de sa position naturelle, avec la main gauche passée sous la mâchoire inférieure; il écarte la commissure des lèvres avec la bouteille, le broc ou le biberon, de manière à former une espèce d'entonnoir et verse le breuvage de la main droite dans la bouche de l'animal. Ces procédés ont chacun leurs avantages et leurs inconvénients.

Le premier doit être usité lorsque le vétérinaire désire faire arriver le breuvage presque en entier dans la panse. Dans la position où l'animal se trouve placé, le rumen descend vers le bassin et tire l'œsophage en bas, tandis que la tête tenue élevée l'allonge en haut; d'où il résulte que l'entonnoir formé par l'insertion de ce conduit dans le rumen s'agrandit, et que si le liquide est versé à grandes gorgées dans la bouche, il descend par son propre poids dans ce viscère : une petite partie passe cependant dans la caillette. Toutes les fois donc qu'il y aura indication de faire parvenir le breuvage dans le rumen, comme dans les météorisations essentielles ayant siége dans ce viscère, il faudra employer ce procédé.

Le second devra être préféré lorsqu'il y aura indication de faire parvenir le breuvage dans le feuillet, la caillette et les intestins. L'animal, maintenu dans la position que nous avons indiquée, si le breuvage est versé doucement, en petite quantité à la fois, et s'il est dégluti à petites gorgées, la plus grande partie arrivera dans la caillette pour passer dans l'intestin, une portion encore assez considérable arrivera dans le rumen et le réseau, et la plus petite partie s'engagera entre les lames du feuillet.

Nous avons fait de nombreuses expériences sur les moutons pour nous assurer que les liquides parvenaient, ainsi que nous l'avons expliqué, soit dans le rumen, soit dans le feuillet, soit dans la caillette, en faisant déglutir aux animaux, par l'un et l'autre procédé, des solutions de prussiate de potasse, et en sacrifiant les animaux peu de temps après l'administration. En versant alors une solution de persulfate de fer dans les estomacs et les intestins, nous avons pu ainsi nous convaincre du trajet parcouru par le prussiate de potasse.

Ces expériences nous ont appris, en outre :

1° Que les liquides qui tombaient dans le rumen pénétraient rapidement la masse alimentaire qui est en moyenne du poids de 5 à 8 kilogrammes, et que cette pénétration s'opérait du sac gauche ou œsophagien dans le sac droit, et de la circonférence de la masse dans le centre;

2° Que quel que soit le procédé mis en pratique pour administrer le breuvage, le réseau en reçoit toujours une plus ou moins grande proportion;

3° Que les liquides versés à petites gorgées et destinés pour la caillette et les intestins, en passant dans le petit canal du feuillet, s'engagent par deux voies dans les lames de ce viscère; qu'une partie enfile les gouttières situées à la grande courbure et s'avance ainsi jusqu'à la caillette, en imbibant tous les gâteaux de matières alimentaires contenus entre les petites et les grandes lames; qu'une autre partie du liquide monte par ascension entre les gouttières inférieures du canal de communication du réseau et de la caillette, et va rejoindre le liquide qui humecte les lames alimentaires par les gouttières supérieures. Ce mécanisme de la transmission des liquides aux aliments du feuillet, explique pourquoi les aliments contenus entre les longues lames sont toujours plus desséchés au milieu du viscère qu'à sa grande et à sa petite courbure, et pourquoi lorsque les gouttières supérieures sont obstruées par des aliments très desséchés, il est impossible d'humecter complètement ces aliments par des breuvages, quel que soit le nombre qui est administré.

4° Qu'il est toujours nécessaire de donner un grand nombre de breuvages aux moutons pour ramollir toutes les lames du feuillet.

5° Que la caillette ne laisse passer les breuvages dans l'intestin qu'autant qu'elle en est suffisamment remplie.

6° Que la portion de liquide qui passe dans l'intestin y circule avec assez de rapidité en moins d'une demi-heure, pour que le liquide soit déjà parvenu dans ce conduit jusqu'à 10, 12 et même 15 mètres.

7° Que quoique la quantité de liquide composant le breuvage, doive varier selon les indications à remplir, on ne doit point en donner moins de 5 décilitres à chaque administration.

Quel que soit l'un ou l'autre des deux procédés dont nous avons parlé qui soit mis en pratique, si le mouton tousse ou ébroue pendant la déglutition, il faudra lui laisser la tête libre pour éviter le passage des liquides dans le larynx, la trachée et tout accès de suffocation. Il arrive fréquemment que des maladies graves comme les météorisations, les inflammations intestinales, attaquent un grand nombre d'animaux dans un troupeau et réclament pour être combattues, l'emploi de fréquents breuvages. Dans cette occurrence le vétérinaire devra bien enseigner soit au berger, soit au propriétaire ou autres personnes chargées du soin des animaux, la manière de faire prendre les breuvages, afin de prévenir les accidents facheux et parfois mortels, qui résultent du passage des liquides dans le larynx (1).

Les liquides qu'on donne en breuvage aux jeunes agneaux qui sont encore à la mamelle, doivent être administrés à l'aide d'une cuillère ou d'un biberon. Pour les faire boire avec la cuillère, on saisit l'agneau, on lui maintient la tête et on introduit le liquide entre les machoires, l'animal ne tarde pas à le sucer et à l'avaler. Pour faire boire avec le biberon, on prend une petite bouteille en verre ou en grès, on y adapte un bouchon percé d'un trou par lequel passe un tuyau de plume à l'extrémité duquel on attache un petit chiffon de toile, on remplit la bouteille du liquide qui doit être administré, on saisit l'agneau, on place le tuyau de plume dans sa bouche et on y fait couler le liquide. L'animal s'habitue facilement à boire en suçant ce petit appareil, très commode et très facile à confectionner.

Administration des breuvages aux porcs. Il n'est pas aisé d'administrer les breuvages aux porcs, parce qu'ils sont difficiles à maintenir, qu'ils crient et mordent.

On doit les abattre, les tenir couchés en les attachant par les pattes. Pour ouvrir la gueule du porc, le vétérinaire doit passer un nœud coulant, fait à une bonne corde, tant à la mâchoire supérieure qu'à la mâchoire inférieure pour ouvrir la gueule, maintenir les mâchoires un peu écartées, et porter la tête en haut et de côté. On verse alors le liquide à l'aide d'une bouteille entre la commissure des lèvres pour le faire déglutir. Le porc crie presque toujours pendant cette opération, chasse

(1) Voyez pour ces accidents Daubenton, *Instruction pour les Bergers*, 10e leçon, p. 26; Tessier, *sur les Mérinos*, p. 194; d'Arboval, *Instruction sur la clavelée*, p. 115, et Gohier, *Mémoires sur la Médecine et la Chirurgie vétérinaire*, t. II, p. 418.

le breuvage hors de sa gueule, ou bien s'il est forcé de le déglutir, une partie tombe dans le larynx et occasionne la toux, la suffocation. Il faut donc toujours verser le liquide doucement et cesser l'administration pendant les cris.

Viborg, pour faciliter l'administration des breuvages et des électuaires, a confectionné un instrument qu'il nomme *mordache*, sorte de mors en bois percé d'un trou, que l'on place entre les mâchoires. On verse le liquide par le trou qui y est pratiqué, et celui-ci arrive dans le fond de la gueule. Cet instrument est commode pour donner le breuvage, mais bornant beaucoup le jeu des mâchoires il empêche la déglutition de pouvoir s'opérer facilement.

Administration des breuvages aux chiens. Pour donner des breuvages aux chiens de moyenne grosseur, on les accule dans une encoignure, on place la tête entre les jambes et on la maintient solidement et modérément élevée. On écarte alors une commissure des lèvres en la portant en dehors, de manière à former en dedans de la gueule une espèce d'entonnoir, dans lequel on verse le liquide à petites gorgées, en laissant entre elles un certain intervalle. Le chien tousse souvent lorsqu'on lui administre le liquide ; alors il faut cesser momentanément de le verser, jusqu'à ce que l'animal ne tousse plus.

La plupart des chiens boivent facilement les breuvages lorsqu'on les donne ainsi ; mais quelques uns se défendent, se livrent à des mouvements désordonnés et cherchent à mordre. Dans ce cas, pour les gros chiens il faut lier la gueule avec une bonne corde, attacher les quatre pattes et les coucher sur une table. On place ensuite dans la gueule un morceau de bois du volume d'une canne ordinaire pour tenir cette partie entr'ouverte, et on assujettit la mâchoire avec une corde, pour lui permettre de pouvoir encore exécuter quelques petits mouvements. On écarte alors la commissure des lèvres après avoir levé la tête, et on fait parvenir le breuvage dans le fond de la gueule. Quant aux petits chiens, s'ils sont doux, on les met entre les jambes, et on leur donne le breuvage ; mais, s'ils sont méchants, vifs, et se livrent à des mouvements désordonnés, il est difficile de les maintenir et de leur ouvrir la gueule. Alors il vaut mieux associer le médicament aux boissons qu'ils appètent, comme le lait, le bouillon, l'eau sucrée, etc. Si cependant ce dernier moyen était insuffisant, on aurait recours à des lavements, dans l'eau desquels on ferait dissoudre le médicament.

Injections œsophagiennes. Lorsque les animaux se trouvent dans l'impossibilité de pouvoir déglutir, comme dans le trismus déterminé, soit par une affection vertigineuse, soit par le tétanos, on a conseillé de faire l'œsophagotomie, et d'injecter le breuvage dans l'œsophage. Ce moyen n'est pas à dédaigner dans ces sortes de maladies qui ne pardonnent que très rarement aux animaux. Après l'incision de l'œsophage, on introduit une grosse sonde en gomme élastique d'une certaine longueur dans ce canal. On adapte un entonnoir à l'extrémité située en dehors de la plaie, et on injecte le breuvage qui, ainsi, parvient de la sonde dans l'œsophage, et de ce conduit dans l'estomac.

Ce mode d'administration ne doit être mis en pratique que dans les cas que nous venons de citer et dans quelques fractures de la mâchoire, qui mettent les animaux dans l'impossibilité de pouvoir déglutir, attendu que le séjour de la sonde dans l'œsophage peut donner lieu à des fistules œsophagiennes difficilement curables. L'hippiatre Garsault a conseillé un autre moyen de faire parvenir les breuvages dans l'estomac du cheval dans le cas de trismus, c'est de faire passer le liquide par les cavités nasales (1). Ce moyen, certes, n'est pas à dédaigner, mais il n'est pas sans inconvénient. Le liquide, arrivant précipitamment dans le pharynx, peut tomber dans le larynx et déterminer la toux, ou parvenir en masse dans les bronches et susciter la suffocation. Ces inconvénients ne sont pas très in-

(1) Garsault, *Nouveau parfait maréchal*, p. 193.

quiétants si le breuvage n'est préparé qu'avec des liquides aqueux et émollients; mais s'il est composé de médicaments excitants ou irritants, il en résulte une vive inflammation de la muqueuse respiratoire et du poumon, qui cause ordinairement la mort. Nous n'avons jamais essayé ce moyen dans le cas dont nous avons parlé; mais nous l'avons mis en pratique dans le glossanthrax des bêtes bovines avec succès. Nous connaissons un vétérinaire du département de l'Yonne, M. Lallemand qui l'a aussi employé dans ces sortes de cas, et qui a pu, en faisant passer des liquides nutritifs par cette voie, sustenter ainsi les animaux pendant plus d'une semaine.

Electuaire. Du verbe *eligere*, choisir. On confond aujourd'hui sous le nom d'*électuaires*, de *confections*, *d'opiats*, des médicaments internes d'une consistance de pâte molle composés de poudres divisées, de pulpes ou d'extraits qu'on a incorporés dans du sirop, du miel ou de la mélasse, afin d'en faciliter l'administration.

Administration des électuaires. Les électuaires composés de miel, de mélasse et de poudres agréables au goût, comme la poudre de réglisse, de guimauve, sont souvent pris seuls par les chevaux et notamment par les poulains. Pour les administrer convenablement, il est indispensable que ces préparations aient une certaine consistance, de manière à ce qu'elles puissent être divisées et rassemblées en une petite masse du volume d'une grosse noix qu'on a nommée *bol*, et que l'on roule dans un peu de farine d'orge ou de son. Pour donner les bols, on les place sur une spatule en bois; on tire la langue en partie hors de la bouche, on dépose le bol sur cet organe, qu'on lâche aussitôt de manière que l'électuaire soit entraîné par le mouvement en arrière de la langue dans le fond de la bouche et qu'il soit dégluti. Le cheval ramène souvent l'électuaire sous ses dents, le mâche, le délaye et le rejette; dans ce cas, on doit le repousser sur la langue avec la spatule, jusqu'à ce que l'animal l'ait avalé. Lorsque le cheval prend mal l'électuaire, et qu'il en a la bouche remplie, il est bon de la lui nettoyer par quelques injections. Cette attention est même indispensable lorsque l'électuaire est composé de substances très amères, comme l'aloès, les poudres de quinquina, de gentiane. Que le cheval ait bien pris ou mal dégluti l'électuaire qu'on lui a administré, on doit toujours lui nettoyer la bouche avec une injection d'eau froide ou tiède.

Les chevaux seuls prennent assez bien les électuaires. Il n'est guère possible d'en faire usage pour le bœuf, le mouton, le porc et le chien.

On administre particulièrement les électuaires dans les maladies où la déglutition est difficile, douloureuse et où on ne peut se permettre de donner des breuvages sans occasionner la toux ou la suffocation, comme dans le tétanos, le vertige, la pharyngite, la laryngite, la pneumonite, la pleurite.

Pilules. De *pila*, petite *boule*. Les pilules sont généralement composées de miel, de mélasse, d'extraits renfermant des substances médicamenteuses et associés à des poudres inertes destinées à leur donner une assez forte consistance. De la grosseur ordinaire d'une petite noix, ces pilules doivent être un peu ovoïdes, pour en faciliter l'administration. Au moment de les donner, et dans le but de les rendre glissantes, on les roule dans la poudre de réglisse ou de guimauve.

Administration des pilules. On administre les pilules avec la main, avec un morceau de bois préparé pour cet usage, et avec la piluliaire de Lebas.

Administration avec la main. Ce procédé nous vient des Anglais; mais, quoique bon, il n'est pas généralement usité. Le voici : Le cheval étant acculé dans la stalle ou dans l'encoignure d'un mur, et la tête tenue à peu près dans sa position naturelle par un aide, le vétérinaire ouvre la bouche de l'animal, saisit la langue avec la main gauche et la tire fortement hors de la bouche; de la main droite qu'il a eu le soin de se graisser, il prend une pilule, la place entre les extrémités des quatre doigts réunis au pouce, puis enfonçant hardiment la main jusqu'au fond de la bouche, il dépose la pilule sur la base de la langue; retirant la main prestement et au même instant abandonnant la langue tenue par la main gauche, cet organe, reprenant sa position naturelle, entraîne la pilule dans le pharynx où elle est déglutie. Les grooms anglais administrent ainsi les pilules avec une hardiesse surprenante.

Les vétérinaires se servent ordinairement pour administrer les pilules d'un morceau de bois flexible de la longueur de 50 centimètres à peu près, et aminci en pointe mousse à une de ses extrémités. On pique la pilule à cette extrémité, on saisit la langue que l'on tire en dehors, et on va hardiment déposer la pilule sur la base de cet organe dans le fond de la bouche. Alors on lâche la langue, et l'animal, en la retirant, est forcé d'avaler le remède. Ce procédé doit être habilement mis en pratique, autrement on s'expose à blesser le voile du palais et même à le perforer, si le morceau de bois a quitté la pilule et a été enfoncé profondément.

Le pharmacien Lebas, pour rendre tout à la fois facile et sans crainte de blesser l'animal l'administration des pilules, a conseillé de faire usage d'un instrument qu'il a nommé *piluliaire* (1). La piluliaire, selon Lebas, doit être faite d'un bois tendre, tel que le bouleau, le tilleul, le peuplier; elle a 4 centimètres de diamètre et 40 centimètres de long, est percée d'un canal du diamètre de 2 centimètres, qui reçoit un piston de même longueur, plus sa poignée. La partie supérieure de la piluliaire doit être arrondie pour ne pas blesser le cheval, et son ouverture doit avoir de 2 à 3 centimètres de diamètre sur 5 centimètres de profondeur, pour recevoir la pilule.

Quand on veut se servir de cet instrument, on place la pilule dont la forme est celle d'un œuf, dans le réservoir; on saisit la langue qu'on fait tirer en avant par un aide, on introduit

(1) *Recueil de médecine vétérinaire*, an. 1825, p. 459.

ensuite la piluliaire jusque dans le fond de la bouche ; on pousse alors le piston pour chasser la pilule, on le retire aussitôt, et on lâche la langue. Nous pouvons assurer que la piluliaire est un instrument très commode dans les hôpitaux vétérinaires, mais qui malheureusement ne peut être portatif.

L'administration des médicaments sous la forme de pilules a des avantages et des inconvénients que nous devons signaler.

La forme pilulaire n'entraîne jamais de perte de médicament, inconvénient qui se rattache aux breuvages. L'administration ne suscite ni la toux, ni la suffocation, et elle est en outre expéditive. Les inconvénients sont que ce procédé ne peut être employé que pour le cheval et le chien ; que la pilule en arrivant dans l'estomac a besoin d'être délayée par le liquide sécrété par la muqueuse stomacale ; que si le médicament qui compose la pilule est irritant, il peut en séjournant plus longtemps dans l'estomac irriter, enflammer ce viscère. Ces derniers inconvénients ne sont point sérieux : si l'animal peut déglutir facilement, on peut faire prendre un demi-litre ou un litre d'eau laquelle, en arrivant dans l'estomac, délaye la substance composant la pilule et l'entraîne dans l'intestin.

Lavement ou clystère. De κλυζειν laver. On nomme ainsi l'injection, par l'anus, d'un liquide dans la dernière portion du gros intestin par différents procédés. Les lavements, aussi bien pour les animaux que pour l'homme, sont des médicaments précieux ; ils délayent les matières stercorales, facilitent leur expulsion, rafraîchissent le tube digestif et étant absorbés rendent le sang plus aqueux. Les lavements sont appelés *simples*, lorsqu'ils ne sont composés que d'eau pure, et *médicamenteux* lorsque le liquide avec lequel ils sont préparés, renferme des médicaments en solution ou en suspension. Dans ce dernier cas et selon les effets qu'ils doivent susciter, on les appelle *lavements purgatifs*, *irritants*, *astringents*, etc. Enfin, on les nomme *nutritifs* ou *nourrissants*, si le liquide qui les compose est formé de bouillons, de décoctions d'orge ou de lait, etc.

Préparation des lavements. Avant d'administrer le lavement, le vétérinaire devra le préparer convenablement et s'assurer bien positivement de sa bonne confection et de sa température. Les lavements chauds sont ceux dans lesquels on peut facilement endurer la main. Au-dessus de cette température qui correspond à celle de 30 à 32°, le lavement rubéfie ou brûle légèrement la muqueuse des intestins, détermine de la douleur et provoque le rejet de tous les lavements qui sont ensuite administrés. Nous avons vu plusieurs fois des chevaux auxquels des lavements trop chauds avaient été passés et qui ont eu la muqueuse rectale fortement cautérisée. Ces accidents quoique s'accompagnant de violentes douleurs, de ténesme et de constipation, n'ont cependant point eu de résultats fâcheux. Les animaux ont été guéris après douze à quinze jours.

Les lavements tièdes sont ceux dont la température est de 20 à 25° ou celle de la main. Cette température convient pour les lavements médicamenteux et nutritifs.

Les lavements froids sont formés avec des liquides dont la température est depuis celle de la glace jusqu'à celle de 5 à 10°. Ces lavements apportent un refroidissement dans la dernière portion du tube digestif qui se communique bientôt à toute la masse intestinale et à toutes les parties du corps. Ils s'emploient dans quelques cas de coliques gazeuses du cheval, de météorisations des ruminants, de congestion, et d'hémorrhagie du tube intestinal.

Mode d'administration des lavements. A. cheval. 1° *Préparation du rectum.* Avant d'administrer le lavement au cheval, on conseille généralement d'introduire la main dans le rectum, pour débarrasser cet intestin et aussi la dernière portion du colon des matières excrémentielles qui peuvent y être accumulées. Pendant longtemps nous avons pensé que cette attention facilitait l'injection du liquide d'abord, et ensuite favorisait son introduction dans une plus grande étendue du colon flottant. Des lavements donnés avec la solution de prussiate de potasse, et celle de proto-sulfate de fer, m'ont convaincu du contraire. Les réactifs que je versais sur les excréments ou sur la muqueuse montraient que dans les cas où le cheval n'avait pas été fouillé, deux lavements d'un litre cinq décilitres avaient pénétré à 1 mètre, trois lavements à 1.52 tandis que quatre lavements d'un litre cinq décilitres passés à des chevaux qui avaient été fouillés n'ont point pénétré au delà de 0.93 cent. Ce résultat auquel nous ne nous attendions point, nous l'avons expliqué de la manière suivante : Lorsque le rectum et la dernière portion du colon renferment des excréments, le liquide injecté ne pouvant trouver place dans le rectum est forcé à s'engager dans le colon flottant, qui étant dans la même condition force également le liquide à pénétrer plus loin. Que si au contraire, le rectum est débarrassé des matières qu'il contient, le liquide reste dans ce conduit sans le forcer par des contractions antipéristaltiques à s'engager dans une grande étendue du colon. Ces expériences nous ont appris aussi qu'en débarrassant le rectum et en passant trois ou quatre lavements de suite, les animaux les rejetaient plus promptement que lorsqu'ils n'avaient point été fouillés.

Or si les lavements qui sont passés aux chevaux, sans avoir vidé le rectum avec la main, pénètrent plus avant dans le colon flottant et sollicitent l'expulsion d'une plus grande quantité d'excréments que dans le cas où le rectum a été fouillé préalablement à l'injection, nous croyons être autorisé à dire qu'il est inutile de vider le rectum des chevaux avant de leur donner des lavements, ainsi que le recommandent Solleysel et beaucoup de praticiens.

Quantité de liquide. Solleysel (1) dit qu'il ne faut point donner au cheval moins de 2 à 3 pintes de liquide pour chaque lave-

(1) *Parfait maréchal*, 2ᵉ partie, p. 283.

ment, ou de 1l,861 à 2l,795. Lafosse fils (1) porte la dose jusqu'à 4 pintes et demie ou 3 litres 8 décilitres. White (2) affirme que si l'on emploie le lavement à l'effet de vider les gros intestins, la quantité de liquide ne doit pas être moindre de 5 pintes ou de 4 litres 555 millilitres. Vitet, Bourgelat, Lebas et Moiroud se taisent à cet égard.

Assurément, il n'est guère possible de fixer d'une manière générale la quantité de liquide que l'on doit injecter dans le rectum du cheval, cette quantité devant varier selon les diverses circonstances maladives. Toutefois, si l'on prend en considération, ainsi que l'a fait Lafosse, la longueur et la capacité du rectum et celle du colon flottant, nous dirons que la quantité de liquide à donner en lavement ne doit point être moins de deux grosses seringues ordinaires. Or, comme cette seringue contient 1 litre 5 décilitres, c'est donc 3 litres que l'on doit donner, en moyenne, pour chaque lavement. Cette quantité nous paraît celle à laquelle on doit s'arrêter généralement. Si l'on réfléchit que le rectum du cheval, de 30 à 40 centimètres de long, renferme de 500 grammes à 1 kilogramme de matières excrémentielles, qu'il peut contenir 2 à 3 litres de liquide sans être distendu, que le colon flottant a de 2 à 3 mètres de longueur et renferme, en moyenne, de 2 à 3 kilogr. de matières excrémentielles, et qu'il peut contenir jusqu'à 15 à 18 litres d'eau, on concevra que la quantité de liquide que nous prescrivons ne doit encore être considérée que comme faible, relativement au volume, à la longueur et à la capacité du rectum et du colon flottant du cheval. Malgré ces approximations, nous dirons cependant que souvent un seul ou deux lavements qui sont retenus par les animaux peuvent être entraînées assez profondément dans le colon par un mouvement anti péristaltique, mais aussitôt, ainsi que l'a fort bien con-

(1) *Dictionnaire d'Hippiatrique*, art. *Lavement*, t. III, p. 310.

(2) White, *Abrégé de l'art vétérinaire*, p. 182.

staté Vicq d'Azyr dans ses recherches sur les contractions des intestins des animaux (1), que le liquide rencontre un obstacle formé par des excréments accumulés et durcis, un mouvement péristaltique, ou en sens contraire, entraîne le liquide jusqu'au rectum, où, déterminant un sentiment pénible, il est expulsé. Or, comme dans le colon du cheval les matières alvines sont séparées, dures, et sous la forme de crottes, toujours, ainsi que nous l'avons observé en ouvrant largement le ventre de chevaux en expérience auxquels nous donnions des lavements, lorsque le liquide arrive à une masse stercorale assez dure, il est de suite arrêté et chassé du côté du rectum.

Nous nous sommes assuré, également par expérience, que les lavements déterminent d'autant plus l'évacuation des matières contenues dans le colon flottant, qu'on les donne à des intervalles d'un quart d'heure et qu'on répète ce mode d'administration pendant dix à douze heures; que ce n'était qu'alors que le colon, ayant expulsé les 2 à 3 kilogrammes d'excréments plus ou moins durs renfermés dans ses plis, peut donner accès aux lavements à une assez grande profondeur. Jamais cependant nous n'avons pu, même après plusieurs jours d'administration de lavements, faire parvenir le liquide jusque dans le gros colon. Il découle donc, comme conséquence de nos recherches, que, pour débarrasser le colon flottant du cheval de la plus grande partie ou de la totalité des matières alvines qu'il peut contenir, il est indispensable de donner des lavements, de quart d'heure en quart d'heure, au moins pendant douze heures.

Administration. Pour passer les lavements aux chevaux, on se sert d'une grosse seringue dite seringue à cheval, d'une vessie, d'une corne, d'une bouteille ou d'un petit broc portant un bec allongé.

Emploi de la seringue. Le liquide composant le lavement

(1) Vicq d'Azyr, *Mémoires de la Société de Médecine*, 1776, p. 349.

introduit dans la seringue, soit en le pompant, soit en le versant dans le corps de pompe, après avoir dévissé la canule, doit être poussé jusqu'à ce qu'il s'échappe par l'orifice de la canule, afin de ne point introduire l'air dans le rectum en même temps que le lavement. Cette précaution est utile en ce que l'air, se dilatant dans l'intestin colon, distend ses parois, suscite de la gêne et engage les animaux à rendre le lavement. Le vétérinaire fait lever un membre antérieur par un aide, approche l'animal avec douceur, se place à gauche de la croupe, pour éviter les ruades, les coups de pieds, lève la queue avec la main, insinue doucement la canule de la seringue dans l'anus; puis, maintenant le corps de pompe avec cette même main et poussant lentement sur l'extrémité du piston avec la main droite, il fait parvenir le lavement dans le rectum. L'opération étant terminée, le vétérinaire pince, frappe de légers coups avec la main sur la colonne vertébrale et appuie sur la queue pour forcer l'animal à conserver le liquide le plus longtemps possible.

Il est généralement habituel de faire promener les animaux qui ont des coliques lorsqu'on a donné le lavement. Cette pratique, qui est bonne dans ces sortes de cas, est plus nuisible qu'utile dans d'autres circonstances. Il vaut mieux, dit Solleysel, laisser le cheval en repos, et cet hippiatre a raison.

Lorsque le cheval rend le lavement avec des matières excrémentielles délayées, parfois noires et fétides, c'est un signe certain que le lavement a produit un bon effet; que si, au contraire, le liquide est rendu clair très peu de temps après qu'il a été introduit, c'est un indice que l'animal ressent de violentes douleurs dans le tube digestif, et que la maladie est grave.

Emploi de la vessie. A défaut de seringue pour donner le lavement au cheval, on peut se servir d'une vessie au col de laquelle on adapte, après l'avoir fait ramollir dans l'eau chaude, un tuyau de sureau de la longueur de 10 à 20 centimètres. On remplit la vessie de deux litres de liquide, et, après avoir pris les précautions nécessaires pour éviter d'être frappé, on introduit le tuyau dans le rectum et on y chasse le liquide en pressant avec les deux mains sur les parois de la vessie. Ce moyen, indiqué par Bourgelat (1) et par White (2), est d'un très facile emploi. L'appareil peut se confectionner aisément; il peut se rencontrer partout, est portatif et peu coûteux.

Emploi de la bouteille. On prend une bouteille en grès, à laquelle on fait un trou d'un petit diamètre au milieu du cul, en frappant à petits coups, à l'aide d'un marteau ou d'une pierre pointue. On place un doigt sur le trou pratiqué; on remplit la bouteille de liquide, et on introduit le goulot dans l'anus. On retire alors le doigt qui est apposé sur le trou, et le liquide, pressé par l'atmosphère, s'engage dans le rectum.

Emploi de la corne. On scie une corne de bœuf à son extrémité, on l'arrondit, et l'appareil se trouve ainsi confectionné. Pour s'en servir, on engage la petite extrémité de la corne dans le rectum, et tandis qu'on la maintient en place d'une main, on verse le breuvage, de l'autre main, dans la partie évasée. Le liquide, par son propre poids, s'introduit facilement dans le rectum. Cet appareil n'est pas aussi commode que celui de la bouteille, dont nous venons de parler; cependant, ainsi que le dit Bourgelat, cette méthode est très simple et très avantageuse pour ne pas fatiguer l'animal par des introductions répétées.

Emploi du broc. A défaut de tous ces appareils, on peut encore se servir d'un petit broc ou d'une espèce de marmite portant un long bec. On introduit le bec du vase dans l'anus, et on verse le lavement. En se servant de cet appareil, le liquide qui est rejeté par l'animal et reçu dans le broc, est introduit de nouveau dans le rectum. Le vétérinaire, en agissant

(1) Bourgelat, *Matière médicale vétérinaire*, p, 288.

2 *Abrégé de l'art vétérinaire*, p. 181.

ainsi, peut donc avoir plus aisément égard aux épreintes et aux douleurs que l'animal éprouve.

Administration des lavements aux grands ruminants. Le rectum des bêtes bovines, moins gros, moins dilaté que celui du cheval, est de 15 à 20 centimètres, et se continue avec le colon, dont la longueur est de 8 à 9 mètres. Ce dernier, comme on le sait, est contourné sur lui-même un grand nombre de fois, et dépourvu de bandes longitudinales. Les matières stercorales qui sont contenues dans cet intestin, toujours molles, délayées en purée épaisse lorsque les animaux mangent des plantes vertes, plus dures et noirâtres lorsqu'ils font usage de foin ou d'aliments propres à favoriser l'engraissement, ne sont cependant jamais moulées, comme dans le cheval et les bêtes à laine. Pour administrer les lavements aux bêtes bovines, le vétérinaire peut se servir de la seringue ou de tous les autres appareils dont nous avons parlé.

Pour donner le lavement, le vétérinaire fait tenir la tête par un aide, qui saisit la cloison nasale entre l'index et le pouce, charge la seringue, se place en face la croupe pour éviter les coups de pieds que les animaux lancent sur les côtés, et injecte doucement le liquide. Les mêmes précautions sont à prendre si on se sert de la vessie, de la corne et du broc, que pour le cheval.

La quantité de liquide qu'on peut, en général, introduire dans le rectum doit être de deux litres pour chaque lavement.

Les matières stercorales renfermées dans le colon du bœuf, étant généralement moins dures que dans celui du cheval, se laissent plus facilement pénétrer par le liquide, et ne suscitent point les coliques, les épreintes qui excitent les animaux à rejeter le lavement qu'on vient de leur administrer. Ces bêtes retiennent donc mieux les lavements que les chevaux, et, nous le dirons aussi, mieux que les moutons. Nous nous sommes assuré par expérience, en donnant lentement des lavements de prussiate de potasse, que deux lavements de 2 litres chacun parvenaient jusqu'à 4 à 5 mètres dans le colon.

Or, si, d'une part, on peut faire parvenir jusqu'à 4 à 5 mètres les lavements dans le colon du gros bétail ; si ces lavements délayent facilement les matières contenues dans ce conduit; si la présence du liquide fatigue moins les animaux, ne devons-nous pas profiter de ces heureuses circonstances pour faire un grand et fréquent usage des lavements dans les bêtes à grosses cornes, et remplacer en quelque sorte par ces injections, les breuvages qui n'arrivent pas toujours dans les intestins.

Administration des lavements aux bêtes à laine. Le rectum des bêtes à laine de 20 à 25 centimètres de long, se continue avec le colon, dont la longueur est de 4 à 5 mètres dans les agneaux, de 5 à 6 mètres chez les brebis de grosse race, et de 6 à 7 mètres chez les béliers. Disposé à peu près comme dans les bêtes bovines, cet intestin a cependant une organisation toute différente. Sa tunique charnue, plus épaisse, serre avec force les matières excrémentielles, les divise et les moule en forme de petites crottes ovoïdes, dures et recouvertes d'un mucus luisant, lesquelles s'accumulent de distance en distance dans les deux tiers postérieurs de la longueur du colon.

Les lavements se donnent aux moutons avec une petite seringue contenant 3 à 4 décilitres de liquide. Un aide doit tenir le mouton entre les jambes, et le vétérinaire, après avoir retiré avec l'index la plus grande partie des crottes contenues dans le rectum, peut administrer le lavement en le poussant doucement et lentement, afin de faire franchir sans douleur les obstacles nombreux formés par l'accumulation des petites crottes existant dans le rectum et le colon. La bête à laine garde très peu de temps le lavement ; elle le rejette bientôt, et on voit que ce n'est qu'après des injections réitérées qu'elle expulse des crottes, souvent encore dures, avec le liquide.

Dans les nombreuses expériences que nous avons faites pour

constater jusqu'à quelle profondeur un ou plusieurs lavements de 4 décilitres de liquide pourraient parvenir dans le colon, nous avons vu :

1° Qu'un seul lavement de 4 décilitres de solution de prussiate de potasse ne va pas dans le colon au delà de 50 centimètres;

2° Que les lavements de 5 à 6 décilitres, administrés en trois fois, entre dix minutes d'intervalle, pénètrent jusqu'à 2 mètres et quelquefois jusqu'à 2 mètres 50 centimètres;

3° Que ceux d'un litre, donnés en cinq fois, entre dix minutes d'intervalle, s'avancent dans le colon jusqu'à 3 mètres, mais jamais jusqu'au cœcum;

4° Que l'accumulation de crottes dures dans quelques points circonscrits du colon est la cause principale des douleurs et du ténesme qui portent les animaux à rendre les lavements;

5° Que ces crottes, étant dures et entourées par une couche mince de mucus peu perméable aux lavements, sont difficilement délayées par le liquide, et presque toujours expulsées, encore solides et moulées, avec lui;

6° Qu'il faut au moins donner des lavements de 4 à 5 décilitres chacun, pendant douze heures, pour débarrasser le rectum et le colon des crottes qui s'y forment et s'y accumulent;

7° D'où il faut conclure que les lavements qu'on donne aux bêtes à laines doivent être fréquemment réitérés, pendant douze heures au moins, pour débarrasser le rectum et le colon des crottes qu'ils peuvent renfermer.

De même que pour le cheval et le bœuf, lorsque le vétérinaire n'a point de seringue à sa disposition, il peut se servir de la vessie, de la corne, d'une petite bouteille, d'un broc, ou de tout autre vase, pourvu qu'il verse bien.

Pour donner le lavement à l'aide d'un vase quelconque versant bien, le vétérinaire saisit le mouton par le ventre, avec le bras gauche, de manière à placer le cul en haut et la tête en bas. Si l'animal est gros et vigoureux, un aide doit être chargé de le saisir et de le maintenir dans cette position. Ainsi placé, le vétérinaire enfonce l'index dans le rectum avec précaution, et le débarrasse le plus possible des matières excrémentielles qu'il contient. Introduisant ensuite le pouce et l'index de la main gauche dans l'anus, il en écarte les bords, de manière à former une espèce d'entonnoir, et verse le liquide, qui pénètre ainsi très facilement dans le rectum et dans le colon.

Ce procédé simple, décrit par M. Bernard fils (1), et connu de tous les bergers, n'a point été indiqué dans les traités de matière médicale et de thérapeutique publiés jusqu'à ce jour. Nous avons administré ainsi des lavements à des moutons avec la solution de prussiate de potasse, et nous avons vu que le liquide s'avançait dans le colon aussi profondément que s'il avait été poussé avec la seringue.

Administration des lavements aux chiens. Le rectum et le colon, de la longueur de 30 à 40 centimètres dans les petits chiens, de 40 à 50 dans les chiens de moyenne taille, et de 1 mètre à 1 mètre 50 centimètres dans les plus gros animaux, sont souvent remplis de matières fécales assez consistantes, mais d'autant plus dures qu'on les examine au voisinage de l'anus.

Les lavements se donnent aux chiens par les mêmes procédés qu'aux moutons. La quantité de liquide à employer est de 1 à 2 décilitres pour les petits animaux, et de 3 ou 4 pour les plus gros. Ces lavements parviennent facilement, ainsi que nous l'avons expérimenté, jusqu'au cœcum. S'ils sont donnés à plus forte dose, ou fréquemment répétés de 10 à 15 minutes d'intervalle, ils s'avancent même jusque dans la dernière portion de l'intestin grêle, en franchissant la valvule iléo-cœcale. Il est donc facile, attendu le peu de longeur du gros intestin du

(1) *Annales de l'Agriculture française*, t. XXII, p. 178.

chien, de tirer un parti avantageux des lavements chez cet animal, principalement dans les maladies du canal intestinal, dont il est très fréquemment atteint. Nous ajouterons en outre que les demi-lavements sont assez bien retenus par les chiens, et qu'ils sont promptement absorbés.

Administration des lavements au porc. Le rectum et le colon du porc, de la longueur de 4 à 5 mètres, sont remplis d'excréments généralement peu durs. Les lavements doivent être donnés à cet animal avec la seringue de moyenne grosseur ou avec la vessie. La quantité de liquide à administrer doit être pour les petits porcs de 3 à 4 décilitres, et de 5 à 8 décilitres pour les gros. Le liquide pénètre profondément ; nous l'avons constaté jusqu'à 3 mètres au delà du rectum. Les porcs conservent assez bien les lavements qu'on leur passe, et, lorsqu'ils les rendent, on s'aperçoit toujours qu'ils entraînent au dehors les matières excrémentielles qui sont contenues dans les dernières portions du colon. Comme il est difficile, ainsi que nous l'avons dit, de faire prendre des breuvages aux porcs, on peut y suppléer par beaucoup de lavements qui, absorbés, délayent le sang, rafraîchissent en outre le canal intestinal, et concourent puissamment à calmer les inflammations aiguës qui attaquent si violemment le canal intestinal de ces animaux. Dans la rougeole, la variole, la pneumonite du porc et beaucoup d'autres maladies, nous avons toujours eu à nous louer des lavements. Le petit lait convient parfaitement dans ces circonstances.

Administration des lavements aux volailles. Les volailles sont souvent atteintes d'une vive inflammation du canal intestinal qui les fait périr en un ou deux jours, parfois même en quelques heures. Dans cette occurrence il n'est pas facile de secourir les volailles par l'administration de quelques gouttes de breuvage qu'on leur introduit dans le bec, et qui ne parviennent jamais au delà du gésier ; on ne peut donc parvenir à calmer l'inflammation ou à modifier le canal intestinal qu'en donnant des lavements. Le liquide, injecté doucement avec une petite seringue, se répand d'abord dans le cloaque, remplit bientôt le colon, et parvient facilement tout à la fois et dans l'intestin grêle et dans les deux cœcums qui lui font suite. Dans les grosses volailles, la quantité de liquide qui doit composer le lavement sera de 1 à 2 décilitres, et d'un décilitre au plus pour les petites. Les volailles conservent assez bien les lavements qu'on leur donne. Pour les administrer, un aide saisit la volaille, lui met la tête sous l'aile pour l'empêcher de crier; puis, tenant les pattes d'une main et plaçant le corps de l'animal sous le bras, il relève un peu la croupe pour faciliter l'injection du liquide.

Quantité de liquide à donner selon les âges et la taille des animaux. Relativement aux âges, les lavements devront, toutes choses étant égales d'ailleurs, être données à des doses moins fortes aux jeunes animaux qu'aux adultes et aux vieux. Dans le jeune âge, le canal intestinal n'ayant point encore acquis l'étendue et la capacité qu'il pourra posséder plus tard, nous pensons qu'un tiers de la quantité de liquide que nous avons indiquée d'une manière générale, pourra être administrée sans aucun inconvénient.

Relativement à la taille, il est digne de remarque que, plus les animaux sont de grande taille, plus ils ont le gros intestin long et dilaté, et *vice versâ*. On pourra donc dans les grands animaux augmenter d'un tiers la quantité du liquide que nous avons fixée pour chaque espèce, et la diminuer d'un tiers pour les petits. Quant à la dose et à la quantité de lavement à administrer dans les maladies, nous ne pouvons rien préciser à cet égard. Nous reviendrons d'ailleurs sur ce sujet en traitant des diverses médications, et particulièrement de la médication émolliente. (Voyez cette médication.)

Administration des lavements nutritifs ou nourrissants. Lorsque le vétérinaire veut administrer des lavements nourrissants, quelques attentions ne doivent point être négligées. La main et le bras seront introduits par l'anus le plus profondément possible, pour débarrasser le rectum et la dernière portion du colon des matières qu'ils renferment. Le lavement sera donné souvent et en petite quantité à la fois, dans le but de ne point fatiguer le rectum et d'exciter des épreintes qui engagent les animaux à le rejeter.

Administration des lavements médicinaux. Les lavements médicinaux, qui sont le plus fréquemment usités dans les animaux, sont les lavements purgatifs, astringents, réfrigérants, irritants, etc. Le rectum doit toujours être débarrassé, soit avec la main, soit à l'aide de lavements d'eau pure chaude ou froide. Le liquide médicamenteux devra être injecté très doucement, afin qu'il ne distende point le rectum au point de le rendre douloureux et d'exciter les animaux à se débarrasser du lavement le plus promptement possible. Toujours il est indispensable de surveiller les animaux, de leur fermer l'anus avec les doigts, de leur presser la colonne vertébrale, pour les forcer à conserver le lavement de manière à ce qu'il produise l'effet qu'on en attend. Si on néglige ces attentions, le lavement, si peu qu'il soit doué de propriétés excitantes, ne tarde point à être complètement rejeté. Ces sortes de lavements s'administrent dans le tétanos, les angines violentes, et surtout lorsqu'on veut déterminer une fluxion sanguine ou un effet purgatif sur les dernières portions des intestins.

B. *Surface muqueuse respiratoire.*

La surface muqueuse respiratoire s'étend depuis l'orifice extérieur des cavités nasales jusqu'à la terminaison des divisions bronchiques qui donnent naissance aux vésicules pulmonaires. Deux actes vitaux des plus importants s'opèrent sur cette grande surface : la transpiration pulmonaire et la conversion du sang noir en sang rouge ou artériel. Il existe entre la peau et cette surface un rapport fonctionnel tel que, lorsque la transpiration cutanée augmente, celle de la muqueuse respiratoire diminue, et *vice versâ.* Fine, vasculaire, très absorbante dans tous les points de son étendue, douée d'une vive excitabilité organique dans le larynx et les bronches, la surface qui nous occupe est souvent le siège de maladies très graves, qui réclament pour être traitées l'emploi des médicaments sous forme liquide, vaporeuse et pulvérulente. Souvent aussi le vétérinaire profite du pouvoir absorbant de la muqueuse respiratoire pour faire parvenir dans le torrent circulatoire des éléments médicamenteux, susceptibles de modifier certaines parties ou toutes les parties de l'organisme. Il importe donc beaucoup que nous fassions connaître avec quelques détails les modes d'emploi des médicaments sur cette grande et très vivante surface. Les fumigations, les injections, les insufflations, les sternutatoires, telles sont les opérations thérapeutiques qui vont fixer notre attention.

1° *Fumigations nasales et bronchiques.* Nous désignons par cette dénomination la réduction d'une substance quelconque en vapeur, que l'on fait arriver par la respiration dans les conduits de la respiration dans le but de modifier la membrane muqueuse qui les tapissse. Ces fumigations sont émollientes, excitantes, astringentes, anodines, fondantes, etc., selon la nature des médicaments qui composent la fumigation. Elles peuvent être faites à l'air libre, la tête recouverte de draps ou de couvertures, ou à l'aide du licol fumigatoire.

A. *Fumigations à l'air libre.* On appelle ainsi le dégagement de vapeur qui est opéré, par le vétérinaire, dans l'atmosphère ambiante que respire l'animal. Pour faire ces sortes de fumigations, on met en pratique divers procédés. Tantôt on se sert de seaux, de sébilles ou autres vases renfermant des décoctions de plantes émollientes, excitantes, etc., et dont on fait respirer aux animaux la vapeur qui s'en dégage en plein air. D'autres fois on emploie soit une cuillère, soit une pelle en fer rougie au feu, soit des charbons allumés dans un vase, sur lesquels on projette des substances résineuses pour en opérer la combustion et faire respirer les huiles essentielles aromatiques qui en proviennent; ou bien, ce qui vaut mieux, on renferme les animaux dans les écuries, les étables, les bergeries ou autres lieux, dont on ferme les portes et les fenêtres, et là, pendant un temps plus ou moins long, on leur fait respirer un air chargé plus ou moins de molécules médicamenteuses. Les fumigations de chlore, de matières résineuses aromatiques, de vinaigre, se pratiquent souvent de cette manière.

Quel que soit le mode de fumigation à l'air libre qui sera usité, les vapeurs devront toujours être répandues en petite quantité dans l'atmosphère. Un air trop chargé de vapeurs médicamenteuses, introduit dans les voies respiratoires, nuirait essentiellement à l'acte de la respiration, susciterait des accès de toux, la suffocation et même l'asphyxie. C'est notamment à l'égard des fumigations chlorhydriques, aromatiques, sulfureuses, mercurielles, arsenicales, etc., que cette attention devra être mise en pratique.

Dans toutes les maladies des voies respiratoires qui s'accompagnent de dyspnée laborieuse, comme les laryngites, les bronchites, les pneumonites sur-aiguës, ces sortes de fumigations devront toujours être préférées à celles que l'on fait à l'aide de couvertures placées sur la tête des animaux, ou du licol fumigatoire, parce que celles-ci, étant toujours trop chargées de la substance gazeuse qui doit être respirée, ajouteraient encore à la difficulté de la respiration.

B. *Emploi des couvertures.* Lorsque le vétérinaire désire faire parvenir dans les voies respiratoires une grande quantité de médicament à l'état vaporeux, il recouvre la tête des animaux avec un drap ou une couverture qui descend sur le seau ou le corps en ignition d'où s'échappe la vapeur. On devra toujours, dans ce procédé, laisser pénétrer de l'air atmosphérique avec la vapeur que l'on fait respirer, si l'on ne veut point exposer l'animal à manifester des mouvements désordonnés, à tirer sur sa longe et à renverser les appareils qui dégagent la fumigation. Toutefois, pour éviter cet inconvénient, l'animal devra être attaché court et bas. La température de la fumigation ne devra point être élevée au dessus de 10 à 25°; à un degré plus élevé, la vapeur échauffe l'air atmosphérique, le dilate en le rendant rare, et apportant d'ailleurs beaucoup de calorique dans les voies respiratoires, détermine la suffocation ou des sueurs générales qui nuisent aux bons effets de la fumigation.

Les animaux devront toujours être surveillés pendant l'opération. Nous en avons vu chercher à boire le liquide très chaud et presque bouillant contenu dans le vase, et se brûler les lèvres; d'autres renverser les vases qui contenaient les charbons allumés, mettre le feu aux toiles qui recouvraient leur tête, et avoir la peau du chanfrein en partie brûlée par l'incendie qui s'était déclarée.

Pour pratiquer des fumigations aqueuses émollientes ou légèrement aromatiques, beaucoup de vétérinaires font usage d'un sac en toile. Le seau contenant le liquide qui se vaporise est mis dans le fond de ce sac, et la tête de l'animal y est introduite jusqu'au chanfrein. Cet appareil se rencontre partout; mais il a l'inconvénient de trop concentrer la vapeur que l'animal doit inspirer, et de rendre la respiration difficile. Toutefois on peut cependant éviter cet inconvénient en laissant respirer les animaux à l'air libre de temps en temps, ou bien en facilitant la sortie de l'excédant de vapeur par quelques ouvertures pratiquées à l'entrée du sac.

C. *Emploi du licol fumigatoire.* Cet appareil très simple et très commode, que nous avons inventé en 1839, se compose d'un licol ordinaire pourvu d'une muserolle garnie d'une boucle et d'une courroie pourvue de trous propres à pouvoir l'élargir ou la rétrécir à volonté, selon le volume de la tête des animaux. A cette muserolle est attaché un manchon en grosse toile, long d'un mètre, du diamètre d'un sac ordinaire, mais plus évasé à sa partie libre ou inférieure qu'à sa partie supérieure qui est attachée au licol. Des trous de quelques centimètres de diamètre sont pratiqués de distance en distance au manchon de toile fixé à la muserolle ou à la partie correspondant aux naseaux, dans le but de laisser échapper l'excédant de vapeur qui se dégage, et de permettre à l'air atmosphérique de s'introduire dans l'appareil.

Pour s'en servir, on attache l'animal assez court, on entoure le vase qui renferme la fumigation par l'extrémité inférieure du manchon en toile et on laisse dégager la vapeur. Lorsqu'on pratique des fumigations aromatiques, on doit avoir l'attention de placer le vase qui contient les charbons allumés au dessous de l'ouverture inférieure du licol pour ne pas y mettre le feu, et de ne laisser dégager que peu de vapeur pour empêcher la suffocation. Cet appareil doit être lavé toutes les fois qu'il a servi à des chevaux atteints de la morve et qu'on veut en faire usage ensuite pour des chevaux affectés de toute autre maladie des voies respiratoires.

2° *Injections nasales.* On donne ce nom à l'action d'injecter, d'*injicere*, jeter, ou d'introduire, à l'aide d'une seringue ou de quelque autre instrument, un liquide dans les cavités nasales, pour remplir une indication thérapeutique. L'injection est dite émolliente, astringente, excitante, caustique, etc., selon les propriétés des liquides médicamenteux servant à l'injection.

On se sert le plus ordinairement de la seringue pour pratiquer les injections. On peut aussi faire usage d'un appareil particulier dont nous dirons quelques mots.

Emploi de la seringue. La seringue ordinaire pour l'homme ou pour le cheval est l'appareil dont on se sert pour les grands animaux. Une petite seringue est plus commode pour le mouton et le chien.

L'injection peut être pratiquée l'animal étant en liberté et maintenu en place à l'aide d'un tors-nez placé à la lèvre inférieure; ou bien attaché, la tête assez basse, à la mangeoire ou à un poteau, jamais à un anneau fixé à un mur, pour éviter les excoriations que les animaux pourraient se faire aux genoux en se débattant.

La seringue doit être munie d'une canule courbe, dont l'extrémité sera entourée d'étoupes ou de chiffons, pour éviter toute blessure de la nasale.

L'appareil étant rempli de liquide, le vétérinaire se place à côté de l'animal, introduit avec douceur et dextérité le bout de la canule dans le nez; puis, pour éviter tout enfoncement dangereux, la saisissant à la base et la maintenant fixe entre l'index et le médius de la main droite ou de la main gauche, selon qu'il injecte dans la cavité droite ou gauche, il pousse le liquide doucement et lentement dans l'intérieur des naseaux.

Il est inutile et parfois dangereux de pousser trop vivement le liquide; il pourrait arriver que, après avoir pénétré jusqu'au fond des cavités nasales et abordé dans le pharynx, il soit rejeté par la cavité nasale opposée, ou bien qu'il soit dégluti. Dans ce dernier cas, si le liquide est composé de substances vénéneuses, comme l'eau de Goulard, les solutions d'acétate de cuivre, de nitrate d'argent, il peut en résulter des inconvénients graves et sérieux.

Parfois pendant ces sortes d'injections les animaux se débattent et se cabrent: c'est alors qu'il faut redoubler d'attention pour ne point les blesser dans le nez. Nous avons vu plusieurs fois dans le cas de catarrhe nasal chronique, de morve commençante, des excoriations produites par la canule de la seringue se transformer en de véritables ulcérations.

M. Imelin, vétérinaire à Strasbourg, a confectionné, alors qu'il était maître d'équitation à l'école d'Alfort(1), un petit appareil très commode pour pratiquer les injections nasales chaudes, froides ou médicamenteuses. Cet appareil se compose d'un seau ordinaire percé d'un trou à la partie inférieure d'une de ses douves, et auquel est ajusté un conduit en fil gommé et tressé de la longueur d'un à deux mètres, et terminé par un

(1) *Recueil de Médecine vétérinaire*, t. XIII, p. 616.

tuyau allongé étroit en gomme élastique et de la longueur de 10 à 15 centimètres. A 7 ou 8 centimètres de l'extrémité du conduit engagé dans le seau, existe un robinet destiné à ouvrir ou à fermer le conduit à volonté. Pour se servir de cet appareil, on place au cheval un licol de force muni de deux fortes longes. On le retourne dans sa stalle, si stalle il y a, et on l'attache à deux anneaux fixés à un demi-mètre du sol aux deux montants de la stalle. Ou bien on attache le cheval à deux poteaux enfoncés solidement dans le sol et placés à 1 mètre 50 centimètres de distance l'un de l'autre. A chaque poteau est fixé un anneau à 50 centimètres du sol. Le cheval est attaché aux deux anneaux par les deux longes, et la tête est ainsi maintenue fixe et basse.

Pour faire l'injection, on place le seau à un crochet fixé à la stalle ou à un des deux poteaux à un mètre au dessus de la hauteur de l'orifice des naseaux; le cheval étant maintenu attaché, on introduit la sonde en caoutchouc dans une des cavités nasales, et on la maintient en place en la fixant au licol. Le seau est ensuite rempli du liquide qui doit être injecté. L'appareil étant ainsi préparé, on ouvre le robinet; aussitôt le liquide, par sa vitesse et la loi de l'équilibre, s'engage et remonte dans les cavités nasales par un jet dont on peut augmenter ou diminuer la hauteur et la force à volonté, en élevant ou en abaissant le réservoir. Un vase peut être placé sous le nez du cheval, et le liquide, ainsi recueilli, servir à plusieurs injections au besoin.

Cet appareil est très commode; mais, quoique simple et peu coûteux, il ne peut être employé que dans les hôpitaux vétérinaires pour le traitement des chevaux atteints de la morve. Dans la pratique ordinaire, on peut le remplacer avec avantage par la seringue.

Dans les bêtes à cornes, les injections nasales se font comme chez le cheval. Il est nécessaire d'attacher la bête à cornes la tête appuyée contre un arbre, un poteau ou une roue de voiture; autrement le vétérinaire ou les aides peuvent courir le risque d'être blessés, si les animaux sont irritables.

Lorsqu'il s'agit de faire parvenir une petite quantité de liquide dans le nez de la bête à cornes, comme par exemple le sternutatoire qui a été conseillé par M. Mathieu, vétérinaire à Épinal, dans le traitement de la broncho-pneumonite pseudomembraneuse, un aide relève la tête de l'animal en introduisant les deux doigts dans le nez, pendant que le vétérinaire verse à l'aide d'une cuillère à café le liquide dans les naseaux.

Injections trachéales et bronchiques. Dans les grands animaux et notamment dans l'espèce cheval, où il est facile et sans danger de pratiquer une ouverture à la trachée, on a profité de cet avantage pour injecter dans les bronches des liquides simples ou médicamenteux, dans le but d'obtenir la guérison de quelques maladies.

Le professeur vétérinaire Gohier est le premier qui ait eu cette idée pour chercher à combattre quelques maladies chroniques du poumon (1). M. Lelong, vétérinaire, a tenté de mettre en application la conception du professeur vétérinaire, en injectant dans les bronches une faible solution de chlorite de soude (2).

L'eau et les liquides médicamenteux peu irritants et très aqueux ne suscitent que des accidents passagers lorsqu'ils sont introduits dans les bronches. De la dyspnée, de l'anxiété, tels sont les phénomènes que détermine la présence de l'injection; mais le liquide étant absorbé rapidement par la membrane muqueuse pulmonaire, la respiration revient bientôt à son état naturel.

Il résulte de plusieurs expériences faites par Gohier, qu'on

(1) Gohier, *Mémoires sur la Médecine et la Chirurgie vétérinaires*, t. II, p. 419 à 422.

(2) *Recueil de Médecine vétérinaire*, 1829, t. VI, p. 377, et 1830, t. VII p. 223.

peut injecter dans les bronches un à deux litres d'eau froide, sans occasionner d'accidents sérieux, et que, pour déterminer la mort, il faut injecter jusqu'à 42 litres de liquide en moins d'une heure.

M. Lelong, vétérinaire, a injecté une fois par jour, dans les bronches de chevaux morveux, une livre d'eau ordinaire tenant en solution son vingt-quatrième en poids de chlorure de soude. Ces injections ont déterminé de la gêne dans la respiration, des accès de toux avec rejet du liquide et de mucus tant par l'ouverture faite à la trachée que par les narines; mais tous ces phénomènes alarmants ont disparu après quelques heures. Nous avons été témoin de ces injections dans les expériences qui ont été répétées à l'école d'Alfort, et nous pouvons assurer qu'elles ont pu être continuées tous les jours pendant un mois et plus, sans occasionner d'accidents notables.

Il résulte aussi d'expériences faites sur les animaux, par M. Ségalas, que l'absorption est beaucoup plus rapide par la muqueuse bronchique que par toute autre muqueuse (1). Selon le même expérimentateur, ce sont surtout les médicaments et les poisons qui agissent sur le système nerveux dont l'absorption est rapide.

Nous nous sommes aussi livré à quelques expériences sur ce nouveau moyen à employer dans l'administration des médicaments, et nous avons pu conclure de nos essais faits sur des chevaux non malades :

1° Que les décoctions mucilagineuses, sucrées et miellées à la température de 10 à 20° et à la dose d'un litre injectées lentement et doucement dans les bronches, étaient rapidement absorbées et ne suscitaient qu'un peu de suffocation pendant une à deux heures ;

2° Que les décoctions même concentrées de tête de pavot

(1) Notes sur quelques points de physiologie, *Journal de Physiologie expérimentale*, par Magendie, t. IV, 1824, p. 284.

indigène déterminaient, en moins d'une demi-heure, un assoupissement marqué avec pesanteur de tête, une faiblesse du pouls, une sueur chaude assez abondante à l'encolure et à la face interne des cuisses.

3° Que des solutions de 4 grammes d'extrait aqueux d'opium indigène, dans un litre d'eau à 15°, déterminaient les mêmes effets soporifiques, mais plus rapidement et pendant quatre à cinq heures, sans occasionner ensuite de troubles naturels dans la fonctions pulmonaires ;

4° Que 2 grammes d'éther sulfurique étendu de 4 décilitres d'eau suscitaient promptement l'accélération de la respiration, la vitesse du pouls, des sueurs générales; mais que tous ces phénomènes disparaissaient en moins d'une heure.

5° Que les huiles ou les médicaments huileux déterminaient un engouement sanguin du poumon qui ne se dissipait qu'avec lenteur ;

6° Que les acides minéraux et végétaux, même étendu de beaucoup d'eau, produisaient une vive irritation des bronches avec sécrétion d'un mucus albumineux, lequel, coagulé par les acides non encore absorbés, formait une matière épaisse moulée dans les bronches qui occasionnait des phénomènes d'asphyxie; que bientôt le poumon, infiltré de l'injection, s'enflammait et s'œdématiait, accidents qui pouvaient causer la mort.

Nous avons considéré ces expériences comme intéressantes; aussi nous proposons-nous de les répéter sur beaucoup d'animaux, et de les varier pour bien en apprécier les résultats.

Déjà nous savons qu'il est possible et sans danger d'injecter des médicaments dans les bronches, déjà cette voie d'action et d'absorption a été mise en pratique pour tenter la guérison de la morve sans qu'il en soit résulté d'accidents graves ou mortels; pourquoi ne pourrait-on pas essayer de nouvelles injections dans d'autres maladies? Les vieilles bronchites, les maladies vermineuses des tuyaux bronchiques, la pneumonite aiguë, ne pourraient-elles pas être combattues plus efficacement par des injections appropriées au mal que par d'autres moyens? Ne pourrait-on pas administrer avec avantage les préparations qui agissent sur le système nerveux par cette voie plutôt que par toute autre? Dans les cas de tétanos avec trismus, ce moyen ne pourrait-il pas être essayé? l'expérience seule est appelée à décider ces questions qui nous paraissent neuves et d'un haut intérêt.

Insufflation. L'insufflation est une opération pharmaceutique, qui consiste à souffler dans l'intérieur du nez, du larynx ou des bronches, des médicaments réduits en poudre très fine.

Insufflation dans les cavités nasales. Dans la pratique, on insuffle dans les cavités nasales des poudres fines, soit dans le but de provoquer l'ébrouement, l'éternuement, pour faire rejeter aux animaux des collections de matières muqueuses ou mucoso-purulentes, accumulées dans les gouttières nasales ou dans les cornets, ce sont les *sternutatoires;* soit pour absorber des fluides sécrétés par des ulcérations et provoquer la cicatrisation de ces plaies pathologiques; soit enfin pour former avec le sang, un mélange plastique capable d'arrêter les hémorrhagies nasales. Différents moyens sont employés pour faire les insufflations dont il s'agit.

Le procédé le plus commode et le plus généralement usité consiste à introduire la poudre que l'on veut insuffler dans un soufflet ordinaire, dont on a garni la douille avec des étoupes ou du linge, afin de ne point blesser l'animal; à maintenir celui-ci à l'aide d'un tors-nez, à introduire la douille du soufflet à l'orifice des naseaux et à souffler doucement la poudre dans leur intérieur.

On peut aussi se servir d'un tuyau de la longueur de vingt à trente centimètres confectionné soit avec du carton ou plusieurs feuilles de papier roulées sur elles-mêmes, soit avec un tube de sureau ou de ferblanc. La tête de l'animal étant placée le plus horizontalement possible, on introduit la poudre dans le tube, on le place doucement à l'ouverture des naseaux et on en chasse le médicament en soufflant vivement avec la bouche.

Un autre moyen, tout aussi facile que ceux que nous venons de faire connaître, consiste à se servir d'un petit sac ou d'une petite *musette* pourvue de quelques trous à sa partie supérieure pour faciliter l'entrée de l'air et empêcher la suffocation. On met les poudres que l'on veut faire parvenir dans les cavités nasales dans ce petit sac et on l'attache, à l'aide de deux liens, soit sur le sommet de la tête, soit à la muserolle. L'animal ayant les naseaux placés dans le sac, ébroue bientôt, et l'air inspiré étant chargé de poussière emporte celle-ci dans l'intérieur du nez : l'animal doit être surveillé pendant cette opération, car il est arrivé que, l'air inspiré étant trop chargé de poussière, les animaux ont été suffoqués.

Les poudres de charbon, d'alun calciné, de quinquina, d'arnique des montagues, d'euphorbe, de tabac, d'amidon, etc., peuvent ainsi être introduites par l'un ou l'autre de ces procédés.

Insufflation dans le pharynx, le larynx et les bronches. Les insufflations dans le pharynx et le larynx s'opèrent par la bouche et par la trachée, celles des bronches se fait toujours à l'aide d'une ouverture pratiquée à ce conduit.

On insuffle des poudres dans le pharynx, dans la pharyngite couenneuse du porc, et dans la pharyngo-laryngite pseudo-membraneuse de tous les animaux. La poudre de mercure doux, de chlorure de chaux, d'alun calciné, le mélange de poudre de quinquina et de calomélas ; tels sont les médicaments généralement employés dans ces sortes de cas.

Dans les grands animaux, pour introduire ces poudres dans le pharynx, il faut acculer la bête dans l'encoignure de deux murs, mettre le tors-nez à la lèvre supérieure et placer un pas-d'âne dans la bouche. Cette attention prise, le vétérinaire, muni d'un tube en sureau de la longueur de cinquante à soixante centimètres et dans lequel il a placé la poudre qui doit être insufflée, enfonce ce tube jusqu'au delà du voile du palais, puis, soufflant fortement avec sa bouche, il chasse le médicament pulvérulent dans le pharynx et quelquefois aussi dans le larynx. Cette insufflation se fait plus facilement, et avec un plus petit tube, dans le pharynx du chien et du porc.

Insufflation dans le larynx. Cette insufflation ne se pratique que dans le cas de croup laryngien. Le vétérinaire, après avoir pratiqué la trachéotomie, insuffle, à l'aide d'un tube dirigé du côté du larynx, la poudre de proto-chlorure de mercure, qui est conseillée dans ces sortes de cas pour faciliter le décollement des fausses membranes.

Insufflations dans les bronches. Dans le cas de croup bronchique, de maladies vermineuses des bronches, l'insufflation de la poudre de calomélas se fait par une ouverture pratiquée à la trachée à peu de distance du thorax; le vétérinaire dirige alors le tube du côté des bronches pour opérer l'insufflation avec la bouche et chasse le médicament le plus loin possible dans l'arbre bronchique.

C. *Surface muqueuse génito-urinaire.*

1° *Dans le mâle.* Une seule opération thérapeutique est pratiquée sur la surface muqueuse génito-urinaire des grands animaux domestiques, c'est l'injection dans le canal de l'urèthre et dans la vessie. Cette injection peut être émolliente, astringente, caustique, selon la maladie qui en réclame l'emploi; toutefois elle ne peut guère être mise en pratique que dans le cheval et dans le chien.

A. *Cheval.* Dans le cheval, ce n'est guère que dans l'inflammation du canal de l'urèthre et de la vessie qu'il est possible de faire usage des injections émollientes. Pour les pratiquer, le vétérinaire retire le pénis du fourreau avec attention et ménagement, le fait tenir par un aide; puis, avec la seringue munie d'une canule en gomme élastique, il injecte doucement le liquide. L'aide, aussitôt l'opération terminée, aplatit le canal de l'urètre en serrant le membre avec la main, et conserve ainsi l'injection dans ce canal autant que le vétérinaire le juge convenable.

Dans le cas de cystite aiguë avec rétention d'urine, dans le cheval, nous avons une fois fait usage d'injections vésicales avec beaucoup de succès. Voici comment nous les avons pratiquées : après avoir, avec une longue sonde en caoutchouc munie d'un mandrin en baleine, sondé la vessie et donné écoulement à l'urine sanguinolente qu'elle contenait, nous avons profité de la sonde pour faire parvenir, à l'aide d'une seringue, un liquide tiède et mucilagineux dans la vessie. Nous avons répété ainsi quatre à cinq injections dans les vingt-quatre heures ; et à chaque injection le cheval paraissait soulagé. Le troisième jour l'animal allait beaucoup mieux, et le cinquième il était en pleine convalescence. Nous conseillons donc aux vétérinaires de faire usage de ces sortes d'injections dans les cas semblables.

L'injection vésicale peut aussi, dans le même cas maladif, s'exécuter lorsque le vétérinaire a été forcé de faire la ponction du canal de l'urèthre à son contour ischiatique pour sonder et vider la vessie. Le procédé est simple dans ce cas, l'injection devant être poussée et retirée par la sonde.

B. *Dans la femelle.* Des injections dans le vagin, l'utérus et la vessie sont très souvent employées chez toutes les femelles domestiques dans les inflammations de ces organes ; celles de l'utérus ou du vagin se font avec la seringue ou la vessie. Pour les faire pénétrer dans l'utérus, ainsi qu'il est souvent indiqué après le part, l'injection doit d'abord être poussée assez vigoureusement jusqu'à ce qu'elle ait franchi le col de l'utérus, ensuite seringuée avec douceur afin de ne point trop distendre les parois utérines et de susciter des douleurs.

Les injections dans la vessie, si fréquemment indiquées dans la dysurie, la strangurie, avec ténesme vésical, s'opèrent avec la seringue ou la vessie pourvues d'une canule en caoutchouc, ou bien avec l'attention d'entourer la canule ordinaire avec un chiffon bien graissé. Le vétérinaire introduit la canule dans le canal de l'urèthre, situé, comme on le sait, à 5 ou 6 centimètres de la commissure inférieure de la vulve, et tenant la seringue élevée à la hauteur de la direction du canal : il injecte le liquide avec précaution.

D. *Surface muqueuse des yeux.*

On réserve le nom de *collyres*, de κωλυειν, empêcher, et ρειν, couler, aux médicaments destinés à la guérison des maladies des yeux, et particulièrement appliqués sur la conjonctive. On a distingué les collyres en *secs*, *mous* et *liquides;* selon leurs vertus on les distingue aussi en émollients, astringents, caustiques, irritants, etc. (1). Il est très utile de connaître le mode d'emploi de ces préparations.

1° *Collyres secs.* Ces collyres sont composés de poudres très fines, aussi leur donne-t-on le nom de *pulvérulents.*

On a conseillé, pour faire usage de ces collyres, de les souffler dans l'œil des animaux à l'aide d'un tuyau de plume, mais ce procédé a été blâmé avec raison par Garsault (2) et par Bourgelat (3). Ce moyen, disent ces deux hippiatres, effarouche, effraie le cheval, et le rend ensuite inabordable. Il vaut mieux, dit Bourgelat, mouiller son pouce, le recouvrir de la poudre, et porter ainsi légèrement le médicament sur la conjonctive. C'est aussi ce que nous conseillons.

2° *Collyres liquides.* Ces collyres s'emploient à la surface des yeux, en les bassinant avec le liquide, ou bien on les fait parvenir goutte à goutte sur la conjonctive en versant une très petite quantité du collyre par le petit angle ou l'angle externe de l'œil.

3° *Collyres mous.* Ces collyres sont des onguents ou des pommades destinées particulièrement aux yeux. Pour les appliquer sur la conjonctive, le vétérinaire prend gros comme la tête d'un épingle ou comme un petit pois de la préparation, sou-

(1) Voyez notre *Traité de Pharmacie*, p. 523.

(2) *Le nouveau parfait maréchal*, p. 279.

(3) *Matière médicale vétérinaire*, p. 272.

lève la paupière supérieure, et l'engage dessous en la laissant échapper. Rapprochant alors les deux paupières, et promenant son pouce à la surface de l'œil, il étale le médicament sur la conjonctive. La pommade anti-ophthalmique, la pommade de nitrate d'argent recommandée par M. Bernard contre la fluxion périodique du cheval, s'emploient de cette manière.

E. *Surface muqueuse auditive.*

Les anciens hippiatres, Solleysel particulièrement, ont prescrit dans le traitement du farcin l'administration de quelques médicaments par les oreilles. Dans ce but ils introduisaient dans l'oreille différentes préparations mercurielles et liaient la conque avec une ligature pendant vingt-quatre heures. Ce procédé, dans lequel les médicaments introduits ainsi dans l'oreille pouvaient être absorbés, avait le grave inconvénient de déterminer une vive inflammation qui amenait la surdité. Généralement oublié aujourd'hui des vétérinaires, les maréchaux, les prétendus guérisseurs de farcin, en font cependant encore usage.

On pratique dans l'intérieur des oreilles des lotions à l'aide d'éponges, des injections avec une petite seringue. Ces opérations étant très simples, nous ne les décrirons pas. Nous dirons seulement que les injections ne doivent pas être poussées trop profondément, elles auraient alors pour grave inconvénient de susciter des douleurs et d'aggraver le mal. Les injections astringentes ou légèrement caustiques qu'on emploie dans le catarrhe auriculaire du chien, ont surtout cet inconvénient.

F. *Surface veineuse.*

Il y a fort longtemps que les médecins et les vétérinaires ont cherché à injecter des médicaments dans les veines dans le but d'en obtenir des effets plus énergiques et plus prompts. Les chiens furent les animaux sur lesquels les médecins tentèrent les premiers essais d'injection. Wren, en 1656, fit des injections de médicaments dans les veines de chiens atteints de diverses maladies, et prétend avoir obtenu de très bons effets de l'injection des diurétiques.

Lansoni dit avoir guéri un chien atteint de la gale en injectant dans les veines une liqueur antipsorique. Lieberkühn et Loseke affirment avoir appris que les injections des émétiques, des purgatifs dans les veines agissaient de la même manière que lorsqu'ils étaient introduits dans l'estomac (1). Le médecin Heman a obtenu la guérison de fièvres très graves en portant dans les veines une solution d'extrait de quinquina, et d'autres fois une forte teinture de la même substance.

Beaucoup d'autres médecins, parmi lesquels nous pourrions citer Graaf, Heyde, Petit, Helvétius, Didier, Portal, Bichat, Magendie, Orfila, ont injecté des médicaments, des poisons dans les veines des animaux pour en étudier les effets. Des injections ont même été pratiquées sur l'homme par M. Magendie, dans la rage, mais sans aucun résultat curatif.

Dans la médecine vétérinaire, il y a fort longtemps que l'injection des médicaments dans les veines, a été pratiquée dans un but curatif.

Rodriguez observe, page 23 de son *Catalogue des Vétérinaires espagnols*, que Domingo Roya, auteur vétérinaire très estimé qui écrivait en 1734 (2), faisait avec succès des injections d'alcali volatil étendu d'eau dans les veines de chevaux morveux.

Chabert, en 1779, dit, dans son *Mémoire sur la morve*, lu à la Société royale de médecine, que l'ammoniaque adoucie et étendue d'eau, ou mêlée avec de l'eau de fleur d'oranger, en injections dans l'une des jugulaires des chevaux morveux, est un moyen efficace qu'il a souvent employé et qui ne laisse rien à

(1) *Bibliothèque de la Chirurgie du Nord*, t. I, p. 98.
(2) *Llave de Albeyteria Zaragoza*, 1839, chap. XXXVI.

désirer, surtout dans les chevaux épais, massifs et d'une texture lâche.

Viborg, élève de Bourgelat, et directeur de l'École vétérinaire de Copenhague, a fait une foule d'expériences si satisfaisantes d'injections médicamenteuses dans les veines, qu'il en est venu à n'avoir plus d'autre manière d'administrer les médicaments (1). Gohier, en 1806, tenta une expérience d'injection d'émétique dans les veines, pour s'assurer si ce médicament conservait, administré par cette voie, la propriété vomitive. Le résultat fut négatif. M. Dupuy, ancien professeur à l'Ecole d'Alfort, s'est livré en 1812 (2), 1815 (2), 1817 (3), (1834 (4) à une série d'expériences pour chercher à démontrer que les injections des médicaments dans les veines des chevaux et des ruminants était une voie sûre, facile et économique. M. Dupuy a injecté l'émétique dans les veines de chevaux atteints d'indigestion vertigineuse, et les animaux ont guéri (5). Un cheval rendu ivre par l'injection de l'alcool dans les veines, a été ramené à son état naturel par une injection veineuse de sous-carbonate d'ammoniaque (6). Enfin M. Prevost, vétérinaire à Genève, a tenté en 1825 une série d'expériences sur l'injection des préparations d'opium dans les veines, et les doses à employer dans ces sortes de cas (7).

On voit donc par tous les faits que nous venons de citer, 1° que l'injection des médicaments dans les veines a été mise en pratique depuis longtemps par les médecins et surtout par

(1) *Journal de Médecine vétérinaire théorique et pratique*, 1831, t. II, p. 238.

(2) Compte rendu, École d'Alfort, 1812.

(3) Id., 1815.

(4) Id., 1817.

(5) *Journ. de Médecine vétérinaire théorique et pratique*, 1834, p. 260.

(6) Compte rendu, École d'Alfort, 1815, p. 162.

(7) *Journ. de Médecine vétérinaire théorique et pratique*, 1834, p. 239.

(8) *Recueil de Médecine vétérinaire*, 1825.

les vétérinaires espagnols, français et allemands; 2° que l'expérience a démontré que ces injections pouvaient procurer la guérison de quelques maladies mortelles.

Ce mode d'administration a en effet des avantages incontestables. On peut l'utiliser dans plusieurs maladies graves durant lesquelles il n'est pas possible d'administrer les remèdes dans l'estomac; on est toujours sur de l'action du médicament, la médication est prompte et énergique, il y a économie, puisqu'on emploie une petite dose de médicament, dans les grands herbivores et surtout les ruminaux, ou les médicaments qui sont administrés séjournent au milieu d'une grande masse de matière alimentaire, dont l'action astringente peut les altérer et même les dénaturer, il y a sous ce rapport des avantages encore plus grands que dans les carnivores; enfin, on simplifie la matière médicale.

A côté de tous ces avantages se présentent des inconvénients. 1° L'injection ne peut bien se pratiquer que dans la jugulaire, les autres veines superficielles par leur diamètre et leur position ne se prêtant pas bien à ce mode d'administration. Or, l'introduction de l'instrument d'injection dans l'ouverture pratiquée à cette veine, le contact de la substance médicamenteuse sur les bords de la plaie faite au vaisseau et sur sa membrane interne, sont des causes qui peuvent déterminer le thrumbus, la phlébite, maladies dont la guérison est toujours longue et difficile.

2° La difficulté de se procurer dans la pratique des instruments propres à faire convenablement cette injection, afin qu'elle ne soit point accompagnée de l'entrée de l'air dans la veine, accident qui peut avoir des suites graves.

Nous dirons en outre, que les faits de guérison de maladies sont encore si peu nombreux aujourd'hui, que l'on ne peut assurément pas en conclure, que ce mode d'administration soit préférable à ceux qui ont été adoptés et reconnus bons jusqu'à ce jour. Quoi qu'il en soit, l'injection dont il s'agit peut cependant obtenir des succès là ou d'autres modes d'administration ne peuvent point être employés. Cette dernière considération nous engage donc à faire connaître les procédés à mettre en pratique pour opérer ces injections.

Une seringue en étain ou en cuivre, de la capacité de trois à cinq décilitres, munie d'un piston bien rodé et d'une canule courbe effilée et parfaitement ajustée au corps de pompe est l'instrument indispensable pour ne point s'exposer à perdre le liquide médicamenteux et à éviter toute injection d'air atmosphérique. Une double canule pourvue d'un tuyau assez large pour permettre l'introduction de la canule ajustée au corps de pompe de la seringue, doit aussi faire partie de l'appareil d'injection.

La seringue étant remplie par le liquide qui doit être introduit dans le torrent circulatoire, le vétérinaire ouvre largement la veine à l'aide de la flamme ou de la lancette. Pressant sur le vaissseau, il en laisse écouler le sang, pour faire dilater les bords de la plaie et permettre l'introduction de la seconde canule dont nous avons parlé. Il reconnaît que cette canule est réellement introduite dans le vaisseau par la présence du sang qui aborde dans sa partie élargie et s'échappe bientôt au dehors. Il confie cette canule à l'aide chargé de la compression de la veine, et se munit de la seringue remplie très exactement par le liquide destiné à l'injection, introduit la canule dans celle qui est engagée dans le vaisseau et ne pousse le médicament qu'aussitôt que l'aide a cessé la compression pour permettre la circulation du sang et du liquide injecté. L'injection devra se faire lentement sans arrêt et sans secousses. L'opération terminée le vétérinaire fait rétablir la compression sur le vaisseau, retire la canule engagée dans son intérieur, place l'épingle et fait la suture entortillée ; des lotions d'eau froide salée ou vinaigrée devront être faites sur la partie pour prévenir le thrumbus et la phlébite. L'animal sera ensuite attaché ou placé de manière à éviter tout frottement sur la saignée pendant quelques jours.

La jugulaire est la veine où les injections se font avec le plus de facilité, tant à cause du volume du vaisseau que par sa position. Dans le cheval, cette saignée étant plus fréquemment suivie de thrumbus et surtout de phlébite, que dans les ruminants et le chien, doit rendre le vétérinaire très attentionné dans la pratique de l'injection sur ce vaisseau. Il est même préférable dans cet animal de choisir la veine saphène ou la veine de l'ars, où les thrumbus ne s'accompaguent que rarement d'inflammation de la veine. Dans le bœuf, le mouton, le chien, on peut agir hardiment sur la jugulaire sans s'exposer à des inconvénients sérieux.

Quelques attentions sont aussi à bien considérer relativement à la température et à la nature du liquide. Le liquide devra être de la température du sang ou à celle de 30 à 35°.

Les médicaments solubles, ainsi que ceux qui sont miscibles au sang et sans action chimique sur les éléments organiques de ce fluide, peuvent seuls être injectés sans occasionner des accidents graves.

Les sels insolubles, les huiles, les graisses et en général tous les liquides gras et sirupeux doivent être rejetés parce qu'ils entravent la circulation pulmonaire et causent l'asphyxie.

Les sels caustiques, les acides qui agissent en coagulant le sang déterminent toujours la mort.

Telles sont toutes les attentions qui sont réclamées pour l'injection des médicaments dans les veines. Or, ce sont ces soins qui déterminent souvent les vétérinaires praticiens à ne pas faire usage de ce moyen. Nous ne dirons point cependant avec les rédacteurs du journal vétérinaire théorique et pratique, que l'injection des médicaments dans les veines est un procédé *mort à tout jamais*, et que tous les efforts qui seront faits pour le faire adopter deviendront inutiles. Nous aimons mieux dire que ce moyen ne doit point être répoussé et qu'étant convenablement pratiqué il peut sauver la vie à des animaux, quand toutes les autres ressources thérapeutiques ont été impuissantes.

Quant à l'emploi des médicaments mis en contact avec le tissu cellulaire comme les trochisques irritants, les caustiques, les sétons, ces opérations étant plus du ressort de la chirurgie que de la thérapeutique, nous n'en parlerons pas. Nous passerons également sous silence les divers procédés employés pour les émissions sanguines générales ou locales, les débridements, les ponctions, les incisions diverses, les injections dans les plaies sinueuses, les fistules et toutes les opérations qui appartiennent au domaine de la chirurgie.

§ 4. *Action des médicaments.*

Effets locaux et primitifs par continuité et contiguité. — Effets généraux par absorption et sympathie. — Élimination, imprégnation des médicaments.

On donne le nom d'*action des médicaments* aux phénomènes locaux ou généraux qui résultent du contact des molécules médicamenteuses avec les parties vivantes, aux réactions vitales qui en sont la conséquence, et aux effets curatifs qui en découlent.

Les actions pharmacologiques sont très variées selon les médicaments employés, leur dose, la durée de leur contact, et l'organisation de la partie qui en ressent l'influence. Toutefois, cette action, qu'elle soit passagère ou durable, légère ou intense, tantôt se manifeste dans la partie seulement qui en reçoit l'impression ; d'autres fois dans d'autres points de l'économie ou dans l'organisme tout entier. L'action des médicaments est donc locale ou générale.

1° *Action locale.* L'action locale est toujours suscitée par le contact du médicament sur les parties vivantes saines ou malades. Elle est *physique*, *chimique* et *physiologique*.

A. *Action physique.* Quelle que soit la nature, la composition, la forme du médicament qui touche les parties vivantes, celles-ci en sont toujours impressionnées et manifestent aussitôt des phénomènes de réaction qui constituent l'action physique du médicament. Si on observe les phénomènes qui se passent sur l'œil lorsqu'une poussière inerte, très fine, est projetée sur la conjonctive, on voit comme phénomènes sensibles se manifester aussitôt de la rougeur, de la sensibilité, des larmes s'écouler abondamment sur le chanfrein, et tous ces phénomènes de réaction persister jusqu'à ce que la poussière soit entraînée par les liquides qui abordent à la surface de l'œil, ou jusqu'au moment où l'expérimentateur à l'aide de lavages ait enlevé complètement les corps étrangers. Alors facilement on s'aperçoit que la conjonctive ne tarde pas à revenir à son état normal. Que 10 grammes de plomb de chasse soient introduits dans le canal intestinal d'un chien, on verra bientôt la muqueuse digestive touchée par le corps étranger, sécréter beaucoup de mucosités ; la membrane charnue exécuter des contractions plus intenses et les grains de plomb être expulsés au dehors, accompagnés des produits sécrétés par leur attouchement et s'opérer une véritable purgation. Or, que la vertu du médicament soit excitante, stimulante, astringente ou débilitante, que la substance pharmacologique soit solide, pulvérulente ou liquide, toujours sa présence, son attouchement sur les parties vivantes sera suivie d'une réaction plus ou moins prolongée selon sa forme, son volume et son poids. Si le médicament est doué d'une force active, s'il est excitant ou irritant, bientôt à cet effet physique se réunira l'action du principe médicamenteux. On profite souvent des effets physiques des corps inertes pour opérer certains effets salutaires propres à opérer la guérison des maladies. C'est ainsi qu'on combat certaines conjonctivites chroniques en introduisant une poussière inerte dans l'œil, comme le calomelas par exemple, qu'on fait avaler aux chiens de chasse la charge d'un ou deux coups de plomb à fusil pour exciter le canal intestinal et faire cesser la constipation.

L'action du calorique, de l'électricité sur les tissus détermine des effets particuliers qui ne peuvent être rattachés, non plus, qu'à l'attouchement et à l'impression produites par ces deux fluides impondérables.

B. *Action chimique.* On doit entendre par action chimique, la combinaison de quelques principes entrant dans la composition des médicaments, avec les tissus vivants sur lesquels ils sont appliqués, et la formation d'un composé inorganique nouveau, portant le nom d'*eschare*, qui doit en être éliminé.

L'action chimique des médicaments est variable dans son intensité, selon la composition de l'agent chimique employé et l'organisation de la partie vivante où il est appliqué. Si le tissu ou l'organe qui subit l'influence de la combinaison chimique, est doué de beaucoup de vitalité, des phénomènes locaux et généraux ne tardent point à se manifester et à annoncer que les effets de l'action chimique n'est pas seulement locale, mais qu'elle a retenti au loin soit par la douleur vive qu'elle a suscitée, soit par l'action toxique d'une partie de l'agent chimique qui a été absorbée et portée à toutes les parties de l'économie par la circulation.

L'action chimique des médicaments est souvent usitée dans la médecine des animaux pour détruire certaines végétations morbides, changer la nature de quelques plaies et combattre la carie. Nous reviendrons, d'ailleurs, sur tous ces points en traitant de la médication caustique escharotique.

3° *Action physiologique* ou *pharmacologique*. On doit entendre par action physiologique des médicaments, les effets qui résultent de l'impression du principe actif entrant dans la composition du médicament sur les parties vivantes. Ainsi le tissu peut être débilité, excité, irrité même par les vertus que recèle le médicament; sa couleur, son épaisseur, sa sensibilité, peuvent se ressentir de cette influence médicamenteuse. Mais tous ces phénomènes locaux ne tardent point à se propager non seulement dans l'épaisseur de l'organe, mais dans les tissus qui lui sont continus ou contigus, mais encore les molécules médicamenteuses mises en contact avec les vaisseaux peuvent passer dans le torrent circulatoire et aller impressionner d'autres points de l'économie ou l'organisme tout entier ; les nerfs de la partie peuvent aussi rapporter aux centres nerveux les impressions qu'ils éprouvent, et bientôt cette action qui n'était que locale devenir générale. Il est donc important que nous passions en revue tous ces phénomènes compliqués dus à l'action médicamenteuse.

2° *Action générale.* L'action générale des médicaments s'opère par la continuité, la contiguité des tissus, des organes, la sympathie fonctionnelle et nerveuse qui les unit, l'absorption et la circulation des molécules médicamenteuses avec le sang.

A. *Contiguité.* Les expériences faites sur la perméabilité des corps organisés par Mascagny, Prochaska, Flandrin, Autenrieth, Dutrochet, Fodera, Magendie, etc., etc., ont démontré le passage des liquides à travers les parois solides et la perméabilité essentielle à l'organisation. Or, toutes les fois qu'un médicament liquide ou renfermant une certaine quantité de matières solubles, est appliqué sur les tissus vivants, ceux-ci soit par une sorte d'imbibition physique, soit par le phénomène de la capillarité ou par celui de l'endosmose et de l'exosmose, si bien étudié par M. Dutrochet, vont pénétrer au loin les tissus contigus de même nature ou de composition anatomique différente.

Cette perméabilité de la substance organique se manifeste là où l'on ne peut ni démontrer ni concevoir de voies ouvertes. Elle s'exerce même longtemps après la mort, et est par conséquent en dehors du concours de l'activité vasculaire.

Lebknechner a vu sur des lapins et des chats vivants qu'en faisant des frictions sur la peau, après en avoir rasé les poils, avec l'acétate de plomb, le chlorure de baryum, le tartre stibié, le cyanure de potassium, l'acide sulfurique, l'huile camphrée, l'essence de térébenthine, ces substances décéler leur présence au bout de quelque temps à la face interne de la peau, ainsi que dans le panicule adipeux sous jacent à la substance musculaire. Les mêmes observations ont été faites sur des cadavres d'animaux. La pénétration du dehors en dedans de la peau avait lieu en cinq heures pour le cyanure de potassium, en six pour l'acide sulfurique, en dix pour l'essence de térébenthine et le camphre, en vingt-quatre pour l'acide acétique, et en quarante-huit pour l'ammoniure de cuivre (1).

Le professeur vétérinaire Flandrin, après avoir injecté de l'encre dans l'abdomen d'un cheval, a constaté que le péritoine, le tissu cellulaire et les vaisseaux lymphatiques du mésentère étaient teints en noir (2).

Vingt grains de muriate de fer, dissous dans une demi-once d'eau, furent poussés dans le ventre d'un chat par Lebknechner; quatre minutes après, la face externe du péritoine teignait le papier et prenait une teinte bleue par le prussiate de potasse. On fit la même expérience avec de l'encre noire : au bout de dix minutes, on tua l'animal : les muscles, appuyés sur le péritoine, étaient noirâtres, et la face externe de cette membrane noircissait le papier (3).

M. Magendie a remarqué qu'en enfonçant une flèche de Java dans l'épaisseur de la cuisse d'un chien, toutes les parties molles qui environnaient la blessure étaient colorées en jaune brunâtre dans plusieurs lignes d'épaisseur, et avaient la saveur amère du poison.

Si on introduit, dit le même observateur, dans la plèvre d'un jeune chien, une certaine quantité d'encre, il faut à peine une heure pour que la plèvre, le péricarde, les muscles inter-

(1) *Archives générales*, t. VIII, p. 224.

(2) *Journal général de Médecine*, 1790, 1791 et 1792.

(3) *Journal complémentaire du Dictionnaire des Sciences médicales*, t. V, p. 240.

costaux et la surface du cœur soient sensiblement colorés en noir (1).

Fodera a observé sur des animaux vivants que quand on injecte de l'extrait de noix vomique dans l'artère carotide d'un animal, et qu'on a embrassé cette artère à peu de distance par deux ligatures, l'empoisonnement a lieu au bout de quelque temps.

Le même expérimentateur ayant plongé une anse intestinale d'un lapin vivant dans de l'acide sulfurique étendu, trouva, au bout de quelques instants, que le sang contenu dans les vaisseaux avait une couleur noire et était coagulé; que lorsqu'il avait complètement isolé une artère ou une veine, en ayant soin même de glisser dessous une petite planchette, et qu'il en frottait les parois avec une dissolution d'extrait de noix vomique, les symptômes de l'empoisonnement existaient, et que le sang contenu dans le vaisseau acquérait une saveur amère (2).

Lebknechner a constaté que l'essence de térébenthine et l'émétine pénétraient dans le sang des veines, à la surface desquelles il étalait légèrement de ces substances (3).

Fodera fit sortir de l'abdomen d'un lapin une anse intestinale longue de plusieurs pouces, la lia aux deux bouts, la détacha du mésentère, la remplit d'une dissolution d'extrait de noix vomique, la repoussa dans le ventre, et vit se manifester bientôt après les phénomènes ordinaires de l'empoisonnement (4).

Ces expériences faites sur le vivant, snr des parties retranchées du corps, sur des cadavres, démontrent donc que les liquides appliqués sur les organes sont susceptibles de les pénétrer à une certaine profondeur par une sorte d'imbibition phy-

(1) *Journal de Physiologie expérimentale*, t. I, p. 1.

(2) *Recherches sur l'absorption et l'exhalation*, Paris, 1824.

(3) Lebknechner, *loco citato*.

(4) Fodera, *loco citato*.

sique due, soit au phénomène de la capillarité, soit à l'endosmose et l'exosmose. Les parties qui paraissent être le plus perméables après le tissu cellulaire, sont les vaisseaux capillaires, les séreuses ; viennent ensuite les muqueuses et la peau.

Ces phénomènes naturels sont des plus intéressants sous le point de vue thérapeutique. En effet, ne doit-on pas considérer comme évident aujourd'hui qu'un médicament mis en rapport avec quelque partie du corps, ne borne pas son action à la place où il est appliqué, mais que son influence peut s'étendre au loin dans des régions plus ou moins profondes ? Ainsi s'explique l'action d'un cataplasme émollient dont on entoure l'ongle du cheval, pour modifier et faire cesser l'inflammation du tissu sous ongulé ; les effets d'un sachet sur les reins pour combattre les douleurs rénales, les inflammations douloureuses du péritoine ; les bons résultats qu'on obtient de l'emploi de pommades émollientes sur la peau, dans les inflammations des testicules, du cordon testiculaire, de la pharyngite, etc. Ces expériences donnent aussi la solution satisfaisante des effets curatifs si évidents obtenus par l'emploi des frictions pénétrantes, cutanées avec les médicaments altérants, soit pour fondre certains engorgements chroniques profonds, soit pour faire arriver quelques principes actifs dans le torrent circulatoire. C'est encore au même effet physique qu'on doit rattacher les bons résultats qu'on obtient des fumigations cutanées dans les inflammations intestinales du péritoine ; des fumigations émollientes dans l'arbre bronchique pour combattre les inflammations pulmonaires.

L'action des médicaments par la contiguité du tissu constitue d'ailleurs un phénomène naturel constant, et dont la manifestation est indépendante des influences vitales, et c'est sous ce rapport surtout qu'il est utile de lui attacher de l'importance en thérapeutique.

B. *Continuité.* Lorsqu'un organe est impressionné par l'attouchement physique ou par l'action résultant de la vertu du médicament, les parties anatomiques constituantes et élémentaires de cet organe continues les unes avec les autres, reçoivent non seulement l'action contiguë, mais les organes qui viennent par des canaux aboutir à cet organe, ceux même quoique situés à distance qui concourent avec lui à la même fonction, subissent l'influence par continuité de tissu. On sait, par exemple, que la muqueuse buccale fait continuité avec les canaux qui apportent la salive, et que ceux-ci partent immédiatement des glandes salivaires; que la muqueuse du duodénum fait continuité avec le canal hépathique qui provient de toutes les parties du foie, que la membrane du pharynx fait continuité à celle du larynx, que la conjonctive se joint à la pituitaire par le canal lacrymal. Or, c'est par cette continuité de tissus que s'établit la continuité d'action des agents médicamenteux. Si on voit l'effet excitant d'un médicament sialogogue appliqué seulement sur la membrane buccale faire arriver une grande quantité de salive dans la bouche, c'est que l'action excitante du médicament a été transmise par les canaux aux glandes salivaires, qui ont aussitôt activé leur sécrétion. Si, après l'administration d'un purgatif énergique agissant sur le duodénum, on voit les matières de la purgation renfermer beaucoup de bile, c'est que l'excitation sécrétoire de la muqueuse duodénale s'est propagée par les canaux biliaires jusqu'au foie, et que cette glande a sécrété une plus grande quantité de bile qui a été versée dans l'intestin, ensuite entraînée dans le colon et rejetée par l'anus. De semblables effets se passent sur le canal pancréatique. C'est ainsi qu'un médicament rafraîchissant introduit dans la bouche seulement tempère l'ardeur de la soif qui se manifeste dans quelques fièvres de réaction; que des injections émollientes dans la même cavité calment l'inflammation du pharynx et du larynx. Les mêmes effets se produisent pendant l'administration de lavements émollients et anodins, dans les inflammations douloureuses des intestins grêles, et lors de l'emploi d'injections émollientes dans le vagin pour combattre les maladies de la muqueuse utérine, etc.

Il semblerait ici que l'action médicamenteuse se propagerait tout à la fois, et par une sorte de reptation, dans le tissu muqueux, et par la sympathie fonctionnelle qui lie les organes destinés à remplir la même fonction.

Il est donc intéressant encore que le thérapeutiste connaisse bien cette action des médicaments par continuité, parce qu'elle offre une ressource précieuse dans le cas où il n'est point possible d'aller modifier directement les organes souffrants.

C. *Action sympathique.* On donne ce nom à l'influence qu'exerce l'action des agents thérapeutiques, soit par les rapports fonctionnels qui existent entre quelques appareils organiques, soit par l'intermédiaire du système nerveux.

1° *Action sympathique fonctionnelle.* On sait que la peau entretient des rapports fonctionnels très intimes avec les muqueuses intestinales, gastro-pulmonaires et génito-urinaires ; que les phénomènes exhalatoires qui se passent dans le tissu cellulaire, les grandes séreuses, sont liés aussi avec les phénomènes d'exhalation et de sécrétion cutanée. L'expérience a démontré que dans l'état normal aussi bien que dans l'état anormal, toutes les fois que les exhalations, les sécrétions cutanées, étaient augmentées, celles des muqueuses, des séreuses, du tissu cellulaire, étaient diminuées et *vice versâ.* Or, dans le traitement des maladies, le thérapeutiste a souvent recours à la surface cutanée ou à la surface muqueuse pour modifier, arrêter et combattre certaines affections soit de la peau, soit des muqueuses gastriques, pulmonaires, génito-urinaires, soit des séreuses splanchniques, articulaires ou du tissu cellulaire, en rappelant par l'action médicamenteuse les fonctions de ces surfaces pour rétablir l'harmonie et l'équilibre qui doit régner entre elles. C'est ainsi qu'en réchauffant la peau, en suscitant la transpiration cutanée à l'aide de frictions vigoureuses, de fumigations aromatiques, de couvertures en laine, de l'action du calorique porté avec une bassinoire sur le corps et les membres, on fait cesser des phénomènes de congestion sanguine, de super exhalation à la surface des membranes séreuses de la poitrine et du ventre, et qu'on fait souvent avorter ces congestions rapides, suite d'un refroidissement cutané, qui s'opèrent dans les bronches et le poumon. Dans beaucoup de circonstances on voit la peau être sèche, dure, ses poils ternes et hérissés, et ses sécrétions sébacée et sudorifique ne s'effectuer que très incomplètement, parfois même pendant cet état se déclarent sur cette surface des affections cutanées. Or, dans ces cas, l'expérience n'a-t-elle pas démontré bien des fois que la maladie de la peau dépendait d'une condition morbide de la membrane muqueuse intestinale, et que l'emploi d'un médicament purgatif donné à petite dose et pendant quelque temps, était le moyen le plus rationnel et le plus sûr, et de combattre l'état anormal des muqueuses digestives, et de rappeler les fonctions cutanées.

Il nous serait facile de multiplier ces citations, si nous n'étions déjà convaincus qu'elles sont suffisantes pour prouver que l'action des médicaments, des agents thérapeutiques divers sur les surfaces, les appareils d'organes qui entretiennent entre eux des rapports sympathiques fonctionnels, sont importants à connaître pour en diriger l'emploi et en apprécier les effets.

2° *Action sympathique nerveuse.* L'action des médicaments par les sympathies nerveuses est non moins intéressante à connaître.

Les nerfs qui forment un réseau continue qui enlace et pénètre tous les organes, les nombreuses anastomoses qui établissent des rapports intimes entre les nerfs de la vie extérieure et de la vie intérieure, de la sensibilité et de la motilité, sont les voies par lesquelles se transmettent au loin, s'irradient les actions des médicaments dans toutes les parties de l'organisme. Inconnue dans son mécanisme, cette transmission n'en est pas moins appréciable par ses effets. Souvent il est difficile, à l'égard de certains médicaments dont les principes actifs passent rapidement par voie d'absorption dans le système circulatoire, de distinguer cette action de transmission nerveuse, de l'attouchement produit par la substance circulant avec le sang, et qui est distribuée et déposée dans toutes les parties de l'organisme ; mais il est d'autres circonstances où il est possible d'isoler et d'apprécier cette transmission. C'est ainsi qu'une petite quantité d'acétate de morphine appliquée sur l'extrémité très endolorie d'un filet nerveux coupé en travers et suscitant des souffrances générales, accusées par une violente fièvre de réaction, calme presque instantanément la douleur et les phénomènes d'irritation générale qui en sont la conséquence. Or, ici c'est donc le nerf dont la douleur a été calmée qui a rapporté au cerveau et à la moelle épinière l'influence anodine du médicament, et si la fièvre de réaction a été diminuée, si elle a disparu même, on doit rattacher ce bienfait au système nerveux qui a transmis à tout l'organisme, l'action engourdissante de l'acétate de morphine. C'est assurément en frappant instantanément les nerfs, le cerveau, la moelle épinière, que l'acide hydrocyanique cause subitement la mort, car il n'est pas possible d'admettre qu'une goutte de cet acide, déposée dans la bouche d'un lapin, provoque un effet aussi subit et aussi terrible en passant par le sang.

Les expériences de MM. Leuret et Dupuy, sur la transfusion du sang d'un animal en proie à l'empoisonnement par le noix vomique à un animal bien portant, ont démontré que l'action violente de la strychnine se passait entièrement sur le système nerveux (1).

M. Dupuy a fait descendre dans l'estomac d'un cheval dont les nerfs pneumo-gastriques avaient été coupés, 30 gram. de noix vomique rapée et mise en bols; cette substance n'a produit aucun effet. La même quantité donnée à un autre cheval

(1) *Journal pratique*, t. I, p. 145 et 325.

qui n'avait pas subi cette opération, l'a fait périr en peu d'heures après trois accès terribles qui avaient été précédés de convulsions violentes et de raideurs tétaniques.

Il est donc évident que l'action médicamenteuse calmante ou excitante peut être transmise par l'action nerveuse exclusivement, à l'égard de médicaments doués d'une vertu très active. Or, si l'intensité de l'action et des effets actifs de quelques agents pharmacologiques sont ainsi sous la dépendance du système nerveux, il peut arriver que les effets d'un médicament connu pourront dans quelques cas être exagérés et prolongés si ce système est déjà lui-même dans un état d'exaltation, et au contraire ne produire qu'un effet peu sensible, peu durable, s'il est frappé de stupeur, d'engourdissement ou d'insensibilité. Ces divers états sont donc dignes d'être constatés toutes les fois qu'il s'agira de mettre l'action sympathique en jeu par l'intermédiaire du système nerveux, et ce n'est qu'en étudiant attentivement les effets des médicaments produits sur l'organisme, qu'il sera est possible alors de les augmenter, de les atténuer ou de les régulariser.

Dans beaucoup de cas il est difficile de distinguer l'action sympathique d'un médicament de la transmission de cette action à toute l'économie par le transport de ses principes solubles circulant avec le sang, mais alors dans ces cas obscurs, le thérapeutiste doit se borner à étudier l'action médicamenteuse et se conduire selon les effets successifs des phénomènes observés.

3° *Action des médicaments circulant avec le sang. Phénomènes qui en découlent.*

Quelle que soit la surface libre sur laquelle les médicaments peuvent être déposés, cette surface est toujours recouverte d'un épithélium plus ou moins épais. Cette couche inorganique s'imbibe, se gonfle, se ramollit, ses cellules, s'agrandissent, et la matière médicamenteuse après l'avoir traversée se trouve bientôt en rapport avec les vaisseaux veineux, fins et déliés qui constituent les capillaires intermédiaires. Or, plus cet épithélium sera mince et toujours pourvu d'humidité, plus le passage des médicaments sera rendu facile et prompt. C'est par les vaisseaux qui se continuent avec les radicules des veines au dessous de l'épiderme que s'opère le passage des médicaments dans le sang. Quant au mécanisme de l'absorption, qu'il ait lieu par l'imbibition, la capillarité, ainsi que l'admet M. Magendie, qu'il s'opère par l'endosmose et l'exosmose de M. Dutrochet; toujours est-il que les principes solubles des médicaments pénètrent dans le sang par l'absorption veineuse, et que ce fait est de la plus grande importance pour le thérapeutiste. Nous allons chercher à prouver qu'il en est ainsi.

Flandrin, contrairement aux opinions de Hunter et de Monro, avait avancé dans une série de mémoires imprimés dans le *journal de Médecine*, en 1790, 1791 et 1792, que les veines mésaraïques étaient particulièrement chargées d'absorber les substances solubles miscibles au sang introduits dans le canal intestinal, lorsque ensuite les expériences de MM. Magendie, Ségalas, Duverney, Dupuy, Dupuytren, vinrent montrer dans tout son jour la vérité annoncée par le professeur vétérinaire. Les expériences se multiplièrent bientôt sur les veines du corps et des membres, et aujourd'hui des faits nombreux et acquis à la science démontrent que les radicules des veines sont les vaisseaux chargés exclusivement de l'absorption des matières solubles miscibles au sang. Nous ne voulons point anticiper sur le domaine de la physiologie, mais nous rapporterons ici quelques faits qui démontrent que les principes des médicaments circulent avec le sang.

Flandrin, en 1790, avait constaté l'odeur de l'assa fœtida dans la veine-porte (1), et M. Magendie a remarqué qu'après avoir fait avaler à un chien 90 grammes d'alcool étendu d'eau, au

(1) Flandrin, journal cité.

bout d'un quart d'heure tout le sang de l'animal était imprégné de cette liqueur (1).

Tiedmann et Gmelin ont noté dans leurs expériences sur la route que prennent diverses substances pour passer de l'estomac et du canal intestinal dans le sang, que le sang des veines mésaraïques, de la veine splénique, et surtout celui de la veine-porte, était chargé de l'odeur du camphre, du musc, etc., dans les animaux auxquels ils avaient fait avaler de ces substances.

Meyer, après avoir injecté du prussiate de potasse dans les poumons par une ouverture pratiquée à la trachée artère, retrouva ce sel dans le sang et dans beaucoup de solides comme le tissu cellulaire de tout le corps, toutes les séreuses, les muqueuses intestinales, les reins, etc. (2).

Le professeur vétérinaire Gronier, après avoir administré de l'hydrochlorate d'ammoniaque à un cheval, a constaté la présence de ce sel dans le sérum du sang (3).

En 1839, nous avons fait prendre 90 grammes de ce sel à un cheval, et M. Lassaigne a constaté également la présence de l'ammoniaque dans le sérum du sang. Si quelques expérimentateurs n'ont point rencontré les substances qu'ils avaient fait pénétrer par absorption dans le sang, bien que cependant ces substances aient été constatées dans les urines, on ne peut en accuser que leur dissémination très grande dans toute la masse de ce liquide, de telle sorte qu'elles ne peuvent être décélées, soit par les sens, soit par les agents chimiques.

C'est donc un fait avéré aujourd'hui pour les physiologistes et pour les thérapeutistes, que les molécules des médicaments solubles pénètrent les surfaces sur lesquelles elles sont déposées, qu'elles sont absorbées par les radicules des veines, qu'elles circulent avec le sang, et qu'ainsi répandues dans tous

(1) *Précis élémentaire de physiologie.*

(2) *Journ. complém. du Dict. des Sciences méd.*, t. II, p. 22.

(3) *Compte rendu de l'École de Lyon*, 1809.

les organes, elles vont les influencer selon les vertus qu'elles possèdent.

Le transport de ces molécules se fait avec une vitesse surprenante. Heryng, professeur à l'école vétérinaire de Stuttgard, a démontré que le sang ne met guère que trente secondes à parcourir l'appareil circulatoire, même en passant par les vaisseaux les plus éloignés du cœur, et en parcourant les plus grands cercles de l'appareil circulatoire (1). Ainsi donc, en trente secondes les molécules d'un médicament dont l'absorption est très prompte, peuvent donc déjà avoir touché et modifié les solides organiques. Cette rapidité de la circulation donne l'explication des phénomènes si prompts qui suivent parfois l'administration de quelques substances médicamenteuses solubles, volatiles et odorantes, très actives et miscibles au sang, comme le camphre, l'éther, l'alcool, par exemple.

L'introduction des médicaments dans le sang est cependant soumis à quelques influences qu'il est utile de signaler.

D'après les expériences de M. Orfila (2), l'absorption est plus grande dans le tissu séreux que dans le tissu muqueux, dans le tissu cellulaire que dans le tissu cutané. Selon M. Ségalas, l'absorption par la muqueuse bronchique est plus rapide que celle qui se passe à la surface de toutes les autres muqueuses (3). La peau, dépourvue de son épiderme, est plus absorbante que lorsqu'elle en est revêtue, là où l'épiderme est mince que là où il est plus épais (4).

Les expériences de M. Magendie ont en outre appris que l'activité de l'absorption dépendait de la plénitude ou de la vacuité plus ou moins grande du système sanguin, et surtout du système sanguin veineux. En effet, d'après ce savant physiologiste, on peut rendre ce phénomène prompt ou tardif, in-

(1) *Journal des progrès des Sciences méd.*, 1828. t. X, p. 20.

(2) Orfila, *Médecine légale*.

(3) *Journal exp.* de Magendie, t. IV.

(4) Séguin et Lavoisier, *Recherches sur l'absorption cutanée*.

tense ou faible, selon la volonté de l'expérimentateur. On diminue l'absorption en injectant de l'eau tiède dans les veines et en distendant le système circulatoire. On l'augmente en saignant les animaux, et par conséquent en diminuant la quantité de liquide contenu dans les vaisseaux (1).

Ces expériences, qui jusqu'à ce jour n'ont point été contredites, ont jeté une vive clarté sur les moyens d'augmenter, de diminuer, de régulariser l'absorption médicamenteuse, puisque, pour atteindre ce résultat, il suffira de ne point saigner pour la retarder, et de soustraire une plus ou moins grande quantité de sang des vaisseaux veineux pour l'activer.

Ce phénomène, circonstance bien digne d'être prise en considération, est aussi d'autant plus actif, que les animaux sont à jeun et qu'ils sont plus jeunes. Dans le premier cas, le phénomène est du à une moins grande quantité de sang dans les vaisseaux, et dans le second à une minceur et à une perméabilité plus grande de l'épiderme et des parois vasculaires.

La paralysie des nerfs n'arrête pas même cette absorption, d'après M. Bouillaud.

La forme, la nature du médicament, influent singulièrement aussi sur le phénomène physiologique dont il s'agit.

1° Les substances médicamenteuses solubles, l'alcool, l'éther, le vinaigre, sont plus rapidement absorbées que les médicaments réduits en poussière même très fine.

2° Tous les médicaments miscibles au sang et sans action corrosive sur les tissus organiques sont absorbés avec une grande promptitude, surtout s'ils sont liquides.

3° Lorsqu'une substance végétale composée de plusieurs principes est absorbée, elle ne l'est pas en entier; mais s'il s'opère une décomposition de cette substance dans l'estomac,

(1) *Journal de Phys. expér.*, t. I, p. 1.

tel principe immédiat peut être absorbé, tandis que tel autre ne l'est pas (1).

4° Les substances immiscibles avec le sang, fussent-elles liquides, ne sont point absorbées, ou du moins ne le sont que très peu et très lentement. C'est ainsi, par exemple, que l'huile injectée dans le péritoine d'un chien s'y montre huit, dix jours après en quantité visiblement la même, et agit comme un poison irritant sur cette membrane, qu'elle enflamme dans toute son étendue, fait qui prouve d'ailleurs que les médicaments soumis à l'absorption doivent agir avec plus d'énergie dans les véhicules aqueux que dans les huileux, butyreux ou graisseux.

5° Les substances qui désorganisent instantanément les tissus sur lesquels on les applique, ne sont point absorbées même à l'état liquide. Les acides nitrique, sulfurique, hydrochlorique, concentrés sont dans ce cas (2).

La substance absorbée qui ne peut être assimilée aux organes ne tarde point à être éliminée du cercle circulatoire par plusieurs voies qu'il est important de signaler.

A. *Elimination des médicaments.*

En parcourant le cercle de la circulation, les molécules des médicaments sont distribuées à l'infini dans toutes les parties les plus déliées de l'économie, et exercent alors par leur contact avec le sang et par leur action sur les fibres des solides organiques la vertu dont elles sont douées. Cette impression est légère, vive, ou plus ou moins durable, selon que les molécules sont susceptibles de séjourner plus ou moins longtemps dans le sang et d'imprégner les organes où elles sont déposées. Si les molécules sont composées de liquides fugaces, comme les huiles essentielles, l'alcool, l'éther, et très peu assimilables à l'économie, elles n'y séjournent que fort peu de

(1) Orfila, *Médecine légale.*

(2) Magendie, *Journ. de Phys. expér.*, t. IV, p. 284.

temps. Si la substance soluble est minérale ou formée par des principes fixes des végétaux, son expulsion est moins prompte.

Les parties qui sont chargées de cette élimination sont toutes les surfaces libres, et notamment les muqueuses respiratoires, digestives, la peau, les séreuses, enfin les organes sécréteurs, comme les reins, les mamelles, etc. Si les substances absorbées ont été déposées dans une partie organique pendant un certain temps, le sang toutefois se trouve débarrassé d'elles. L'organisme a donc une tendance à éloigner entièrement de son domaine tout ce qui lui est étranger, ou du moins à l'expulser de son suc vital. On ne peut contester que ce ne soit pas le sang qui transporte les différents matériaux qui s'échappent par les émonctoires naturels, car Westrumb a lié les artères rénales et injecté de l'infusion de rhubarbe, de la solution de cyanure de potassium dans l'estomac, ces substances se montraient dans le sang, dans le canal intestinal, la rate, le foie, mais non dans l'urine ni dans les reins (1).

Certaines substances, par une affinité en quelque sorte élective, ont une tendance à s'échapper plutôt par tel organe que par tel autre, par telle voie que par telle autre voie. Ainsi, d'après Gibson (2), le curcuma s'échappe avec les excréments, qu'il teint en vert, et ne passe ni dans les os, ni dans aucune autre partie de l'organisme. D'après Parmentier et Deyeux, les parties acides de l'oseille, le principe amer de la chicorée, l'huile essentielle de la sauge, de la lavande, du thym, paraissent être éliminés par d'autres voies que la sécrétion laiteuse, puisque ces substances ne se retrouvent point dans le lait (3).

De même, selon les recherches de Tiedeman et de Gmelin, les principes colorants du tournesol, de la cochenille, du henné et du vert de vessie, ne paraissent ni dans l'urine, ni dans le

(1) Meckel, *Deutches Archives*, t. VIII.

(2) Meckel, *Deutches Archives*, t. XIV, p. 482.

(3) Parmentier et Deyeux, *Précis d'expériences et d'observations sur les différentes espèces de lait*, p. 13 et 14.

sang ou le chyle, tandis que le cyanure de potassium passe dans la bile et l'urine (1). L'essence de térébenthine ne se montre que dans l'urine, et non dans d'autres sécrétions (2).

L'eau ne sort du sang que par l'exhalation pulmonaire et la sécrétion cutanée lorsqu'elle est pure; mais si l'on y ajoute une petite quantité de nitre, elle s'échappe avec ce sel par les urines. Les substances volatiles, telles que l'alcool, l'éther, le camphre, le musc, sortent par les poumons.

Les substances purgatives, comme le séné, l'aloès, l'huile de croton tiglium, l'émétique, les principes narcotico-âcres des décoctions de tabac, s'échappent, ainsi que nous l'avons expérimenté, par les muqueuses intestinales. Certains pigments, comme la garance, ont de la tendance à se déposer particulièrement dans les os, les parties cornées, bien que la matière colorante de cette racine soit éliminée par le lait et les urines. Presque tous les sels solubles alcalins ou minéraux, beaucoup de matières colorantes, comme celle de l'indigo, de la rhubarbe, les matières résineuses extractives, sont éliminés par les urines. Personne n'ignore l'odeur singulière que les asperges mangées par l'homme et les carnivores, communiquent à l'urine, et cependant cette odeur ne se retrouve pas dans l'urine des herbivores, d'après Gronier (3).

La sécrétion laiteuse débarrasse très souvent, parfois même avec une grande promptitude, les matériaux provenant de substances introduites dans les organes digestifs. Le lait des vaches nourries avec le feuillage de maïs, acquiert bientôt une saveur douce et sucrée, Le chou lui en communique rapidement une moins agréable et un peu âcre. La farine de pomme de terre le rend insipide. Le *boletus bovinus* lui donne un goût détestable. La paille d'orge mûre qui contient beaucoup de matières extractives amères, transmet en peu de jours au lait,

(1) *Loco citato.*

(2) Poggendorf, *Annales de Physique*, t. XLIII, p. 81.

(3) Gronier, *Compte rendu de l'École de Lyon*, 1810.

à la crême et au beurre, une saveur amère, selon Parmentier et Deyeux (1); l'absinthe lui donne une saveur amère, d'après d'Arboval (2); Gronier a observé que la grande gentiane produit le même effet (3). Les plantes qui renferment une substance colorante analogue à l'indigo, comme l'*anchusa officinalis*, l'*equisetum arvense*, les *mercurialis perennis* et *annua*, n'altèrent point la couleur du lait après la traite, mais ce liquide devient bleu après la séparation de la crême. La matière colorante bleue de l'indigo, quoique existant dans le lait, ne se fait apercevoir qu'en absorbant de l'oxygène pendant la fermentation de ce liquide et ne passe point dans le beurre et le fromage : elle demeure dans le petit-lait dont on peut la séparer par la filtration. La racine de garance mangée avec les fourrages donne au lait une teinte rouge qui se communique au beurre. Le curcuma le rend jaune (4). Le safran donne au beurre une couleur jaune (5).

On connaît l'influence des purgatifs sur le lait des femelles nourrices; de l'action du mercure sur les jeunes animaux lorsque ce médicament est administré aux mères. Gronier a vu douze à quinze personnes présenter des symptômes d'empoisonnement pour avoir bu du lait d'une chèvre empoisonnée par une petite quantité de vert de gris (6).

On n'a jamais rencontré aucune substance étrangère déposée dans le cerveau, la moelle épinière, les nerfs, et cependant c'est quelquefois sur l'activité vitale de ces parties qu'elle agit d'une manière spécifique.

Toutefois, l'action nerveuse semble prendre une large part à l'élimination des substances étrangères à l'économie. Lors-

(1) *Loco citato.*
(2) *Dict. de Méd. et de Chirurg. vétér.*, art. LAIT.
(3) Gronier, *Recueil de Méd. vétér.*, t. V, p. 114.
(4) Parmentier et Deyeux, *loco citato.*
(5) Gronier, *Recueil de Méd. vét.*, t. V, p. 115.
(6) Id., t. V, p. 117.

que Krimer et Naveau avaient coupé les nerfs des reins, la rhubarbe introduite dans l'estomac ne passait point dans l'urine (1); Wesbrumb (2) trancha la moelle épinière immédiatement après la tête, entretint la respiration par des moyens artificiels, et injecta ensuite de la rhubarbe et du cyanure de potassium dans l'estomac; au bout d'une heure ou d'une heure et demie, il retrouva les substances dans le foie, la rate et les poumons, ainsi que dans les deux substances des reins, mais non dans l'urine. Lambret avait fait des observations semblables (3). Ainsi l'action du système nerveux paraît donc être une condition essentielle pour que l'organisme puisse se débarrasser des substances étrangères. Or, cette condition est d'une haute importance à connaître dans l'administration des médicaments destinés à agir sur les organes sécrétoires dans les cas maladifs où les fonctions du système nerveux sont diminuées, abolies ou perverties.

Ce qu'il y a de remarquable et digne de fixer l'attention des thérapeutistes, c'est que l'élimination des matières circulant avec le sang se fait avec une rapidité plus ou moins prompte selon la nature de ces matières, et aussi selon la dose qui a été administrée. Il ne sera point sans intérêt de rapporter ici les principales observations et expériences qui ont été faites à cet égard.

Parmentier et Deyeux ont noté que le lait offrait l'odeur du porreau, de l'ail et de l'ognon, trois jours après que les vaches avaient été nourries avec les feuilles de ces plantes, et qu'il rougissait six jours après l'usage de la garance (4). Suivant Young, ce dernier phénomène aurait eu lieu au bout de vingt-quatre heures, lorsqu'un jour entier s'était écoulé sans que l'animal reçût aucune espèce de nourriture, quand ensuite on

(1) Burdach, *Physiologie*, t. VIII.

(2) *Loco citato*.

(3) Meckel, *Deutsches Archives*, t. VII, p. 536.

(4) *Loco citato*, p. 141, 142 et 143

repassait à d'autres aliments, le lait conservait encore sa teinte rouge après sept ou huit jours (1).

Il résulterait des observations de Sichberger, que l'urine deviendrait colorée en bleu par l'indigo en quinze minutes, en rouge par le bois de campèche et la garance; en jaune par la rhubarbe, au bout de vingt à quarante-cinq minutes. Selon le même observateur, le cyanure de fer et de potassium aurait été décèlé dans l'urine au bout d'une heure. Cette même substance y aurait été trouvée par Krimer et Naveau, au bout de quatorze minutes, le fer après trente minutes (2). Brande a observé que l'urine sortait alcaline six minutes après la prise de 8 grammes de carbonate de soude (3).

Après des injections de décoction de rhubarbe, de cyanure de potassium, faites dans l'estomac de lapins, Naveau a vu l'urine après seize à vingt minutes, charrier la matière colorante jaune de la rhubarbe et le cyanure de potassium (4). Westrumb a reconnu dans l'urine des traces de la matière jaune de la rhubarbe après cinq minutes, et a retrouvé dans ce liquide le cyanure de potassium et de fer après vingt minutes (5).

M. Breschet et Milne Edwars ayant injecté de l'eau de vie camphrée dans la cavité abdominale de chiens, ont reconnu que l'air expiré exhalait l'odeur de l'alcool au bout de trois minutes et demie, et celle du camphre au bout de six minutes. Cette dernière a persisté pendant une heure (6).

Sichberger a observé que l'urine exhalait l'odeur de la violette un quart d'heure après que l'animal avait flairé l'essence de térébenthine, et vingt-cinq minutes après qu'on lui en avait

(1) *Nouvelle Encyclopédie méthodique*, t. VI, 2e part., p. 581
(2) Burdach, *Phys ologie*, t. VIII, p. 342.
(3) Burdach, *Physiologie*, t. VIII, p. 343.
(4) *Loco citato.*
(5) Burdach, *Physiologie*, t. VIII, p. 343.
(6) *Répertoire gén. d'Anat. et de Phys. pathol.*, t. II, p. 95.

fait des frictions sur la peau (1); Mayer, après avoir injecté un mélange de teinture d'indigo et de safran dans la trachée de lapins a vu l'urine déjà verte au bout de huit minutes.

Les curieuses expériences du vétérinaire Hering, méritent surtout d'être rapportées ici. Ce professeur injecta du cyanure de potassium dans les veines de chevaux, et observa combien de temps ce sel séjournerait dans le sang, et combien aussi il en mettrait pour être éliminé ou déposé dans les différents tissus. Les réactions dans le sang annonçant la présence du cyanure, diminuèrent au bout de deux minutes et cessèrent de quinze minutes à cinq heures. Hering retrouva encore après trois jours dans l'urine, le sel qu'il lui avait été impossible de découvrir dans le sang, peut-être à cause de sa trop petite quantité.

Les membranes séreuses et les reins furent les premiers organes dans lesquels il se manifesta, les reins en contenaient souvent au bout d'une minute, soit seulement dans la substance corticale, soit en même temps dans la substance tubulaire; mais toujours en dernier lieu dans le bassinet.

Les membranes séreuses en offraient des traces au bout de deux à quinze minutes, d'abord dans le péricarde, puis dans la plèvre, ensuite dans le péritoine, enfin dans les capsules synoviales des membres. D'où résulte, par conséquent, une succession correspondante à l'éloignement du cœur.

Il se montrait aux membranes muqueuses au bout de quelques minutes, d'abord il n'apparaissait que dans le tissu cellulaire, unissant cette membrane à la tunique musculeuse et le mucus n'en offrait aucune trace. Il se manifestait en premier lieu dans la moitié droite de l'estomac, puis dans l'intestin, ensuite dans les poumons, plus tard dans les voies urinaires, enfin dans les parties génitales. Jamais on n'en voyait de vestiges bien sensibles sur les points où l'épithélium est le plus

(1) *Loco citato.*

développé, tels que la cavité buccale, l'œsophage et la moitié gauche de l'estomac. On le reconnaissait sans peine dans les glandes salivaires, mais non dans les organes d'une couleur foncée, lorsque au bout de cinq heures il avait disparu du sang. On ne pouvait également plus le retrouver au bout de vingt-quatre heures dans les parties solides (1).

Nous avons vu par expérience que selon la dose, l'acide arsénieux coulait avec les urines des chevaux après une heure.

Toutes ces recherches, ces observations, ces expériences prouvent donc sans réplique que les principes solubles miscibles au sang sont absorbés et circulent avec ce liquide et que ces principes étrangers, quoique déposés dans les organes, sont éliminés, même rapidement, de toute l'économie. Cependant, plusieurs principes particuliers peuvent rester dans l'organisme et parfois modifier la couleur, la saveur, l'odeur des solides, même après un temps souvent assez prolongé. Cette imprégnation des molécules de quelques substances de certains médicaments, nous devons l'examiner ici.

B. *Imprégnation des médicaments.* Les grives qui ont mangé des baies de nerprun donnent la diarrhée aux hommes qui en mangent la chair. La chair des oies qu'on a nourries de poissons a un goût d'huile à brûler; celle des chiens est savoureuse dans les îles de la mer du Sud, où on les alimente avec du pain de froment.

La couleur des poils et des plumes peut être déterminée par le genre de nourriture. Le poisson donne aux plumes blanches de l'oie une teinte aurore qui se perd promptement lorsqu'on fait prendre d'autres aliments à cet animal (2). Les chardonnerets qu'on nourrit de chenevis, prennent une couleur plus foncée; les martes zibelines deviennent noirs dans les forêts

(1) *Journal des Progrès*, t. X, p. 20, et *Zeitschrit, fuer Physiol.*, t. III, p. 42, 86, 92, 94, 102, 105, 112, 114 et 123.

(2) Heusinger, Burdach, *Physiologie*, t. VIII, p. 340.

de sapin et bleuâtres dans celles de peuplier (1). Les expériences de Misaldus, de Belchier, de Duhamel, de Boherner, de Steinmeyer, de Bergius (2), de Gronier (3), de Flourens (4), ont démontré l'influence de la matière colorante rouge de la garance sur les os. Cette coloration en rouge du tissu osseux disparaît peu à peu selon Gibson, quand la nourriture vient à changer (5). On connaît l'imprégnation qui se fait à la peau qui devient d'une couleur bistre par l'usage interne du nitrate d'argent. L'éther donné aux bœufs qui sont météorisés, et ensuite tués comme incurables pour les utiliser, donne une odeur éthérée très forte à la chair musculaire, odeur qui se conserve même pendant toute la durée de la salaison (6).

Le camphre, selon nos observations, détermine le même effet. Les lapins qui ont fait usage de feuilles de choux ont une chair qui rappelle l'odeur de la plante. Les effets que le mercure administré à l'intérieur détermine sur les solides organiques, et notamment sur les os, sont trop bien connus des thérapeutistes pour que nous les rappelions ici. Or, il est donc certain, et il est inutile de chercher à le prouver davantage, que les molécules provenant de médicaments administrés à l'intérieur peuvent, pendant un certain temps, séjourner dans l'épaisseur des organes, les modifier profondément, quelquefois même en altérer la texture intime. Ces faits sont d'un puissant intérêt pour le thérapeutiste.

Résumé. 1° L'action des médicaments est *locale* et *générale.*

2° L'*action locale* est le résultat du contact du médicament sur une partie vivante.

Cette action est *physique* si l'attouchement ne suscite que

(1) Burdach, *Loco citato,* t. VIII, p. 340.

(2) *Nouvelle Encyclopédie méthod.*, art. GARANCE.

(3) *Compte rendu de l'École de Lyon,* 1810.

(4) *Mémoires de l'Institut,* 1842.

(5) Meckel, *deutsche Archive,* t. IV, p. 482.

(6) Prevost, *Journal prat. de Méd.*, t. II, p. 269.

des réactions vitales ; elle est *chimique* si l'agent médicamenteux s'empare des éléments des tissus pour opérer une véritable combinaison ; elle est *pharmacologique* si l'action est le résultat de la vertu du médicament. Cette dernière action de *locale* peut devenir *générale*.

3° L'*action générale* d'un médicament est celle qui se propage à l'organisme entier d'une manière légère ou forte, pendant une durée variable selon la dose et selon l'état du système nerveux. Cette action se transmet par la *contiguité*, la *continuité* de tissu, les *sympathies fonctionnelles* et *nerveuses*, et le *passage dans le sang* des molécules médicamenteuses.

A. L'action *contiguë* s'exerce par une imbibition physique du médicament dans la profondeur des organes.

B. L'action *continue* résulte de la transmission d'action du médicament par des surfaces non interrompues à d'autres organes.

C. L'action *sympathique fonctionnelle* s'exerce à distance, et d'une surface à une autre surface par les fonctions qu'elles sont chargées de remplir simultanément.

D. L'action *sympathique* nerveuse se transmet par l'intermédiaire des fonctions nerveuses qui se montrent dans tout l'organisme.

E. L'action des principes solubles ou volatils des médicaments *circulant avec le sang*, résulte de l'absorption de ces principes sous diverses conditions et de leur dissémination dans tout l'organisme. Ces principes ne séjournent que temporairement dans le sang, ils en sont plus ou moins promptement éliminés selon qu'ils sont fixes ou volatils. Les surfaces par lesquelles ils s'échappent de l'économie, sont les surfaces muqueuses et cutanées, les reins et les mamelles. Les médicaments ou les substances qui résistent à cette force expulsive donnent, pour la plupart d'entre eux pendant un certain temps, des qualités diverses aux parties vivantes ; parfois leur composition organique en est profondément modifiée et quelquefois même altérée.

Conclusion. L'action des médicaments, les effets qui en résultent, l'explication de ces effets, les avantages et les inconvénients qui en découlent, sont très importants à connaître, et méritent de fixer l'attention du thérapeutiste dans le traitement des maladies.

§ V. *Des effets des médicaments.*

Effets primitifs et consécutifs. — Doctrines thérapeutiques.

Lorsque le médicament qui a été administré à l'animal touche les parties vivantes, l'impression et les phénomènes plus ou moins sensibles qui en découlent selon sa vertu, reçoivent le nom d'*effets primitifs*. Indépendants de l'état pathologique, ces effets se manifestent aussi bien sur l'animal en bonne santé que sur le malade ; ainsi, qu'un purgatif drastique soit administré à un animal bien portant, cet agent déterminera de l'anorexie, de la tristesse, des bâillements fréquents, de la sécheresse dans la bouche, une accélération du pouls, de la fréquence de la respiration, puis de légères coliques, des borborygmes, et enfin l'expulsion de matières excrémentitielles glaireuses, muqueuses, bilieuses et mousseuses. Or, ces phénomènes se produisent de la même manière sur l'animal malade, parce qu'ils découlent de l'action irritante de la substance purgative sur la surface digestive. On a donné à ces effets le nom d'*effets physiologiques*. Mais le purgatif est-il administré à un animal atteint d'une affection cutanée, et sous l'action réitérée de la médication voit-on cette maladie s'amender et guérir; cet effet recevra le nom d'*effet consécutif*, qu'on a aussi nommé, à cause de la guérison qu'on lui attribue, effet *curatif* ou *thérapeutique*.

Le vétérinaire qui observe l'action des médicaments sur l'organisme malade, qui apprécie les effets sensibles, soit externes ou internes qu'ils suscitent, étudie ce qu'on nomme leur *médication*.

La connaissance des médicaments propres à opérer la guérison des maladies, des règles qui en dirigent l'emploi, des effets physiologiques qu'ils déterminent, des circonstances qui en indiquent l'usage prolongé ou momentané, constitue la science des *médications*.

Il est toujours possible en thérapeutique de se rendre compte des effets physiologiques des médicaments appréciables à nos sens, ou au moins nous pouvons en juger par les résultats imprimés sur les tissus vivants par leur action ; mais il est loin d'en être ainsi de leurs effets curatifs. On est souvent embarrassé d'expliquer comment et pourquoi le médicament employé a procuré la guérison. A cet égard, des opinions plus ou moins fondées ont été émises par les auteurs, et selon les effets qu'ils ont attribués aux médicaments, et selon la manière dont ils ont envisagé la nature de la maladie. Ces opinions érigées en systèmes, constituent les doctrines thérapeutiques. Nous avons déjà dit un mot de ces doctrines en traitant de la nature et du siège des maladies. (Voyez la *pathologie générale.*) Nous reviendrons ici sur quelques unes de ces doctrines ou méthodes, puisqu'elles ont reçu ces deux dénominations, parce qu'elles ont fait sensation dans le monde médical et qu'il est utile de les connaître.

A. *Doctrine thérapeutique basée sur l'observation et l'expérience.*

Le père de la médecine, Hippocrate, ainsi que nous l'avons déjà dit (*Pathologie générale*), admettait que les maladies avaient leur siège dans les humeurs du corps. Ces humeurs étaient le *sang*, le *phlegme*, la *bile* et l'*atrabile*, les maladies dérivaient du *manque*, de la *surabondance* ou du *défaut* de proportion de ces humeurs, le rétablissement de l'équilibre qui devait régner entre elles, ramenait la santé.

Trois périodes étaient admises par Hippocrate dans le cours

des maladies, la *crudité*, la *coction*, la *crise* ou *l'évacuation*. La thérapeutique consistait à observer, à noter religieusement les symptômes et la marche de la maladie, à la modérer pendant la *crudité*, à la régulariser lors de la *coction*, et à solliciter *l'évacuation*. Telles sont les trois bases fondamentales de la méthode thérapeutique de l'immortel vieillard de Cos, et qu'on a qualifiée après lui de *méthode* d'observation.

Hippocrate n'était point exclusif dans ses moyens thérapeutiques, tous reposaient sur l'observation des symptômes que présentaient les malades, les phénomènes qui accompagnaient le cours de la maladie et ses terminaisons. Pendant la *crudité*, il faisait un usage fréquent de la diète, de la saignée pour affaiblir la maladie et retirer le sang altéré; il ménageait les efforts de la nature lors de la *coction*; les purgatifs, les vomitifs, les suppuratifs, les diurétiques, les sudorifiques, étaient les remèdes propres à favoriser les crises, l'évacuation des humeurs altérées ou la formation des dépôts critiques. Hippocrate a publié des vérités éternelles en thérapeutique; un grand nombre de ses aphorismes thérapeutiques sont impérissables. Nous aurons occasion d'en rappeler quelques uns en traitant des médications. Telle est en peu de mots la doctrine *thérapeutique hippocratique fondée sur l'observation*, et qui s'est conservée pure jusqu'à nous. Elle forme la base de la thérapeutique rationnelle, ou celle qui consiste à remplir les *indications* réclamées par la nature, le siége, les altérations morbides, les périodes, les terminaisons et les complications des maladies.

B. *Doctrine thérapeutique du contre-stimulisme.*

Partisan du solidisme médical, Brown, docteur écossais, n'admet en principe que deux espèces de maladies, les unes déterminées par un *excès* de *stimulation*, ce sont les maladies *sthéniques*; les autres suscitées par un *affaiblissement* de *l'incitation*, ce sont les maladies *asthéniques*. La prédisposition à ces maladies, occasionnées soit par un léger *excès d'incitation*, soit par un *excès d'affaiblissement*, constitue l'*opportunité* ou la *diathèse* aux affections sthéniques ou asthéniques. Brown ne reconnaît que deux méthodes thérapeutiques pour guérir les maladies : l'une qui consiste à combattre celles dues à l'excès d'incitation ou sthéniques, par les moyens débilitants, comme la diète, la saignée, les émollients, les tempérants, etc., l'autre qui consiste à traiter celles déterminées par un défaut d'incitation, par les excitants, les stimulants, les toniques, etc. Assurément cette doctrine thérapeutique a le mérite de la simplicité, elle est admirable en théorie ; mais elle est suivie de nombreuses déceptions dans l'application. En effet, rien n'est plus difficile dans la pratique que de bien distinguer la faiblesse réelle de la faiblesse symptômatique, de reconnaître si la maladie doit son origine à une action excitante ou débilitante. Au surplus, la pratique a fait justice de la thérapeutique de Brown. Ses partisans les plus zélés, au nombre desquels il faut compter le médecin italien *Jean Razori*, cherchèrent à la modifier. En médecine vétérinaire, cette doctrine thérapeutique n'a eu que peu ou point de retentissement en France, et aucun auteur, que nous sachions du moins, n'a cherché à la propager.

C. *Modification apportée à la thérapeutique du contre-stimulisme par Razori.*

Dans l'étude pratique du traitement des maladies, Razori, chaud partisan de la doctrine de Brown, s'aperçut qu'il existait des médicaments doués de la propriété spécifique de combattre l'excès de stimulus des Browniens, et il nomma ces médicaments *contre-stimulants*. Mais comme il existait des maladies dues a des causes stimulantes de diverses natures, Razori et ses adeptes Thomassini, Gianini, Monteggia, cherchèrent, tout en conservant les bases de la doctrine de Brown, à faire une distinction dans les maladies causées par l'incitation, dans le but de mieux faire l'application de la thérapeutique du contre-stimulisme. Nous devons ici faire connaître brièvement ces distinctions.

Les Razoriens admettent que la contraction de la fibre est le phénomène le plus général que présente l'organisme, et que, par conséquent, les maladies déterminées par l'excitation, doivent être très nombreuses, tandis que celles dues à la débilitation, ne doivent l'être que fort peu.

Les maladies ont été distinguées en trois classes,

1° En *sthéniques* ou *hypersthéniques*, déterminées par la stimulation.

2° En *asthéniques* ou *hyposthéniques* suscitées par la débilitation.

3° En *irritatives* ou dues ni à l'une ni à l'autre de ces deux causes.

Les deux premières classes de maladies reconnaissent une *diathèse* particulière. Pour Brown, la diathèse n'était que le résultat d'un excès de stimulation ou de débilitation. Pour les Razoriens, cette expression signifie *une condition morbide soit d'excès de stimulus, soit de contre-stimulus, qui survit à la cause qui l'a produite et qui s'accroît même encore longtemps après que celle-ci a cessé d'agir.* Une pneumonie, déterminée par une course violente, est une maladie *diathésique*, parce que l'inflammation qui affecte le poumon, parcourt ses périodes, bien que la cause ait cessé d'exister. Les diverses cachexies dues à des causes débilitantes, comme, par exemple, l'usage d'une alimentation insuffisante, sont également des maladies diathésiques, parce qu'elles persistent après les causes qui les ont déterminées.

Mais qu'une maladie soit occasionnée par un agent physique, chimique, ou septique, comme la présence d'un calcul, d'un poison caustique, existant dans le canal intestinal, du venin de la vipère dans le tissu cellulaire, la maladie, dans ces deux cas, sera simplement *irritative*, et, par conséquent, sans *dia-*

thèse : attendu que, si on parvient à détruire la cause du mal, l'affection cessera incontinent.

Or, dans la thérapeutique razorienne, la *contre-stimulation* et la *contre-débilitation* ne peuvent et ne doivent être des moyens curatifs à employer que dans les maladies dues à la *stimulation* et à la *débilitation*, et jamais dans les maladies *irritatives*. Il nous a paru important, avant d'aller plus loin, de bien fixer les idées à cet égard, parce que c'est en cela que la doctrine razorienne diffère essentiellement de la doctrine de Brown, et que repose toute la thérapeutique du contre-stimulisme.

Voici maintenant quelques propositions qui résument les bases de cette thérapeutique.

1° L'effet des médicaments est *local* ou *général*. Le premier est peu important; le second est seul nécessaire.

2° Plus la maladie est avec *excès* d'incitation, mieux elle supporte l'action contro-stimulante. Cette modification qui porte l'organisme à supporter une dose énorme de médicament contre-stimulant qui, dans toute autre condition, susciterait des accidents très graves, et même la mort, constitue la *tolérance* des organes pour l'action contro-stimulante.

3° Le degré d'intensité de la *diathèse* stimulante, varie selon les divers sujets malades, les différentes périodes du cours de la maladie, et la capacité à supporter la tolérance croît avec l'excès de diathèse, et diminue avec elle. Cependant la tolérance se mesure moins sur le degré de gravité apparent des symptômes, que sur *l'aptitude* de l'organe souffrant, à supporter des doses plus ou moins fortes de médicaments contre-stimulants.

4° Toutes les fois que l'action des contre-stimulants a été trop forte ou trop prolongée, elle affaiblit l'énergie vitale de la fibre et de toute l'économie d'une manière spéciale, et peut déterminer des maladies de nature tout opposée à celle que les contre-stimulants ont combattues. Or, cet affaiblissement des forces vitales, constituant aussi un état maladif correspondant à l'asthénie de Brown, Razori lui donne le nom de *maladie due au contre-stimulus.*

5° Les maladies suscitées par le défaut d'incitation ou asthéniques, de même que celles résultant d'un excès de stimulation, doivent être traitées par l'emploi des agents stimulants.

Telles sont les principales bases de la thérapeutique du contre-stimulisme. On voit donc que le choix des moyens curatifs, les règles qui en dirigent l'emploi reposent d'une part sur la connaissance de la cause de la maladie, sa diathèse sthénique ou asthénique, son siège, la période de son cours, enfin si elle est sthénique, son aptitude à la tolérance des agents contro-stimulants; d'autre part, que les conditions essentielles qui assurent la réussite de la guérison, consistent : pour la classe des affections sthéniques, dans le choix des agents *contre-stimulants spécifiques*, propres à combattre telle ou telle maladie et l'appréciation de leurs effets, afin de prévenir la naissance d'une *autre maladie* due à la contre-stimulation; et pour les maladies asthéniques, dans le choix de médicaments stimulants capables de ramener les organes ou l'économie en général au degré de stimulation dévolu par la nature pour constituer l'état de santé.

Si on interroge les auteurs italiens sur ce qu'ils entendent par contre-stimulisme, ils le définissent, *une puissance instituée par le médecin, et dès lors artificielle, qui opère en diminuant les forces que le stimulus a exaltées*, et ils ajoutent : cette puissance diffère de l'action *débilitante*, parce qu'elle produit des phénomènes d'excitation de spasme à la manière des plus actifs stimulants, et qu'au lieu d'affaiblir elle rétablit les forces opprimées de l'organisme. On ne peut pas la comparer non plus aux effets *narcotiques* qui stimulent d'abord et stupéfient ensuite, puisque ces effets n'ont pas lieu dans l'action contro-stimulante; c'est donc une véritable médication *sui generis.*

« Une chose qui mérite d'être remarquée, dit M. Bailly (*Revue médicale*, *mai* 1825, *page* 205), c'est que les remèdes stimulants et les contro-stimulants peuvent être fortifiants suivant l'état de l'économie qui les reçoit. Un stimulant administré dans une maladie par stimulus, affaiblira plus qu'il ne donnera de forces; un contro-stimulant administré dans les mêmes circonstances pourra avoir des effets toniques. *Leur seule action importante est la neutralisation de la diathèse opposée qui produit la maladie.*

« Dans cette action, les razoriens distinguent un effet local et un effet général, ajoute Bailly. Ainsi, le tartre stibié détermine des nausées, des coliques, des évacuations alvines, voilà ses effets locaux, ils sont peu importants; mais de plus il agit sur les forces vitales, les forces stimulantes de l'économie, il semble paralyser l'activité nerveuse, il plonge dans une débilitation très grande, il diminue la violence des congestions inflammatoires, voilà ses effets généraux, universels et indépendants de son action locale, puisque ces effets salutaires dans certaines affections inflammatoires peuvent être produits lors même qu'il n'y a ni vomissement, ni douleurs abdominales, ni évacuations alvines ni sueurs à la peau. » De ces effets particuliers, les razoriens concluent que ce n'est point encore ni par *dérivation*, ni par *révulsion* que les contro-stimulants agissent, et ce qui le prouve, c'est que souvent même on les met en contact direct avec les organes malades. C'est donc encore une fois une médication *sui generis* que l'action médicamenteuse contro-stimulante.

La liste des médicaments doués de la vertu contro-stimulante est encore très courte, l'émétique et toutes les préparations d'antimoine contre la pneumonie et la péripneumonie, la gomme gutte contre l'entérite et la dysentérie, l'opium contre le diabètes, la noix vomique quand les muscles sont en convulsion, les préparations de fer contre les maladies sthéniques de l'utérus, la belladone contre les irritations cérébrales, la digitale pourprée contre les hydropisies, tels sont les principaux contro-stimulants et les maladies contre lesquelles on les emploie ; mais parmi tous ces agents, le plus énergique, celui qu'il convient d'administrer dans toutes les maladies sthéniques, c'est l'émétique. La saignée quoiqu'étant un contro-stimulant sur lequel on puisse compter, ne saurait l'égaler. Les purgatifs sont même préférables aux émissions sanguines.

L'expérience, excellent juge en pareille matière, a-t-elle reconnue comme bons les principes d'une thérapeutique qui, d'après Razori, aurait été fondée sur l'observation de faits accomplis ? C'est ce qu'il importe d'examiner succinctement ici. En Italie, le razorisme a été généralement adopté par les sommités vétérinaires, telles que Volpi, Lessona, Leroy, Metaxa, etc. En France, en médecine humaine aussi bien qu'en médecine vétérinaire, le contro-stimulisme, bien qu'accrédité par quelques médecins d'un grand mérite, ne fut pas plus goûté dans l'enseignement que dans la pratique. Cette thérapeutique née de quelques faits recueillis par Razori, échafaudée sur des bases incertaines, ne pouvant progresser qu'en tâtonnant, ne devait donc point tarder à s'écrouler. Les adeptes même de Razori commencèrent à démolir l'édifice de leur maître, que Broussais en le sapant par la base, renversa d'un seul coup. D'ailleurs, dans la pratique l'impossibilité de distinguer les maladies essentiellement sthéniques, avec diathèse de stimulus et tolérance pour tel ou tel médicament, est d'une grande difficulté d'application ; et d'un autre côté, comme cette tolérance ne peut être appréciée qu'après l'administration du médicament, il peut en résulter des accidents sérieux et même la mort.

Cependant, avec toutes ses erreurs, le contro-stimulisme a conduit à la découverte d'un fait immense aussi bien pour la thérapeutique des maladies de l'homme, que pour celle des animaux ; c'est l'heureux emploi de l'émétique à grande dose, comme contro-stimulant dans plusieurs maladies, et notamment dans les inflammations du poumon, soit simples, soit compliquées de pleurite.

D. *Thérapeutique physiologique.*

Nous avons dit ailleurs en quoi consistaient les bases de la médecine, dite physiologique, créée par l'immortel Broussais. (Voyez *première partie, Pathologie générale*). Nous rappellerons seulement ici que la thérapeutique physiologique est fondée sur cette idée que la maladie est le résultat d'une altération des solides, et que cette altération est due à une irritation morbide; que les congestions, les inflammations, les hémorrhagies, les sécrétions, les exhalations pathologiques, les névroses, les flux, les produits morbides divers analogues ou hétérologues, sont le résultat de cette irritation; que les maladies sont toujours primitivement locales; qu'elles se généralisent par les sympathies qui unissent les organes entre eux, qu'enfin les quatre cinquièmes des maladies sont le résultat de l'irritation, de l'inflammation de la muqueuse digestive. Telles sont les bases pathologiques de la doctrine de Broussais. Or, les maladies résidant dans les solides organiques et étant le résultat de l'action d'un stimulant fort ou faible, ces maladies devaient être rationnellement combattues par des moyens curatifs agissant dans un sens opposé ou par des débilitations.

Les saignées générales et locales, la diète, les tempérants, les réfrigérants, les émollients, les anodins, le repos de l'organe souffrant, la dérivation de l'irritation ou de la douleur dans les parties éloignées, sont les armes de la thérapeutique dont Broussais se servait, et a conseillé l'emploi. Mais tous ces moyens doivent être dirigés vers la muqueuse digestives, qui est enflammée dans les quatre cinquièmes des maladies.

Les vomitifs, les purgatifs, les stimulants généraux, sont qualifiés par Broussais de médicaments incendiaires; ils ne doivent être employés que dans des circonstances rares, les toniques ne sont utiles que dans le cas où l'économie a été trop débilitée, ou pendant les longues convalescences.

La doctrine thérapeutique physiologique, tant par la vaste étendue de ses principes, que par sa simplicité, ne tarda point à avoir une foule de partisans. Comparée alors, avec la thérapeutique de Brown et de Razori qui ne pouvait arriver à une découverte que par le tatonnement, la balance pencha aussitôt en faveur du broussaisisme. En médecine vétérinaire, nous l'avons déjà dit, Girard fils, Rodet, Vatel, d'Arboval, Cruzel, en vantèrent les bons effets dans leurs écrits, et concoururent ainsi à la répandre. Bientôt, comme en médecine humaine, on ne vit dans presque toutes les maladies que des gastro-entérites; et dans presque toutes les maladies que des irritations et des inflammations. Aussi les saignées générales et locales, la diète, les émollients, les tempérants, devinrent-ils les moyens à l'ordre du jour, et placés en première ligne pour combattre une foule d'affections. Heureusement que la possibilité de faire des autopsies immédiatement après la mort, vint dessiller les yeux des vétérinaires observateurs, et qu'ils purent se convaincre que l'irritation, l'inflammation des muqueuses intestinales ne constituaient point les quatre cinquièmes des maladies; que bon nombre d'entre elles ne résident point dans les solides; que les liquides pouvaient également être altérés primitivement; enfin, et surtout, que la méthode antiphlogistique était impuissante à combattre beaucoup d'affections dans les divers animaux domestiques, notamment dans les espèces bovine et ovine.

La thérapeutique physiologique, nous devons nous empresser de le dire, a cependant fait faire un pas immense à la médecine vétérinaire; elle détruisit les idées du Pinélisme, professé dans les écoles vétérinaires, elle renversa en grande partie cette doctrine des fièvres essentielles, véritable monstruosité pathologique qui s'était conservée jusqu'alors. Les purgatifs, les stimulants, les toniques, les médicaments de toute espèce étaient en grande faveur ; on se tint en garde contre ces agents qu'on qualifia d'*incendiaires*, à l'imitation de Broussais, et bientôt, s'ils ne furent bannis, on s'empressa beaucoup moins d'en faire usage.

Jusqu'alors, les vétérinaires avaient été timides dans l'emploi des émissions sanguines, notamment dans les congestions, les inflammations des muqueuses intestinales, connues alors sous les noms de coliques rouges, de maladies charbonneuses, de fièvres muqueuse, adynamique, putride, et les affections des poumons et des plèvres; mais l'emploi des grandes saignées, pour combattre ces maladies, a produit une heureuse révolution dans la pratique vétérinaire; et aujourd'hui, il faut le proclamer, la méthode antiphlogistique a fait ses preuves dans toutes les congestions et les inflammations aiguës franches, quel que soit le tissu ou l'organe où elles siègent.

Malheureusement on exagéra, en médecine vétérinaire, comme aussi en médecine humaine, les précieux bienfaits de cette thérapeutique; on voulut l'appliquer, indistinctement, aux diverses périodes et terminaisons des inflammations; on en vanta également les succès dans les inflammations chroniques, les altérations diverses qui constituent des produits morbides hétérologues à l'économie; on marcha quelque temps dans cette direction, mais on fut obligé de revenir sur ses pas, l'expérience étant venue démontrer que la méthode débilitante échouait contre ces maladies.

Toutefois, nous devons proclamer, en terminant, que la thérapeutique physiologique est rationnelle dans les congestions actives, les premières périodes des inflammations aiguës franches, quel que soit leur siége, et que les émissions sanguines doivent tenir le premier rang dans les moyens dont elle se compose; que la diète et le régime diététique, l'emploi des médicaments émollients, tempérants et anodins sont de précieux moyens auxiliaires aux spoliations sanguines; enfin, que l'emploi des révulsifs, externes et internes, selon les préceptes des Broussaisiens, réunis aux moyens propres à retarder, à modérer l'afflux du sang, la souffrance des organes, composent un enchaînement de moyens curatifs desquels on obtient de nombreux et incontestables avantages. Or, ces moyens thérapeutiques, beaucoup mieux appliqués aux inflammations, n'assurent-ils pas à la mémoire de Broussais un titre impérissable?

Comme on le voit, nous sommes donc un zélé partisan de la thérapeutique physiologique; mais nous lui faisons sa part. Nous déclarons ouvertement qu'elle doit avoir la préférence sur toutes les autres méthodes dans le traitement des congestions et des inflammations aiguës franches; mais nous ne voulons pas qu'elle soit exclusive à toute autre méthode de traitement; nous pensons qu'elle doit reposer sur des indications tirées de la *nature*, du *siège*, de l'état de *simplicité* ou de *complication* des maladies des *diverses espèces* d'animaux domestiques, enfin qu'on doit, dans beaucoup de cas, *l'associer* à d'autres médications non moins importantes qu'elle. C'est alors seulement que la thérapeutique physiologique devient rationnelle, et c'est dans ce sens que nous la mettons, et que nous pensons qu'on doive la mettre en application.

E. *Doctrine thérapeutique homœopathique.*

Samuel Hahnemann, médecin allemand, est le créateur de cette doctrine. Après avoir pris naissance en Allemagne, la thérapeutique homœopathique s'est répandue en Italie, en Suisse, en Angleterre et en France, où des médecins célèbres s'en sont occupés. En médecine vétérinaire, l'homœopathie a eu peu de retentissement jusqu'alors. En aura-t-elle davantage depuis la nouvelle publication de la pharmacie homœopathique vétérinaire qui arrive d'Allemagne? je ne le pense pas. Nous ferons cependant connaître les bases sur lesquelles l'homœopathie est fondée.

Hahnemann ne reconnaît que des maladies aiguës et des maladies chroniques. Ses idées sur les maladies aiguës diffèrent peu de celles généralement admises. Quant aux maladies chroniques, elles se transmettraient à tout l'organisme sous la *forme d'un miasme* qui infecte et mine l'économie jusqu'au terme de l'existence, si on ne lui oppose pas un traitement *spécifique*.

Si chaque maladie offre une série de troubles qui la fait reconnaître et distinguer de toutes les autres maladies, chaque médicament, pris en particulier, offre également de même, selon Hahnemann, une série d'effets qui n'appartiennent qu'à lui ou qui lui sont *spéciaux*. Ces effets, pour Hahnemann, sont des maladies *artificielles* suscitées par le médicament.

La thérapeutique homœopathique repose maintenant sur cette loi. *La maladie naturelle n'est qu'une altération dynamique de la vie qui s'offre au médecin avec des symptômes particuliers; pour la guérir, il faut administrer un médicament qui soit doué de la puissance de produire dans l'organisme une maladie artificielle aussi semblable que possible à la maladie naturelle, affection qui, agissant sur les mêmes points de l'organisme, se substitue insensiblement à cette dernière, et dont la nature se débarrasse ensuite avec facilité.* Intensité plus grande, similitude dans les effets, telles sont les conditions indispensables pour qu'une maladie artificielle obtienne la guérison d'une maladie naturelle.

Nous avons vu jusqu'alors que toutes les doctrines thérapeutiques reposaient sur cet axiome : *Contraria contrariis curantur*. L'axiome d'Hahnemann est : *Similia similibus curantur.* Voici maintenant quelques propositions qui découlent de cette loi, et qui serviront de règle au vétérinaire homœopathe. Nous les extrayons en partie de l'article de notre collègue M. Bernard sur la doctrine hahnemanienne. (*Recueil de méd. vét.*, t. XII, p. 322.)

1° On devra s'attacher dans l'étude des maladies aux symptômes frappants et caractéristiques comme les plus importants ;

2° Faire choix du médicament le mieux approprié, le plus homœopathique, en un mot, qui est le véritable spécifique;

3° Si le médicament homœopathique est bien choisi, les effets semblables à ceux de la maladie sont les seuls qui se prononcent distinctement; les autres, parmi tous ceux qui appartiennent au médicament, sont à peine sensibles. Dans les premiers temps de son administration, on remarque ordinairement une légère augmentation de la maladie. Cette aggravation homœopathique est ordinairement d'un bon augure; si elle n'est pas de longue durée, elle indique que le remède est bien approprié;

4° Si le médicament n'est pas du tout homœopathique, il aggrave la maladie, il faut se hâter de le changer; si au contraire il est parfaitement approprié, il faut attendre l'épuisement de tous ses effets, qui durent, terme moyen, huit à dix jours, dans quelques uns un à deux jours, dans d'autres plusieurs semaines; alors une seule dose du même remède suffit pour obtenir la guérison, il n'a pas besoin d'être renouvelé, à moins qu'il ne s'agisse d'une maladie chronique de longue durée;

5° L'appropriation d'un médicament ne se fonde pas seulement sur son caractère parfaitement homœopathique, mais encore sur l'*exiguïté de sa dose; son pouvoir, ses effets, n'ont aucun rapport avec sa masse.* Cette dose ne saurait jamais être trop faible pour éviter la réaction vitale, ou du moins la diminuer et produire une guérison douce et durable.

6° Le frottement développant des propriétés dynamiques dans les médicaments, il faut, avant chaque administration, secouer deux ou trois fois le flacon qui contient les dilutions avant d'en faire usage.

Quant au choix, à la préparation et la conservation des médicaments, les précautions les plus minutieuses doivent être prises à leur égard, les doses seront déterminées avec une précision mathématique.

Les plantes indigènes devront être cueillies fraîches et leur suc exprimé mêlé avec l'alcool. Les racines, graines et écorces exotiques seront réduites en poudre et desséchées. La solution est la forme la plus convenable pour l'usage médicinal, à moins que la substance ne puisse être donnée qu'en poudre (1).

Telles sont en peu de mots les bases de la doctrine thérapeutique homœopathique.

De 1830 à 1835, la médecine hahnemanienne fit tant de bruit,on vanta tellement ses prodiges, qu'elle fut soumise au creuset de l'expérience. En Italie, après de nombreux essais ordonnés par le gouvernement, elle fut défendue et abandonnée par ceux-là même qui avaient sollicité l'autorisation de la propager.

En France, MM. Andral, Broussais, Bailly, Emery, Double, Dumas, firent des expériences tant sur les médicaments, qui, selon Hahnemann, étaient doués de la propriété de faire naître des maladies artificielles, que sur ceux dotés de la vertu spécifique de guérir quelques maladies, tous les résultats ont été négatifs. Enfin, dans les séances des 10, 17 et 24 mars 1835, l'Académie royale de médecine se prononça contre cette doctrine thérapeutique.

En médecine vétérinaire, quelques essais ont été tentés par M. Bernard (*Recueil de méd. vét.*, t. XIV, p. 215 et 256), par M. Leblanc, vétérinaire militaire, et par le médecin Guérard (*Journal des haras*, août 1836, et *Recueil vét.*, 1836, p. 439). Mais ces tentatives annonçant des succès n'ayant été publiées

(1) Le quinquina, contre les fièvres intermittentes.
La douce-amère contre les dartres.
La belladone, contre la danse de Saint-Guy, l'immobilité des animaux.
La belladone, dans la scarlatine de l'homme.
L'éponge brûlée, le sulfure de chaux, contre le croup.
L'iode, contre les maladies scrofuleuses.
Le sublimé, contre la dysenterie.
Le soufre, contre la gale, les dartres, etc.
Tels sont les médicaments homœopathes vantés jusqu'alors.

qu'avec peu de détails circonstanciés, n'ont point engagé les vétérinaires à suivre la médecine homœopathique.

Quant à notre opinion sur la doctrine thérapeutique dont nous venons de nous occuper peut-être trop longuement, nous la considérons comme n'étant point une nouveauté. En ce qui regarde l'action médicamenteuse, on savait fort bien, en médecine humaine aussi bien qu'en médecine vétérinaire, qu'il était possible de guérir les maladies par des moyens analogues qu'on qualifiait de moyens *perturbateurs*. On n'ignorait pas que par l'emploi de la méthode *perturbatrice* on changeait une maladie en une autre maladie due à l'action du médicament, et par cela même plus facile à guérir.

Considérée donc sous le point de vue de la thérapeutique perturbatrice qu'on a qualifiée dans ces derniers temps de méthode *substitutive*, l'homœopathie me paraît ne point manquer de fondement. Cet axiôme de l'homœopathie, *similia similibus curantur*, est donc pour nous une des grandes vérités connues depuis longtemps, et que Hahnemann s'exagéra en voulant l'approprier à toutes les maladies, et particulièrement aux affections internes.

Quant à la dose, au mode d'emploi des médicaments homœopathiques, ainsi que le prescrit Hahnemann, là se trouve le ridicule, pour ne pas dire l'absurdité de sa doctrine. Que le praticien s'attache à étudier avec un soin scrupuleux les symptômes que présentent les maladies, qu'il porte toute son attention sur le choix, la préparation, la confection des médicaments, leur action sur l'organisme, les effets qui en découlent sur la marche de la maladie, ainsi que le prescrit Hahnemann ; tout cela est judicieux. Mais dire et soutenir que les médicaments ont d'autant plus d'action et d'effet que leur dose est exiguë, que cette dose ne saurait jamais être trop faible pour produire une guérison douce et durable, c'est renverser tout ce qui est rigoureusement logique, c'est mettre le faux à la place du vrai. En logique, en mathématique, en médecine, comme en quoi que ce soit, le moins n'a jamais été l'égal du plus; mais pour Hahnemann le moins surpasserait énormément le plus; aussi est-ce là le ridicule de *cette partie* seulement de la doctrine homœopathique, qui l'a fait juger et condamner en Italie aussi bien qu'en France par tous les praticiens sensés.

En traitant succinctement des doctrines médicales à l'article *Nature et siège des maladies*, nous avons dit que nous étions partisans de l'*éclectisme* médical; nous rappellerons ici que nous conservons la même opinion à l'égard des diverses doctrines thérapeutiques. Nous n'adoptons point exclusivement l'une ou l'autre de ces doctrines; mais nous leur rendons justice en disant que toutes ont fait découvrir quelques secrets de la nature en ce qui touche l'essence, le siège des maladies et conduit à la connaissance de leur guérison. Ce fait est incontestable.

Or, le vétérinaire jaloux de profiter des découvertes utiles sanctionnées par le temps et l'expérience, doit donc puiser dans la médecine hippocratique, le brownisme, le razorisme, le broussaisisme, l'homœopathie même, tout ce qui est reconnu comme bon, et rejeter tout ce qui est mauvais. En effet, qui oserait répudier aujourd'hui les immortelles vérités contenues dans les aphorismes thérapeutiques du père de la médecine? Quel est le praticien vétérinaire qui prétendrait nier les bons effets de l'émétique dans les inflammations du poumon et des plèvres au premier degré.

Si Broussais et ses nombreux partisans ont, dans leur enthousiasme, exagéré l'application des émissions sanguines, de la diète, en un mot, des débilitants généraux et spéciaux à toutes les maladies, n'est-il pas incontestable que l'illustre créateur de la médecine physiologique, par la force de son génie, a opéré la plus heureuse révolution dans le traitement des maladies inflammatoires? Ne faut-il pas convenir aussi que les homœopathes en fixant davantage les idées sur la vertu perturbatrice des médicaments, leur confection et leur préparation, ont fait progresser la thérapeutique? L'empirisme même ne peut-il pas revendiquer ses droits à la découverte de quelques moyens curatifs? Or, s'il en est ainsi, ne sommes-nous pas en droit de conclure que le praticien doit prendre des armes pour combattre les maladies, quel que soit l'arsenal médical où il puisse les trouver.

Quant à notre manière de voir en ce qui touche la thérapeutique, nous pensons que quelle que soit la méthode curative qu'on veuille mettre en pratique, le vétérinaire doit toujours prendre en considération les causes de la maladie, recueillir avec un soin extrême les symptômes qui la signalent, afin de pouvoir apprécier sa nature, son siege, son état simple ou compliqué, récent ou ancien, et surtout les lésions qu'elle doit avoir suscitées, et, que ce n'est qu'après avoir basé ainsi ses indications, qu'il doit faire un choix convenable des moyens curatifs dont l'expérience a fait constater l'efficacité. C'est sous ce point de vue, essentiellement pratique, que l'on doit étudier la thérapeutique des maladies. En suivant cette méthode, le vétérinaire contrôlera ainsi ses succès et ses revers, tant par l'indication qu'il puisera auprès des animaux malades que par l'ouverture des cadavres; et, agissant ainsi, il parviendra à reconnaître que telle méthode de traitement convient dans telle période des maladies, tandis qu'elle peut être inutile et nuisible dans telle autre. Il devra s'attacher particulièrement à étudier les effets physiologiques des médicaments, et selon que ces effets seront légers ou intenses, passagers ou durables, il règlera l'usage de leur emploi. S'il veut mettre le pied dans le champ de l'expérience, essayer ce qui a été pratiqué, ou faire des découvertes, il devra suivre la même méthode et tenir compte surtout des lésions qu'il a à combattre. Telle est la marche que nous avons suivie jusqu'à ce jour dans la thérapeutique des maladies. Elle nous paraît rationnelle et fondée sur l'observation. Quelle que soit d'ailleurs les moyens curatifs adoptés par le vétérinaire, deux méthodes de combattre les maladies se présentent dans la pratique. Dans l'une, le praticien, après s'être assuré de la nature et du siège de la maladie, l'attaque aussitôt avec énergie afin d'en précipiter la marche et la terminaison favorable : c'est ce qu'on appelle faire de la *médecine agissante*. Dans l'autre, le vétérinaire se contente de calmer la maladie, d'en modérer les progrès par l'emploi de petites saignées, de la diète, du repos, du régime délayant, de l'administration de quelques adoucissants, et attend la guérison des efforts de l'organisme, qui, toujours protecteur, s'efforce de se débarrasser de la maladie : c'est ce qu'on appelle faire de la *médecine expectante*.

Partisan de la *médecine agissante* dans le début des maladies et surtout des congestions, des inflammations franches dans tous les organes vasculaires importants à la vie, nous attaquons vigoureusement ces maladies si l'animal est jeune et robuste, et nous n'hésitons point à l'accabler sous l'action d'actives et incessantes médications. C'est un point capital, selon nous, que de faire avorter les maladies aiguës avant qu'elles aient suscité des désordres morbides dans la trame des organes. Nous ne reculons donc point devant les grandes émissions sanguines et l'emploi de médicaments à forte dose. Il vaut mieux, selon nous, avoir à remonter l'organisme affaibli par les remèdes que de le voir épuiser par la maladie. Ces préceptes sont surtout applicables aux animaux qui sont l'objet de spéculation et qu'il faut souvent guérir promptement afin d'éviter que le propriétaire n'en ordonne le sacrifice.

En ce qui regarde la période d'état et de violence des maladies aiguës, nous modérons fort peu notre mode d'agir. Dans cette période, les produits pathologiques n'étant point encore organisés dans les tissus, la résolution peut s'y opérer convenablement. Nous changeons notre manière de voir dans les diverses terminaisons. Ici, nous avons recours à différentes médications selon la nature et le siège des altérations que nous croyons avoir à combattre. Lorsque la maladie a son siège dans le sang et qu'elle résulte de la prédominance des principes globuleux, fibrino-albumineux de ce fluide, nous en retirons abondamment par des saignées répétées coup sur coup. Au contraire, nous nous abstenons religieusement de saigner dans les cas opposés.

Quant à la médecine expectante, nous ne l'adoptons que dans les maladies légères, soit internes, soit externes, dans les maladies chroniques et dans les altérations encore peu connues du sang. Dans ces deux dernières circonstances, les moyens brusques, perturbateurs, soit chirurgicaux, soit médicamenteux, ne feraient qu'exaspérer inutilement la maladie, parce qu'elle est accompagnée d'altérations profondes auxquelles il n'est possible de remédier qu'avec le temps.

Toutefois, les grandes données thérapeutiques dont il s'agit sont soumises à l'influence de l'espèce des animaux de leur constitution, de leur âge, de leur sexe, de leur état d'embonpoint ou de maigreur, du climat où ils sont nés et où ils vivent, de l'économie à s'habituer à l'influence des mêmes remèdes, etc., etc. Ces différences seront spécialement indiquées en traitant des diverses médications.

§ VI. *Classification des médicaments.*

Dans le *Traité de pharmacie théorique et pratique* que nous avons publié avec notre collègue M. Lassaigne, nous avons fait connaître les avantages qui se rattachent à la classification des médicaments, basée tant sur leurs vertus médicinales que sur leur propriété curative, pour l'enseignement et pour la pratique, et nous avons dit que toutes les maladies, excepté celles qui composent le domaine de la chirurgie, sont dues : 1° à une altération notable des solides et des fluides; 2° à une perversion de cet agent inconnu dans son essence qu'on appelle fluide nerveux ; 3° à la présence de corps étrangers animés ou inanimés existant dans l'économie, et nous avons fait sentir qu'une classification des médicaments qui embrasserait tout à la fois, et un large énoncé des classes de maladies, et la série des médicaments propres à combattre toutes les affections qui, par leur nature, se rangeraient dans chaque classe, offrirait de grands avantages: qu'en ce qui regarde l'enseignement, elle apprendrait à l'élève qui commence à étudier la pharmacie avant la pathologie et la thérapeutique, les divers médicaments dont il pourra se servir plus tard pour combattre telle ou telle classe de maladies; qu'en ce qui touche la pratique, elle offrirait aux vétérinaires une liste de médicaments dans laquelle ils pourraient faire un choix rationnel de ceux qui sont propres à remplir les indications réclamées par la nature et le siége de la maladie qu'ils seraient appelés à combattre; qu'enfin rattachant la pharmacie, branche de la thérapeutique, à l'étude de la pathologie, cette classification démontrerait que les diverses branches de l'étude vétérinaire s'enchaînent mutuellement, et que toutes sont essentielles à connaître aussi bien en théorie qu'en application. Les mêmes raisons nous ont engagés à adopter la même classification dans l'exposé des effets *primitifs* et *curatifs* des médicaments ou des *médications*.

Voici les nouveaux avantages qui se rattachent à cette classification. Pour l'enseignement : après l'étude des médicaments, nous avons pensé que l'élève passant de leurs vertus médicinales, de leur mode d'administration, des phénomènes que leur puissance physiologique détermine sur les organes, et à l'appréciation des changements qu'ils sont appelés à opérer dans le cours des maladies, n'abandonnerait point le sujet d'étude qu'il doit terminer : et qu'ainsi l'enseignement que cet élève aurait puisé dans la pharmacie se trouverait complété par l'étude des médications thérapeutiques qu'il devrait mettre plus tard en application. Or, ce sont ces motifs qui nous ont engagés à publier un traité de pharmacie avant notre traité de thérapeutique générale, espérant ainsi que nous lierions deux études dont l'une est nécessairement complémentaire de l'autre.

Pour la pratique, le vétérinaire en jetant les regards sur cette classification, y trouvera à l'instant, exposés dans un ordre logique, les divers moyens généraux propres à combattre les congestions, les inflammations, les névroses, les maladies dues aux corps étrangers animés et inanimés, les accidents qui peuvent accompagner la parturition, et dans la supposition où le praticien aurait diagnostiqué et la maladie et l'organe qui en est atteint, il lui sera facile, en parcourant la série des agents thérapeutiques composant chaque médication, de faire le choix du médicament plus spécialement destiné à combattre cette maladie.

Ces avantages, qui jusqu'alors n'avaient point été entrevus par nos devanciers, nous ont fait prendre le parti de classer d'abord les médications qui sont le plus généralement usitées pour traiter les maladies qui s'offrent le plus fréquemment dans la pratique, et ensuite de classer successivement les médications dont l'emploi n'est point aussi souvent réclamé. Enfin ce que nous avons fait pour l'arrangement des médications selon leur importance, nous avons pensé le faire également pour la priorité à accorder aux médicaments dont les vertus médicinales sont généralement bien connues comme promptes et efficaces. Tels sont les motifs qui nous ont fait adopter la classification des médications qui fait le sujet du tableau suivant.

TABLEAU SYNOPTIQUE

DE LA CLASSIFICATION DES DIVERSES MÉDICATIONS.

Ire CLASSE. Moyens thérapeutiques propres à combattre les congestions et les inflammations. *Antiphlogistiques.*	composant les médications	déplétive, émolliente, rafraîchissante, réfrigérante, astringente.
2e CLASSE. Moyens thérapeutiques propres à calmer ou à exciter le système nerveux. *Antispasmodiques* et *excitants nerveux.*	composant les médications	anodine, stupéfiante, narcotico — acre excitative du système nerveux.
3e CLASSE. Moyens thérapeutiques propres à détourner l'afflux sanguin et à dériver la douleur. *Révulsifs. Dérivatifs.*	composant les médications	irritante rubéfiante, vésicante, caustique.
4e CLASSE. Moyens thérapeutiques propres à exciter les solides organiques et à modifier l'état des liquides circulatoires. *Excitants généraux.*	composant les médications	stimulante, tonique, antiputride
5e CLASSE. Moyens thérapeutiques propres à exciter quelques appareils d'organes, à spolier l'économie en excitant les sécrétions et les exhalations diverses et employés à combattre beaucoup de maladies. *Excitants spéciaux.*	composant les médications	purgative, vomitive, diurétique, expectorante, diaphorétique, sudorifique.
6e CLASSE. Moyens thérapeutiques propres à modifier la marche des maladies en changeant leur nature. *Excitants perturbateurs.*	composant la médication perturbatrice.	
7e CLASSE. Moyens thérapeutiques agissant en modifiant les éléments constituants des liquides, puis la composition des solides organiques et propres à combattre quelques maladies. *Altérants* ou *fondants.*	composant la médication	altérante, ou fondante
8e CLASSE. Moyens thérapeutiques ayant la propriété d'exciter l'expulsion des produits de la conception. *Utérins, obstétricaux.*	composant les médications	utérine, obstétricale.
9e CLASSE. Moyens thérapeutiques doués de la propriété d'engourdir, de tuer et d'expulser les animaux parasites et les larves d'insectes qui vivent à l'intérieur et à l'extérieur du corps. *Anthelmintiques.*	composant les médications anthelmintiques contre....	les entozoaires, les épizoaires.

PREMIERE CLASSE.

MOYENS THÉRAPEUTIQUES PROPRES A COMBATTRE LES CONGESTIONS ET LES INFLAMMATIONS.

ANTIPHLOGISTIQUES.

On donne le nom d'Antiphlogistiques aux divers agents qui ont plus particulièrement la propriété de faire cesser la phlogose ou, en d'autres termes, qui sont employés pour chercher à combattre les phénomènes morbides actifs qui accompagnent les congestions et les inflammations.

Les agents thérapeutiques auxquels on doit donner le nom d'antiphlogistiques, sont compris dans les cinq médications suivantes :

Médications antiphlogistiques
1. Déplétive.
2. Emolliente.
3. Rafraîchissante.
4. Réfrigérante.
5. Astringente.

§ 1. *Médication déplétive.*

Nous donnons le nom de médication déplétive à l'emploi et aux effets déterminés par les émissions sanguines ou les saignées.

Les saignées, eu égard à la soustraction sanguine qu'elles déterminent dans toutes les parties du corps, ou dans une partie du corps seulement, ont été distinguées en *générales* et en *locales*; et relativement aux vaisseaux sur lesquels on les pratique, en saignées *veineuses*, *artérielles* et *capillaires*. Nous conserverons ces divisions en thérapeutique.

1° *Saignées veineuses générales.* Les saignées veineuses générales, tant à cause de la facilité de les pratiquer que des bons effets qu'elles déterminent, sont celles qui sont le plus usitées. Ces saignées fixeront donc particulièrement notre attention.

Le sang qui s'écoule par les vaisseaux veineux ouverts, entretient la vie; c'est lui qui porte la chaleur dans toutes les parties du corps, concourt à leurs mouvements, les nourrit et fournit tous les matériaux des sécrétions et des exhalations diverses, et ce n'est point sans fondement que plusieurs physiologistes regardent ce fluide comme vivant. Aujourd'hui plus que jamais, les médecins aussi bien que les vétérinaires, les chimistes, les physiciens, s'occupent de la composition, de la proportion des divers principes organiques et élémentaires du fluide nourricier, ainsi que des altérations qu'il peut éprouver, et tous ces travaux demontrent que les études hygides et morbides du sang sont du plus haut intérêt pour la pathologie et la thérapeutique. Nous résumerons donc ici en peu de mots ce que l'hématologie renferme de plus intéressant sous le rapport de la thérapeutique; car, avant de retirer des vaisseaux le fluide qui nourrit l'économie et qui concourt à lui donner la vie, il est important de le connaître.

A. *Étude de la composition du sang.*

Conjointement avec MM. Andral et Gavarret, nous nous sommes livrés à l'analyse du sang de près de 300 saignées faites sur les principales espèces d'animaux domestiques dans l'état de santé et de maladie, et nous allons extraire de ce travail ce qui paraît se rattacher plus spécialement à la médication déplétive. Avant tout, il est nécessaire de bien déterminer la signification attachée aux expressions de globules, de fibrine, d'albumine et de sérum, c'est à dire de ceux des matériaux organiques du sang dont nous avons constaté les modifications de proportion, puisqu'aujourd'hui encore quelques personnes ne se font point une idée nette de la valeur de ces expressions et de leur véritable sens en chimie organique. Nous serons brefs sur ces détails qui ne sont point étrangers à nos lecteurs, puisque déjà nous avons traité du sang dans la pathologie générale. Notre intention n'est que de vouloir, dans ce moment, répandre de la clarté et de la précision sur l'emploi et les effets des soustractions sanguines, soit pour prévenir, soit pour guérir les maladies.

1° *Organisation et proportion respective des principes organiques.*

1° *Globules.* Les globules sont de petits corps sphéroïdes qui d'après la mesure qui nous en a été faite par un habile micrographe, M. le docteur Gruby, ont un diamètre de 7 à 8/1000e de millimètre dans le chien, de 5 à 7/1000e dans le cheval et les bêtes bovines, de 4 à 5/1000e dans le porc, et de 3 à 4/1000e dans le mouton, lesquels nagent en suspension dans la liqueur du sang lorsqu'elle est contenue dans les vaisseaux. D'après les recherches les plus récentes, ces globules sont composés d'une matière fibrino-albumineuse qui en constitue le centre ou le noyau, et d'un principe colorant rouge qu'on a nommé *cruor*, *matière colorante*, *globuline*, *gliadine*, *cruorine*, *hémocroïne*, etc., qui en forme la circonférence. Lorsque le sang est sorti des vaisseaux, si on le fouette à l'aide d'un balai pour en obtenir la fibrine, le liquide rouge qui reste incoagulé, renferme les globules qu'il est facile de voir au microscope avec un grossissement de trois cents fois. Ces globules ne peuvent point être confondus ni avec la fibrine, ni avec l'albumine, parce qu'ils affectent une forme organique toute spéciale.

Les globules sont les parties les plus pesantes du sang d'après Thackrach (1). Dans le cheval, ces corps gagnent la partie inférieure du vase pour former le caillot noir, et cette précipitation se fait d'autant plus vite que le sang est plus séreux. Nasse, Meckel (2), Hunefeld (3) croient vraisemblable que la couleur du

(1) Meckel, *deutsche Archive*, t. II, p. 386.
(2) Id. id. t. III, p. 448.
(3) Burdach, *Physiologie*.

sang tient à une combinaison de fer, contenant très peu d'oxygène avec une substance animalisée fort riche en carbone. Ce serait une espèce de pigment. Les globules paraissent être les parties les plus organisées du sang ; ils n'existent point dans les animaux à sang blanc ; ils sont d'autant plus nombreux que les animaux ont des muscles plus rouges et sont doués d'une plus grande énergie musculaire.

Il résulte des recherches que nous avons faites, que le sang des diverses espèces d'animaux domestiques en bonne santé n'a pas dans toutes la même quantité de globules. Sur 1,000 parties de sang la *moyenne* en globules est :

dans le sang.........	du chien de	148,7
	du porc de	105,7
	du cheval de	102 à 104.
	de la chèvre de	101,1.
	des bêtes bovines de	97,4.
	des bêtes ovines de	97,1.

Ce qu'il est important de bien considérer sous le rapport de la thérapeutique, c'est que les animaux jeunes, adultes, vigoureux et d'une bonne constitution, ont plus de globules que les animaux vieux et faibles ; les animaux qui restent en repos, plus que ceux qui travaillent ; les animaux gras plus que les animaux maigres.

Aujourd'hui beaucoup de physiologistes pensent avec fondement que les globules servent à la nutrition et aux sécrétions. Kaltenbrunner, Dœllinger, ont vu sur des parties transparentes des animaux inférieurs ces corpuscules s'incorporer à la substance organique.

Le savant physiologiste Müller pense qu'ils exercent une action excitante sur les organes et notamment sur les nerfs. Assurément les corps dont il s'agit, doivent être considérés comme la partie éminemment excitante du sang. Aussi dirons-nous plus loin, en traitant des effets consécutifs des saignées, que l'effet débilitant qui en est la conséquence, se rattache presque entièrement à la soustraction des globules.

2° *Fibrine.* La fibrine est à l'état liquide dans le sang; elle constitue cette partie que les physiologistes allemands ont nommée *lymphe plastique*, *lymphe coagulable*, et encore d'après Müller *liqueur du sang*. Cette substance, d'après les chimistes modernes et notamment Berzelius, a la même composition élémentaire que l'albumine dont elle ne paraît être qu'une modification; mais elle en diffère essentiellement par un caractère de la plus haute importance, en ce qu'elle possède l'apanage exclusif de se coaguler spontanément, lorsque le sang est sorti des vaisseaux. C'est cette substance qui par sa solidification rapide, forme le canevas de la partie de la saignée qu'on a nommée caillot, et qui s'isole des globules et du sérum en filaments blanchâtres et élastiques, lorsqu'on lave ce caillot sur un tamis. Cette substance contient beaucoup d'azote et présente par excellence le caractère de la composition animale.

Dans l'état de santé, la quantité de fibrine existant dans le sang, n'est pas la même dans les diverses espèces d'animaux domestiques. Sur 1,000 parties de sang la moyenne en fibrine est :

dans le sang.........	du porc de	4,6.
	du cheval de	4,».
	des bêtes bovines de	3,7.
	des bêtes ovines de	3,1.
	des chèvres de	3,
	des chiens de	2,1.

Ce principe organique joue un très grand rôle dans les phénomènes physiologiques de l'organisation. Il sert à la nutrition de tous les organes, d'après Berzélius, et particulièrement des muscles; il forme la trame solide des parties molles qui sont insolubles dans l'eau et dans l'alcool. Mais c'est surtout dans les phénomènes pathologiques que la fibrine joue un rôle très remarquable. Elle augmente en quantité dans toutes les phlegmasies aiguës et forme en grande partie toutes les altérations morbides suscitées par ces maladies.

3° *Albumine.* L'albumine est une substance organique quaternaire, qui existe à l'état de dissolution dans le sang, et qui conserve toujours sa liquidité, à moins qu'on ne fasse intervenir une température de 75° et au dessus, où l'action de certains réactifs chimiques. Soit qu'on examine le sang dans les vaisseaux pendant la vie ou après la mort, soit qu'on étudie ce liquide hors de l'économie, on rencontre constamment l'albumine à l'état de dissolution, cette substance ne passant jamais spontanément à l'état solide.

Sur 1,000 parties de sang, la moyenne d'albumine a été

dans le sang	du chien de..................	75,5
	du porc de..................	80,1 à 86,3,
	du cheval..................	de 92,4
	des bêtes bovines..................	
	des bêtes ovines..................	

L'albumine est le principe le moins animalisé du sang, la prédominance relative du carbone, de l'oxygène et de l'azote, qui en forment les éléments chimiques, la rapproche de la composition végétale. C'est elle aussi qui a la plus grande affinité pour l'eau. Elle se coagule le moins facilement et se putréfie le plus promptement. Haller, Berzelius, Wienholt, Gmelin et autres, regardent l'albumine comme la matière proprement dite de la nutrition et comme la source des substances organiques spéciales. Réunie à l'eau du sang dans laquelle elle est dissoute à l'aide des sels neutres, on la considère sous cet état comme le principe générateur de toutes les sécrétions communes ou dépourvues de caractère spécial.

La constitution, l'âge, l'embonpoint, la maigreur, n'influent que peu sur la quantité d'albumine contenue dans le sang. Ce principe joue aussi un rôle important dans les phlegmasies aiguës. Son chiffre normal diminue en grande proportion dans certaines maladies.

4° *Eau.* La quantité d'eau qui existe dans le sang, comparée à la somme des éléments organiques, est en grande proportion. La moyenne dans le sang du chien sur 1,000 parties, est de 774,1. Dans celui de tous les autres animaux domestiques, elle est de 804 à 813,5. Voici en résumé la proportion des divers principes organiques et d'eau, d'après notre travail.

Tableau résumant la moyenne des principes organiques du sang sur 1,000 parties de ce fluide.

ANIMAUX	GLOBULES	FIBRINE	MATÉRIAUX SOLIDES DU SÉRUM	EAU
Chevaux . .	102 à 104	4		
Bêtes bovines	97,4	3,7	92,4	
Bêtes ovines	97,1	3,1		804 à 813
Porcs . . .	105,7	4,6	80,1 à 86,3	
Chiens . . .	148,7	2,1	75,5	774
Chèvre . .	101,1	3	»	»

Quant aux matières grasses du sang découvertes par M. Chevreul, à la cholestérine, à la séroline, aux acides margarique et oléique, aux différents sels alcalins et terreux, nous ne nous en occuperons point dans ce travail.

Si nous sommes entrés dans tous ces détails sur le sang, c'est dans l'intention de bien fixer l'attention de nos lecteurs sur l'état normal de ce liquide, attendu que sa composition, ainsi que nous le dirons plus loin, offre des différences très frappantes dans certaines maladies, et que les émissions sanguines lui font subir d'importantes et nombreuses modifications.

2° *Quantité de sang existant dans les vaisseaux des principales espèces d'animaux domestiques.*

Rien, assurément, n'est aussi variable que les règles qui doivent guider le vétérinaire dans les soustractions sanguines. Les indications fournies par l'âge, le tempérament, le sexe de l'animal, la nature, le siège des maladies, doivent, certes, être prises en considération par le vétérinaire. Mais, cependant, que de contradictions existent encore aujourd'hui à cet égard. Chabert (1) est le premier vétérinaire qui ait cherché à régler la quantité de sang que l'on devait retirer en moyenne par la saignée. Ce praticien a établi ses bases sur la taille, le volume des animaux ; mais il ajoute que ces évaluations ne sont que des généralités insuffisantes, quoiqu'elles soient appuyées, dit-il, par des expériences répétées et sur une suite de faits observés avec soin. D'Arboval (2) a pris les mêmes bases que Chabert, mais comme un adepte fervent de la doctrine physiologique, il a dépassé le chiffre du poids du sang à extraire, indiqué par ce praticien. M. Vatel, dans ses *Eléments de pathologie*, a adopté à quelques grammes près les chiffres de Chabert et de d'Arboval.

Nous pensons que la moyenne de la quantité de sang à extraire des animaux, doit reposer et sur la richesse des principes organiques existant dans le sang, puisque ce sont ces principes qui donnent à ce fluide sa force plastique, ses vertus excitantes, nous pourrions dire aussi une partie de la vitalité à l'organisme, et qui est l'élément générateur de tous les produits pathologiques quels qu'ils soient, et sur la quantité de sang

(1) *Instructions vétérinaires*, t. III, p. 103.
(2) *Dict. de Méd. et de Chirurg.*, art. SAIGNÉE.

existant dans les vaisseaux des différents animaux, selon leur espèce, leur âge, leur état de maigreur ou d'embonpoint. Pour parvenir à ce but, nous nous étayerons des recherches faites sur la quantité de sang existant dans les vaisseaux des animaux par différents expérimentateurs et nous y réunirons les nôtres.

TABL

indiquant la quantité de sang contenu dans les vaisse
du poids du sang au p

ESPÈCES D'ANIMAUX.	EMBONPOINT.	AGE.	POIDS EN KILOGRAMM — DE L'ANIMAL VIVANT.	POIDS EN KILOGRAMM — DU SANG EXTR VAISSEAU.
CHEVAUX.				
Plusieurs chevaux	maigres (*)	»	375	19
Idem	idem	11 ans	300	12
Idem	idem	14 ans	360	15
Idem	idem	14 ans	400	17
Idem	idem	20 ans	»	20
Ane	maigre	»	140	8
BÊTES BOVINES.				
Bœuf de Durham	embonpoint moyen	2 ans ½	600	28
Idem	gras	»	»	18 à
Vache de Durham	très grasse	3 ans	700	32,75
Idem	idem	3 ans ½	725	24,50
Veau	gras	3 mois	180	6
BÊTES OVINES.				
Bélier Dishley	maigre	18 mois	63	3
Bélier anglo-mérinos	idem	18 mois	72	3,40
Mouton anglais.	idem	2 ans	30	2
Brebis	idem	11 ans	30	2
Agneau	moyen embonpoint	6 mois	23	1
Brebis	idem	9 ans	46	2
Idem	idem	10 ans	50	2,52
Idem	idem	10 ans	50	2,06
Bélier New-Kent	gras	18 mois	95	4
Plusieurs moutons	idem	»	47	2,50
Sept Béliers race Rambouillet . .	idem	18 mois	67	2
Béliers anglais	idem	»	76	3,12
Idem	idem	»	76	3,50
Mouton anglais.	très gras	»	106	3,50
PORCS.				
Plusieurs porcs.	moyen embonpoint	»	95	3,60
Truie	très grasse	3 ans	250	3,50
CHIENS.				
Haute taille	moyen embonpoint	»	33,500	3,5
Moyenne taille	»	»	16	1,100
Petite taille	»	»	14	1
Lapin	»	»	»	»
Coq	»	»	»	»
Canard	»	»	»	»
Poule	»	»	»	»

(*) Indépendamment des recherches que nous avons faites, et qui sont consignées dans ce tableau, nous en o
à M. Girard, *Traité d'anatomie*, t. Ier, p. 137;
à la *Bibliothèque britannique*, — Agriculture, — t. III, p. 274, et t. V, p. 148 et 150;
à une note communiquée par M. Rodet, et
à la *Physiologie* de Burdach, t. VI, p. 160.

(**) Ces rapports sont extraits de la *Physiologie* de Burdach, t. VI, p 160

…NOPTIQUE,

…lusieurs espèces d'animaux domestiques, et le rapport …orps de l'animal vivant.

…PORT … AU POIDS …ANIMAL, …OINS …S DU SANG.	RAPPORT SELON PLUSIEURS EXPÉRIMENTATEURS.	MOYENNE EN KILOGRAMMES: DU POIDS DE L'ANIMAL.	DU POIDS DU SANG RECUEILLI.	DES RAPPORTS DU SANG ET DU POIDS DU CORPS.	OBSERVATIONS.
18,2 24 19 22,4 »	1 : 18 d'après Hales (* . .	303	15,18	1 : 19,58	Les moyennes des auteurs sont réunies dans ce dernier rapport du poids du sang et du poids du corps.
16,5	1 : 23 d'après Rosa	110	8	1 : 19,62	
23,6	. . . .	690	28	1 : 23,5	
»	1 : 12 d'après Burdach . . . 1 : 18,36 d'après Hales . . .	»	»	1 : 15,18	
20,3 28,5	. . . .	712	28,625	1 : 24,4	
29	1 : 22 d'après Rosa	»	»	1 : 25,5	
20 20 15 15	. . . .	48,75	2,6	1 : 17,5	
22	1 : 20 d'après Allen Moulins 1 : 22 d'après Rosa	23	1	1 : 21,43	
22 19 24	1 : 22 d'après Allen Moulins 1 : 23 d'après Rosa	48,66	2,494	1 : 22	
22 19 33,5 23,5 20,7	. . . .	72,2	3,025	1 : 26,14	
29,2	. . . .	106	3,500	1 : 29,2	
23	. . . .	95	3,600	1 : 23	
37	. . . .	250	6,500	1 : 37	
9,2	1 : 12 1 : 21 d'après Herbst. . . .	33,500	3,5	1 : 14,66	
13,5	1 : 9,60 d'après Allen Moulins	16	1,100	1 : 11,55	
13	. . . .	14	1	1 : 13	
»	1 : 24 d'après Herbst . . . . 1 : 29 d'après Allen Moulins	»	»	1 : 26,5	
»	1 : 25 d'après Herbst	»	»	1 : 25	
»	1 : 29 d'après Allen Moulins	»	»	1 : 29	
»	1 : 32 d'après Herbst. . . .	»	»	1 : 32	

savoir :

De ces recherches, bien qu'elles ne soient peut-être pas encore assez multipliées, il résulte :

Que les chevaux maigres, de moyenne taille, et du poids moyen de 303 *kilogr.*, ont de 15 à 18 kilogr. de sang dans les vaisseaux, ou une quantité de ce fluide en rapport avec le poids du corps :: 1 : 19,58. Que l'âne d'une taille moyenne a 8 kil. de sang, et dans le même rapport de 1 : 19.62. L'âne, toutes choses étant égales d'ailleurs, aurait donc autant de sang que le cheval. Or, nous avons pensé que c'était cette quantité de sang en rapport avec le poids du corps qui devait servir de base à ce qu'on est convenu d'appeler petites, moyennes, grandes et très grandes saignées du cheval.

Vitet porte la saignée du cheval de 1 kil. à 1 kil. 500 gram.

Chabert (1) fixe la quantité de sang à retirer dans une saignée moyenne à........................ 2,500

d'Arboval (2) la porte à................. 2,500 à 3,000.

Si nous avons égard à la masse du sang existant dans les vaisseaux, nous fixerons ainsi la saignée du cheval, qui doit être considérée comme petite à....................... 2 kil.

poids qui correspond au 9e de la masse totale du sang.

La saignée moyenne à......................... 3

qui correspondent au 6e de cette masse.

La grande saignée à.......................... 5

ou au quart de cette masse.

Enfin, la très grande saignée à................. 6,500

ou au tiers.

Ces estimations s'accordent du reste parfaitement avec ce qui est journellement mis en pratique depuis une quinzaine d'années par la majeure partie des vétérinaires. Nous devons ajouter maintenant que le sang du cheval étant riche en globules et en fibrine, on peut extraire à cet animal sans beau-

(1) *Instructions vétérinaires*, t. III, p. 103..

(2) *Dict. de Méd. et de Chirurg. vét.*, art. SAIGNÉE.

coup d'inconvénients une plus grande quantité de sang que celle que nous venons de fixer.

Bêtes bovines. Il résulte du tableau ci-dessus que les bêtes bovines ont plus de sang que les chevaux. En effet, un bœuf de moyenne taille du poids de 680 à 700 kil. a de 28 à 30 de sang dans les vaisseaux ou dans la proportion :: 1 : 15.

Or, il découle de cette estimation, et en se servant des mêmes bases, que pour le cheval la petite saignée doit correspondre à 3,00
la moyenne à.............................. 4,500
la grande à.............................. 6,00
et la très grande à 7,00

Ces estimations sont un peu plus fortes que celles que Chabert et d'Arboval ont fixées, puisque la saignée moyenne de Chabert est de....................... 2,500 à 3,00
et celle de d'Arboval de.............. 3,00 à 3,500

Le sang des bêtes bovines étant moins pourvu de globules et de fibrine que celui du cheval, ces moyennes ne devront point être dépassées.

Bêtes ovines. La bête ovine dans un état moyen d'embonpoint ou du poids de 48 k. a 2,194 de sang dans les vaisseaux, ce qui établit le rapport avec le poids du corps :: 1 : 22.
La petite saignée sera donc dans ces animaux de 0,240 à peu près.
la moyenne de....................... 0,365
la grande de....................... 0,548
et la très grande de..................... 0,730

Chabert a porté cette saignée de 0,200 à 0,300

D'Arboval s'est rapproché beaucoup de notre calcul en la fixant de...................... 0,330 à 0,360

Le sang des bêtes ovines offrant les mêmes proportions de principes organiques que celui des bêtes bovines, ces moyennes ne devront donc point être portées au-delà de la quantité que nous venons de fixer.

Porcs. Les porcs de grande taille et du poids de 90 kilog.

ont en moyenne 3,600 de sang ou dans le rapport avec le poids du corps comme 1 : 23.

La petite saignée sera donc dans cet animal de......	400
la moyenne de..................................	600
la grande de..................................	900
la très grande de..............................	1,200

Chabert porte la saignée moyenne à 0,750 gr. et d'Arboval de 0,360 à 500

La moyenne de Chabert est assurément trop forte, et celle de d'Arboval ne l'est point assez; mais si nous prenons en considération que le sang du porc est celui de tous les animaux qui renferme le plus de fibrine et d'albumine, les praticiens pourront adopter la moyenne donnée par Chabert sans inconvénient.

Chiens. Les chiens de moyenne taille ont de 1,100 de sang ou dans le rapport avec le poids du corps comme 1 : 11,55.

La petite saignée dans le chien sera donc de.........	0,122
la moyenne de..................................	0,183
la grande de..................................	0,275
la très grande de..............................	0,366

Chabert porte la saignée moyenne de 0,120 à 0,180 et d'Arboval de 0,210 à 0,240.

Notre moyenne calculée ainsi se rapproche beaucoup de celle de Chabert.

Le sang des chiens est, il est vrai, celui qui renferme le plus de globules, mais il est aussi celui qui contient le moins de fibrine. Cette considération nous engage donc à adopter la moyenne que nous avons établie et à considérer celle de d'Arboval comme trop forte.

On peut tirer à l'oie, au dindon et à la poule de 0,30 à 40 grammes de sang sans aucun inconvénient.

3° *Quantité de sang relativement à l'âge des animaux.* Nous n'avons point fait assez d'expériences concluantes pour pouvoir décider la question de savoir si les jeunes animaux ont plus de sang que les vieux ; mais ce qu'il importe surtout de considérer dans le sang des jeunes bêtes, c'est que ce liquide, quoique renfermant beaucoup de globules et de fibrine, est si important au développement des organes, qu'on ne doit point le prodiguer. Les animaux adultes ayant un sang riche en globules, en fibrine et en albumine, et à cette période de la vie l'accroissement des organes étant terminé, on peut saigner abondamment sans qu'il en résulte de grands inconvénients. Dans les vieux animaux, les globules, la fibrine, l'albumine étant en proportion moins grande dans le sang ; les mouvements de décomposition de la nutrition l'emportant sur ceux de composition ; la régénération du sang par la digestion, la respiration, étant moins faciles ; enfin, l'organisme réclamant tout à la fois et une excitation sanguine et des matériaux réconfortables, il est rationnel de conserver chez eux autant que possible le fluide excitant et réparateur de l'édifice animal.

4° *Quantité de sang relativement à la taille et au poids*. Il résulte des chiffres mentionnés dans notre tableau que les animaux maigres, d'un moyen embonpoint et de grande taille, n'ont pas plus de sang relativement à leur poids que les petits. La quantité de sang à extraire devra donc porter tout à la fois et sur la taille et sur le poids du corps, comparé au poids du sang qu'ils ont dans les vaisseaux. Or, il sera donc rationnel de soustraire une plus grande quantité de liquide nourricier aux grands animaux qu'aux petits de la même espèce.

5° *Quantité de sang relativement à l'embonpoint*. Il résulte des recherches exposées dans notre tableau, que les animaux maigres ont, comparativement au poids du corps, plus de sang que les gras, et ceux-ci plus que les très gras. En effet, les rapports sont :

pour les animaux maigres............ : : 1 : 17
pour ceux d'un moyen embonpoint.... : : 1 : 21

pour les gras..................... : : 1 : 26
et pour les très gras............... : : 1 : 22, 23 et 27.

Il découle évidemment de ces recherches que les animaux maigres peuvent être saignés plus abondamment que les animaux d'un moyen embonpoint, ceux-ci plus que les gras, et ces derniers plus que les très gras, ou en d'autres termes, que la quantité à extraire sera d'autant moins grande que les animaux seront plus gras. Cependant nous devons nous empresser d'ajouter que le sang des animaux gras est très riche en globules, en fibrine et en albumine et pauvre en eau. Or, si d'un côté il existe réellement moins de sang dans les vaisseaux relativement au poids du corps dans les bêtes grasses, mais si d'un autre côté ce sang contient plus de matériaux excitants et nourrissants, si ce liquide circule plus difficilement dans les vaisseaux intermédiaires, s'il fournit une forte quantité de produits morbides aux inflammations, ne devons-nous pas en conclure que les animaux gras doivent être saignés dans les mêmes proportions que les animaux maigres, d'autant plus que la graisse tenue en réserve pour la nutrition peut servir à la nutrition de l'individu dont le sang a pu être appauvri par les saignées.

Quant aux animaux maigres, s'ils ont plus de sang que les gras, ce liquide est aussi moins pourvu de globules, de fibrine, d'albumine, et renferme une plus grande quantité d'eau. Cette dernière considération nous fait admettre qu'il faut ménager le sang des animaux maigres et affaiblis surtout. Quant aux animaux d'un moyen embonpoint, qui ont un sang riche en globules, en fibrine et en albumine, bien que la masse totale de ce liquide, comparée au poids du corps, soit moins forte que dans les animaux maigres, on pourra cependant chez eux spolier l'organisme d'une plus grande quantité de sang sans aucun inconvénient.

6° *Relativement à la vigueur et au tempérament des animaux.* La science ne possède point encore de recherches positives sur la quantité de sang existant dans le système circulatoire d'animaux vigoureux et d'animaux débiles, dans ceux qui possèdent un tempérament sanguin et dans ceux qui ont un tempérament lymphatique; mais ce que nous ont appris positivement nos analyses du sang, c'est que ce liquide renferme constamment plus de globules et généralement plus de fibrine, plus d'albumine et moins d'eau, dans les animaux vigoureux bien constitués et d'un bon tempérament, que dans ceux qui sont faibles et d'un tempérament lymphatique. Or, nous dirons donc avec le praticien Chabert que les animaux robustes et d'un tempérament sanguin devront être saignés plus fortement que ceux qui se trouvent dans les conditions opposées.

Dans les animaux d'un tempérament nerveux, irritable, les soustractions sanguines doivent toujours être modérées. La spoliation du sang dans ces animaux détermine une exaltation de la sensibilité du système nerveux qu'il est utile d'éviter.

En traitant des tempéraments dans la pathologie générale, nous avons dit que l'idiosyncrasie des animaux était singulièrement modifiée dans la même espèce, selon les lieux qu'ils habitaient : que dans les animaux des pays chauds, froids et secs, et nourris de plantes fines succulentes, le système des vaisseaux rouges prédominait, et qu'ils possédaient un tempérament sanguin ; qu'au contraire les animaux des pays froids, humides, où les plantes sont aqueuses, le système des vaisseaux blancs l'emportait sur celui des vaisseaux rouges, et que le tempérament lymphatique leur était exclusif. Or, les soustractions sanguines devront donc être, toutes choses étant égales d'ailleurs, plus fortes chez les animaux du midi et du nord froid et sec, que dans ceux des régions tempérées et surtout humides et froides; ceux des montagnes qui respirent un air pur et qui se nourrissent de plantes succulentes, que dans ceux des vallées ombragées, froides et humides.

7° *Relativement au repos, au travail et à l'alimentation.* Les animaux qui ne sont point soumis au travail, ceux surtout qui sont restés longtemps en repos à l'écurie et qui ont reçu une forte ration d'aliments nourrissants, et particulièrement des graines de céréales, des légumineuses à cosse en paille et en grain; ceux qui sont mis à l'engrais dans des pacages abondamment fournis d'herbes succulentes, supporteront toujours bien les fortes et très fortes spoliations sanguines, parce que ces animaux, ainsi que les analyses de leur sang nous en ont convaincus, ont un sang où abondent les globules, la fibrine, l'albumine, et où l'eau est rare. Au contraire, les animaux fatigués, usés par le travail, nourris avec des aliments avariés, verts, aqueux, un peu restaurants, ont un sang pauvre en globules et très pourvu d'eau. Dans ces derniers animaux les déplétions sanguines abondantes devront donc être modérées et plutôt petites que grandes.

8° *Relativement à l'état de la gestation et de la sécrétion laiteuse.* Pendant les premiers temps de la gestation, la fibrine que contient le sang s'abaisse toujours au dessous de sa moyenne (1); parce que la force formatrice qui préside à la nutrition et à l'accroissement de l'embryon s'empare alors des matériaux organiques du sang. Les émissions sanguines, en appauvrissant le sang, seraient donc contraires ici à l'œuvre de la conception; mais ce sont surtout les émissions abondantes qui tout en débilitant l'organisme et en diminuant le nombre des matériaux plastiques du sang pourraient sinon provoquer l'avortement, du moins retarder beaucoup l'accroissement du fœtus. Les saignées devront donc toujours être petites pendant les premiers temps de la plénitude des femelles. Dans les derniers temps au contraire, les globules du sang diminuant et la proportion de fibrine augmentant, on peut sans inconvénient spolier le fluide nourricier, et comme la quantité de fibrine s'accroît aussitôt la mise bas, et qu'on peut rattacher certaines

(1) Voy. *Recherches sur la composition du sang*, par MM. Andral, Gavarret et Delafond.

parturitions laborieuses et beaucoup d'accidents puerpéraux à cet excès de fibrine, les émissions sanguines, plutôt grandes que petites, ne pourront être que très salutaires. C'est en effet ce que l'observation a fait constater.

Dans les femelles qui donnent abondamment du lait et qui reçoivent une alimentation très succulente, dans celles aussi qui sont placées dans de gras pâturages, que ces femelles soient nourrices ou non, les émissions sanguines dans les proportions que nous avons indiquées ne peuvent que peu ou point nuire à la sécrétion laiteuse. Le sang dans ces femelles est toujours riche en fibrine, en globules et en albumine, et sa spoliation abondante ne peut que peu ou point nuire à la sécrétion dont il s'agit.

Dans les femelles placées dans des conditions opposées, dans celles surtout qui travaillent et nourrissent tout à la fois, comme aussi dans celles dont l'allaitement a été très prolongé, le sang étant pauvre en globules et en fibrine, et abondant en eau, sera ménagé. Les soustractions sanguines ne devront donc ici qu'être petites et encore très peu répétées.

9° *Attentions réclamées avant, pendant et après la saignée.* Autant que possible la saignée devra être pratiquée le matin, et l'animal étant à jeun depuis douze heures. Cette attention est surtout indispensable pour les saignées de précaution ou préservatives. Cependant, si l'animal vient de prendre son repas, on pourra le saigner trois à quatre heures après sans s'exposer à des inconvénients sérieux. Dans le début ou dans le cours des maladies, lorsque l'indication de saigner est pressante, on doit ouvrir la veine, bien que les animaux aient mangé.

Pendant l'écoulement sanguin, le vétérinaire devra recueillir le sang dans un vase gradué, si cela est possible, afin qu'il puisse apprécier la quantité de ce fluide qu'il a retirée de l'économie. C'est toujours une très mauvaise habitude que de laisser couler le sang à terre ou sur le fumier, parce qu'on ne peut que difficilement apprécier le poids de ce liquide qui a été soustrait des vaisseaux. Lorsque la jugulaire a été largement ouverte, et que la veine fluide sanguine est belle et l'écoulement régulier pendant cinq minutes, on peut être sûr que 3 kil. ou 3 litres de sang ont été tirés du vaisseau. Dans les bêtes bovines où le jet de sang est généralement plus gros que dans le cheval, trois minutes sont suffisantes pour faire obtenir la même quantité de sang.

Autant que possible, le fluide nourricier sera recueilli dans un hématomètre, et non dans un verre à boire, ainsi que beaucoup de praticiens ont l'habitude de le faire, afin de pouvoir en apprécier la couleur, la chaleur, la densité, la coagulation rapide ou lente; comparer la hauteur du caillot blanc et du caillot noir dans le sang du cheval; en constater la putréfaction rapide ou lente; enfin estimer la quantité, la pesanteur spécifique de la sérosité qui sera expulsée du caillot après quarante-huit heures. Nous dirons plus loin combien les renseignements fournis par le sang recueilli dans l'hématomètre, sont précieux pour les indications et les contr'indications de saigner.

Après la phlébotomie, l'animal devra être attaché de manière à ne pouvoir se frotter la saignée. Ce n'est que deux heures après qu'on pourra se permettre de lui donner à manger une petite quantité d'aliments de facile digestion.

10° *Sur quelles veines doit-on de préférence pratiquer la saignée?* Selon le siège des maladies, quelques thérapeutistes ont pensé d'après les recherches de Bellini (1) qu'il était toujours rationnel d'ouvrir les veines les plus éloignées de l'organe malade, afin de détourner le cours du sang et d'obtenir une saignée dérivative et révulsive, car c'est ainsi qu'on est convenu d'appeler ces saignées. D'autres, au contraire, avec Hippocrate et Galien, pensent qu'il est préférable de saigner aux veines qui rapportent le sang des parties congestionnées

(1) *Traité de la saignée*, 1682.

ou enflammées pour obtenir un dégorgement local et plus immédiat. Nous partageons complétement cette dernière opinion. Ainsi, dans les congestions cérébrales, les inflammations du cerveau et de ses enveloppes, et généralement dans toutes les parties qui appartiennent à la tête, la jugulaire devra être ouverte. On saignera aussi de préférence aux veines sous cutanées des membres dans la fourbure, les inflammations des articulations des régions inférieures, des gaines synoviales; à la sous-cutanée thoracique dans la pleurésie, la péritonite; à la sous-cutanée abdominale, dans la mastoïte; à l'angulaire, dans la conjonctivite.

M. Cruzel a vanté beaucoup la saignée à la veine sous-cutanée du ventre dans la gastro-entérite des ruminants, se fondant sur ce que cette veine, *dit-il*, rapporte le sang des intestins (1). Notre collègue, M. Rainard, est aussi de cette opinion (2). C'est une erreur que ne partageront point les anatomistes, et que nous signalerons quoique thérapeutiste, attendu que la veine dont il s'agit rapporte le sang des glandes mammaires, et que la veine-porte charrie exclusivement celui des intestins. Enfin, nous n'adoptons point non plus l'opinion de M. Crepin, lorsqu'il conseille la saignée à la sous-cutanée thoracique dans les coliques violentes. Nous préférons dans ce cas, et tous les praticiens seront, je crois, de notre avis, saigner à la jugulaire qui donne toujours une plus grande quantité de sang, et dégage avec plus de promptitude et d'efficacité le système de la veine-porte.

Indications des soustractions sanguines.

Les congestions actives, les inflammations aiguës franches, sont toujours précédées de préludes généraux qui annoncent qu'une émission sanguine est nécessaire pour prévenir

(1) *Journal pratique*, t. II, p. 468.

(2) *Traité de Pathol. et de Thérapeut. gén.*, t. II, p. 315.

des maladies qui sont sur le point d'éclater. Ces spoliations ont reçu le nom de *saignées préservatives*. Voici les indications fournies dans ces circonstances. L'âge adulte, une forte constitution, l'usage d'aliments alibiles et excitants, le gonflement des veines superficielles, l'injection vive des conjonctives, de la nasale, de la buccale, de la peau, dans les moutons, la tension, la roideur de l'artère, la plénitude et la force de ses battements, la fréquence de la respiration, et parfois de la dypsnée laborieuse, quelquefois l'épistaxis, l'hématurie, le dégoût, l'essoufflement au moindre exercice, parfois des étourdissements pendant lesquels les animaux tournoyent, s'agitent et tombent à terre, indiquent le besoin d'ouvrir les vaisseaux et de donner issue à une notable quantité de sang. Enfin la certitude est acquise de l'indication d'une forte émission sanguine ou de plusieurs spoliations, par la force du jet sanguin pendant la saignée, la couleur rouge-noir du sang, sa coagulation prompte et un caillot ferme, résistant, duquel il ne s'échappe qu'une petite quantité de sérosité ; enfin l'abondance des globules de la fibrine, de l'albumine dans le sang et une petite proportion d'eau. On ne peut disconvenir que tous ces signes avant-coureurs ne soient suscités d'une part par un excès de sang dans les vaisseaux, par une plus grande quantité de globules dans ce fluide, et que ce ne soit cette double circonstance qui rende la circulation lente, difficile dans les vaisseaux capillaires intermédiaires, et provoque une stimulation déjà anormale dans tout l'organisme. Or, cet état qui constitue la polyhémie, la pléthore sanguine des physiologistes, la diathèse au stimulus de Brown et de Razori, réclame impérieusement la phlébotomie pour préserver l'animal d'une maladie grave qui va l'attaquer. L'expérience, en effet, vient confirmer journellement les bons effets de ces saignées pour prévenir les congestions du tissu podophylleux, de la rate, des muqueuses intestinales, des poumons, du cerveau, de la moelle épinière, les accidents qui suivent la parturition, la fièvre de réaction qui suit les opérations qui suscitent de vives douleurs. La spoliation prévient dans ces sortes de cas, la formation d'un excès de fibrine dans le sang, et des complications graves qui peuvent retarder la guérison ou compromettre la vie des animaux.

Contr'indication des saignées.

La pâleur des muqueuses apparentes, et surtout de la conjonctive, des gencives, du dessous de la lèvre supérieure, de la peau, la mollesse, la flaccidité de l'artère; la petitesse du pouls, l'aplatissement des veines superficielles, la faiblesse de l'animal, la couleur rose-pâle du sang, le rétrécissement considérable du caillot, l'abondance de la sérosité, l'affaiblissement du chiffre des globules, tels sont les signes qui contre-indiquent l'emploi des soustractions sanguines; et si indépendamment de ces signes, l'animal est maigre, s'il sue au moindre exercice, s'il a été épuisé par des courses violentes et soutenues, par l'action répétée du coït, une sécrétion laiteuse trop prolongée; s'il a fait usage d'aliments peu nourrissants ou aqueux; s'il est d'un tempérament lymphatique, cet ensemble d'indications fera rejeter toute espèce d'émission sanguine qui appauvrirait encore le sang, débiliterait l'animal et deviendrait par conséquent très nuisible. Au contraire, dans cet état de l'organisme qui constitue la prédisposition à l'anhémie ou à l'hydrohémie, il est indispensable de donner une forte ration de bons aliments aux animaux, de les laisser en repos pendant longtemps pour remonter l'économie et reconstituer le sang.

Saignées annuelles. Beaucoup de propriétaires ont pour habitude de faire saigner les animaux, soit avant de les mettre dans les herbages, soit au moment de l'hivernage. Ces saignées ne doivent toutefois être pratiquées que sur les indications qui en font pressentir l'utilité. Elles ne sont généralement avantageuses que pour les animaux qui sont dans un état pléthorique. Toutefois lorsque, pendant plusieurs années, l'organisme a été ainsi accoutumé aux émissions sanguines annuelles, il est important de ne point changer brusquement cette habitude. Ces saignées ne sont point d'un usage absolu, ainsi que beaucoup de personnes le pensent; cependant pour prévenir les inconvénients qui pourraient résulter de leur suppression dans les animaux adultes et bien portants, on peut d'année en année soustraire de moins en moins de sang, de telle sorte qu'après trois ou quatre années l'émission se réduise à presque rien.

Effets des saignées.

Les effets des saignées sont *primitifs* et *consécutifs*.

Les premiers se manifestent pendant et immédiatement après l'émission sanguine; les seconds se font remarquer après un temps plus ou moins long.

Effets primitifs. Dans le cheval, pendant l'écoulement d'une saignée de 4 à 5 kilogrammes, le pouls devient plus vite et plus mou, l'artère se déprime, les membranes muqueuses apparentes palissent plus ou moins, et la respiration s'accélère. Cependant la température de la peau reste la même, et les forces musculaires ne sont que peu ou point diminuées. Mais si on laisse couler le sang de manière à en soustraire 8 à 10 kilogram, d'autres phénomènes apparaissent. L'animal baisse la tête, le pouls devient petit et mou, les battements du cœur tumultueux et retentissants, les naseaux se dilatent, les muqueuses deviennent très pâles, une sueur générale se manifeste, l'urine s'écoule involontairement, l'animal chancelle, trébuche parfois, tombe et éprouve une véritable syncope dont la durée est variable. Lorsque cette syncope est terminée, et si la saignée a été arrêtée, c'est à peine si l'animal peut se relever et se tenir debout, il tremble sur ses quatre membres, sa peau devient froide, bientôt il se recouche et reste longtemps sans chercher à se relever. Les émissions sanguines moyennes répétées coup sur coup, au nombre de quatre à cinq, déterminent les mêmes effets, ainsi que l'ont observé MM. Cruzel et Rodet (1). Il arrive cependant que certains animaux irritables éprouvent des syncopes, soit aussitôt qu'on a donné le coup de flamme, soit peu de temps après que la saignée a été arrêtée, soit aussi, ainsi que l'a signalé M. Rodet, lorsque les animaux ont été attachés courts au ratelier, et qu'ils n'ont point pu se coucher. Toutefois on remédie à la syncope en plaçant l'animal au grand air, en lui lavant les naseaux, la bouche, avec de l'eau froide ou de l'eau acidulée.

Les effets dont il vient d'être question résultent assurément de la spoliation du sang, et se rattachent à une moins grande quantité de liquide dans le torrent circulatoire. La pâleur de la peau et des muqueuses est due à une diminution des globules; la faiblesse du pouls, la mollesse de l'artère résultent d'une colonne de sang moins forte poussée par le cœur; la faiblesse se rattache à la diminution de l'irritabilité sanguine, enfin les sueurs froides dépendent de la petite quantité de sang qui circule alors dans le tissu de la peau.

En ce qui touche les syncopes considérées par Bichat, Bertin et M. Bouillaud, comme une paralysie momentanée du cœur, et par Sauvage, Mercado et Georget, comme la cessation complète et momentanée des fonctions du cerveau; ce phénomène insolite, quant à ses causes, n'est pas encore bien connu.

Dans l'état polyhémique, dans les congestions, les inflammations des divers organes, différents phénomènes se manifestent selon la nature et la violence de la maladie. Rapporter ici les effets primitifs dans ces cas particuliers, telle n'est pas notre intention, nous consignerons seulement les effets généraux des saignées dans les maladies.

Dans la pléthore sanguine ou la polyhémie, aussitôt l'écoulement sanguin, les animaux paraissent soulagés, l'artère, qui était roulante et pleine, s'affaisse et devient molle, le pouls,

(1) *Recueil de Méd. vét.*, t. III, p. 618; *Journ. prat. de Méd. vét.*, t. V, p. 17.

de plein et large, acquiert de la mollesse et de la vitesse, les muqueuses apparentes rouges et injectées prennent une teinte normale, la dyspnée cesse et la respiration se régularise, les hémorrhagies fréquentes dont l'animal était atteint disparaissent; enfin toutes les fonctions, gravement troublées, reviennent à leur état normal. Dans les congestions, les inflammations, qui frappent des organes importants à la vie, l'effet primitif des saignées se signale souvent, soit pendant l'écoulement sanguin, soit lorsqu'il a cessé, soit peu de temps après. C'est ainsi que l'on voit les violentes coliques déterminées par une congestion intestinale disparaître pendant une forte spoliation sanguine; que la dyspnée suffocante qui accompagne les congestions rapides du larynx et du poumon, diminue au fur et à mesure que le sang s'échappe des vaisseaux. Les mêmes effets s'observent lors de la paralysie qui résulte d'une congestion violente du cerveau ou de la moelle épinière.

Quant aux effets produits par les soustractions dont il s'agit sur la masse sanguine circulant dans les vaisseaux, ils s'expliquent et par la diminution de l'excitabilité sanguine dans tous les petits vaisseaux du corps et par un effet d'hydrodynamique dû à une moins grande quantité de sang contenue dans l'ensemble des vaisseaux. Les premiers effets ne sauraient être contestés, puisqu'on a retiré de l'économie le fluide qui porte à tous les organes la sensibilité et la vie. Quant aux seconds, ils ont été le sujet de beaucoup de recherches. Bellini en 1683, de Heyde en 1686, Haller en 1756, ont fait beaucoup de recherches sur l'état du mouvement du sang après la saignée, et depuis Haller, d'autres physiologistes n'ont point dédaigné de s'occuper encore de ce sujet intéressant. Tous ces savants médecins ont cherché à expliquer les effets des saignées par les lois de l'hydrodynamique, mais nous n'essaierons point à discuter avec eux ce point encore obscur de la physiologie et de la thérapeutique. Nous rapporterons cependant ce que l'expérimentation nous a fait voir bien des fois. Si l'on place sous la lentille du microscope la partie membraneuse de la patte d'une grenouille, et si, après s'être bien assuré de la rapidité de la circulation et de la quantité de globules existant dans les petits vaisseaux, on ouvre une veine éloignée, il est aisé de remarquer que la circulation continue à s'opérer avec autant d'activité qu'auparavant, mais que les globules sanguins sont plus espacés les uns des autres, circulent avec plus de facilité, passent plus rapidement des artères dans les veines, enfin que les vaisseaux ont éprouvé un aplatissement sensible. On remarque aussi que ce phénomène, qui se manifeste d'abord vivement dans les vaisseaux capillaires intermédiaires, se communique bientôt aux réseaux environnants. Or, le même effet doit assurément se produire dans l'ensemble des vaisseaux capillaires de toutes les parties de l'économie, puisque la masse totale du sang, des globules, est diminuée, et par suite s'étendre des capillaires aux vaisseaux d'un médiocre volume et de ces derniers aux gros vaisseaux. C'est ce que l'inspection démontre du moins par l'aplatissement des veines sous-cutanées.

Les effets primitifs des saignées sont donc de faciliter le mouvement circulatoire de la masse sanguine dans l'ensemble des vaisseaux artériels et veineux, ainsi que les expériences de Bellini l'ont démontré en 1682, et notamment dans les vaisseaux intermédiaires à ces deux ordres de canaux. Or, il est facile de concevoir maintenant, comment, dans la pléthore sanguine, la saignée, en retirant des vaisseaux un liquide éminemment excitant et chargé de globules, facilite le cours du sang, prévient les stagnations sanguines dans les petits vaisseaux et que si ces stagnations existent, pourquoi la douleur et les phénomènes morbides qui en sont la conséquence immédiate, cessent inopinément pendant ou peu de temps après la soustraction du suc vital.

Effets consécutifs. Les effets consécutifs des saignées doivent être étudiés dans leurs résultats sensibles sur les solides organiques, sur l'ensemble des fonctions vitales et dans les modifications qu'elles apportent dans l'état du sang.

Pour bien envisager, sous tous ces rapports, les effets consécutifs des saignées, il est nécessaire de les examiner après une saignée petite, moyenne, grande et très grande, et dans les cas où ces trois sortes d'émissions sont uniques ou répétées.

Les *petites saignées* n'influent que peu ou point sur l'ensemble des fonctions ; au contraire, elles tendent à en régulariser l'action sans affaiblir l'économie d'une manière sensible. Répétées plusieurs fois pendant douze à quarante-huit heures, elles opèrent une spoliation douce graduée qui ne plonge point les animaux dans un état d'accablement subit à la manière des grandes émissions. Le système nerveux si mobile, lorsqu'on vient à retirer de l'économie un fluide excitant qui contre-balance son action et ses effets, reste calme après ces saignées. Aussi, par cette raison même, ne voit-on point survenir dans le cours des maladies nerveuses qui ont réclamé l'usage de ces saignées, cette exaltation de la sensibilité et de la mobilité si fréquente à la suite des fortes émissions.

Une expérience faite par Gohier, quelques unes qui nous sont propres, démontrent quel poids énorme de sang on peut soustraire de l'économie, en pratiquant de petites saignées réitérées tous les jours, avant d'affaiblir très sensiblement tout l'organisme.

Un cheval morveux, âgé de huit ans, fut saigné, dit Gohier, pendant trente-sept jours de 2 kil. de sang, et il en perdit 74 kil (1). L'animal survécut.

Dans le courant de l'année 1840, nous avons retiré tous les matins, pendant quarante jours, à un cheval morveux de l'âge de neuf ans, de forte taille, 2 kil. de sang tant à la jugulaire, qu'à la saphène et à la sous-cutanée de l'avant-bras : toutes ces saignées ont donné 80 kil. de sang. Ce cheval, d'après sa taille,

(1) *Mémoires snr la Méd. et la Chir. vét.*, t. II, p. 68.

son embonpoint, et son poids de 400 kil., pouvait avoir 16 kil. de sang dans les vaisseaux ; la masse du fluide nourricier s'était donc renouvelée cinq fois en quarante jours. L'animal fut nourri pendant tout ce temps avec 4 kil. d'avoine, 3 kil. de paille et de 3 kil. de foin.

Un autre cheval de taille moyenne, du poids de 300 kil., de l'âge de six ans, propre à la poste et morveux, fut saigné tous les matins, pendant trente-six jours, de 2 kil. aux veines ci-dessus indiquées, et on lui retira ainsi 72 kil. de sang. Ce cheval pouvait avoir 14 kil. de suc vital dans les vaisseaux. Le fluide nourricier s'était donc renouvelé aussi cinq fois. Cette expérience, à juger par l'état de l'animal, aurait pu être prolongée plus longtemps, si une phlébite de la jugulaire ne fût point venue l'arrêter. On sacrifia ce cheval par effusion de sang, et on recueillit encore 10 kil. de sang. L'ouverture fit voir une légère infiltration dans le tissu cellulaire sous-cutané des parties déclives et un peu de sérosité épanchée dans les séreuses splanchniques. Le poumon et le cœur n'offrirent rien de particulier. Or, ces expériences démontrent donc péremptoirement combien les petites saignées répétées tous les jours n'influent que peu sur toute l'économie, et que ce n'est qu'après avoir été répétées pendant un temps très long qu'elles débilitent toute l'économie d'une manière notable, sans cependant amener de grandes réactions dans l'influx nerveux.

Les *saignées moyennes* suscitent des effets plus remarquables. Opérant une spoliation plus forte, elles débilitent davantage l'économie. Ce n'est point après les sept à huit premières heures que l'effet affaiblissant des saignées se fait remarquer, mais bien après douze à quinze heures, alors que l'équilibre dû à l'égale répartition du sang dans tous les vaisseaux, s'est opéré complètement, que l'absorption est devenue plus active et les mouvements de composition de la nutrition affaiblis. C'est alors seulement que se manifestent avec persistance la pâleur des muqueuses, la mollesse du pouls et la faiblesse musculaire.

Or, c'est sur cet effet affaiblissant étendu à tout l'organisme, que le praticien doit prévoir les bons et salutaires effets curatifs des saignées moyennes. C'est alors aussi que l'on s'aperçoit de l'affaiblissement des symptômes de l'inflammation, et que l'on voit la résolution se signaler et s'achever convenablement. Pendant les effets consécutifs des saignées moyennes, la débilitation générale se prolonge bien lors de la convalescence ; mais elle n'est point de longue durée, parce que l'équilibre dévolu par la nature dans la proportion respective des principes organiques du sang, n'a point été perverti au delà des limites compatibles avec l'accomplissement de la nutrition et de l'excitation des solides organiques.

Les saignées moyennes sont celles qui généralement s'emploient avec avantage dans le traitement du plus grand nombre des maladies. C'est notamment dans les congestions et dans les inflammations peu étendues qui ne compromettent pas gravement la vie des animaux qu'on en fait usage. Répétées coup sur coup tous les jours, tous les deux jours, ces saignées, en changeant la composition du sang, en affaiblissant l'organisme, conduisent aux résultats obtenus par les grandes saignées. Néanmoins, permettant au sang de se réparer par absorption aux dépens des organes, dans l'intervalle qui sépare chaque spoliation, leur effet affaiblissant est généralement moins profond et partant moins durable. Quelques expériences faites par Gohier, démontrent quelle quantité de sang on peut retirer de l'économie par ces saignées moyennes, avant d'occasionner la mort (1).

Du 20 juin jusqu'au 8 juillet inclusivement ; on retira à un cheval de trait, âgé de cinq ans, en très bon état, mais morveux au troisième degré, 4 kil. 560 gr. de sang tous les matins pendant dix-neuf jours, ce qui donna 87 kil. de sang. Le onzième jour, le flanc de l'animal était retroussé, le pouls un

(1) *Mémoires sur la Méd. et la Chir. vét.*, t. II, p. 67.

peu plus petit; mais quatre à cinq jours après le cheval se rétablit un peu. Le dix-neuvième jour l'animal mourut. L'ouverture fit voir une pâleur générale dans toutes les parties charnues, une légère infiltration dans les mailles du tissu cellulaire. Les vaisseaux ne contenaient qu'une très petite quantité de sang.

Un cheval morveux, âgé de huit ans, d'un embonpoint médiocre, fut saigné de 4 kil. 560 gr. tous les jours pendant douze jours, la quantité de sang retirée fut de 54 kil. 620 gr. L'animal mourut le douzième jour; l'ouverture présenta les mêmes phénomènes que dans le sujet précédent.

Nous avons pu en répétant ces expériences sur trois chevaux, âgés de neuf à dix ans, et par vingt saignées de 4 kil. pratiquées tous les jours, retirer jusqu'à 80 kil. de sang. Tous ces animaux ont survécu à ces saignées, mais ils étaient devenus très faibles; dans tous, des engorgements froids se sont déclarés aux extrémités des membres; tous aussi avaient maigri beaucoup pendant les quinze jours qui ont suivi ces émissions, quoiqu'ils reçussent une forte ration de très bons aliments.

Ces recherches prouvent donc que par les saignées moyennes faites quotidiennement, il est possible de retirer une énorme quantité de sang des vaisseaux, et que ce liquide est susceptible de se renouveler avec une grande promptitude, mais non avec les qualités qu'il possédait auparavant, ainsi que nous le dirons plus loin.

Grandes et très grandes saignées. Les grandes, et encore plus les très grandes saignées, ont pour effet d'affaiblir subitement l'organisme et de faire prédominer l'influx nerveux. Sept à huit jours après ces saignées, le pouls reste petit, vite et faible. Les battements du cœur retentissent dans la poitrine et s'accompagnent d'un bruit de souffle plus ou moins appréciable. Les muqueuses conservent une grande pâleur; la respiration, plus ou moins accélérée, conserve cet état pendant une semaine et plus. Souvent le premier, le second et le troisième jour qui suivent la spoliation sanguine, des vertiges, des convulsions, des mouvements désordonnés, se manifestent. Les pupilles restent longtemps dilatées et conservent quelquefois toujours cet état. Les urines sont fréquemment expulsées, claires et en petite quantité. Une soif vive se déclare et persiste pendant plusieurs jours. Les meilleurs aliments, même ceux très faciles à digérer, pris en petite quantité, ne causent cependant que très rarement des indigestions. Après quatre à cinq jours, parfois huit jours, des infiltrations se déclarent dans les parties déclives. Le sang, si on en retire pour en constater la qualité, se montre rose et peu tachant. L'animal maigrit beaucoup durant la convalescence, qui est généralement fort longue. Lorsqu'il est remis au travail, il est essoufflé, sue au moindre exercice. Ce n'est qu'avec le temps, et une alimentation confortable, que l'on voit les muqueuses se colorer en rose, l'embonpoint et les forces revenir peu à peu.

Les grandes saignées ont donc pour effet général, en spoliant largement, et tout à coup, le fluide qui vivifie et nourrit l'organisme, de l'affaiblir profondément, pendant longtemps, et de troubler gravement la nutrition.

On s'est demandé combien on pourrait soustraire de sang par une grande saignée, avant d'occasionner la mort. Quelques expériences ont été faites dans ce but; nous allons les rapporter :

Jusqu'à ce jour, les physiologistes n'ont pas pu apprécier la quantité de sang nécessaire pour entretenir la vie, et par conséquent le poids du liquide qu'il faudrait retirer par de très grandes émissions sanguines pour occasionner la mort. D'après les observations de Rosa, la mort apparente eut lieu sur de jeunes veaux, après qu'on leur eut tiré 1 kilogramme 500 grammes à 3 kilogrammes de sang; c'est à dire depuis un trente-deuxième jusqu'au vingtième du poids de leur corps; chez des veaux plus âgés, après la soustraction de 6 à 8 kilogrammes de sang, ou d'un neuvième à un douzième du poids de leur corps;

chez un agneau, après une perte de 840 grammes, équivalant au vingt-huitième de son poids total.

Dans les moutons, et d'après Schéele, la mort survient après la soustraction de 2 kilogrammes 30 grammes de sang correspondant au vingt-troisième du poids du corps (1). Hales assure qu'elle se manifeste dans le cheval, après une soustraction de trente-trois litres de sang ou d'un quinzième du poids total du corps (2). Nous l'avons vue survenir, après 14 kilogrammes de sang, et même 13 kilogrammes, dans des chevaux de dix à onze ans, et d'une taille moyenne, propre au service de la poste et de la diligence.

Selon Blundel (3), il a suffi, chez certains chiens, de leur enlever 270 grammes de sang correspondant à un trentième du poids de leur corps pour susciter la mort; tandis que d'autres n'ont succombé qu'à une perte de 500 grammes ou d'un dixième du poids total.

Suivant Piorry, on peut soustraire du sang aux chiens, un vingt-cinquième du poids de leur corps, sans que la mort arrive; mais elle a lieu si on en tire 30 à 50 grammes de plus. Terme moyen, on peut admettre que la mort survient après que l'animal a perdu les trois quarts ou les sept huitièmes de la masse de son sang. Cependant l'extinction de la vie peut avoir lieu après une perte d'un quart et même d'un huitième du sang, dans certaines circonstances, notamment par l'effet d'une hémoptysie. Dans les saignées répétées tous les jours, la quantité de sang retirée peut être très considérable avant de déterminer la mort.

Toutefois, nous avons vu l'extinction de la vie survenir chez des chevaux, après avoir extrait 6 kilogrammes de sang tous les matins pendant quatre jours, ou après la spoliation de

(1) *Physiologie* de Burdach, t. VI, p. 386.

(2) *Physiologie* de Burdach, t. VI, p. 386

(3) *Pathological and physiological researches*, p. 69, 94, 99.

24 kilog. de ce liquide ; tandis que d'autres chevaux ont supporté six saignées du même poids, et ne sont morts qu'après la soustraction de 42 kilog. de suc vital.

M. Girard (1) a pu retirer tous les jours de la jugulaire d'une jument morveuse, propre au carrosse, de la taille d'un mètre cinquante-neuf centimètres, de l'âge de huit ans, vigoureuse et en bon état, la quantité de sang suivante et répétée tous les jours.

1re	saignée,	10 k.	La bête mourut de faiblesse peu d'instants après la première saignée, et l'on recueillit encore à l'ouverture du cadavre 5 kilog de sang.
2e	id.	10	
3e	id.	8	
4e	id.	8	
5e	id.	7	
6e	id.	9	
		52	

Un fort cheval de trait, de la taille d'un mètre cinquante-cinq centimètres, de l'âge de quatorze ans et morveux, fut soumis aux mêmes épreuves et donna en quatre saignées, répétées également tous les jours.

1re	saignée,	15 k.	La bête mourut après la quatrième saignée, et on trouva dans l'intérieur des vaisseaux 4 à 5 kilog. de sang.
2e	id.	12	
3e	id.	13	
4e	id.	11	
		51	

Comme on le voit donc, les grandes saignées continues devront toujours être modérées et ne point être réitérées coup sur coup plus de deux à trois fois, car indépendamment qu'elles plongent les animaux dans un abattement extrême, qu'elles troublent et suspendent toutes les fonctions, elles portent une atteinte profonde à la nutrition, et peuvent entraîner la mort.

(1) *Anatomie vétérinaire*, t. I, p. 138.

Quant aux grandes saignées, répétées après un jour et deux jours d'intervalle, quoique offrant moins de danger que celles dont nous venons de parler, ces émissions sanguines n'en sont pas moins suivies d'un affaiblissement profond de toute l'économie, et nous pouvons le dire aussi par anticipation, d'une modification profonde et grave dans les principes organiques du sang.

Si tels sont les effets consécutifs sensibles suscités par l'emploi des émissions sanguines petites, moyennes et grandes, est-il possible maintenant de se rendre compte de ces effets? Pour arriver à la solution satisfaisante de cette question, nous examinerons d'abord l'influence qu'apportent les saignées dans la composition primordiale du sang, puis les effets qui en découlent sur les solides organiques de tout l'édifice animal.

Le sang, nous l'avons déjà dit, existe en poids variable dans les vaisseaux, selon les diverses espèces d'animaux domestiques, leur âge, leur taille, leur état de maigreur ou d'embonpoint. Or, lorsqu'on les saigne, cette quantité de sang diminue nécessairement sur le champ même; mais ce qu'il importe de savoir dans la médication déplétive, c'est si le sang acquiert de nouvelles qualités, s'il se répare bientôt, et si cette réparation se fait avec la même proportion dans les principes organiques et dans l'élément aqueux. Nous allons chercher à élucider ces questions fondamentales.

Pendant longtemps, on a pensé que dans les maladies, le sang était échauffé et qu'il était utile d'en retirer pour le purifier, le rafraîchir et lui faire acquérir les qualités qu'il avait perdues. Les humoristes, et notamment Botal, Willis, Hoffman, Sthall, Hecquet, médecins, très grands partisans des saignées, contribuèrent particulièrement dans leurs ouvrages, à répandre ces idées en médecine humaine; et on vit les hippiatres Solleysel, Garsault, de la Guérinière, les adopter dans leurs écrits. Gilbert a même dit plus tard : «La saignée ne diminue que momentanément la quantité de sang, les vaisseaux n'en contiennent pas moins vingt-quatre heures après, et peut-être en renferment-ils davantage; l'un des effets de la saignée étant d'augmenter la disposition à la pléthore, comme le prouvent les saignées très rapprochées, faites dans l'intention d'accélérer l'engrais des bestiaux. »

A une époque encore peu éloignée de nous, on s'accordait à dire que le sang retiré de l'économie se réparait avec une grande promptitude. En effet, on a vu, d'après les expériences de Gohier, de M. Girard, et les nôtres, que le sang pouvait se renouveler trois, quatre et cinq fois son poids dans les vaisseaux avec une grande rapidité, après un temps plus ou moins long. Mais ce sang possède-t-il encore ses quantités primordiales? C'est ce qu'il est important de savoir. En saignant assez abondamment, plusieurs fois, un animal bien portant, si d'une part le sang est recueilli dans un hématomètre, et d'autre part soumis à l'analyse pondérique respective de ses principes organiques, on remarque : 1° que le sang de la seconde saignée, faite douze heures après la première par exemple, recueilli dans l'hématomètre, donne un caillot plus petit, moins ferme que celui de la première; que le caillot blanc du sang du cheval est plus considérable que le caillot noir; enfin que l'eau a augmenté.

2° Que l'analyse de ce même sang comparé à celui de la première saignée démontre positivement que le chiffre des globules, de la fibrine, de l'albumine, a diminué, mais que la perte la plus forte, porte d'abord sur les globules, ensuite sur la fibrine, puis sur l'albumine, enfin que l'eau s'est accrue beaucoup. Que si l'on continue les émissions sanguines, après la troisième, la quatrième et un peu plus ou moins grand nombre de saignées, le chiffre de tous ces principes, et particulièrement celui des globules, s'abaisse de plus en plus et que la quantité d'eau va toujours en augmentant. Les recherches faites par MM. Prévost et Dumas, Denis, et celles qui nous sont communes avec MM. Andral et Gavarret, les expériences faites par M. Magendie au collège de France, démontrent qu'il en est positivement ainsi. Cependant nous devons observer ici tout d'abord que la fibrine fait exception à cette loi dans le cours de toutes les inflammations franches, quel que soit leur siége, puisque cette substance conserve son même rapport en poids malgré les saignées jusqu'au moment du déclin de l'inflammation. Nous reviendrons sur ce point capital avec plus de détail dans la saignée applicable aux phlegmasies. Les effets des saignées sont donc d'appauvrir le suc vital, en lui enlevant ses principes excitants et nutritifs, de le rendre plus aqueux, moins excitant et moins nourrissant. Or, cet appauvrissement est d'autant moins appréciable, ainsi que nous l'avons observé dans nos expériences, que les saignées sont plus petites; et d'autant plus marqué, que les émissions sont plus fortes, répétées coup sur coup, et que le sang s'échappe par une plus grande ouverture pratiquée au vaisseau. On ne peut donc point dire avec Botal que les veines et le sang peuvent être comparés à un puits dont l'eau est d'autant meilleure qu'elle est plus souvent renouvelée; avec Gilbert et beaucoup d'autres auteurs que les saignées augmentent la pléthore sanguine.

Si on interrompt l'emploi des saignées pendant quelque temps, et si l'on nourrit bien l'animal, l'examen de son sang démontre que l'albumine est le premier principe reformé dans le sang; vient ensuite la fibrine après un temps beaucoup plus long; mais les globules, parties assurément les mieux organisées et les plus animalisées du sang, ne se régénèrent qu'avec la plus grande lenteur. C'est, en effet, ce qui résulte des expériences de MM. Prévost et Dumas, Denis et de nos recherches avec MM. Andral et Gavarret. Or, ces résultats, très importants, pour la thérapeutique, méritent d'être bien connus et bien appréciés dans l'emploi des émissions sanguines pendant le cours des maladies, soit qu'elles aient leur siége dans les solides organiques, soit qu'elles résident dans les liqueurs circulatoires.

M. Magendie, dans ses recherches sur l'absorption, a constaté un fait bien digne aussi d'être remarqué : c'est que l'absorption est d'autant plus active, que les vaisseaux contiennent moins de sang ; et cela est tellement vrai, dit ce savant expérimentateur, qu'il est possible d'empêcher, d'augmenter, de diminuer, l'absorption à volonté, en injectant une plus ou moins grande quantité d'eau dans les veines. Ainsi donc les saignées, non-seulement appauvrissent le suc nourricier, mais encore elles augmentent l'absorption des éléments organiques, comme la fibrine, l'albumine, l'eau, qui font partie des organes, pour régénérer le suc vital.

Maintenant que nous avons exposé avec détail tout ce qui se rattache aux phénomènes qui sont la conséquence naturelle des émissions sanguines, il nous sera possible de rendre compte des effets primitifs et consécutifs de ces spoliations.

1° Si les petites saignées débilitent moins que les moyennes, et celles-ci moins que les grandes, et surtout celles répétées coup sur coup, c'est que les premières et les secondes n'enlèvent qu'une faible partie du fluide excitant des organes, et qu'elles n'abaissent que de peu le chiffre des globules. Que si, au contraire, les grandes saignées affaiblissent tout à coup profondément l'organisme, cette action débilitante doit être rattachée à la soustraction d'un fluide éminemment excitant, et surtout à l'abaissement considérable du chiffre des globules, de la fibrine, de l'albumine, principes immédiats destinés particulièrement à la nutrition des organes. Que si, à la suite des grandes saignées, la débilitation est beaucoup plus prolongée qu'après les émissions petites et moyennes, cette circonstance tient à la régénération lente des globules et à une plus grande proportion de sérosité qui est introduite dans le fluide nourricier par l'absorption rendue plus active, par cela même que la masse totale du sang est diminuée.

2° La pâleur des membranes muqueuses pendant la vie, après les saignées, celle des tissus sur les cadavres, dépendent de la soustraction des globules. La persistance de la pâleur pendant la convalescence, et même longtemps après la guérison complète, résulte de la lente reproduction de ces corpuscules colorés.

3° Si les animaux maigrissent à la suite des grandes soustractions sanguines, cet amaigrissement dépend, d'une part, de l'extraction de l'économie d'un fluide destiné à nourrir les organes, et, d'autre part, de la régénération de l'albumine, de la fibrine, des globules, aux dépens des éléments des solides organiques réintroduits dans le sang par absorption.

4° Si les globules se réparent beaucoup moins promptement que la fibrine et l'albumine, on doit rattacher cette lente régénération à l'organisation plus complexe de ces corpuscules et à leur mode de formation.

5° La faiblesse du pouls, la mollesse de l'artère, tiennent à une moins grande quantité de sang circulant dans les vaisseaux et à l'aplatissement de leurs parois.

6° Les exaltations du système nerveux s'expliquent par le trouble apporté dans l'harmonie excitative qui règne entre le système nerveux et le sang, parce qu'il est bien prouvé que, dans le cas où l'excitation entretenue par le sang diminue, celle de l'influx nerveux prédomine et se traduit par des vertiges et des convulsions cloniques. La syncope n'est due, nous le pensons avec quelques auteurs, d'un côté, qu'à l'affaiblissement de l'excitation du sang sur le cœur; de l'autre côté, qu'à l'exaltation de l'influx nerveux présidant aux fonctions de cet organe.

7° La soif est le résultat de la diminution des sécrétions dans toute l'économie à laquelle participe celle de l'arrière-bouche et à l'absorption active des parties aqueuses des solides organiques.

8° Les expulsions involontaires de l'urine sont dues à l'affaiblissement de la contraction du sphincter de la vessie par la spoliation sanguine ; la dilatation des pupilles, l'amaurose qui peut en être la suite, se rattachent à la même cause.

9° Les indigestions résultent de la débilitation de l'estomac. La faiblesse prolongée de l'animal, les sueurs pendant le plus léger travail, la dyspnée au moindre exercice, sont des phénomènes qui se rattachent, d'une part, au grand affaiblissement du jeu des organes et à la lenteur de la régénération des qualités excitantes et reconfortables du fluide nourricier.

11° Enfin, si des épanchements séreux se forment dans les parties déclives, la cause de ces collections aqueuses dépend de la grande proportion d'eau existant dans le sang et de l'abaissement du chiffre des globules.

Ces détails sur les effets physiologiques des émissions sanguines nous ont paru, par leur importance, devoir précéder les règles qui dirigent l'emploi des saignées dans les maladies, et l'explication qu'on peut donner de leurs effets curatifs.

Avant d'arriver à cette partie intéressante de la médication déplétive, il nous reste encore une question importante à vider : c'est celle de savoir si on doit préférer dans la pratique les petites et les moyennes saignées aux larges et grandes déplétions sanguines dans les congestions, les inflammations diverses. A cette occasion, nous rappellerons succinctement ce que nos devanciers ont fait touchant les émissions sanguines petites, moyennes ou grandes, avant d'émettre notre opinion sur cette question fondamentale de la médication déplétive. Du reste, cette revue nous fournira l'occasion de faire l'histoire de la saignée en médecine vétérinaire, dont personne ne s'est encore sérieusement occupé.

Les vétérinaires grecs, les agriculteurs latins, qui publiaient les connaissances qu'ils possédaient en médecine vétérinaire à la fin du deuxième siècle et au commencement du troisième, quoique ayant décrit un assez grand nombre de maladies des chevaux et même des bestiaux, ne prescrivent que très rarement la saignée. Si parfois le poids du sang à extraire est spécifié, ce poids est toujours très modéré. En cela, les premiers vétérinaires ont été les apologistes des idées transmises sur les saignées par Hippocrate et par Galien.

Hiéroclès conseille la saignée à la jugulaire dans la fourbure ou *hordéation* déterminée par l'usage de l'orge. Eumèle, Pelagonius, la recommandent dans les fièvres continues. Absyrte, qu'on peut considérer comme le plus savant vétérinaire de l'antiquité, veut qu'on saigne les chevaux au palais et aux veines des membres ; cependant, avec Hiéroclès, il ordonne la saignée à la jugulaire dans l'esquinancie et dans les douleurs de ventre. Mage conseille de tirer du sang à douze veines dans les maladies de poitrine pendant trois jours. Hippocrate prétend qu'il est utile d'employer la saignée dans le tétanos. Tous ces auteurs, d'ailleurs, associent les émissions sanguines à la médication stimulante tonique ou astringente, rarement aux anodins.

Végèce, qui écrivait en 380, a signalé les avantages de la saignée dans les maladies où l'ont prescrite les vétérinaires grecs. Conrad Gesner en 1551, Charles Ruini en 1558, Horace de Francini en 1607, Baugrand en 1619, préfèrent rapporter à chaque maladie une foule de formules bizarres et insignifiantes, que de s'occuper des saignées, qui, au surplus, à cette époque, étaient le sujet de discussions et de controverses très vives sur le choix des veines où on devait pratiquer la saignée, parmi les premiers médecins de l'Europe, qui oubliaient alors les sages préceptes d'Hippocrate et de Galien.

Après la découverte de la circulation du sang, publiée en 1628 par Harvée, les savants médecins de l'époque se divisèrent en deux grandes sectes; les uns, que par ironie on nommait les *grands saigneurs*, prétendaient, avec Botal, qu'on pouvait répandre le sang comme une liqueur inutile. Vanhelmont, Willis, Hecquet qui donna sujet au docteur Sangrado du spirituel écrivain Lesage, étaient de ce nombre. D'autres pensaient, au contraire, que dans aucun cas on ne devait saigner. Des hommes sages à la tête desquels se trouvaient le grand praticien Sydenham, Bonnet et autres qu'on qualifiait de *petits saigneurs*, suivaient les idées émises, dans l'emploi des saignées, par les Galénistes qui avaient admis en principe cette vérité applicable à tous les moyens de guérir : qu'il vaut mieux pêcher par défaut que par excès, et que ceux qui s'interdisent absolument la saignée font une faute bien au-dessous de celle que commettent ceux qui la pratiquent contre tous les maux.

Ces grandes disputes sur les soustractions sanguines, qui durèrent de 1728 à 1760 ou pendant soixante-quatorze ans, n'influèrent en rien sur les idées que pouvaient avoir les hippiatres vétérinaires dans l'emploi et les effets des saignées. On en acquiert la certitude en lisant le traité de la connaissance des chevaux par de Rouvray, les ouvrages de Jourdain, de Delcampe, de La Bussinière qui furent publiés de 1646 à 1660. En effet, la saignée ne se trouve que peu ou point prescrite dans le traitement des maladies décrites par ces hippiatres qui, au surplus, paraissent avoir copié, en grande partie, les ouvrages de leurs devanciers.

De 1710 à 1760, on vit paraître sur la scène médicale, trois hommes célèbres par leur génie et leur talent pratique. Ce furent Sthal, Hoffman et Boerhaave; Sthal quoique regardant les maladies comme des efforts salutaires de l'ame, prescrivait cependant la saignée dans presque toutes les affections, même dans celles où les médecins d'alors la considéraient comme nuisible. Hoffman, peut être encore plus partisan de la saignée que Sthal, la plaçait au-dessus de tous les autres remèdes, la considérait comme le grand préservatif des maladies, et la conseillait aussi bien dans les maladies aiguës que dans les affections chroniques. Boerhaave qui savait allier la théorie la plus saine et la plus lumineuse à l'expérience et aux succès les plus décidés, posa des bornes sages à la saignée. Cet homme célèbre en réunissant les théories d'alors à la médecine hippocratique, fit connaître les indications et les contr'indications des émissions sanguines, et bientôt toutes les disputes cessèrent. Boerhaave prescrivit les fortes saignées dans les vives inflammations internes, avant le troisième jour du cours des maladies, et conseilla de les pratiquer à un gros vaisseau et par une large ouverture.

Ce fut pendant les cinquante années où Stahl, Hoffman et Boerhaave se disputaient la gloire de poser les règles touchant l'emploi des soustractions du fluide qui entretient la vie, que parurent, de 1664 à 1712, les quatre éditions du *Parfait maréchal*, de Solleysel; *la Parfaite connaissance des chevaux*, (1734), de Saunier fils; *l'École de cavalerie*, contenant la conservation du cheval (1751), par de la Guérinière; enfin, les quatre éditions du *Nouveau parfait maréchal*, par de Garsault (1755 à 1771).

Écuyer d'abord, puis hippiatre, humoriste pur avec Hippocrate et Avicenne, ignorant la plupart des connaissances en anatomie et en physiologie du cheval, publiées jusqu'alors par Ruini, de Solleysel s'est cependant montré excellent observateur et bon praticien. Cette hippiatre fut dominé par le besoin de faire de la polypharmacie excitante, tant il était persuadé que les remèdes rafraîchissants étaient contraires au tempérament des chevaux, et que partant les saignées étaient nuisibles dans beaucoup de leurs maladies. Cependant, il conseille la phlébotomie comme moyen préservatif dans les chevaux que l'on nourrit bien et qui travaillent peu, et comme moyen curatif contre les fièvres, les tranchées rouges, le vertige, le tétanos, la gale, la fourbure, l'hématurie, etc. Ce n'est que contre les battements de cœur, la fourbure, la gale, qu'il ordonne les grandes émissions sanguines. Il faut lire l'article saignée du parfait maréchal, pour avoir une idée précise des restrictions qu'apporte Solleysel à l'emploi de cette opération. Consultez, dit-il, les phases de la lune, les signes du zodiaque, l'heure de la journée, avant de saigner le cheval. Et gardez-vous bien, ajoute-t-il, d'ouvrir la veine dans certaines régions du corps, avant que la lune entre dans la constellation à laquelle la nature l'a dédiée, parce que la saignée serait nuisible; toutes absurdités plus bizarres les unes que les autres et bien peu dignes d'un écuyer gentilhomme qui vivait encore au dix-septième siècle.

De Saulnier fils, polypharmaque à la manière de Solleysel, ne conseille les saignées que dans certaines maladies, comme la fourbure, les tranchées, l'inflammation de la vessie, la fortraiture.

De la Guérinière, humoriste plus instruit que ses prédécesseurs, s'est montré plus sensé dans l'emploi des saignées du cheval. Cet hippiatre n'ignorait point les recherches faites alors sur la composition du sang, et surtout la découverte des globules de ce fluide faite par Leuwenhoek. Dans un passage de son livre, de la Guérinière donne une explication assez satisfaisante du développement de la fourbure dans le pied, et veut avec juste raison qu'on saigne aux veines des membres dans ce cas. Cet hippiatre ne s'est point montré partisan des grandes saignées, il préfère plutôt les émissions petites et modérées.

Garsault doit, à juste titre, être considéré comme l'hippiatre le plus instruit et le plus versé dans les sciences médicales avant Bourgelat. Réformateur de la polypharmacie de Solleysel et de Saulnier, Garsault s'est constitué le prosélyte des saignées, non pas selon la méthode de Sthal et d'Hoffmann, mais de Boerhaave. Partisan des grandes saignées dans le début des maladies sur-aiguës, on croirait, en le lisant, qu'il a rédigé son ouvrage à l'époque de la grande ferveur pour la doctrine physiologique. On dirait même qu'il a emprunté ses expressions à Broussais, à M. Bouillaud, à d'Arboval, et à MM. Vatel et Cruzel. Dans les fièvres continues très violentes, il faut, dit-il, saigner abondamment, et coup sur coup; dans les tranchées rouges, la saignée sera pratiquée précipitamment trois à quatre fois de suite et même jusqu'à défaillance; cette opération sera faite trois ou quatre fois en un jour dans la fourbure. Dans l'esquinancie, la veine sera ouverte largement coup sur coup trois à quatre fois. On saignera également trois à quatre fois en un jour dans la courbature aiguë. Certes, en médecine vétérinaire, on n'était pas plus Broussaisien de 1825 à 1830. Cependant Garsault s'est montré praticien judicieux dans l'emploi des grandes saignées qu'il ne conseille que dans les maladies aiguës violentes qui menacent la vie des animaux dès leur apparition. A l'égard de beaucoup d'autres maladies, comme la gourme, le farcin, la gâle et généralement toutes les maladies chroniques, cet hippiatre ne prescrit point les saignées. Comme on le voit, Garsault a donc abandonné la route tracée par ses devanciers pour en créer une nouvelle, et il est à regretter que le fondatenr des écoles vétérinaires Lafosse, et Vitet, ne l'aient point suivie.

De 1760 à 1780, la scène médicale vétérinaire fut occupée par trois savants vétérinaires, Bourgelat, Lafosse fils et Vitet, dont les travaux feront toujours époque dans la science. Le fondateur des écoles, dans ses articles de pathologie publiés dans l'encyclopédie méthodique de Diderot et de d'Alembert, s'est montré praticien galéniste modifié par la lecture des savants écrits du médecin de Leyde, et cependant Bourgelat conserva les idées d'Hippocrate et de Galien sur les saignées. Il prescrit donc au début des maladies, les saignées petites et réitérées, et les rejette dans les périodes d'état et de déclin ainsi que dans les affections putrides.

Lafosse, plus praticien que Bourgelat et surtout moins enthousiaste des doctrines médicales à l'ordre de ce temps-là, étudia les maladies en observateur scrupuleux, et consulta plutôt son expérience que celle des autres. Partisan des saignées modérées, ce célèbre hippiatre ne conseille les grandes spoliations sanguines qu'au début des maladies graves et de nature inflammatoires. Il en excepte cependant certaines maladies, comme la gourme, la pleurésie, où il recommande particulièrement les petites saignées. On ne trouve point dans la pathologie de Lafosse les saignées indiquées contre les maladies chroniques. Ce praticien les redoutait beaucoup dans les indigestions.

Plus théoricien que praticien, humoriste pur selon les idées d'Hippocrate et de Galien, Vitet était plus polypharmaque que partisan des saignées. Dans sa pathologie, ce médecin et vétérinaire conseille la saignée de 1^{k},500 pour le cheval de grande taille, et celle de deux kilog. dans celui de taille moyenne. Le bœuf, dit cet hippiatre, supporte moins bien les saignées que le cheval, et le mouton moins que le bœuf, notamment là où les localités sont boisées, humides ou marécageuses. Partisan des saignées révulsives, Vitet les ordonne aux saphènes dans toutes les maladies des parties antérieures du corps et *vice versâ*. L'ouverture à la jugulaire ne se trouve prescrite que dans les inflammations internes, et c'est seulement à l'égard de ces maladies que Vitet se montre large dans les émissions sanguines. L'axiome adopté en général par ce médecin, est que deux petites saignées faites dans l'espace de 24 heures sont préférables à une seule et abondante saignée. Il redoute beaucoup les grandes saignées à cause des répercussions humorales qu'elles peuvent susciter, et tient compte surtout de la pléthore sanguine, des jours critiques, de l'âge, de l'état des animaux, dans leur emploi. Vitet ne s'est point montré partisan des saignées dans les maladies charbonneuses, les maladies épizootiques des bestiaux, les maladies nerveuses et évacuatoires.

Telles ont été, en ce qui touche les saignées, les règles adoptées par Bourgelat, Lafosse, et Vitet. Les nombreux élèves de Bourgelat partagèrent les opinions de leur maître; celles de Lafosse et de Vitet furent très répandues chez les vétérinaires, les agronomes, les maréchaux, qui lisaient les ouvrages de ces deux hommes regardés alors comme des auteurs d'un grand mérite. Aussi voit-on dans les ouvrages qui furent publiés sur les maladies des animaux de 1760 à 1780, régner tour à tour les idées de Bourgelat, de Lafosse et de Vitet.

Les saignées révulsives de Vitet flattèrent surtout et furent généralement goûtées par les hommes peu versés dans le merveilleux mécanisme de la circulation.

De 1780 à 1800, les élèves de Bourgelat, Chabert, Gilbert, Flandrin, Huzard, continuèrent ce que leur maître avait enseigné. Ces savants vétérinaires se montrèrent réservés dans l'usage des émissions sanguines. On ne voit conseillées dans leurs écrits que les petites et les moyennes saignées dans le début des maladies et rarement dans les périodes d'augment et d'état.

On redoutait alors les saignées à cause des répercussions, des indigestions, des métastases, et on craignait surtout de trop affaiblir les animaux. A cette époque l'autocratie de la nature, le vitalisme de Sthal régnaient dans l'enseignement et dans l'esprit des praticiens aussi bien en médecine humaine qu'en médecine vétérinaire. La polypharmacie réintégrée par Chabert et qu'Huzard s'efforçait de propager dans ses additions à la matière médicale de Bourgelat, faisait oublier les émissions sanguines.

Le pinélisme qui domina dans les écoles vétérinaires de France de 1800 à 1820 continua à propager les idées sur l'autocratie de la nature dans les maladies, et les saignées furent continuées généralement comme au temps de Chabert. Cependant au commencement de ce siècle, Blaine et Ryding revinrent aux idées de l'hippiatre français Garsault sur les grandes saignées, et les prescrivirent notamment dans la fièvre continue, le vertige, la péripneumonie, la congestion intestinale aiguë, les tranchées rouges, la néphrite. Ryding veut même que dans l'inflammation du poumon, on ouvre largement les deux jugulaires à la fois. Quoique goûtés en France, les ouvrages de Ryding et surtout celui de Blaine n'encouragèrent point alors les vétérinaires à revenir aux grandes émissions sanguines.

La lecture attentive des ouvrages, des mémoires publiés de 1812 à 1820, au nombre desquels on doit placer les comptes rendus des écoles vétérinaires d'Alfort et de Lyon, les articles insérés dans le Dictionnaire d'agriculture, la correspondance de Fromage de Feugré, les mémoires de Gohier, démontre que les vétérinaires français se montraient toujours timides dans les émissions sanguines et qu'ils suivaient en tout point la doctrine de Pinel alors en faveur dans les écoles. Les moyennes saignées étaient employées dans le début des inflammations aiguës par le plus grand nombre des vétérinaires, et rarement dans la période d'état de ces maladies.

De 1820 à 1830, la nouvelle doctrine médicale fondée par Broussais passa d'emblée dans la médecine vétérinaire, et le pinélisme reçut son dernier coup. Le langage médical emprunté aux écrits de Sthal, de Pinel, disparut de la pathologie vétérinaire, et fut remplacé par les mots irritation, congestion, inflammation aiguë, etc. Le nom de fièvre fut rayé et le nouveau mot de gastro-entérite fut mis à sa place. Girard fils, d'Arboval, MM. Rodet et Vatel prêchèrent la méthode antiphlogistique et notamment les saignées, dans leurs ouvrages.

Le Recueil de médecine vétérinaire fut fondé en 1824, le Journal pratique fut créé par M. Dupuy en 1826, et dans ces deux recueils MM. Louchard, Dehan, Durand, Rodet, Cruzel, Jacob, Gellé, et beaucoup d'autres vétérinaires publièrent des observations tendant à démontrer que les grandes saignées, réitérées de 5, de 8 et même de 10 kilog, employées dans la péripneumonie simple ou catarrhale, la gastro-entérite aiguë du cheval et des ruminants, la congestion intestinale, la cardite, étaient des moyens aussi prompts qu'efficaces contre ces maladies. On alla même jusqu'à ordonner la spoliation du sang dans des maladies où jusqu'alors on s'était abstenu rationnellement de les employer, comme dans les maladies éruptives, les affections putrides et charbonneuses. Le Dictionnaire de médecine et de chirurgie vétérinaires, les Éléments de pathologie vétérinaire, ouvrages goûtés alors, dans lesquels on admet en principe que presque toutes les maladies sont le résultat de l'irritation et de l'inflammation, et que le plus sûr moyen de les combattre efficacement consiste dans l'emploi de la méthode anti phlogistique, contribuèrent surtout à répandre la nouvelle thérapeutique médicale. Les saignées et surtout les grandes saignées réitérées coup sur coup, pour nous servir des expressions usitées alors, reparurent donc sur la scène médicale vétérinaire. Les opinions de Botal, de Hecquet, de Sthal, d'Hoffman, de Boerrhave, étaient ressuscitées par Broussais en médecine humaine; celles de Garsault, de Blaine, de Ryding, reparaissaient avec éclat en médecine vétérinaire. Cependant l'école anatomico-pathologique vint mettre un frein à la doctrine thérapeutique des émissions sanguines en médecine humaine comme en médecine vétérinaire. Bientôt aussi l'expérience pratique étant venue démontrer les inconvénients qui se rattachent aux grandes spoliations sanguines, les vétérinaires commencèrent à rechercher les cas où elles pouvaient être utiles, et ceux où elles pouvaient avoir des inconvénients. D'un autre côté, les recherches qui ont été faites dans ces dernières années sur la composition du sang, les altérations de ce fluide dans beaucoup de maladies, rendirent les vétérinaires plus modérés et plus circonspects dans l'emploi des grandes émissions sanguines; aujourd'hui les écrits des vétérinaires attestent qu'on est plus réservé, dans la thérapeutique déplétive.

En résumé, il découle de la revue succincte que nous venons de faire de l'histoire des émissions sanguines, que les petites, les moyennes et les grandes saignées ont été tour à tour usitées, à diverses époques, tant en médecine humaine qu'en médecine vétérinaire, et que les unes, comme les autres, ont eu et obtiennent encore aujourd'hui des succès incontestables. Il faut maintenant convenir de ces faits. C'est bien à tort, selon nous, que l'on a blâmé les petites et les grandes saignées, car les unes et les autres sont fort utiles. L'important, le difficile, c'est de savoir les employer à propos ou d'une manière rationnelle, selon les indications, comme aussi de reconnaître les cas maladifs où elles sont nuisibles.

Est-il donc possible aujourd'hui, avec les connaissances de thérapeutique que possède la science, celles que nous avons acquises par devers nous d'aplanir ces difficultés? pouvons-nous indiquer d'une manière générale les circonstances maladives qui réclament l'emploi des émissions sanguines grandes, petites ou moyennes, les cas où elles sont utiles et ceux où elles sont nuisibles? Nous allons chercher à motiver notre opinion sur ces importantes questions thérapeutiques. Nous baserons nos indications sur la nature, le siège des maladies, leurs périodes et leur terminaison. Nous ferons ensuite connaître les cas où les émissions sanguines ne sont point indiquées, et ceux où elles sont inutiles.

De la médication déplétive applicable à la nature des maladies.

1° *Congestions actives, apoplexies.* Nous avons cherché dans *la Pathologie générale*, pages 227 et 264, à faire saisir la distinction qui existe entre la congestion sanguine active ou sthénique qui résulte de la pléthore sanguine ou de l'irritation, avec la congestion passive ou mieux la stase sanguine asthénique qui est la conséquence d'une débilitation des solides et d'une altération du sang. Cette distinction est de la dernière importance envisagée sous le point de vue thérapeutique des saignées. Pour bien saisir les règles qui doivent diriger les praticiens dans l'emploi des émissions sanguines pour combattre les congestions actives, nous rappellerons succinctement les causes principales de ces graves maladies.

Jusqu'à ce jour, la pléthore sanguine a été considérée, avec juste raison, comme étant le résultat d'un excès de sang contenu dans les vaisseaux et d'une excitation trop vive des solides organiques. Les recherches de MM. Andral et Gavarret, faites sur l'homme, puis celles qui nous sont communes avec ces deux médecins, sur les animaux, ont démontré que l'excès de sang dont il s'agit s'accompagne toujours d'une augmentation très notable du chiffre des globules. C'est donc tout à la fois et à l'excès de sang contenu dans les vaissaux et à l'augmentation du chiffre du principe organique éminemment excitant du sang, que l'on doit rattacher l'injection et la coloration en rouge plus ou moins vif de la peau et de toutes les muqueuses apparentes, l'excitabilité plus grande des animaux dans quelques cas, leur somnolence dans d'autres, la plénitude, la force du pouls, la tension des artères, le gonflement des veines superficielles, la fréquence de la respiration, la dyspnée, les étourdissements, etc. Or, tous ces phénomènes sont suscités par le passage du sang rendu difficile dans les vaisseaux intermédiaires, par l'accumulation, la stagnation des nombreux globules de ce fluide.

Lorsque la congestion active dépend d'une cause irritative, l'examen microscopique de la partie démontre clairement trois phénomènes importants à connaître, et sur lesquels nous avons insisté dans la *Pathologie générale*, page 225, à savoir :

1° Que le cours du sang s'accélère dans la partie incitée.

2° Que les vaisseaux capillaires se dilatent et laissent aborder dans leur calibre une plus grande quantité de globules.

3° Que si l'incitation est continuée, les globules se touchent, se confondent, s'accolent les uns aux autres dans les vaisseaux, et que bientôt la circulation devenue lente et difficile, finit par s'interrompre tout à fait. Or, que ce soit d'un côté les globules du sang en excès dans ce liquide, qui déterminent la dilatation des vaisseaux, la lenteur de la circulation ; que ce soit, d'un autre côté, un agent incitant en dehors du torrent circulatoire qui suscite ces mêmes effets, l'accomplissement des phénomènes est le même; la différence n'existe que dans la cause incitative qui est interne aux vaisseaux et réside dans le sang dans le premier cas, hors du sang et externe dans le second. Toutefois, dans l'une comme dans l'autre circonstance, la persistance de ces phénomènes pathologiques détermine comme effet primitif, la rougeur, la chaleur, la turgescence, la douleur dans les parties, les organes qui en font le siège; puis, comme effet consécutif, la sortie du sang des petits et minces canaux qui le tenaient enfermé, son accumulation dans la trame des organes ou son épanchement à leur surface, d'où résultent les diverses espèces d'hémorrhagies internes ou externes.

Toutes les parties de l'organisme peuvent être le siège de semblables fluxions sanguines actives; mais ce qu'il importe de savoir sous le point de vue thérapeutique des saignées, c'est de constater, par l'étude de leurs causes et de leurs symptômes, si elles sont générales ou locales.

La polyhémie est la cause la plus ordinaire des congestions qui tantôt se signalent simultanément sur les organes composés d'un grand nombre de vaisseaux, et parcourus normalement par une grande quantité de sang, comme la rate, le foie, les reins, le poumon, les muqueuses bronchique et intestinale, la peau, le cerveau, la moelle épinière; d'autres fois elle sévit avec violence, soit sur un seul, soit sur deux à trois organes. Dans l'un comme dans l'autre cas, la congestion compromet l'intégrité des organes où elle siège, menace l'existence des animaux et souvent occasionne rapidement la mort. L'indication première est donc de soustraire des vaisseaux une quantité de sang en rapport avec la cause générale ou locale de la fluxion sanguine, de son siège et des symptômes qu'elle présente.

Dans le début des congestions internes violentes qui menacent tout à la fois l'intégrité des organes et la vie des animaux, dans celles surtout résultant de la polyhémie, comme les congestions cérébrales et rachidiennes, intestinales ou tranchées rouges, spléniques, etc., les grandes saignées de 5, 6 à 8 kilogrammes dans les grands animaux, de 500 grammes à 1 kilogr. dans les petits, faites à l'aide d'une large incision pratiquée au vaissau, parfois répétées coup sur coup si la congestion résiste à leurs effets, peuvent seules faire obtenir la délitescence en prévenant l'hémorrhagie. Ces grandes et très grandes saignées opèrent une déplétion sanguine rapide dans tous les vaisseaux, retirent de la masse du sang une forte somme des globules qui circulent difficilement et obstruent la circulation capillaire de la partie congestionnée, rétablissent rapidement le calibre normal des vaisseaux intermédiaires, et la circulation ainsi ramenée, plus ou moins, à son rhythme normal, la turgescence, la chaleur, les douleurs, le trouble profond et inquiétant des organes, la tension des artères, la force et la dureté du pouls, disparaissent comme par enchantement. Ces heureux bienfaits des saignées au début des congestions qui nous occupent s'observent fréquemment dans la pratique. Nous pourrions citer une foule de guérisons qui nous sont propres par l'emploi de ces grandes saignées; de même qu'il nous serait facile de rapporter ici les observations d'un grand nombre de praticiens très recommandables, qui démontreraient que dans les congestions du tissu podophylleux(1), cérébrales (2), rachidiennes (3), intesti-

(1) *Voyez* la Collection des vétérinaires Grecs, à l'art. HORDEATION;
Les Hippiatres, et notamment Solleysel, Garsault et La Guérinière;
L'art. FOURBURE de l'*Encyclopédie méthodique* de Diderot, par Bourgelat; t. VII p. 223;
L'art. FOURBURE, de Lafosse, *Dictionnaire d'hippiatrique*;
Le Mémoire de Chabert, *Instructions vétérinaires*, t. II, p. 153 et 446.
Blaine, *Notions fondamentales sur l'art vétérinaire*, art. FOURBURE;
L'art. FOURBURE, de M. Girard, *Traité du pied*, p. 232, 364, 418;
Le Mémoire de M. Rodet;
L'art. de M. Vatel, APOPLEXIE DU TISSU RÉTICULAIRE, *Éléments de pathologie vétérinaire*, t. I, p. 140.
(2) Leblanc, *Journal théorique et pratique*, t. VII. p. 1 et 14;

nales (4), laryngiennes (5), pulmonaires (6), rénales (7), spléniques (8), hépatiques et cutanées, encore nommées ébullitions ou feu d'herbe, les grandes saignées ont été suivies de succès.

Marel, Mémoires de la Société royale et centrale d'agriculture, 1828, p. 120.

Jacob, *Recueil de médecine vétérinaire*, t. IX, p. 384.

(3) Bouley jeune, *Recueil de méd. vét.*, 1830, t. VII, p. 278;

Compte rendu, Ecole de Lyon, 1811.

(4) Solleysel, art. TRANCHÉES ROUGES, p. 136.

Garsault, *id.* *id.*

Lafosse, *id.* *id.*, *Dict. d'hippiatrique*, t. IV, p. 210;

Blaine, *Not. fondament.* citées, t. III, p. 179;

Mémoires de la Société royale et centrale d'agriculture, 1823, p. 45;

Lautour, Mémoires de la Société vétérinaire du Calvados, 1831-32, p. 43;

Vatel, *Élem. de pathologie vétérinaire*, t. I, p. 194;

Recueil de méd. vét., t. IV, p. 309.

Renault, comptes rendus de l'Ecole d'Alfort, depuis 1832 à 1837.

Bouley (Henry), Compte rendu, École d'Alfort, 1842.

(5) Vatel, *Recueil de méd. vét.*, 1829, t. VI, p. 93;

Id. *Journal prat.*, t. I, p. 180;

Viramont, *Journal prat.*, t. IV, p. 235;

Lacoste, *Recueil de méd, vét.*, t. III, p. 451.

(6) Compte rendu, École de Lyon, 1811;

Vatel, *Éléments de pathologie*, t. II, p. 600;

Blaine et Ryding, art. PLEURO-PNEUMONIE;

Maurin, Compte rendu, École de Lyon, 1826.

Taiche, pleuro-pneumonie, bêtes à cornes, *Journal vétér. du Midi*, t. II, p. 257;

Rodet, *Recueil méd. vét.*, t. V, p. 258;

Delafond, péripneumonie des bêtes à cornes, *Instruction-Recueil*, t. XVII, p. 673;

Drouard, *idem*, t. XIV, p. 549;

Viborg, *Traité des maladies du porc*, art. PÉRIPNEUMONIE, p. 150;

Volpy, péripneumonie des vaches, p. 40.

(7) Taiche, *Recueil*, t. II, p. 285;

Berger, *Recueil de méd. vét.*, t. XVII, p. 133;

Compte rendu, École de Lyon, 1824, p. 24.

(8) Mémoires de la Société royale et centrale d'agricult., 1828, p. 116;

Cruzel, Observat. splénite, *Journ. théorique et prat.*, t. V, p. 331;

Gellé, *Pathologie bovine*, art. SPLENITE.

Dans la période d'état des congestions dont il s'agit, ou dans le moment où la circulation est interrompue dans les vaisseaux dilatés outre mesure, et où le sang va sortir des vaisseaux pour constituer l'hémorraghie, scène pathologique qui se traduit aux sens du praticien par la plénitude, la vitesse, la dureté et la roideur de l'artère, le trouble profond des fonctions de l'organe congestionné, la coloration rosée et la température assez élevée de la peau et des muqueuses, les saignées dont nous venons de parler, réunies à une médication révulsive puissante et étendue, exercée sur la peau, sont encore les seuls moyens capables de sauver la vie aux animaux.

Lorsque l'*hémorraghie commence* et se signale à l'extérieur par la mollesse du pouls, l'aplatissement de l'artère, la pâleur des muqueuses et de la peau, l'affaiblissement des douleurs qu'éprouvaient les animaux, les moyennes spoliations sanguines réitérées de demi-heure en demi-heure, d'heure en heure, selon les indications fournies par le pouls, et en nombre variable, jointes à la révulsion exercée sur la peau, méritent alors la préférence sur les grandes émissions de sang. Celles-ci débilitent trop rapidement toute l'économie et s'opposent au succès du traitement.

Dans le cas où l'*hémorraghie existe depuis un certain temps*, et qu'elle est annoncée par une grande faiblesse, la pâleur de la peau et des muqueuses, l'aplatissement de l'artère, la disparition des veines superficielles, la difficulté de les faire gonfler et de retirer du sang, l'écoulement d'un sang noir et au-dessous de la température ordinaire, la stupeur, le ballonnement, la sortie du sang par le nez, le canal de l'urèthre, l'anus, les saignées sont toujours inutiles dans ces sortes de cas désespérés. Nous dirons plus, l'écoulement sanguin artificiel exercé par le vétérinaire, réuni à l'hémorraghie intérieure, hâte la mort des animaux. Or, c'est cette double hémorraghie, méconnue par la plupart des hippiatres et de quelques vétérinaires, dans les congestions intestinales, spléniques et rénales particulièrement, qui a fait dire et répéter que les soustractions sanguines étaient plutôt nuisibles qu'utiles dans ces dangereuses maladies. Erreur capitale qui a beaucoup contribué à répandre de la défaveur pendant longtemps sur la médication déplétive applicable à ces affections malheureusement si fréquentes et si graves dans les chevaux et les ruminants.

Des détails ci-dessus, il résulte en résumé :

1o Que les grandes saignées comptent de nombreux et incontestables succès dans le début des congestions actives soit internes, soit externes.

2o Que ces spolations sanguines sont encore très efficaces dans l'imminence des hémorrhagies actives.

3o Que les saignées moyennes répétées de demi-heure en demi-heure, d'heure en heure selon les indications, et réunies à la médication révulsive cutanée, sont encore les moyens qui font triompher le praticien dans le commencement de ces hémorraghies.

4o Que les émissions dont il s'agit hâtent la mort, lorsque l'hémorrhagie s'accompagne des symptômes qui signalent positivement son existence depuis quelque temps.

2o *Inflammations suraiguës.* Les observations microscopiques faites sur l'inflammation, par Philipp-Wilson, Hastings, Gendrin, Dubois d'Amiens et celles qui nous sont propres, apprennent que si on irrite vivement le mésentère d'un jeune animal, la partie membraneuse de la patte d'une grenouille, on voit aussitôt le sang parcourir subitement les vaisseaux capillaires, les globules du sang acquérir un mouvement rapide, se serrer vivement, se grouper les uns les autres, et la circulation être bientôt interrompue dans la partie. Dans ce moment, un liquide séreux suinte des vaisseaux, et peu de temps après, se forment des globules peu distincts dans la trame du tissu ou à sa surface. Plus tard, les îles de substance organique situées dans le réseau vasculaire, les vaisseaux eux-mêmes, et généralement les parties où ces phénomènes se passent, prennent une teinte bleuâtre, se ramollissent et se désorganisent plus ou moins complètement. Nous avons disséqué attentivement, soit à l'œil nu, soit avec une forte loupe ou le grossissement microscopique de 150 fois les tissus pulmonaire, muqueux, podophylleux, cutané, lorsqu'ils offraient soit les caractères de l'imminence de la gangrène, soit de la gangrène confirmée, et nous avons constamment observé que dans l'aréole inflammatoire qui entoure le point mortifié, le sang, quoique étant accumulé dans les vaisseaux, y circulait cependant encore; qu'en dedans de cette aréole ou dans la partie commençant à prendre une teinte plombée, les vaisseaux étaient remplis par un caillot; qu'enfin dans la partie ramollie noirâtre et sphacelée, ce caillot était là dur, résistant et adhérent aux parois vasculaires devenues rouges et livides; ici commençant à se ramollir, ailleurs réduit en une bouillie jaunâtre ou noirâtre: toujours dans ce dernier cas, les petits vaisseaux, et même ceux d'assez gros calibres, étaient plus ou moins désorganisés.

Ainsi le phénomène constant qui succède à la congestion des capillaires d'une partie vivement enflammée, consiste donc : 1° Dans la coagulation du sang dans les derniers courants vasculaires.

2° Dans l'expulsion d'un fluide séreux épanché dans la trame organique.

3° Dans la formation de globules inflammatoires incomplètement granulés.

4° Enfin dans la destruction gangréneuse de la partie.

On ne saurait en douter, la mortification qui succède à la coagulation du sang dans les vaisseaux dépend donc, et de l'absence de la circulation, et de l'action nutritive dans la partie surenflammée. Ces recherches, selon nous, donnent une explication satisfaisante de la marche rapide, de la durée courte et des terminaisons si souvent fâcheuses des inflammations suraiguës. D'un autre côté les analyses du sang, pendant le cours de ces inflammations, nous ont appris que la fibrine augmentait de quantité pendant toute leur durée. On sait aussi d'ailleurs que l'albumine, la fibrine et l'eau constituent les principaux éléments des produits morbides déposés dans les tissus enflammés; qu'enfin les animaux jeunes, adultes, vigoureux, d'un tempérament sanguin, soumis à une alimentation succulente, qui ont un sang riche en globules et pauvre en eau sont particulièrement atteints de ces inflammations. Voilà ce qu'il importe de bien savoir. Maintenant que la nature intime du phénomène morbide primordial qui constitue ce que l'on est convenu d'appeler irritation et inflammation, soit contesté, peu nous importe, nous dirons que la première indication thérapeutique rationnelle qui se présente pour combattre les inflammations suraiguës, consiste dans l'emploi des soustractions sanguines.

Les grandes saignées de 5 à 6 kilog., pratiquées par une large ouverture faite à la jugulaire dans le début et l'augment, nous paraissent devoir être préférées aux saignées moyennes et à plus forte raison aux petites, dans ces inflammations redoutables qui enlèvent souvent les animaux après une durée toujours fort courte. Les fortes spoliations en opérant une déplétion rapide dans le torrent circulatoire, retirent de ce liquide les globules qui y abondent, la fibrine qui s'y trouve en excès, et augmentent rapidement la proportion d'eau; enfin facilitant la circulation dans les vaisseaux capillaires où le sang est en stagnation, elles préviennent les épanchements séro-sanguinolents, albumino-fibrineux, la formation de globules purulents et la gangrène.

La faiblesse générale et parfois l'adynamie, l'ataxie que présentent les animaux, la petitesse, la dureté du pouls jointe à la contraction de l'artère, symptômes qui accompagnent généralement les inflammations suraiguës, surtout celles des muqueuses intestinales, ne doivent point détourner le praticien de l'emploi des grandes saignées. Cette faiblesse générale n'est que la conséquence de la vive inflammation : la petitesse, la dureté du pouls, la contraction de l'artère, le résultat de l'afflux sanguin et de la vive douleur qui se passent dans la partie inflammée; et la saignée au lieu d'augmenter cette faiblesse indirecte, remonte l'économie, fortifie le pouls et calme les douleurs. Si la phlegmasie ne cède point à la première saignée, le praticien ne devra point tarder à en faire une seconde et même une troisième. La diète, les acidules à l'intérieur, secondent puissamment l'emploi de ces émissions.

Nous ne connaissons que cette médecine agissante, active, puissante et rationnelle qui soit capable de prévenir les épanchements divers, les ramollissements des tissus, la formation des fausses membranes des séreuses, des muqueuses et surtout la gangrène. Notre pratique nous a convaincu des prompts et heureux effets curatifs de ces saignées, et les observations consignées dans les annales de la science par beaucoup de vétérinaires distingués en démontrent d'ailleurs positivement l'utilité dans l'entérite, la gastro-entérite suraiguë (1); la pneumonite, la pleuro-pneumonite suraiguë qu'on a mal à propos qualifiée de péripneumonie gangréneuse (2); la laryngite suraiguë pseudo-membraneuse ou le

(1) Guillame, entéro-cystite suraiguë des bêtes ovines, *Annales de l'agriculture française*, 2e série, t. III, p. 139;

Everts, gastro-entérite suraiguë des bêtes bovines, mêmes Annales, 2e série, t. XXIII, p. 156;

Braban, même maladie, mêmes Annales, 2e série, t. XXIV, p. 331;

Barthélemy, entérite aiguë des ruminants avec sang de rate, compte rendu de l'Ecole d'Alfort, 1818.

(2) Saussol, péripneumonie du porc, *Recueil de méd. vét.*, t. XIV, p. 233.

Cruzel, pleuro-pneumonie des bêtes à cornes, *Journal*, t. p.

Delafond, Instruction sur la péripneumonie des bêtes à cornes, *Recueil*, t. XVII. p. 663;

Et Mémoire couronné sur la péripneumonie du gros bétail du Jura. Mémoires de la Société d'émulation du Jura, 1841-1842.

croup (1) ; le corysa suraigu des ruminants encore improprement appelé coryza gangréneux (2) ; l'encephalite (3), l'arachnoïdite (4), etc., etc., maladies qui sont, avec juste raison, considérées comme graves et d'une guérison difficile. Nous le répèterons donc, la saignée faite dans le début de ces maladies est le puissant remède qui soit au pouvoir du vérérinaire d'employer, et l'ancre de sûreté dont tout praticien ne doit point s'écarter.

Lorsque l'inflammation suraiguë est sur le point de se terminer, soit par le ramollissement de l'organe, soit par la suppuration, soit par la gangrène, les saignées moyennes, réitérées fréquemment, sont alors préférables aux grandes saignées. Dans cette période inflammatoire, qui date souvent de plusieurs jours, indépendamment de l'altération de la matière organique, des produits morbides ont été formés par le travail inflammatoire dans la structure, les cavités des organes, et parfois se sont organisés avec les tissus élémentaires qui les composent. Or, la résorption de ces éléments ne s'opère jamais qu'après un temps plus ou moins long, et les grandes saignées ne peuvent activer cette absorption ; il y a plus, elles ont le

(1) Delafond, Essai sur la monographie du croup, *Recueil de méd. vét.*, t. VI, p. 351 ;

Barreyre, Croup sur les jeunes ruminants à grosses cornes, *Journal vét. du Midi*, t. III, p. 301 ;

Flouret, Croup sur des génisses, même Journal, t. IV, p. 49.

(2) Laborde, du coryza gangréneux des gros ruminants, *Recueil de méd. vét.*, t. VII, p. 76 ;

Cruzel, sur la même maladie, *Journal prat. de méd. vét.*, t. V, p. 1 ;

Sur la même maladie, *Journ. vét. du Midi*, t. IV p. 539 ;

Bertholet, sur la même maladie, *Recueil*, t. XVII. p. 664.

(3) Barreyre, Encéphalite suraiguë des chevaux, *Journ. vét. du Midi*, t. III, p. 301 ;

Gérard, même maladie, *Recueil de méd. vét.*, t. VII, p. 647.

(4) Muret, Vertige idiopathique des ruminants, *Journal vét. du midi*, t. III, p. 12.

grand inconvénient de débiliter beaucoup les animaux et de prolonger inutilement la convalescence.

Lorsque la *gangrène est déclarée,* si cette grave lésion est circonscrite, la saignée, en facilitant la circulation dans les capillaires, où le sang n'est point encore coagulé, peut assurément en limiter les progrès. Les moyennes saignées réitérées au besoin sont encore à préférer aux grandes saignées. Mais lorsque la gangrène est étendue, que l'ichor gangréneux a été résorbé et circule avec le sang, que ce liquide est altéré septiquement, les saignées, petites, moyennes ou grandes, sont plus nuisibles qu'utiles, elles hâtent la mort des animaux.

3° *Inflammations aiguës franches.*

L'observation microscopique d'une partie atteinte d'inflammation aiguë franche fait voir, de même que dans l'inflammation suraiguë, la stagnation des globules dans les capillaires et tous les phénomènes qui en sont la conséquence; seulement ici la scène morbide marche plus lentement, et la mort ou la gangrène du tissu enflammé en est moins souvent une des terminaisons.

L'apparition morbide d'un fluide, d'abord séro-albumineux, puis albumino-fibrineux, qui constitue le suc plastique organisable; enfin des globules granulés ou purulents, imparfaitement développés, et plus tard parfaitement organisés, sont les principales évolutions pathologiques qui s'opèrent, soit à la surface, soit dans l'épaisseur des tissus franchement enflammés. Dans ces inflammations, de même que dans les phlegmasies suraiguës, la fibrine est dans le sang, au dessus de son chiffre normal, et l'eau au dessous de sa quantité ordinaire.

Les inflammations qui revêtent le type aigu franc ont généralement une marche régulière et continue. Occupant une surface assez étendue, et s'accompagnant d'une fièvre assez intense, ces maladies réclament, quel que soit leur siége, l'emploi de la médication déplétive dans le début, l'augment et quelques unes de leurs terminaisons.

A. *Début et augment.* Les saignées moyennes, dans les animaux gras et d'un tempérament sanguin, réitérées deux, trois et quatre fois au besoin, selon l'indication fournie par les symptômes ; les petites saignées répétées à des intervalles plus ou moins rapprochés, dans les jeunes et les vieux animaux, ainsi que dans ceux qui sont d'un tempérament sanguin, sont assurément préférables aux grandes spoliations sanguines dans le début des inflammations aiguës à type continu. Ces saignées, de même que dans les phlegmasies suraiguës, en retirant des vaisseaux l'élément excitant qui y circule, en diminuant la masse des matériaux du fluide qui concourent à la formation et au dépôt de la fibrine, de l'albumine, dans la partie enflammée, et retirant la fibrine, les globules qui s'y trouvent en excès, facilitent la circulation capillaire au voisinage des parties enflammées, la rétablissent dans leur épaisseur, diminuent ou arrêtent les sécrétions des produits pathologiques dont elles sont le siège, font opérer la résorption des fluides séro-albumineux et albumino-fibrineux qui déjà peuvent y être épanchés, font cesser la chaleur, la douleur, le gonflement, la rougeur qui les accompagne, la fièvre de réaction due à l'irradiation de la douleur dans toute l'économie, et concourent puissamment à faire opérer la résolution. On concevra donc facilement que plus la saignée sera faite dans le début de l'inflammation, plus ses résultats seront prompts et certains.

L'expérience journalière démontre les puissants avantages que procurent les saignées dans les cas dont il s'agit. Les auteurs vétérinaires Garsault, Lafosse, Bourgelat, Blaine, Ryding, Chabert, Girard père, Rodet, Gasparin, Tessier, Viborg, d'Arboval, Vatel, Gellé, etc., etc., en vantent les bons effets. Les observations nombreuses consignées dans les annales de la science par un savant médecin et par une foule de praticiens vétérinaires, parmi lesquels nous citerons Vicq d'Azyr (1), Chabert (2), Girard père (3), Rainard (4), Leblanc (5), Didry (6), Pauleau (7), Durand (8), Dubois (9), Prevost (10), Clychy (11), Berger (12), et beaucoup d'autres vétérinaires non moins recommandables que nous pourrions nommer, ne laissent aucun doute sur ce point et surtout à l'égard des inflammations qui ont leur siège dans les muqueuses intestinales, respiratoires, génito-urinaires, les séreuses, le tissu cellulaire, la peau, le poumon, le cerveau, la moelle épinière, les organes glanduleux, etc., etc.

Quelques praticiens vétérinaires, à l'époque de la ferveur pour la médécine broussaisienne, ont mis en pratique les grandes saignées répétées ou les saignées moyennes réitérées un grand nombre de fois dans la période des inflammations franches, mais bien à tort, selon nous (13); ces saignées affaiblissant

(1) Vicq d'Azyr, Entérite épizootique, qui a régné sur le gros bétail de Picardie en 1779, *Instr. vét.*, t. V, p. 118.

(2) Chabert, Mal de Brou (gastro-entérite des ruminants), *Instr. vét.*, t. IV, p. 128.

(3) Girard père, Mémoire sur la gastro-entérite épizootique de 1825.

(4) Rainard, Mémoire sur la même maladie, 1825.

(5) Leblanc, Mémoire sur la même maladie, 1825.

Journ. prat. de méd. vét., t. I, p. 86,

(6) Didry, gastro-entérite du porc, *Annales de l'agr. française*, 2e série, t. XXI, p. 1.

(7) Pauleau, sur la gastro-entérite des ruminants, *Journ. prat.*, t. IV, p. 549.

(8) Durand, entéro-néphrite des chevaux, Mémoire de la Société d'agriculture, 1828. p. 105.

(9) Dubois, entérite qui a régné sur les porcs en 1825, Compte rendu de l'Ecole de Lyon, 1826, p. 22. Le même auteur sur la même maladie dans les grands ruminants, même compte rendu, p. 23.

(10) Prévost, sur les angines aiguës, *Recueil*, t. VI, p. 391.

(11) Clichy, Mémoire sur la gastro-entérite, *Recueil*, t. XV. p. 709.

(12) Mémoire sur la néphrite aiguë, *Recueil*, t. XVII, p. 65.

(13) Louchard, dans une péripneumonie catharrale, 48 livres de sang, *Recueil*, t. I.

Dehan, saignées de 6 kilogr. dans un engorgement d'un membre, même *Recueil*, t. I, profondément tout à coup et pour longtemps l'organisme, ralentissant subitement la circulation capillaire, sans activer promptement la résorption des produits morbides déposés dans la partie enflammée, altérant profondément les qualités du sang en diminuant très notablement le chiffre de ses globules et augmentant l'eau en grande proportion, sont plus nuisibles qu'utiles. L'expérience d'ailleurs est venue démontrer qu'il en était ainsi. Quant à nous, nous avons eu à déplorer, dans le commencement de notre pratique, la mort de plusieurs bœufs atteints de gastro-entérite, saignés d'après la méthode de M. Cruzel. MM. Pauleau (1) et Festal Philippe (2) ont publié des observations qui tendent à prouver également que les grandes saignées dont il s'agit, affaiblissent profondément tout l'organisme, ralentissent la marche de la résolution, et prolongent beaucoup la convalescence. Mais c'est notamment dans les animaux qui sont fatigués, usés par le travail, dont le sang, ainsi que nous nous en sommes assuré, renferme une faible proportion de globules, que les grandes évacuations qui nous occupent sont nuisibles en appauvrissant encore le sang.

Certaines maladies aiguës des muqueuses, dont la terminaison consiste dans une sécrétion plus ou moins abondante de mucosités, et qu'on a nommées inflammations catarrhales ou évacuatoires, comme la rhino-bronchite simple ou compliquée, ou les gourmes simple et maligne ; la bronchite ou rhume de poitrine ; la gastro-entérite avec sécrétion abondante de mucosités ou la fièvre muqueuse, encore appelée aphtheuse ; l'entérite diarrhéique ou la diarrhée, ont été, à l'égard de l'emploi

Durand, saignées de 6 à 8 kilogr. 500 gr. dans une fièvre inflammatoire entéro-néphrite, *Recueil de méd. vét.* t. II, p. 397.

Cruzel, gastro-entérite des ruminants, saignées de 7 à 8 kilogr., *Journal prat.* t. II, p. 461.

(1) Pauleau, gastro-entérite des ruminants, *Journ. prat.* t. IV, p. 549.

(2) *Journal des vétérinaires du Midi*, t. IV, p. 79.

rationnel ou irrationnel des saignées, le sujet de nombreuses controverses parmi les hippiatres et les vétérinaires. On s'est demandé et on se demande encore aujourd'hui si la saignée est nuisible dans le début de ces maladies, ou si elle est utile? Pour baser notre opinion dans cette question, nous dirons avant tout que ces maladies consistent toutes dans une inflammation plus ou moins aiguë, s'accompagnant pendant son cours d'une sécrétion morbide mucoso-purulente qui constitue le flux ou catarrhe. Or, l'expérience semble avoir prouvé que, dans le cas où l'inflammation est légère, et ne s'accompagne que peu ou point de fièvre, que la sécrétion muqueuse, qui doit être considérée comme une véritable résolution ou terminaison favorable de la maladie, suit de près le début de l'inflammation, la saignée est inutile, bien que cependant, si elle était faite, on ne dût point y rattacher, ainsi que quelques hippiatres et les praticiens de l'école de Chabert et de Gilbert le pensaient, des répercussions purulentes, des accidents divers. Que si, au contraire, la phlegmasie est aiguë, la fièvre de réaction intense, la sécrétion catarrhale tardive, difficile, il est essentiel de pratiquer une ou plusieurs saignées petites ou moyennes. Ces émissions modérées diminuent l'inflammation, calment la fièvre de réaction, et l'abaissent au degré voulu pour opérer le flux mucoso-purulent qui doit accompagner la résolution. Dans ce cas donc, la saignée doit être considérée comme rationnelle. Mais lorsque le flux mucoso-purulent est établi depuis quelque temps, qu'il est abondant, que l'inflammation qui l'entretient persiste avec ténacité, il faut bien se garder de soustraire du sang dans cette période de l'inflammation; car c'est seulement alors que la phlébotomie arrêtant inopinément une sécrétion purulente, fait résorber le pus et favorise la formation de dépôts métastatiques purulents dans la peau, dans le poumon, les ganglions lymphatiques, etc., etc.

Relativement à la composition élémentaire, l'organisation des tissus où débutent les inflammations aiguës, le mode d'emploi des saignées est digne de fixer toute l'attention du praticien.

Lorsque la phelegmasie aiguë débute et marche dans des organes composés d'un tissu formé par de nombreux vaisseaux capillaires et où naturellement passe beaucoup de sang comme dans le poumon, les reins, le foie, la rate, le tissu podophylleux, les muqueuses, la peau, les organes cérébro-spinaux, les saignées devront être, toutes choses étant égales d'ailleurs, plus fortes que dans d'autres tissus, attendu que les phlegmasies marchent dans ces parties vasculaires avec une plus grande rapidité et que leurs terminaisons sont plus redoutables. C'est notamment dans les organes d'une texture délicate comme la pulpe cérébrale, dans ceux qui sont très-sanguins, comme les reins, le foie, les muqueuses, que doivent être employées les grandes spoliations sanguines, afin de prévenir les ramollissements de ces tissus qui toujours sont difficilement régénérés par la force médicatrice de l'organisme.

Dans les organes qui sont entourés d'une enveloppe serrée non-élastique qui, par conséquent, ne se prête que peu ou point à la turgescence sanguine, l'inflammation s'accompagnant dans ces cas, de douleurs violentes, se terminerait rapidement par la gangrène, si elle n'était activement combattue, non seulement par des saignées copieuses et répétées, mais encore et surtout, par le débridement de la partie comprimante. Les inflammations qui débutent dans le tissu podophylleux, dans le tissu cellulaire sous aponévrotique, les gaines tendineuses des coulisses des membres sont particulièrement dans ce cas.

Quand, au contraire, les inflammations s'établissent dans les tissus composés d'un tissu fibreux et d'une texture serrée peu élastique, peu vasculaire, comme le tissu séreux, les tendons, les aponévroses, les os; les petites saignées répétés fréquemment sont préférables aux soustractions moyennes. Lafosse, que l'on consulte toujours avec fruit, lorsqu'il s'agit de la pratique de la médecine vétérinaire, n'a point méconnu cette règle de la médication déplétive ; en conseillant les petites saignées qui nous occupent dans le traitement de la pleurite aiguë (1). Les saignées moyennes et surtout les grandes saignées dans les inflammations ayant leur siége dans ces tissus peu vasculaires, et où le phénomène prédominant consiste dans une vive douleur, ne serviraient qu'à débiliter profondément l'économie, à appauvrir subitement le suc vital, sans concourir efficacement à calmer les phénomènes inflammatoires. Les saignées locales, les antispasmodiques, réunis aux petites saignées sont ici les moyens rationnels dont le praticien doit disposer.

B. Terminaison des inflammations. L'induration rouge, l'épanchement aigu, le ramollissement, la suppuration, la gangrène, le passage à l'état chronique, sont les terminaisons dans lesquelles nous allons étudier l'emploi des saignées.

1° *Induration.* L'induration rouge des tissus résulte de l'association de l'albumine, de la fibrine et parfois des globules du sang dans les parties enflammées pour constituer une altération profonde du tissu primitif de l'organe dont la résolution ne peut s'opérer qu'avec beaucoup de lenteur. Les saignées petites, réitérées à des intervalles éloignés, contribuent puissamment à combattre l'induration rouge ; mais c'est principalement dans l'hépatisation des poumons qu'il est possible d'en apprécier les salutaires effets. Cependant, lorsque la résolution de cette grave lésion, est positivement établie, les saignées devront être abandonnées. Affaiblissant inutilement l'organisme, elles nuiraient à l'accomplissement paisible et lent qui doit présider à la résorption des produits pathologiques associés aux tissus malades.

2° *Épanchements.* Cette terminaison de l'inflammation qui résulte de l'expulsion morbide de l'eau, de l'albumine, de la fibrine, parfois des globules du sang, pour constituer les épan-

(1) *Dictionnaire d'hippiatrique*, t. III, p. 467.

chements séreux, séro-sanguinolents avec ou sans fausses membranes, réclame, de même que l'induration pour être combattue avec succès, l'emploi des petites émissions sanguines réitérées à divers intervalles. Ces saignées, tout en déterminant une déplétion propre à combattre l'inflammation qui entretient l'exhalation morbide, n'affaiblissent que peu l'organisme et activent l'absorption du liquide épanché. De même aussi que dans l'induration, lorsque la résorption est en bonne voie de s'opérer, il n'est plus rationnel de saigner, à moins d'indications spéciales.

3° *Ramollissement*. Le ramollissement rapide des organes mous, pulpeux, comme la pulpe cérébrale; de ceux très vasculaires, comme les reins, le foie, la rate, le cœur; comme aussi celui des organes peu vasculaires, comme les tissus tendineux, cartilagineux, osseux, constitue généralement une terminaison grave et presque toujours incurable. Tout ce que peut faire le praticien dans cette occurrence sérieuse, c'est de chercher à préserver les tissus voisins encore enflammés de cette redoutable altération. Pour atteindre ce but, les petites saignées, réunies à d'autres médications, sont encore rationnelles pour borner les progrès de l'inflammation.

4° *Gangrène*. Les règles concernant les émissions sanguines, que nous avons conseillées dans la gangrène résultant de l'inflammation suraiguë, trouvent naturellement encore ici toute leur application. Nous ne reviendrons donc point sur ce sujet.

5° *Suppuration*. La suppuration dans les tissus enflammés est le résultat d'un acte morbide pendant lequel, nous l'avons déjà dit, un liquide nommé pus, formé essentiellement de globules granulés, se dépose dans la partie enflammée ou à sa surface. Il résulte des recherches microscopiques faites par M. le docteur Gruby, que, peu de temps après l'inflammation des tissus, des globules purulents, incomplètement organisés, se montrent dans l'épaisseur des fibres organiques, et que ce n'est qu'à une période plus avancée de l'inflammation que ces globules, plus gros, parfaitement bien granulés, plus nombreux, écartent, compriment et ramollissent les lames des tissus, pour se réunir, se former une cavité anormale qui porte le nom d'abcès. L'inspection microscopique démontre d'ailleurs, chose très importante pour la thérapeutique, et que nous avons pu vérifier avec M. Gruby, que la circonférence transparente des globules purulents est formée, ainsi que les réactifs que l'on fait réagir à leur surface sous la lentille du microscope le démontrent, d'une matière fibrineuse soluble dans l'acide acétique; que les petits noyaux granulés du centre de ces globules résistent davantage à cet agent dissolvant, et paraissent être composés d'une matière albumineuse; qu'enfin le liquide clair, transparent, dans lequel ces globules nagent, est formé d'eau et d'un peu d'albumine. Les analyses du pus, faites d'ailleurs par plusieurs chimistes, ont prouvé que telle était en masse la composition organique de ce liquide. Si donc la matière purulente est la conséquence immédiate de l'inflammation, si tel est son mode de formation dans le centre ou à la surface des parties enflammées, si telles sont sa composition chimique et son organisation anatomique, on concevra maintenant l'utilité de pratiquer, dans le début de sa formation, de petites saignées réitérées, pour prévenir, diminuer ou arrêter la formation des globules du pus, limiter l'étendue de la partie suppurante, et prévenir la formation de ces suppurations disséminées qui constituent les abcès multiples, les infiltrations purulentes qui dissèquent en quelque sorte les tissus, et surtout ces vastes collections de pus qui, filtrant dans l'épaisseur des organes, viennent aboutir parfois dans les cavités splanchniques. A cette période de la suppuration, la résorption des matériaux du pus n'est point à redouter, et voici sur quelles raisons nous basons notre opinion à cet égard. Et d'abord l'expérience a démontré que les éléments du pus de nouvelle formation, composés de globules incomplètement organisés et même bien granulés, pouvaient être résorbés sans occasionner d'accidents consécutifs. Mais que l'on ne s'imagine pas que ce soient les globules entiers du pus qui passent dans le torrent circulatoire : ces globules, plus grands que le diamètre des vaisseaux capillaires intermédiaires, ne pourraient y circuler. Voici ce que l'observation microscopique apprend sur cette résorption : la première partie, facilement absorbable, qui passe dans les capillaires, est la sérosité ou l'eau du pus; plus tard, la circonférence transparente et fibrineuse des globules commence à se détruire et à être résorbée à son tour, et enfin les petites molécules granulées qui en forment le centre passent aussi dans le torrent circulatoire. Or, ces éléments, résorbés les uns après les autres, étant composés d'eau, d'albumine, de fibrine, principes organiques immédiats qui n'ont subi aucune altération physique puisqu'ils n'ont point été en rapport avec les agents extérieurs et l'air atmosphérique notamment, peuvent donc circuler avec le liquide nourricier sans occasionner d'accidents sérieux; et d'ailleurs comme l'organisme a une tendance à éloigner de son suc vital les matériaux qui lui sont étrangers, ces produits sont éliminés par les surfaces libres, telles que les muqueuses, la peau et les reins. Il est donc facile de concevoir maintenant pourquoi les émissions sanguines petites et réitérées, quoique favorisant la résorption des éléments du pus qui se rencontrent dans presque tous les tissus récemment enflammés, peuvent passer dans le torrent circulatoire et en être rejetés sans occasionner d'accidents. Les choses ne se passent point ainsi dans les suppurations qui datent de loin, et surtout dans celles établies sur des surfaces en rapport avec l'air atmosphérique.

Lorsque la matière purulente reste longtemps enfermée dans les tissus soit à l'état de dissémination soit à l'état de collection ou d'abcès, ses globules se décomposent et s'altèrent par leur ancienneté. Les principes fibrino-albumineux qui les forment, dénaturés en partie, ne constituent plus qu'un pus composé d'un détritus de globules dans lesquels on distingue à peine leurs noyaux, qui nagent dans une sérosité impure. Dans cet état de la suppuration, l'emploi des saignées peut activer la résorption de ce pus altéré soit par les veines, soit par les lymphatiques, le répartir dans le torrent circulatoire et le sang le déposer dans les organes très vasculaires comme le poumon, le foie, la rate, les reins, et c'est ce qui arrive en effet. Or ce pus, constituant un corps étranger irritant au centre des organes, ne tarde point à susciter, dans les parties environnantes, un centre inflammatoire qui, à son tour, occasionne morbidement la sécrétion de globules de pus. Ainsi naissent les abcès dits métastatiques. Les saignées petites ou grandes doivent donc être proscrites, on le concevra sans peine, dans cette période de la suppuration, puisqu'elles peuvent concourir à l'accomplissement d'un phénomène morbide dont les conséquences ne peuvent être que très dangereuses. Mais ce cas n'est point encore la circonstance la plus grave que le praticien doive redouter.

Lorsque la suppuration s'est manifestée dans une cavité qui communique avec l'air extérieur, lorsqu'une vaste surface suppurante existe à la peau ou dans le tissu cellulaire depuis longtemps; que des bourgeons cellulo-vasculaires recouverts d'une membrane dite pyogénique sécrètent du pus susceptible de s'altérer septiquement au contact de l'air; que cet appareil de sécrétion morbide est établi depuis un certain temps, et qu'il fait en quelque sorte partie essentielle de l'économie, les saignées en soustrayant du sang son albumine, sa fibrine, et rendant ce fluide plus séreux, peuvent donner lieu à des accidents graves en diminuant et changeant la nature de cette sécrétion diathésique en quelque sorte; et d'ailleurs la résorption du pus de mauvaise nature qui peut séjourner dans la plaie, son transport dans le torrent circulatoire, son dépôt dans certains organes peut donner lieu aux accidents redoutables généralement mortels désignés sous le nom de métastases purulentes.

Mais la circonstance la plus grave est celle où le pus séjournant dans les tissus ou à leur surface, s'y est putréfié par son contact avec l'air. Dans ce pus d'une odeur fétide on n'aperçoit, lorsqu'il est placé sous la lentille du microscope, qu'un liquide clair dans lequel nagent de petites molécules composées de débris globulaires, et quelques globules altérés. Or c'est ce liquide séreux et infect nommé encore *sanie purulente*, qui pompé par les radicules des veines et des lymphatiques, altère septiquement le sang et occasionne des maladies très graves. Les saignées pratiquées dans ce cas encore en activant l'absorption, faciliteraient donc la résorption de ces éléments putréfiants et ne pourraient par conséquent qu'être très nuisibles. Comme on le voit, les émissions sanguines ne sont utiles que dans la suppuration commençante, pour d'une part combattre l'inflammation et prévenir d'abondantes suppurations, et d'autre part, pour hâter la résorption d'un pus encore innocent. Au contraire, dans toutes les autres circonstances que nous avons spécifiées, ces émissions sont assurément nuisibles. Ce n'est donc pas sans fondement qu'on a dit et répété que les saignées pouvaient arrêter la suppuration et provoquer des rentrées de pus, des abcès métastatiques, etc. Seulement jusqu'alors on n'avait pas bien spécifié, selon nous, les diverses qualités du pus qui rendent ce liquide innocent ou nuisible lorsqu'il vient à être résorbé. Nous n'osons point dire que nous ayons comblé cette lacune; mais au moins, nous croyons avoir envisagé les effets des saignées dans la suppuration sous un nouveau point de vue pratique.

4° *Inflammations chroniques*. Les saignées générales sont très rarement indiquées dans le cours des inflammations chroniques. Ce n'est guère que dans les cas où l'affection subinflammatoire débute sous le type chronique et seulement encore pendant son invasion et sa période d'augment, dans des organes très vasculaires, qu'elle réclame l'emploi de petites saignées. Dans toutes les autres circonstances, la soustraction du sang est nuisible. Elle affaiblit l'animal sans concourir activement à la guérison. Les saignées locales, comme nous le dirons plus loin, sont préférables dans ce cas. Cependant il est une circonstance où les petites saignées peuvent encore être rationnelles, c'est dans le cas grave où une inflammation aiguë vient se greffer sur une subinflammation. Le siége de la partie altérée, son organisation, les symptômes que présentent les maladies, guideront le praticien dans ces cas heureusement rares, mais toujours fort graves et dont nous ne devons point nous occuper ici.

Maladies dans lesquelles la saignée générale peut être utile ou nuisible.

Névroses. Nous entendons par *névroses* les maladies du système nerveux, dont les altérations cadavériques ne sont point bien connues, et qui paraissent être suscitées par une perversion de l'influx nerveux.

Nous avons dit que les saignées grandes et moyennes étaient les moyens héroïques à mettre en pratique pour combattre les congestions, les inflammations, soit des enveloppes, soit de la substance des organes encéphaliques, et nous avons noté les observations de plusieurs vétérinaires distingués pour motiver notre opinion. Mais autant les émissions sanguines sont utiles dans ce cas, autant elles sont nuisibles dans les véritables névroses, telles que l'épilepsie, l'immobilité, la rage, le danse de Saint-Guy. Il est aisé de se rendre compte des mauvais effets des saignées dans ces maladies. Nous avons dit en traitant des effets consécutifs des grandes émissions sanguines qu'elles suscitaient des troubles nerveux, en détruisaient l'harmonie qui existe entre l'excitation sanguine et l'excitation nerveuse; or si dans les névroses l'excitation nerveuse prédomine déjà, ce dont on ne pourrait douter, la saignée en abaissant l'excitation sanguine, doit exalter la maladie nerveuse. C'est en effet ce que l'observation nous a toujours démontré. C'est aussi ce que l'expérience a prouvé à M. Cruzel (1). Les saignées sont donc contr'indiquées dans les véritables névroses. Nous ne connaissons que le satyriasis et l'utéromanie, qui fassent exception à cette règle.

Quant à la névrose de la sensibilité et de la locomotion, connue sous le nom de *tétanos*, la saignée dans cette grave maladie est approuvée par les uns et contr'indiqués par les autres. Solleysel (2), Garsault (3), Volpy (4), d'Arboval (5), recommandent les saignées. MM. Dehan (6), Marympoey (7), Rewvel (8), Sanitas (9) Riss (10), Mousis (11) et autres, ont obtenu des succès par l'emploi de larges ou de moyennes soustractions de sang. Il est vrai que la saignée seule n'a point toujours été l'unique moyen dont on s'est servi; les fumigations émollientes, les couvertures chaudes sur tout le corps, les adoucissants, les antispasmodiques, ont été les moyens auxiliaires à la médication déplétive; mais toutefois la saignée doit être considérée comme le principal agent de la médication débilitante qui a été mise en pratique.

Nous n'avons jamais eu à nous louer des émissions sanguines petites, moyennes ou grandes, dans les tétanos de tous les animaux domestiques; nous les avons toujours vues exaspérer les symptômes et hâter la mort: nous avons vu même des chevaux d'un tempérament nerveux, irritables qui, immédiate-

(1) *Journal théorique et pratique*, t. VII, p. 257.
(2) *Parfait maréchal*, p. 102.
(3) *Nouveau parfait maréchal*, p. 207.
(4) Volpy, traduction de M. Barthélemy, art. TÉTANOS.
(5) *Dict. de Méd. et de Chirurg. vét.*, art. TÉTANOS.
(6) *Mémoires de la Société d'Agriculture*, 1826, p. 111.
(7) Id., 1827, p. 197.
(8) Id, 1828, p. 121, t. I.
(9) *Recueil de Méd. vétér.*, t. V, p. 631.
(10) Id., t. V, p. 634.
(11) *Compte rendu de l'École de Lyon*, 1826, p. 40.

ment après l'écoulement du sang, ont eu des accès pendant lesquels on remarquait une tension extrême de touts les muscles, une vitesse, une irrégularité de la respiration, et une sueur abondante sur toute la surface du corps. D'ailleurs, les annales de la science renferment des faits bien constatés de guérison de tétanos, sans l'emploi des saignées. Gohier (1), Blaine (2), M. Rainard (3), en ont rapporté des exemples remarquables. Nous pourrions aussi en citer quelques uns. L'opium, le camphre à petite dose, les bains de vapeurs, les adoucissants, les diurétiques, les antispasmodiques, ont été les moyens thérapeutiques qui ont fait obtenir la guérison. Les révulsifs appliqués le long de la colonne dorso-lombaire, n'ont point été, non plus, sans succès.

Enfin dans le tétanos traumatique, l'engourdissement, la destruction de la douleur, est le moyen le plus sûr de triompher de cette névrose, due à une cause externe. On voit donc que les émissions sanguines ne sont point indispensables dans le traitement d'une des plus redoutables névroses des animaux domestiques. Ce qui nous engage à dire en terminant que dans le tétanos, aussi bien que toutes les autres névroses, comme la rage, l'immobilité, l'épilepsie, la chorée, la maladie tremblante du mouton, les saignées sont plus nuisibles qu'utiles.

Indigestions et météorisations. Tous les auteurs, tous les vétérinaires, sont d'accord sur ce point : que la saignée ne doit point être pratiquée, autant que possible, pendant la digestion, attendu qu'elle affaiblit les fonctions de l'estomac, détourne l'afflux sanguin des viscères digestifs, et peut déterminer une indigestion. On a même poussé cette exagération jusqu'à rejeter les émissions sanguines, bien qu'elles fussent rigoureusement indiquées, parce que les animaux venaient de prendre leur repas, ou n'avaient point encore complété

(1) *Mémoires sur la Médecine et la chirurgie vét.*, t. II, p. 89.

(2) *Cours complet d'Agriculture pratique*, t. VI, p. 250.

(3) *Recueil de Méd. vét.*, t. XII, p. 285.

leur digestion, erreur grave qui a dû être cause de la mort de beaucoup d'animaux. Dans le cheval, dont la digestion s'opère tout à la fois dans l'estomac et dans toute la longueur de l'intestin grêle dans l'espace de quatre à cinq heures, les émissions sanguines même, très fortes, ne nuisent que peu ou point à la digestion. M. Crépin a cherché à prouver cette vérité, en retirant plus de 10 kilogr. de sang à des chevaux, après les avoir rassasiés d'avoine, et ces animaux n'en furent nullement incommodés : bien mieux, dit M. Crépin, ils mangèrent encore après la saignée; rien n'y parut (1), nous avons répété ces curieuses et intéressantes expériences.

Quatre chevaux, auxquels nous avions fait manger 12 litres de bonne avoine pesant 10 à 12 kilogrammes et 3 kilog. de foin, ont été saignés de 9 à 10 kilog., soit immédiatement après le repas, soit une, deux, trois et quatre heures après, et ces quatre chevaux n'en ont nullement été incommodés. Or, si sur des animaux en bonne santé et lorsque la digestion est en pleine activité, les grandes saignées ne sont point nuisibles, à plus forte raison ne doit-on pas les redouter pendant l'indigestion consécutive aux inflammations internes.

Dans les ruminants, les météorisations se passent dans le rumen, la saignée n'est jamais suivie d'accidents.

Enfin, dans le chien, dont la digestion paraît s'opérer presque entièrement dans l'estomac, la saignée faite pendant la digestion détermine parfois le vomissement, acte morbide qui d'ailleurs, on le sait, s'exécute par le plus petit dérangement de la digestion dans cet animal.

Si les saignées pratiquées pendant l'acte de la digestion, ne suscitent point d'accidents sérieux dans les animaux domestiques, il en découle cette indication que ces opérations ne doi-

(1) Assurément il y a eu erreur dans le poids du sang soustrait par M. Crépin. 36 kilogrammes de sang auraient été retirés en une seule fois à un cheval, et 15 kilogrammes à un autre cheval. (Voyez notre tableau, p. 194.)

vent point être très nuisibles dans les indigestions essentielles. Il y a plus, nous pensons qu'elles sont indiquées lorsqu'elles s'accompagnent de ballonnement considérable des estomacs ou des intestins avec refoulement du diaphragme et dypsnée suffocante, ainsi qu'on le remarque si fréquemment dans les ruminants. Enfin, lorsque les indigestions sont consécutives, soit à une congestion, soit à une inflammation des viscères de la digestion ou de la respiration, la saignée est toujours indiquée.

Cependant il se manifeste dans les chevaux une indigestion des gros intestins compliquée de phrénésie, et connue des vétérinaires sous le nom d'indigestion vertigineuse, dans le cours de laquelle la saignée est nuisible. Gilbert l'a dit dans son instruction sur le vertige symptômatique, et notre pratique nous a fourni l'occasion de nous convaincre de cette grande vérité.

Altérations du sang. Les altérations du sang ainsi que nous les avons classées (voyez la première partie), et que nous les avons décrites dans un mémoire offert à l'Académie royale de médecine (1), étant de nature très différentes les unes des autres, ne réclament, excepté la polyhémie dont nous avons parlé en traitant des congestions, la saignée qu'avec beaucoup de prudence et de circonspection. Dans la diastashémie les petites saignées réitérées tous les jours, tous les deux à trois jours, sont éminemment utiles, ainsi que nous l'avons publié avec M. Renault en 1834 (2). M. Hamon, dans ses expériences sur l'infection purulente du sang, s'est également convaincu des bons effets des saignées (3). En effet, on conçoit que dans les altérations du suc vital les saignées petites et réitérées, en retirant peu à peu de l'organisme un sang

(1) Voyez le compte rendu de ce mémoire, par M. Bouley jeune, *Recueil*, t. XVI, p. 345.

(2) *Recueil de méd. vét.*, t. II, p. 468.

(3) Id., t. VI, p. 201.

incapable d'entretenir la nutrition et la vie, soient très propres à débarrasser la masse du sang des éléments morbides qui circulent avec lui. Mais les spoliations ne sont, toutefois, couronnées de succès, qu'autant que par une alimentation alibile et tonique, on régénère le sang et on fortifie l'économie.

Dans les altérations septiques du sang qui constituent les maladies appelées *typhus charbonneux*, *charbon interne*, *fièvre charbonneuse*, les saignées sont éminemment nuisibles. Vitet (1), Gilbert (2), Leroy (3), Roche Lubin (4) et beaucoup de vétérinaires partagent cette opinion. Nous avons eu aussi occasion dans notre pratique de nous convaincre que les saignées affaiblissaient profondément les animaux, et hâtaient la mort parce qu'elles activaient la résorption des éléments septiques et putréfiants existants dans l'organisme. En général dans toutes les maladies enzootiques et épizootiques qui ont une tendance à la septicité, les saignées sont plus nuisibles qu'utiles.

Enfin, dans les altérations du sang qui constituent l'anhémie, l'hydrohémie ou pourriture, les émissions sanguines sont tout à fait contr'indiquées. Dans ces maladies où le sang est pauvre en globules et abondant en eau, les saignées ne feraient qu'appauvrir ce liquide. Les restaurants toniques, en régénérant le suc vital, fortifiant tout l'organisme, sont les moyens opposés aux saignées qu'il faut employer.

Saignées artérielles.

Les artères auxquelles on pratique dans certains cas la saignée, sont les artères coccygiennes, temporale dans tous les animaux, et l'artère auriculaire antérieure, dans les bêtes bovines. Les saignées artérielles retirant du torrent circulatoire un

(1) *Médecine des animaux*, t. II, p. 113.

(2) *Traité des affections charbonneuses*, p. 37.

(3) Rodet, *Médecine du bœuf*, p. 243.

(4) Typhus charbonneux du porc, *Recueil de Méd. vét.*, t. II, p 130.

sang plus excitant et plus riche en matériaux nutritifs que les saignées veineuses, déterminent un effet affaiblissant plus prompt et plus durable. Mais la difficulté d'arrêter l'écoulement sanguin est une cause qui s'oppose dans la pratique à l'emploi fréquent de ces saignées. Toutefois la quantité de sang artériel qui sera soustraite des vaisseaux devra être dans le rapport du sang veineux, comme 4 : 3

L'artériotomie a été mise avec succès en pratique par Huzard à l'artère temporale dans l'apoplexie cérébrale du cheval (1), par M. Cruzel à l'artère coccygienne dans le catarrhe nasal aigu du bœuf (2), par M. Saussol à la même artère dans la pleuro-pneumonie du porc (3), par Maillet à l'auriculaire antérieure dans le coriza gangréneux, les congestions, les inflammations encéphaliques, les dartres de la tête des bêtes bovines. Les saignées aux artères coccygiennes sont le plus fréquemment usitées dans tous les animaux domestiques à cause de la facilité de couper ces artères en travers, soit en incisant la partie inférieure de la queue, soit en faisant l'ablation d'une partie de son étendue. Dans le cheval nous avons eu recours fréquemment à l'artériotomie coccygienne dans les congestions cérébrales et rachidiennes ; dans les ruminants, nous en avons aussi fait usage dans les inflammations intestinales, et toujours nous avons eu à nous louer de leur emploi.

Saignées capillaires.

On nomme ainsi les émissions sanguines qui résultent de la division des vaisseaux capillaires artériels et veineux. Ces saignées sont désignées sous le nom générique de *saignées locales*, parce qu'elles ne donnent généralement issue qu'au sang de la partie où on les met en pratique, afin de les distin-

(1) Huzard, *Instructions vétérinaires*, t. V, p. 149.

(2) *Journal pratique*, t. V, p. 1.

(3) *Recueil*, t. XIV, p. 222.

guer des saignées faites aux gros vaisseaux pour soustraire le sang de toutes les parties de l'organisme, et qui reçoivent le nom de *saignées générales*.

Les saignées capillaires s'obtiennent par les sangsues, les ventouses, les incisions plus ou moins profondes pratiquées dans la peau, le tissu podophylleux, le palais ; l'ablation des cornes, des surongles dans les ruminants et le porc. On peut aussi considérer comme saignées locales l'ouverture de petites veines sous-cutanées, comme la veine angulaire, les veines des oreilles du porc ; les scarifications de certaines tumeurs inflammatoires, des œdèmes chauds, des engorgements déterminés par l'application des sinapismes, des trochisques irritants; les débridements profonds de certains phlegmons étranglés par des aponévroses, comme autant de saignées capillaires ou locales. Toutefois lorsque l'écoulement sanguin capillaire dépasse 200 grammes pour les petits animaux, et 2 kilogrammes pour les grands, la déplétion sanguine se fait sentir dans toute l'économie, et la saignée capillaire produit les effets généraux qui suivent l'ouverture des grosses veines.

Effets primitifs des saignées capillaires. Pour bien nous rendre compte des effets apportés dans la circulation capillaire par l'incision des petites divisions vasculaires, nous avons placé sous la lentille du microscope le mésentère d'une souris, la partie membraneuse de la patte d'une grenouille, et à l'aide d'un instrument tranchant bien acéré nous avons divisé un ou deux vaisseaux intermédiaires. Si par cette ouverture peuvent s'échapper deux à trois globules de front, on voit ces corpuscules franchir la brèche vasculaire avec rapidité; aussitôt aussi de tous les côtés, dans les capillaires environnants, même dans un sens opposé au cours du sang, accourent d'autres globules sanguins vers l'incision faite au vaisseau, pour s'échapper du torrent circulatoire. Ce phénomène dure un certain temps, puis la circulation se ralentit vers l'ouverture artificielle. Un coagulum sanguin la bouche après peu de temps, le mouvement circulatoire se ralentit, des oscillations des globules s'opèrent dans tous les sens, même dans le sens rétrograde, et bientôt aux environs de la blessure une aréole inflammatoire se manifeste. Or, ces phénomènes s'expliquent par une loi de l'hydrodynamique bien simple, la diminution de pression exercée sur les parois des capillaires par le sang à l'endroit du vaisseau divisé.

Si au lieu d'une seule section capillaire on en fait un grand nombre, si ces sections intéressent des capillaires plus gros, le mouvement du sang qui s'opère de l'intérieur des vaisseaux environnants vers toutes les ouvertures artificielles, s'étend au loin dans l'épaisseur des tissus, et une déplétion locale se manifeste dans tous les capillaires de la partie.

Ainsi l'observation démontre donc que sur des parties saines une déplétion locale se passe dans les vaisseaux capillaires voisins de ceux qui ont été artificiellement ouverts.

Effets primitifs. Les effets primitifs des saignées capillaires pratiquées soit sur les parties enflammées, soit dans le voisinage, sont de dégorger les petits vaisseaux dilatés engorgés où circulent lentement, et où parfois stationnent les globules du sang, enfin de rétablir le mouvement circulatoire dans les capillaires où il était interrompu. A ces phénomènes inaccessibles à nos sens dans la pratique médicale, en succèdent d'autres faciles à constater : La rougeur, la chaleur, le gonflement, la douleur de la partie malade, diminuent rapidement si encore il n'y avait que congestion dans les vaisseaux, ou peu à peu et graduellement s'il y avait inflammation. Dans ce dernier cas les globules inflammatoires de lymphe organisable, les premiers éléments d'organisation des globules du pus sont résorbés, et la résolution qui en est la conséquence ne tarde point à s'opérer convenablement.

Les effets primitifs des saignées capillaires se propagent par les anastomoses nombreuses du système des vaisseaux intermédiaires, quelquefois fort loin. C'est ainsi qu'on voit une spoliation du sang des capillaires de la peau, et du tissu cellulaire des parois thoraciques, faire cesser une congestion, soit des plèvres, soit d'une partie circonscrite du poumon; que les mêmes soustractions sanguines faites sur les parois abdominales, provoquent la résolution d'une congestion, d'une inflammation du péritoine et même des muqueuses des intestins; que l'application de ventouses, de sangsues sur la portion de peau correspondant au larynx, combattent une phlegmasie du pharynx ou du larynx.

Effets consécutifs. A l'endroit de la piqûre de sangsues, des incisions, des scarifications, et lorsque le sang a cessé de couler, se développe bientôt une aréole inflammatoire accompagnée de chaleur et de douleur; des globules de lymphe coagulable se déposent dans la partie, et souvent aussi à tous ces phénomènes succède un peu de suppuration. Or, si les piqûres, les incisions ont été multipliées, nécessairement aussi l'inflammation et la douleur, la chaleur, la rougeur, qui en sont les effets constants, doivent être plus intenses, plus durables. Ces effets qui se passent dans une partie saine occupant la surface située à une petite distance du lieu qui est le siége d'une congestion ou d'une inflammation, provoquent une révulsion, et concourent par conséquent à combattre la maladie (voyez la *médication révulsive*). A cette occasion on s'est demandé s'il n'était pas préférable, à l'égard des inflammations externes, de pratiquer les saignées locales plutôt au voisinage de la partie où siégent ces inflammations que sur le lieu même? Nous ne discuterons point longuement ces deux opinions. Nous dirons cependant que les incisions des tissus de la partie où réside l'afflux sanguin, les phénomènes inflammatoires qui s'établissent dans les plaies artificielles venant s'ajouter à la phlegmasie que l'on cherche à combattre, ne font que l'aggraver. Il est donc préférable, autant que possible, de pratiquer les saignées capillaires à une certaine distance du lieu congestionné ou enflammé ; à moins qu'un débridement large et profond ne soit jugé indispensable.

Indépendamment de ces deux effets importants des saignées locales, la déplétion sanguine capillaire augmente d'une manière notable l'absorption dans la partie enflammée, d'où il résulte d'une part que les éléments morbides qui y sont déposés repassent promptement dans les vaisseaux, et d'autre part que les médicaments émollients, les liquides miscibles au sang appliqués sur le mal étant rapidement absorbés, agissent avec plus de promptitude et d'efficacité.

Les saignées locales sont fréquemment employées conjointement avec les saignées générales, et les deux effets obtenus par l'ensemble de ces doubles émissions sanguines, sont généralement salutaires dans les maladies aiguës qui offrent de la gravité, et dont la résolution ne doit point se faire attendre. C'est surtout dans les inflammations des viscères renfermés dans le thorax et dans l'abdomen, les phlegmasies cérébrales, la fourbure, etc., etc., qu'on les emploie.

Certaines phlegmasies circonscrites des chevaux sont particulièrement combattues avec succès par les saignées locales. Les sangsues appliquées aux paupières, l'ouverture de la veine angulaire, nous ont réussi bien des fois pour combattre la conjonctivite aiguë.

L'ophthalmie interne rémittente (fluxion périodique) du cheval, cède souvent dès son début à 15 à 20 sangsues appliquées sur les paupières. Blaine (1), Sayet (2), Bouin (3), Charles Saint-Amand (4), ont insisté sur les bons effets de ces saignées. Bien des fois nous avons aussi arrêté les accès de la fluxion périodique au début, ou nous les avons notamment affaiblis par l'emploi de semblables déplétions.

(1) *Notions fondamentales sur l'art vétérinaire*, 1803, p. 372.
(3) *Compte rendu de l'École de Lyon*, 1811.
(2) *Annales d'Agriculture*, 2e série, t. XXVIII, p. 128, 1824.
(3) *Recueil de Méd. vét.*, t. II, p. 369.

Les émissions de la muqueuse palatine font aussi obtenir journellement d'excellents résultats dans la stomatite, l'amygdalite, la pharyngite, la laryngite, de tous les animaux. Les saignées à la pince sont très utiles dans les entorses du boulet (1), les inflammations des articulations phalangiennes; les mêmes saignées, les scarifications à la couronne, l'amputation des surongles dans les ruminants, ont été vantés avec juste raison par Chabert (2) et par M. Girard (3). Enfin, MM. Guillame (4), Vatel (5), ont obtenu la résolution de pharyngites, de parotidites aiguës, par l'application de sangsues sur les parois externes du pharynx. M. Rodet a combattu l'inflammation des mamelles d'une chienne par les mêmes saignées (6). Enfin, M. Vatel a traité avec succès par les sangsues à l'épigastre la gastrite aiguë du chien (7).

Ces citations nous paraissent suffisantes pour prouver que les saignées locales sont utiles à mettre en pratique dans beaucoup de maladies des animaux, et qu'elles sont généralement suivies de résultats satisfaisants. Malheureusement les sangsues ne peuvent guère être employées que pour les petits animaux. Dans les grandes espèces domestiques le peu de vascularité de la peau, l'épaisseur de l'épiderme, s'opposent à leur emploi dans beaucoup de maladies, et d'un autre côté le prix élevé des sangsues aujourd'hui, fait aussi qu'on en néglige l'usage dans beaucoup de cas, et qu'on leur préfère les ventouses scarifiées, les mouchetures faites dans l'engorgement qui suit l'application des sinapismes, des trochisques irritants.

(1) Girard, *Traité du pied*, p. 178.
(2) *Instructions vétérinaires*, art. FOURBURE, t. II, p. 146.
(3) *Loco citato*. Art. FOURBURE DES RUMINANTS.
(4) *Journal pratique*, t. I, p. 271.
(5) Id., t. I, p. 285, et *Recueil*, t. VI, p. 306.
(6) *Recueil de Méd. vét.*, t. VI, p. 42.
(7) Id., t. VI, p. 306.

DE LA DIÈTE.

La diète se divise en *conservatrice*, *préservatrice* et *curatrice*. Les deux premières dépendent du domaine de l'hygiène, la dernière appartient à la thérapeutique.

Diète *curatrice*. Par diète curatrice, on doit entendre le régime alimentaire que l'on prescrit aux animaux pendant le cours des maladies. Cette partie importante de l'art de guérir, qui jusqu'alors a été négligée par les auteurs de matière médicale vétérinaire, et cependant si usitée dans la pratique, fixera toute notre attention. Nous traiterons d'une manière générale des matières alimentaires qui compsent le régime diététique applicable aux maladies, et des effets généraux de la diète, puis nous passerons aux modifications qui doivent être apportées à ce moyen thérapeutique selon l'âge, le tempérament, l'état de maigreur ou d'embonpoint, les espèces d'animaux, la nature, le siége et le cours des maladies.

Aliments et boissons qui composent la diète.

La paille de toutes les céréales cultivées ordinairement, et particulièrement celle du blé, le foin choisi, le regain fin, provenant des fourrages artificiels, l'herbe verte des prairies naturelles, certaines racines comme les carottes, les navets, les betteraves crues ou cuites, composent généralement les aliments qui entrent dans le régime diététique des herbivores. Les boissons sont confectionnées avec l'eau de rivière, de puits, dans laquelle on délaye les farines d'orge, de seigle, le son, les recoupes, etc. Dans les carnivores, les bouillons de pieds de veau, de tête de mouton de tripes, dans lesquelles on ajoute un peu de pain, le lait, le petit lait, sont les aliments et les boissons qui composent le régime de ces animaux lorsqu'ils sont atteints de maladies graves.

La paille de blé, battue avec les machines à battre, doit être généralement préférée à la paille provenant de blé coupé à la faux, et battue au fléau. Celle-ci renferme toujours des épis garnis d'un grain perfide pour les malades. Ce fourrage mal battu ne devra donc être distribué qu'en petite quantité.

La farine d'orge qui est regardée généralement, et avec juste raison, comme rafraîchissante, compose un aliment très alibile dont on donne ordinairement une trop forte ration aux animaux malades. Cette farine n'est réellement diététique qu'autant qu'elle est distribuée en petite ration, et délayée dans beaucoup d'eau; alors seulement elle compose une alimentation débilitante et tempérante très appétée par tous les herbivores atteints de maladies aiguës.

Les diverses variétés de son, connues sous les noms de gros son, de petit son, de recoupes, de recoupettes, offrant des différences très notables sous le rapport de leurs qualités nutritives, le vétérinaire devra toujours s'assurer de l'espèce et de la qualité de ces matières, lorsqu'il les fera entrer dans la composition de la diète curative. Les aliments verts et aqueux ne devront être donnés qu'en petite quantité. Il vaut mieux en réitérer l'administration que de s'exposer, dans les ruminants surtout, à voir ces aliments fermenter dans l'estomac, et susciter des météorisations. La qualité de la matière alimentaire, la nature, le siége, les périodes des maladies, empêchent de fixer d'une manière absolue la quantité d'aliments secs ou aqueux que l'on doit donner aux animaux dans les maladies. Tout ce qu'on peut dire d'une manière générale, c'est que la *demi-diète* se compose ordinairement de la moitié de la ration donnée habituellement à l'animal; la diète sévère du tiers et parfois du quart de cette ration; enfin la *diète absolue*, de l'usage pour les herbivores d'abondantes boissons blanchies par la farine d'orge ou le son, et d'une très petite quantité de paille. Pour le chien, d'un peu de lait coupé avec de l'eau, et de très légers bouillons gélatineux. Pour le porc de claires buvées.

En ce qui regarde la quantité de boissons qu'il faut présenter aux malades dans la diète plus ou moins absolue, elle ne sera jamais trop forte. Les animaux devront toujours avoir devant eux dans des augettes ou autres vases bien propres, des boissons tempérées ou tièdes, afin qu'ils puissent constamment satisfaire leur soif. Dans toutes les inflammations aiguës, cette règle ne souffre point d'exception. C'est principalement à l'égard des animaux habituellement nourris d'aliments secs, et accoutumés à s'abreuver beaucoup et souvent, que cette attention doit être strictement remplie. Les animaux grands mangeurs sont aussi ceux qui boivent le plus pendant le cours des maladies inflammatoires. Toutefois, règle générale, le chien boit proportionnellement plus que le cheval, la chèvre plus que le mouton, et toutes choses égales d'ailleurs, ces animaux prennent toujours une plus grande quantité de boissons pendant les chaleurs que durant les saisons froides et tempérées.

Effets généraux de la diète. Les effets généraux de la diète varient selon la quantité d'aliments donnée aux animaux, et le temps pendant lequel ils y ont été soumis. Cependant on peut dire d'une manière générale que la diète débilite tout l'organisme, suscite la pâleur de la peau et des muqueuses, diminue la tension des artères, assoupit les battements du cœur, rend le pouls plus faible, le sang moins coloré, augmente les sécrétions diverses et notamment la sécrétion urinaire, enfin, qu'elle ne tarde pas à susciter l'amaigrissement. Il est évident que plus la diète sera absolue, plus l'animal y sera longtemps soumis, plus il sera jeune, vieux et déjà faible, plus aussi ces effets seront marqués. Si la diète n'a pas été absolue, si elle n'a pas été prolongée au delà de huit à dix jours, si d'autre part la convalescence a été courte, l'abstinence ne détermine que de la pâleur dans les muqueuses, un peu de faiblesse et d'amaigrissement ; mais ces effets disparaissent peu à peu, et l'organisme revient promptement à son état normal. Pendant la durée prolongée de la diète absolue, d'autres phénomènes apparaissent, les muqueuses palissent de plus en plus, les veines superficielles s'affaissent, la faiblesse va toujours en augmentant, les battements du cœur deviennent tumultueux, retentissants au moindre exercice, et s'accompagnent d'un bruit de souffle bien remarquable; le pouls, de jour en jour, acquiert de la mollesse et de la vitesse; des engorgements froids se montrent aux extrémités inférieures des membres, aux testicules, la soif devient inextinguible; les urines s'écoulent claires et crues, les matières excrémentitielles sont expulsées sèches et dures, rarement molles ou liquides; enfin, la maigreur fait bientôt place au marasme. Ces effets se manifestent beaucoup plus rapidement dans les animaux herbivores que dans les carnivores. Le cheval soumis à une diète prolongée, bien que la maladie dont il est atteint en réclame l'emploi, éprouve de l'agitation, gratte le sol avec les membres antérieurs, se tourmente, manifeste le vif désir de prendre des aliments lorsqu'il en aperçoit. Le chien pousse des cris plaintifs, et mange parfois la paille ou le foin sur lequel il est couché. Or, tous ces phénomènes que nous avons constatés bien des fois, accusent une réaction du système nerveux, due assurément à l'appauvrissement du sang et à une diminution dans l'incitation sanguine.

Les diètes sévères et absolues, comme on le voit, amènent donc les effets généraux provoqués par les soustractions sanguines répétées.

Dans le but de bien constater les effets de l'abstinence plus ou moins prolongée, tant sur les liquides circulatoires que sur les solides organiques, nous avons conjointement avec MM. Andral et Gavarret, examiné avant et pendant la diète, les propriétés physiques du sang, et analysé ce liquide chez des animaux mis à la diète absolue de solides et de liquides, de solides seulement, et enfin pendant la demi-diète. Les animaux ont ensuite été tués, pour procéder à l'examen des organes internes. Le sang veineux retiré aux jugulaires, acquiert avec la diète prolongée une couleur de plus en plus rosée. Dans le cheval, le caillot blanc se forme rapidement, dépasse le tiers de la hauteur de l'hématomètre et va même jusqu'à la moitié. Ce caillot est petit, diffluent, et une sérosité abondante occupant en hauteur la moitié de l'hématomètre et quelquefois plus, s'en sépare bientôt. Dans les autres animaux, il s'échappe aussi de toute la hauteur du caillot une abondante sérosité. Dans le sang du chien, il se forme au dessus de ce caillot, une couche blanche jaunâtre qu'on a qualifiée improprement du nom de *couenne inflammatoire.*

Cette simple inspection des propriétés physiques du sang annonce donc déjà que ce fluide possède moins de globules qu'avant la diète, et qu'il renferme une plus grande quantité d'eau.

L'analyse pondérique des principes organiques du suc vital, nous a montré des différences notables dans les chiens que nous avions mis à une abstinence absolue de solides et de liquides pendant quinze jours, et auxquels nous avons retiré 10 grammes de sang tous les quinze jours. Le chiffre de la fibrine, au lieu de diminuer, est resté stationnaire et a même augmenté après la première saignée à cause de l'inflammation qui s'établissait par le jeûne dans l'estomac. Le nombre des globules des matériaux solides du sérum, la quantité d'eau, n'ont offert que des différences peu notables. M. Collard de Martigny (1) était parvenu avant nous au même résultat, en faisant jeûner des lapins pendant onze jours. Ainsi donc, la privation absolue d'aliments et de boissons pendant dix à quinze jours, quoiqu'apportant une perturbation profonde dans tout l'organisme et un amaigrissement très grand, n'apporte donc que peu de changement dans le chiffre des globules, de l'albumine et de l'eau. Mais si les animaux sont mis à une demi-diète, s'ils peuvent boire des liquides à volonté, si en un mot, l'es-

(1) Blainville, *Cours de Physiologie générale*, t. I, p. 279.

tomac tant soit peu pourvu d'aliments ne s'enflamme point, des différences notables se montrent dans le liquide nourricier. Le chiffre de la fibrine, d'abord sans variations, augmente après dix jours de diète, en raison de l'irritation de l'estomac; le chiffre des globules de l'albumine baisse notablement et celui de l'eau s'élève de beaucoup. Dans la demi-diète donc, les principes organiques du sang, la fibrine exceptée, perdent de leur poids, tandis que celui de l'eau augmente. Mais le fait capital qui a été signalé d'abord par Collard de Martigny dans l'abstinence absolue des animaux, de même que dans la demi-diète, se trouve être la *diminution de la masse totale* du sang qui, dans les expériences de ce physiologiste, est descendu, dans les lapins, du chiffre 576 à celui de 381 après cinq jours de diète absolue, et à celui de 135 après onze jours. Dans les chiens nous avons vu sur le chiffre 1000, cette diminution aller dans trois chiens de taille moyenne et de cinq jours en cinq jours, pendant quinze jours, aux chiffres 800, 605 et 550. Dans trois autres chiens mis à la diète, nous avons constaté pendant le même temps, que le chiffre 1000 était descendu à ceux de 850, 660 et 620.

La demi-diète et la diète absolue détermineraient donc indépendamment de l'appauvrissement des globules et de l'albumine du sang, une augmentation dans la partie aqueuse et une diminution notable de la quantité de sang existant dans les vaisseaux. Ces effets si remarquables de la diète sur le sang, résultent d'une part de l'absence du fluide régénérateur du suc vital ou le chyle, et d'autre part de la persistance des sécrétions, qui quoique diminuées, enlèvent encore au sang sa sérosité et ses matériaux albumineux. Dans cet état de choses, le liquide nourricier doit donc, pour se reconstituer, pour entretenir la chaleur animale et l'action organique, se régénérer aux dépens des matériaux de l'édifice animal. L'albumine et l'eau qui entrent dans la composition de tous les tissus, de tous les liquides, servent en partie à cette régénération ; mais les globules, corps éminemment organisés, ne trouvant, il est plus que probable, leurs matériaux réparateurs que dans le chyle, ne se régénèrent qu'avec lenteur. Excepté les globules, les autres principes du sang se reconstituent donc après la diète par une absorption interstitielle dans les organes, et comme cette fonction s'exécute avec d'autant plus d'énergie que les vaisseaux contiennent moins de sang, il en résulte que cette absorption augmente en raison de la diète prolongée. L'eau, les éléments graisseux, la fibrine des muscles, repassent donc dans le torrent circulatoire, afin de régénérer le sang et de donner des aliments à la nutrition et aux sécrétions. Cette résorption est assurément la cause directe de la faiblesse, de l'amaigrissement, effets inévitables de l'abstinence.

L'inspection des cadavres après une diète absolue ou une demi-diète prolongée, pendant quinze jours, fait voir dans les herbivores et dans les carnivores des rougeurs, des injections, des ecchymoses dans l'estomac et dans quelques points du canal intestinal ; parfois même des ulcérations superficielles existent dans les rides nombreuses formées par le rapetissement de l'estomac. Les intestins vides de matières alimentaires sont rétrécis. Dans les ruminants, le feuillet contient entre ses lames des aliments durs et desséchés. Tous les tissus sont pâles. Les veines renferment en petite quantité un sang peu coloré, les vaisseaux lymphatiques sont gros et gorgés d'une lymphe très aqueuse, dans laquelle nagent quelques globules. Cette liqueur se coagule lentement. Le tissu cellulaire des parties déclives est infiltré d'un peu de sérosité claire et incolore.

En résumé les effets généraux de la diète, et de la demi-diète prolongée au delà de dix jours sont donc :

1° De débiliter ou d'affaiblir profondément l'organisme ;
2° De faire prédominer l'excitation nerveuse ;
3° De diminuer d'un quart, d'un tiers, parfois des deux

tiers la quantité de sang qui existe normalement dans le torrent circulatoire ;

4° D'abaisser le chiffre des globules et de l'albumine de ce fluide ;

5° De ne point affaiblir celui de la fibrine ;

6° D'augmenter la proportion d'eau ;

7° D'irriter l'estomac et le canal intestinal, au point de l'enflammer, de l'ulcérer, et alors de faire augmenter le chiffre de la fibrine dans le sang ;

8° De déterminer des épanchements séreux dans le tissu cellulaire des parties déclives.

Si l'on compare maintenant les résultats produits sur les solides et les liquides de l'organisme, par la diète, et par les spoliations sanguines, on est frappé de la ressemblance des résultats primitifs et consécutifs de ces deux grands moyens curatifs des maladies, à cela près que les saignées les font obtenir promptement, et la diète lentement.

Règle de la diète selon le tempérament, la maigreur, l'embonpoint et l'âge des animaux.

Les animaux, quelle que soit leur espèce, s'ils ont un tempérament sanguin et musculaire, supportent mieux et plus longtemps la diète que ceux d'un tempérament lymphatique. Les animaux d'un tempérament nerveux ne peuvent point être soumis longtemps à une diète sévère, et même à une demi-diète, sans éprouver une réaction du système cérébro-spinal. Ici encore, comme à la suite des émissions sanguines, l'influx nerveux s'exalte par cela même que l'excitation sanguine est diminuée.

Les animaux gras et adultes peuvent être soumis, sans inconvénients, a une diète sévère et même prolongée ; la graisse étant un dépôt réservé à la nutrition dont l'absorption peut s'emparer, pour reporter aux organes ces nouvelles matières assimilables. Les animaux déjà maigres, épuisés surtout par la fatigue, ne doivent être soumis, autant que les circonstances maladives peuvent le permettre, qu'à une demi-diète peu prolongée.

Les jeunes animaux qui sont encore à la mamelle ne devront que peu ou point être mis à la diète. Il vaut mieux soumettre les mères au régime, leur donner fort peu à manger, ou bien les forcer à se nourrir d'aliments aqueux et adoucissants, dans le but de rendre le lait séreux et peu nourrissant pour le jeune sujet, que de priver celui-ci de l'allaitement. Cette attention est particulièrement réclamée comme un moyen, soit de prévenir, soit de combattre les arthrites des jeunes animaux, et particulièrement des jeunes poulains (1).

Dans les vieux animaux, les mouvements de décomposition de la nutrition étant plus actifs que ceux de composition, il importe chez eux de ne point prolonger la diète, à moins qu'elle ne soit rigoureusement nécessaire ; ce moyen affaiblissant pourrait jeter un trouble profond et grave dans toute l'économie, et prolonger beaucoup la convalescence.

Enfin, les animaux qui réclament une forte ration d'entretien, supportent généralement moins bien la diète que ceux qui conservent un bon état quoique mangeant une faible ration. La diète sera donc moins absolue et surtout moins longtemps continuée dans les premiers que dans les derniers.

Règles de la diète selon les espèces d'animaux.

1° *Herbivores.* Pourvus de vastes et larges estomacs dans lesquels s'opère la digestion, forcés d'introduire dans ces réservoirs une grande quantité d'aliments pour en tirer un chyle toujours moins réparateur que celui fourni par les ma-

(1) Lecoq, Mémoire sur la fourbure ou fourbeture des poulains, *Annales de la Soc. vét. du Calvados et de la Manche*, 1831-32, p. 138.

tières animales très azotées des carnivores, les herbivores supportent moins bien et beaucoup moins longtemps la diète que les carnivores.

Le *cheval* ayant un estomac petit comparativement au volume de son corps, et la digestion dans cet animal s'opérant tout à la fois dans l'estomac et dans l'intestin grêle, ne peut supporter longtemps une abstinence prolongée, son estomac, et peut-être plus encore ses gros intestins, réclament toujours la présence d'une certaine quantité d'aliments destinée à entretenir les fonctions si essentielles qu'ils sont chargés de remplir. Or, l'expérience nous a prouvé qu'en suspendant pendant longtemps les fonctions du tube digestif des monogastriques herbivores, il était ensuite très difficile, même avant que l'estomac ne soit enflammé, de les rétablir sans s'exposer à voir, à l'époque où l'on donne la ration ordinaire, ces animaux être atteints soit de fourbure, soit d'indigestions. Il ne faut donc point mettre les chevaux à une abstinence d'aliments trop prolongée pendant le traitement des maladies. Nous considérons au contraire comme très utile de leur donner une certaine quantité d'aliments peu nutritifs pour lester, et entretenir les fonctions de l'estomac et des intestins. La paille de blé bien battue, quelques poignées de bon foin, un peu d'orge cuite, ou une petite quantité de farine d'orge, un peu de pain de munition mouillé avec de l'eau, sont des aliments qui conviennent parfaitement aux chevaux malades. Qu'on ne s'imagine point que ces aliments aient l'inconvénient d'augmenter les phénomènes inflammatoires, il n'en est rien. Au contraire, en conservant les fonctions digestives ils préviennent des perturbations graves dans les fonctions du système nerveux, qui nuisent à la résolution des phlegmasies.

Ruminants. Pour les ruminants, paître n'est pas manger; c'est accumuler des aliments dans la panse pour les ruminer ensuite à loisir, et les digérer convenablement. Or le mécanisme de la rumination ne peut s'opérer qu'autant que le rumen est rempli d'une suffisante quantité d'aliments, et que les lames du feuillet en renferment de fraîchement mâchés et imprégnés d'humidité. Si cet acte est interrompu, soit parce que le rumen n'est point assez rempli d'aliments, soit parce que la violence de la maladie en a interrompu les fonctions, les substances alimentaires de ce réservoir imprégnées de matières animales, ne tardent pas à subir une fermentation putride, et à occasionner une météorisation, qui parfois complique gravement les phlegmasies internes. D'autre part, les aliments déjà ruminés séjournant dans le feuillet s'y dessèchent, s'y durcissent, et leur acheminement dans les lames nombreuses de ce viscère ne peut s'opérer que très difficilement. Un grand nombre de fois nous avons pu constater, soit à l'autopsie d'animaux morts d'inflammation interne, soit sur des bœufs, des moutons destinés à la boucherie, et tenus dans une abstinence absolue, cet état particulier des aliments du rumen et du feuillet. Or, la rumination, lorsqu'elle a été suspendue pendant longtemps, ne peut que difficilement se rétablir, en raison des obstacles que nous venons de signaler. Il découle donc de là que les ruminants, attendu l'organisation, les fonctions des viscères qui préparent les aliments à la digestion, ne doivent point être soumis à une diète sévère et prolongée; la demi-diète seule leur convient. Les boissons blanchies avec la farine d'orge, le son peu chargé de farine, le petit lait, les panades légères et très aqueuses, les racines cuites, comme la carotte, la betterave, conviennent aux ruminants, soit pour humecter les aliments contenus dans le feuillet, et provoquer leur marche vers la caillette, soit pour entretenir la digestion, réparer les pertes et soutenir les forces de l'organisme. Les aliments fibreux distribués en petite quantité à la fois, comme le foin choisi, le regain fin de luzerne, de sainfoin, en activant les fonctions du rumen, rappellent et excitent la rumination, fonction que le praticien doit s'efforcer de conserver pendant le cours des maladies. En résumé, la diète dans les herbivores, et particulièrement dans les ruminants, ne devra donc point être ni trop sévère, ni trop prolongée.

Le porc, animal omnivore, supporte assez bien la diète la plus absolue, même pendant longtemps. Les porcs gras peuvent être privés d'aliments pendant un temps très long sans en ressentir des inconvénients sérieux.

Carnivores. De tous les animaux domestiques, les carnivores sont ceux qui gardent le plus longtemps une abstinence absolue sans accidents fâcheux. Redi a fait mourir plusieurs chiens de faim et de soif. Deux de petite taille ont vécu vingt-cinq jours, un troisième de plus grande taille a vécu trente-six jours (1). Bourgelat ayant laissé deux chiens sans boire ni manger, constata que l'un de ces animaux était mort après vingt-cinq jours, et l'autre après huit jours (2).

On lit dans les *mémoires de l'Académie des sciences de Paris*, l'hitoire d'une chienne qui ayant été oubliée dans une maison de campagne, vécut quarante-un jours sans autre nourriture que l'étoffe et la laine d'un matelas qu'elle avait déchiré. M. Beccari rapporte qu'un chat laissé par inadvertance dans un endroit exactement fermé, et où les rats ne pouvaient pénétrer, fut trouvé vivant trente-un jours après (3). Nous avons répété les expériences de Redi et de Bourgelat sur cinq chiens de taille moyenne et en assez bon état, tous ces animaux sont morts du quinzième au vingt-cinquième jour. A leur autopsie nous avons toujours vu la muqueuse de l'estomac, rouge, plissée, ulcérée, et une bile noirâtre abondante attachée à la muqueuse. Dans trois chiens nous avons fait cesser l'abstinence après treize jours ; ces animaux ont mangé assez abondamment les jours suivants sans en être incom-

(1) *Osservazioni interno agli animali viventè che si trovano negli animali viventè*, in Firenze, 1684, in-4, p. 94.

(2) *Instructions vétérinaires*, t. I, p. 294, Mémoire de Chabert sur la rage.

(1) *Encyclop. méthodique*, Médecine, t. I, 2e partie, p. 385, art. ALIMENTS, par Huzard.

modés. Or, si les animaux carnivores supportent en bonne santé une abstinence rigoureuse pendant très longtemps, ils peuvent donc être mis à une diète absolue et soutenue sans qu'il en résulte aucun inconvénient.

De la diète dans les maladies.

Congestions. Dans les congestions rapides des muqueuses digestives, des poumons, du cerveau, de la moelle épinière, la diète sévère devra être prescrite aux animaux; mais c'est surtout dans les congestions du sabot ou dans la fourbure que ce moyen curatif sera surtout recommandé. Tous les auteurs, depuis Solleysel, et tous les praticiens sont d'accord sur ce point. Dans les congestions qui sont surtout le résultat d'un sang abondant, riche en globules et rare en eau, la diète et les saignées sont les premières indications à remplir. Quel que soit d'ailleurs l'organe où s'établit la congestion, la diète se composera de boissons aqueuses dites délayantes, que l'on donnera à discrétion aux animaux, comme l'eau blanchie avec un peu de son, de farine d'orge, de seigle, dans laquelle on ajoutera une petite quantité de nitrate de potasse, d'acétate de soude ou de potasse. L'eau acidulée avec le vinaigre, l'acide sulfurique, conviennent aussi parfaitement pour boissons dans les animaux herbivores. Le petit lait est aussi fort utile.

Inflammations aiguës. La diète, après la saignée, est le moyen le plus héroïque pour combattre les inflammations. Mais c'est principalement lors du début de la période de violence des phlegmasies internes que la diète devra surtout être sévère. Plus la phlegmasie s'accompagnera de symptômes alarmants, de dureté du pouls, de sécheresse de la bouche, de constipation, de chaleur et d'aridité de la peau, plus aussi le régime délayant et débilitant sera prodigué. Dans ces sortes de cas les animaux devront avoir constamment des boissons délayantes à discrétion, et plus ils boiront abondamment, plus la diète sera efficace. C'est notamment dans les inflammations aiguës des organes de la digestion, des reins, de la vessie, de la respiration, que la diète délayante est indispensable.

Les effets sensibles du régime délayant ne se font pas longtemps attendre. La faiblesse générale, la pâleur des muqueuses, la mollesse de l'artère, le retour des sécrétions cutanée et urinaire, la diminution de la soif, annoncent l'influence bienfaisante de ce régime. Aussi la diminution, la cessation des symptômes inflammatoires, en sont-ils la conséquence dans beaucoup de cas.

Il nous sera facile d'expliquer les bons résultats de la diète dans les inflammations. Et d'abord, l'abstinence en affaiblissant tout l'organisme, diminue aussi les douleurs morbides, les réactions sympathiques qui retentissent dans tout l'organisme, et combat la fièvre de réaction. Appauvrissant le sang, augmentant sa proportion d'eau, non seulement elle facilite la circulation de ce fluide dans les vaisseaux des tissus où siège l'inflammation, mais encore elle diminue les éléments qui concourent à former leurs produits morbides. Mais ce n'est pas tout encore, rétablissant les sécrétions, les exhalations diverses, la diète calme la soif, diminue l'aridité de la peau et concourt à rétablir les fonctions des organes souffrants; activant l'absorption dans tout l'organisme, elle fait opérer la résorption des produits comme la fibrine, l'albumine, l'eau dans les parties enflammées, et concourt ainsi très efficacement à la résolution. Si tels sont les effets déterminés par le régime diététique, nous dirons maintenant que plus l'inflammation sera intense, plus elle occupera une large surface, plus l'organe envahi par elle remplira une fonction importante à la vie; plus aussi la diète devra être sévère et continuée. Il vaut mieux dans ces cas maladifs qui compromettent la vie des animaux, être obligé de remonter l'édifice animal, que de le voir écrouler sous le poids de l'inflammation.

C'est particulièrement pendant les chaleurs de l'été et de l'automne, que le régime délayant devra être prodigué aux animaux en proie aux inflammations aiguës. L'air sec et chaud et avide d'humidité excitant les transpirations cutanée et pulmonaire, diminuant les sécrétions intérieures, nécessite plus que dans toute autre saison, l'usage de boissons abondantes pour remplacer les déperditions d'eau faites par le sang. Or, il découle tout naturellement de cette règle, que dans les localités chaudes et sèches, de même que dans celles où l'air est froid et sec, les animaux atteints de phlegmasies aiguës internes accompagnées d'une violente fièvre de réaction, de soif ardente, devront toujours avoir à discrétion des boissons délayantes et tempérantes.

Période de déclin des inflammations. Lorsque la résolution de l'inflammation est en voie de s'opérer et que la convalescence n'est pas douteuse, alors seulement on peut se permettre d'augmenter la ration diététique des animaux. On commencera d'abord par donner peu et souvent une très petite quantité d'aliments de facile digestion, dont on augmentera le poids de jour en jour selon les indications fournies par l'examen des animaux. Si la résolution s'accompagne encore de petits paroxysmes, ainsi qu'on en constate quelquefois à la chute du jour, notamment dans les maladies de poitrine des chevaux et des ruminants, on s'abstiendra de donner même la plus faible quantité d'aliments. Le matin est le moment de la journée le plus favorable pour le repas. Toutefois on devra donner des aliments d'autant plus faciles à digérer que la maladie a été grave, qu'elle avait son siège dans les viscères de la digestion ou de la respiration, et toujours, règle générale, on laissera le temps à une digestion de s'achever, avant de distribuer d'autres aliments. Dans les ruminants, on ne donnera de nouveaux aliments qu'autant que ceux pris antérieurement auront été ruminés afin d'éviter des météorisations toujours très graves.

Les carottes, les betteraves cuites à l'eau ou à la vapeur, le pain bouilli pour former une panade dans laquelle on ajoute un peu de sel, l'avoine, l'orge cuite avec un peu de sel, la farine d'orge tamisée et cuite avec de l'eau jusqu'à consistance de bouillie (1), les bouillons de pieds, de tête de mouton; les soupes grasses légères pour les carnivores, sont les aliments qui composent le régime pendant la résolution des maladies aiguës. La convalescence étant près de s'achever, on peut alors se permettre de donner d'abord un peu plus de foin, quelques poignées d'avoine aux chevaux, afin de les amener peu à peu et lentement à leur nourriture habituelle.

Il ne faudrait cependant pas s'imaginer que pendant la résolution des inflammations internes, qui ont été vivement combattues par des saignées abondantes et répétées, une diète sévère, il faille continuer longtemps le régime débilitant. Nous avons eu occasion maintes fois de nous convaincre dans ces cas, que la persistance de la diète, même de la demi-diète était nuisible et prolongeait inutilement la convalescence. Nous pensons que la résorption des produits pathologiques formés au sein des organes, réclame de l'organisme une certaine force pour s'opérer franchement et rapidement. Or, comme d'ailleurs ce moment correspond précisément à la période où la faiblesse réelle est très grande, où les sécrétions se ralentissent et où l'absorption devient très active, il est utile, indispensable, selon nous, de donner des aliments substantiels en quantité convenable aux animaux, sans toutefois occasionner d'indigestions, dans le but de fortifier l'économie, rétablir les fonctions stomacales, stimuler les fonctions du canal intestinal, enfin donner des matériaux reconfortables à l'organisme. Nous n'hésitons donc point, parce que l'expérience nous a convaincu à cet égard, d'augmenter le régime diététique d'un quart, d'un tiers de la ration ordinaire aussitôt que la résolution s'est franchement établie; et nous assurons hardiment que jamais nous n'avons eu d'acci-

(1) Voy. **Panade, Soupe, Mash, dans notre Traité de Pharmacie.**

dents à déplorer, aussi bien dans les maladies des herbivores que dans celles des carnivores.

Inflammations chroniques. Dans les inflammations chroniques internes, et notamment dans celles qui ont leur siège dans le canal intestinal, les poumons, la demi-diète sera indispensable, si peu que la digestion soit pénible et s'accompagne de météorisme. Cependant cette demi-abstinence ne devra point, dans les herbivores surtout, être trop longtemps prolongée, elle nuirait, ainsi que nous nous en sommes assuré bien des fois, à la réussite de la guérison en affaiblissant trop fortement et les fonctions de l'organe souffrant et tout l'organisme. Dans toutes les phlegmasies chroniques qui ne s'accompagnent point d'épanchement et dont le siège est à la peau, dans le pied, dans le tissu cellulaire, les os et généralement dans tous les organes qui ne sont point d'une première importance à la vie, nous préférons faire donner la demi-ration de foin et d'avoine et parfois même la ration entière, que de laisser appauvrir le sang et débiliter profondément tout l'organisme déjà trop affaibli par la maladie.

Dans le cours souvent fort long des maladies chroniques qui s'accompagnent soit de collections albumino-séreuses, comme la pleurite, la péritonite, l'arachnoïdite chronique; soit de sécrétions séreuses particulières, comme la gale, les dartres; soit de suppurations abondantes, comme dans la morve, le farcin, les abcès chroniques, les fistules avec caries, les suppurations prolongées dues au crapaud, aux eaux aux jambes, à des plaies situées au garrot, etc., la diète doit être proscrite. Toujours dans ces sortes de cas, il faut au contraire, conserver la ration entière, la composer d'aliments succulents et même l'augmenter.

Altérations du sang. Que les altérations du fluide nourricier soient dues à l'anhémie, l'hydrohémie, la diarrhémie, la diastashémie ou la typhohémie, la diète est toujours contr'indiquée. Dans ces maladies, ce moyen curatif est toujours nuisible. La médication tonique reconstituante est au contraire indiquée. (Voyez cette médication.)

MÉDICATION ÉMOLLIENTE.

Synonimie. — Émollients, relâchants, adoucissants, ramollissants, antiphlogistiques.

Les *émollients*, du verbe *emollire*, ramollir, constituent les agents thérapeutiques qui sont doués de la vertu de pénétrer les tissus enflammés, de les gonfler, de les assouplir, de diminuer la chaleur, la douleur, la rougeur, la tension dont ils sont le siége. L'ensemble de ces effets sur l'organisme, les phénomènes secondaires qui en dépendent, les avantages curatifs qui en découlent, constituent dans leur ensemble la *médication émolliente*. Cette médication est fréquemment usitée dans les maladies inflammatoires, son facile emploi, la sûreté de ses effets doivent lui faire prendre place à la suite des déplétions sanguines.

Les agents thérapeutiques émollients sont tirés du règne végétal et du règne animal. (Voyez notre *Traité de pharmacie.*)

L'eau tiède, quand elle ne renferme point de substances salines, terreuses, métalliques ou métalloïdes, constitue le premier agent émollient fourni par la nature. C'est aussi l'eau qui sert de véhicule à la plupart des préparations émollientes.

Nous classons, sous le point de vue thérapeutique, les émollients ainsi qu'il suit :

Classification thérapeutique des principales substances émollientes.

Emollients.

- Mucilagineux
  - Guimauve.
  - Mauve.
  - Graine de lin.
  - Chair de citrouille.
  - Pulmonaire.
  - Grande consoude.
- Gommeux — Gommes
  - adragante.
  - arabique.
  - du Sénégal.
  - du pays.
- Sucrés
  - Sucre.
  - Sirop ou mélasse.
  - Miel.
  - Réglisse.
  - Betteraves.
  - Carottes.
  - Navets.
- Amylacés, sucrés et gommeux
  - Amidon.
  - Orge et ses préparations.
  - Son et ses variétés.
  - Gruau.
  - Pain.
  - Riz.
  - Chiendent.
- Graisseux.
  - Végétaux.
    - Huiles fixes
      - d'olives.
      - de laurier.
      - de pavots.
      - d'amandes douces.
    - Huiles siccatives
      - de colza.
      - de lin.
      - de chènevis.
      - de noix.
  - Animaux
    - L'axonge.
    - L'huile de pied de bœuf.
    - Le beurre.
    - La crème.
    - La cire.
- Albumineux et gélatineux — Bouillons
  - d'œufs.
  - de tripes.
  - de veau.
  - de tête de mouton.
  - de tendon de veau.
- Graisseux et sucrés
  - Le lait.
  - Le petit lait.

A. USAGE EXTERNE DES ÉMOLLIENTS.

Mode d'emploi. — Action. — Effets primitifs et consécutifs des émollients solubles et miscibles à l'eau.

On fait usage des émollients à l'extérieur sous les formes

de bains généraux et locaux, de fumigations générales et locales, de douches, de lotions, de fomentations, de sachets, de cataplasmes, d'embrocations, d'onctions, etc., etc. (Voyez pages 17 et suivantes.)

Bains généraux. Ces bains se préparent avec l'eau à la température de 30 à 36° centigrades. Souvent on unit à l'eau, dans le but de la rendre plus émolliente, les décoctions de graine de lin, de mauve, de guimauve, de son, etc.

Effets primitifs. Lorsque l'animal est plongé dans l'eau, ce liquide ramollit l'épiderme, dilate ses cellules, et l'imprègne d'humidité, de principes mucilagineux. Bientôt la substance émolliente arrive à la surface du corps muqueux de la peau, touche les papilles nerveuses, les gonfle, les assouplit, et calme la douleur dont elles peuvent être le siège. Pénétrant plus profondément par les porosités nombreuses qui existent dans le derme, l'eau émolliente dilate la substance dermoïde, et fait cesser la compression exercée par ce tissu sur le passage des nerfs, des vaisseaux, des canaux, des glandules sébacées et sudorifères. Ces glandules elles-mêmes participent bientôt à l'influence de l'humidité qui les pénètre; et la matière sébacée, les sécrétions sudorifères deviennent plus aqueuses et plus faciles. L'eau par l'hygrométricité de la peau, de l'épiderme, des poils qui s'enfoncent dans une partie du derme, et même jusqu'au dessous de ce tissu, transmet l'humidité absorbée jusqu'au tissu cellulaire sous-cutané, qui lui-même acquiert de la souplesse. Là ne se borne pas l'effet du bain; l'eau, les principes mucilagineux solubles, imbibent les parois minces et très perméables des nombreux vaisseaux capillaires cutanés qui forment les anses des vaisseaux intermédiaires, et arrive ainsi dans le sang qu'elle rend plus aqueux. Dès lors les globules de ce fluide se dégagent les uns des autres, se séparent, s'espacent plus ou moins; et leur circulation en devient plus facile et plus prompte.

L'eau absorbée ainsi par une surface aussi étendue que celle de la peau, ne laisse point que d'être assez considérable (1). Bientôt la quantité de sérosité existant dans la masse totale du sang est augmentée, ce liquide rendu plus aqueux, perd de ses propriétés excitantes, et circule avec plus de facilité dans tous les canaux qui le charrient.

La chaleur de l'eau après avoir traversé la peau, se propage aux tissus sous-jacents, et bientôt à tout le corps. Le chien plongé dans le bain est très sensible à cette chaleur, on le voit bientôt ouvrir la gueule, allonger la langue, respirer vivement et la transpiration pulmonaire devenir très abondante.

Effets consécutifs. Les effets consécutifs du bain ne se font guère remarquer après le premier bain, si ce n'est quand sa durée a été très prolongée. Généralement il est nécessaire d'en faire prendre plusieurs pour que ces effets soient bien marqués. Sous l'influence réitérée du bain émollient, la peau acquiert de la souplesse, beaucoup de cellules épidermiques se détachent, et tombent par petites écailles furfuracées; les sécrétions sébacées et sudorifiques se rétablissent amplement, et bientôt la peau s'humecte d'une poussière grasse qui donne aux poils un vernis luisant. A ces effets locaux se joignent des effets généraux non moins importants à constater.

Une faiblesse générale de tout l'organisme se manifeste, le pouls acquiert de la souplesse, les muqueuses apparentes pâlissent; enfin, si les bains généraux sont répétés tous les jours, pendant une quinzaine, les urines coulent alors claires et abondantes, les muqueuses deviennent pâles, les animaux maigrissent, sont fatigués au moindre exercice; le sang tiré dans l'hématomètre accuse une grande proportion d'eau, et l'anhémie, si on persiste dans l'usage de ces bains, ne tarde point à succéder à la débilité.

(1) Falconnier porte à 1 k. 500 gr. par heure la quantité d'eau qui peut être absorbée par un homme adulte dans un bain tempéré.

Indépendamment de ces effets locaux et généraux du bain, dus à l'absorption de l'eau, les sympathies que la peau entretient avec les muqueuses, les séreuses, le tissu cellulaire, sont influencées, et l'organisme éprouve non seulement les effets adoucissants du bain qui se manifestent à la peau, mais encore les fonctions qui pouvaient être troublées sympathiquement par l'état morbide du tissu cutané, se rétablissent et reviennent à leur rhythme normal.

Emploi dans les maladies. Les bains chauds sont fort utiles dans le traitement des érysipèles, de la gale, des dartres, du mouton, du porc et du chien. Sous leur influence, la peau adhérente aux tissus sous-jacents s'en détache, et devient glissante; rouge, dure, calleuse, marbrée, bleuâtre, dépilée qu'elle pouvait être, elle acquiert de la souplesse, s'amincit, pâlit, se couvre d'une poussière grasse, et ses productions pileuses ne tardent point à reparaître et croître avec rapidité.

Les bains chauds réitérés pendant quelque temps concourent seuls parfois à la guérison de certaines maladies cutanées, comme la gale, les dartres récentes, les érysipèles. Toutefois les bains sont de puissants auxiliaires au traitement de ces maladies : assouplissant la peau, la rendant plus facilement absorbante, ils la préparent efficacement à l'action des médicaments qu'on désire appliquer à sa surface.

Les bains généraux tièdes sont également très salutaires dans le traitement de quelques maladies internes, telles que l'entérite, la péritonite, les maladies des organes génito-urinaires des petits animaux.

Autant les bains sont utiles dans certains cas, autant ils sont nuisibles dans le traitement des maladies qui ont leur siège dans les organes de la respiration dans les maladies nerveuses, les altérations du sang, et dans les affections qui s'accompagnent de sécrétions purulentes très abondantes.

Bains généraux tempérés. On désigne ainsi les bains dont la température est de 25 à 30° centigrades. Ces immersions qu'on fait prendre en été aux animaux en les faisant entrer dans les rivières et les fleuves pendant les chaleurs de l'été, ne sont point aussi débilitants que les bains chauds. On ne les emploie jamais pour combattre les inflammations internes ; mais on en fait un fréquent usage pour les maladies cutanées, comme la gale, les dartres, les érysipèles. C'est notamment pour les chiens, les porcs et les chevaux qu'on en fait usage.

Fumigations générales. (Voyez page 29.) Les fumigations générales qu'on nomme encore *bains de vapeurs*, sont plus fréquemment usitées que les bains dans les maladies des grands animaux. La vapeur d'eau chaude en touchant pendant un certain temps le tissu cutané, produit l'effet du bain général, seulement les résultats en sont plus prompts ; mais sans doute aussi moins profonds, moins durables.

Touché par la vapeur, l'épiderme de la peau s'échauffe, absorbe de l'humidité, se gonfle et s'assouplit. La vapeur condensée à la surface de la peau, l'échauffe, la rougit, la gorge d'humidité et la rend souple. Cet effet ne tarde point à être suivi de l'absorption d'une certaine quantité d'eau qui, par imbibition, va imprégner le tissu cellulaire sous-cutané, les muscles, les tendons, les articulations ; tandis qu'une autre partie du liquide aqueux touche les vaisseaux nombreux de la peau, les gonfle, les imbibe, passe dans leur intérieur, et va délayer le sang.

Les fumigations aqueuses émollientes ont une action puissante sur le tissu cutané. Les immersions, sous ce rapport, ne peuvent les égaler. Malheureusement ces utiles moyens thérapeutiques ne peuvent point toujours être facilement employés dans les grands animaux.

Les fumigations générales sont très utiles dans le traitement des maladies cutanées rebelles, comme la gale et les dartres. Elles sont aussi très précieuses dans la péritonite, la métrite, l'entérite aiguë des grands animaux. Dans ces maladies, non seulement ces moyens thérapeutiques agissent par continuité de tissu, mais encore par l'action sympathique qu'ils exercent sur les muqueuses et les séreuses dont les fonctions sont en harmonie avec celles de la peau.

Bains locaux. Que le liquide aqueux et mucilagineux touche et baigne pendant un temps plus ou moins long le tissu cutané, soit par l'emploi de l'immersion d'une partie quelconque dans un liquide (*voyez* Bains locaux, page 23), de lotions, de fomentations, de douches, d'injections; soit par l'usage de bandages matelassés, de cataplasmes, l'effet médicamenteux est le même; seulement il peut varier dans ses résultats selon l'action plus ou moins soutenue du médicament émollient. C'est ainsi que les bains locaux prolongés, les cataplasmes, les bandages matelassés, les sachets tenus constamment et pendant plusieurs jours chauds et humides, en les arrosant avec des décoctions mucilagineuses tièdes, ou bien en les renouvelant, déterminent généralement des effets émollients plus notables que les simples lotions, les douches, les fomentations employées pendant un temps plus ou moins long. Quoi qu'il en soit, tous ces moyens thérapeutiques appliqués à la peau, imbibent l'épiderme, dilatent ses cellules, le gonflent, le ramollissent, puis pénètrent le tissu cutané, le tissu cellulaire, et les parties plus profondes mêmes reçoivent l'impression du liquide émollient. Si la peau est chaude, rouge, douloureuse, tuméfiée, sous l'influence prolongée de ces moyens, on voit tous ces phénomènes morbides diminuer d'intensité, disparaître peu à peu, et la partie enflammée revenir à son état normal. Les effets de ces bains s'étendent fort loin dans l'épaisseur des tissus, et même à travers des organes durs. C'est ainsi qu'on voit l'effet d'un cataplasme chaud et humide provoquer la diminution de l'inflammation du tissu sous-onglé des grands animaux, soit en imbibant le tissu corné des couches superficielles aux couches profondes, soit en agissant par la continuité de tissu qui existe de la peau de la couronne à la cutidure, et de celle-ci au tissu sous-onglé qui n'en est sans doute qu'une modification. C'est ainsi qu'on voit l'action d'un bain prolongé des phalanges, calmer les douleurs des inflammations des synoviales, tant des gaînes profondes que des articulations, du périoste et même des os. C'est ainsi qu'un sachet émollient appliqué sur les reins va, par continuité de tissu, modifier l'organe rénal enflammé; qu'un bandage matelassé conservé constamment chaud et humide, et entourant les testicules, va calmer l'inflammation de la substance testiculaire, de l'épididyme, de la gaîne vaginale. Ces effets des émollients sont donc bien dignes d'être pris en considération par les praticiens.

Toutefois pour que l'action émolliente produise de bons effets, elle sera soutenue et prolongée, et toujours, chose importante, la partie devra constamment être tenue chaude et humide, car il faut être bien convaincu que l'eau remplit le principale rôle dans l'action émolliente.

Indépendamment de l'imbibition de l'eau et des principes mucilagineux solubles dans l'épaisseur des organes, les applications constantes des cataplasmes, des sachets, des bandages matelassés, favorisent la transpiration, la sécrétion cutanée, et empêchent l'évaporation par l'action dessiccative de l'air. Or, ces divers effets réunis expliquent très bien comment les tissus se ramollissent, se gonflent, deviennent plus poreux, plus absorbants, et surtout moins sensibles; et pourquoi les phénomènes inflammatoires sont combattus par la médication émolliente.

Les liquides adoucissants mis en contact avec les membranes muqueuses conjonctive nasale, buccale, vaginale, rectale, comme dans l'emploi des collyres, des gargarismes, des injections nasales, vaginales et rectales, agissent de la même manière et suscitent de semblables effets. Seulement comme l'épiderme muqueux est moins dur et en couche plus mince, le corps de la muqueuse peu épais, mou et absorbant, l'effet émollient se manifeste avec plus de promptitude et d'énergie, non seulement dans l'épaisseur de la muqueuse, mais encore dans les tissus sous jacents.

L'action émolliente par continuité de tissu est surtout fort remarquable, et très importante à constater. Aussi indépendamment de l'effet désobstruant du lavage produit par les injections dans les naseaux, la bouche, le vagin, l'utérus, le rectum et la portion flottante du colon, de l'action émolliente locale, la muqueuse par continuité de tissu transmet au loin l'impression émolliente qu'elle a reçue. C'est ainsi que l'action du liquide émollient sur la membrane pituitaire se transmet dans toute l'étendue de la membrane des sinus; que celui de la membrane buccale se propage au pharynx, au larynx, et va modifier l'inflammation de ces parties; que celui de la muqueuse vaginale se propage à celle de l'utérus dans le cas de métrite, et qu'enfin, celui de la muqueuse rectale se continue aux gros intestins, et même aux intestins grêles. Ces effets émollients méritent donc d'être bien connus et bien sentis par les praticiens.

Fumigations locales. Les fumigations émollientes locales, suscitent des effets adoucissants et relâchants analogues à ceux que procurent les injections, les lotions, les immersions locales. Ces fumigations ont cependant un avantage sur les injections dans les cavités tapissées par des muqueuses, en ce sens qu'elles laissent une impression plus complète, plus profonde, plus intime, par conséquent plus durable. Sous ce dernier rapport, partout donc où il sera possible d'employer les fumigations on devra les préférer aux injections. A cet égard nous croyons utile d'entrer dans quelques détails en ce qui touche les fumigations pratiquées dans les voies de la respiration.

La vapeur aqueuse introduite dans les conduits respiratoires par l'inspiration, pénètre et touche de toutes parts la muqueuse dans les nombreux replis des cornets, des volutes ethmoïdales, des anfractuosités des sinus de la tête et du crâne, traverse le pharynx, le larynx, et se dissémine dans les nombreuses divisions et subdivisions des bronches même les plus ténues, en un mot cette vapeur accompagne l'air partout où celui-ci peut et doit pénétrer. Or, la vapeur aqueuse et émolliente, en touchant de toutes parts la muqueuse respiratoire, baigne, gonfle, ramollit son épiderme, calme la douleur dont elle peut être le siége, facilite, rétablit ses fonctions sécrétoires, et contribue puissamment à la résolution des inflammations qui l'attaquent. Indépendamment de ces effets locaux la vapeur d'eau diminue pendant toute la durée de la fumigation les incessantes et importantes fonctions du poumon ; puis l'eau qui touche et imprègne la muqueuse étant absorbée, va faciliter la circulation capillaire dans les parties enflammées, et introduit en outre des principes aqueux dans le sang. C'est ainsi que s'expliquent les bons effets des fumigations émollientes des voies respiratoires contre le coryza, la laryngite, la bronchite, la pneumonite aiguë, et particulièrement contre les quintes de toux sèches et douloureuses, qu'elles calment en favorisant la sécrétion muqueuse, indépendamment qu'elles concourent activement à la résolution de l'inflammation.

Action émolliente des substances grasses. Les opérations thérapeutiques qui sont mises en pratiques dans l'emploi émollient des substances grasses comme les huiles et les graisses simples, les pommades et les onguents émollients (Voyez ces préparations dans la deuxième partie de notre *Traité de pharmacie*), sont les embrocations et les onctions. (Voyez le manuel de ces opérations, page 33 et suivantes.) Les graisses simples, les pommades, les onguents, doivent toujours être frais et récemment préparés. Les graisses qui ont vieilli, les onguents qui ont séjourné longtemps dans les officines, sont généralement rances, irritent et enflamment la peau au lieu de l'adoucir.

La graisse employée avec toutes les attentions que nous avons spécifiées pages 33 et 34, en se liquéfiant sur la peau, pénètre les cellules de l'épiderme avec une grande rapidité, gonfle, assouplit cette couche inorganique, et ainsi concourt avec la matière grasse sécrétée par les follicules cutanés dont elle facilite la fonction, à faire acquérir à l'épiderme et à la peau de la souplesse et de l'élasticité.

La partie la plus fluide de la graisse ou l'oléine pénètre profondément l'épiderme, arrive même, ainsi que nous nous en sommes assuré par la dissection microscopique de la peau, jusqu'à la surface vivante et absorbante nommée le corps muqueux, où elle produit un effet relâchant et adoucissant en touchant et imbibant les parties fines et délicates de cette partie. Nous n'avons pu nous assurer si la graisse pénétrait plus profondément le tissu cutané, et si, modifiée à la face interne de l'épiderme, elle était absorbée et passait dans le torrent circulatoire. Quoi qu'il en soit, c'est lorsque la graisse est parvenue ainsi à la face interne des cellules épidermiques que l'action des substances émollientes anodines qu'elle peut renfermer, exercent les vertus dont elles sont douées.

On a dit et on a répété que la graisse avait pour inconvénient de boucher les porosités de la peau, d'abolir ses fonctions et par conséquent d'être aussi nuisible qu'utile. Nul doute qu'il en soit ainsi, si on laisse à la surface de la peau une couche épaisse de graisse; mais cet inconvénient n'existe pas si on a le soin d'enlever le plus possible après l'onction pénétrante, la couche grasse qui reste attachée à la peau, et qui d'ailleurs a l'inconvénient de s'altérer, de se rancir et de devenir irritante.

Les maladies externes dans lesquelles on fait particulièrement usage des corps gras simples ou renfermant des principes émollients, sont celles dans lesquelles la peau est recouverte d'un épiderme épais, dur, coriace, altéré par des sécrétions morbides diverses, comme celles de la gale, des dartres, de l'éléphantiasis. Dans ces cas maladifs, la graisse assouplit l'épiderme, facilite la chute de ses cellules, calme l'inflammation qui lui est sous-jacente, et prépare ainsi le tissu de la peau à l'action des agents médicamenteux propres à combattre avec efficacité les maladies dont il est le siége.

Souvent les graisses fines comme le beurre, la crème, les huiles, sont employées pour guérir les furoncles, et surtout les tumeurs douloureuses, rouges, tendues, constituées par les phlegmons superficiels; mais alors leur application doit être fréquemment répétée.

Les graisses sont nuisibles dans les érysipèles, les eaux aux jambes des chevaux, et généralement dans toutes les maladies cutanées qui s'accompagnent d'abondantes sécrétions morbides.

B. *Emploi interne des émollients.*

La possibilité de se procurer partout et en quantité suffisante les médicaments émollients, leur préparation facile et simple, les bons effets qu'on en obtient dans le plus grand nombre des maladies des animaux, sont des motifs qui nous engagent à nous appesantir sur l'emploi interne de ces précieux agents thérapeutiques. Nous ne concevons pas que cette médication si simple, et pourtant si puissante dans ses effets, ait été traitée pour ainsi dire avec dédain jusqu'à ce jour, par les auteurs de matière médicale, et de thérapeutique vétérinaire. Attachant pour notre compte à cette médication l'importance qu'elle mérite réellement, nous l'envisagerons sous tous les rapports qu'elle comporte.

1° *Boissons émollientes.* Les boissons adoucissantes des herbivores sont confectionnées généralement avec les décoctions d'orge, de riz, les eaux blanchies avec les farines d'orge, de seigle, le son un peu farineux; celles des carnivores et du porc, sont composées avec le lait, le petit lait, les jaunes d'œufs délayés dans l'eau, le miel ou le sucre, les bouillons de viandes blanches, de tripes et de tête de mouton.

2° *Breuvages.* (Voyez leur mode d'administration, page 53.) Sont préparés avec les décoctions émollientes, mucilagineuses et sucrées, les huiles végétales, la gélatine, l'albumine, le lait, le petit lait, etc.

Les boissons ainsi que les breuvages devront être donnés tièdes, et à la température de 15 à 20° centigrades. Le nombre, la quantité de liquide entrant dans la composition de chaque breuvage, devra nécessairement varier selon l'intensité, l'étendue et le siège de l'inflammation. Néanmoins, dans les grands animaux, la dose ne peut être moins d'un litre à la fois, et réitérée toutes les demi-heures, toutes les heures, et moins de 2 à 3 décilitres pour les moutons, le porc, et le chien.

5° *Électuaires. — Bols.* Les électuaires, les bols composés de substances émollientes, douces, sucrées, mucilagineuses, amylacées, se donnent le matin à jeun aux animaux, et à dose variable. Quelquefois on en réitère l'administration dans la journée. (Voyez pages 68 et 69, et la deuxième partie de la pharmacie.)

Effets primitifs des émollients sur le tube digestif.

Lorsque la substance adoucissante touche la muqueuse de la bouche de l'animal, qu'elle traverse le pharynx, sa vertu s'y fait sentir. Touchée par la substance douce, sucrée, ou mucilagineuse, la membrane buccale se gonfle, se ramollit, augmente la sécrétion dont elle est le siège, et bientôt cette impression se transmettant aux canaux des glandes salivaires, une salive abondante aborde dans la bouche. Suscitant les mêmes effets adoucissants sur la muqueuse du pharynx, cette impression est transmise par continuité de tissu à la muqueuse du larynx.

Si la buccale est enflammée, si les canaux des glandes salivaires, les follicules agminés de la base de la langue sont irrités, l'attouchement de la substance aqueuse, sucrée, ou mucilagineuse assouplit l'épiderme, l'imbibe, le gonfle, et bientôt le liquide imprégnant le réseau vasculaire du tissu muqueux est absorbé, passe dans les petits vaisseaux, étend le sang et en facilite la circulation.

Ces effets ne tardent point à se propager aux follicules muqueux, aux canaux des glandes salivaires, qui, s'ils participent à l'inflammation, en éprouvent les heureux effets par continuité de tissu.

C'est ainsi qu'agissent les gargarismes, les mastigadours, les électuaires émollients dans la stomatite simple et aphtheuse, les inflammations des canaux salivaires, les amygdalites. Les mêmes effets se produisent par continuité de tissu, du voile du palais, de la base de la langue à la muqueuse du pharynx, et de celle-ci à celle du larynx, si elle est frappée d'inflammation. C'est ainsi qu'une boisson émolliente, qu'un électuaire adoucissant, en traversant le pharynx, calme l'irritation du larynx et fait cesser une toux fatiguante. Mais c'est lorsque la substance arrive dans l'estomac, qu'elle parcourt le canal intestinal, que ses effets méritent d'être bien connus et bien appréciés.

Lorsque la matière émolliente est parvenue dans le canal intestinal, elle y détermine divers effets selon la nature de la substance émolliente. Nous allons les examiner.

Effets sensibles de la médication émolliente interne.

Si on soumet à l'action émolliente interne un animal bien portant, on constate successivement les phénomènes suivants : Après sept à huit jours, l'animal maigrit, les muqueuses apparentes pâlissent, le ventre se rétrécit, les matières excrémentitielles sont expulsées, tantôt dures et moulées, tantôt molles et aqueuses, selon la qualité du principe émollient. Le pouls est petit, vite, faible, et l'artère molle, la respiration est profonde, les urines sont abondantes, claires et aqueuses. Le sang du cheval recueilli dans l'hématomètre se sépare rapidement en caillot blanc et en caillot noir. Dans tous les animaux, le coagulum laisse échapper une abondante sérosité claire et limpide. L'analyse de ce sang démontre que le chiffre de tous ses éléments organiques est affaibli, et que la proportion d'eau est augmentée. Si le régime émollient est continué pendant trois semaines, un mois, les muqueuses sont alors très pâles, le pouls faible, la respiration profonde et lente, les battements du cœur tumultueux; les animaux éprouvent une forte constipation, ou ont une diarrhée épuisante, ils sont très maigres, suent au moindre exercice, éprouvent de la dyspnée et offrent tous les caractères d'une débilité profonde.

Ces effets si remarquables et d'une analogie si frappante, avec ceux suscités par la diète, est-il possible de s'en rendre compte? Nous allons chercher à éclaircir cette question, à laquelle se rattache l'explication des effets curatifs de la médication émolliente, dans les phlegmasies internes.

Voici ce que l'étude des effets des différents principes émollients, tant sur la muqueuse du tube digestif, que sur d'autres parties de l'organisme, nous a appris à cet égard.

Les principes émollients, l'eau qui sert de véhicule à la plupart d'entre eux en séjournant dans l'estomac, imbibent l'épiderme de la muqueuse toujours très avide d'humidité, et bientôt cette imbibition se propage au corps de la muqueuse gastrique. Dans les intestins grêles indépendamment de cette imprégnation épidermique sur les innombrables villosités, le liquide parvient aux vaisseaux et au tissu muqueux, les humecte, les gonfle, les ramollit et les relâche. Des effets semblables se passent dans les gros intestins. L'eau, les matières émollientes solubles, mis en contact au dessous de l'épiderme avec les vaisseaux veineux des villosités, des intestins grêles, sont absorbés, et passent dans le sang.

Si l'estomac est sain ou peu malade indépendamment de cet effet primitif, les principes organiques de la matière émolliente sont attaqués par l'acte digestif, convertis en un chyle d'un blanc clair se coagulant avec lenteur, lequel absorbé par les chylifères est porté au sang, est distribué aux organes dont il entretient la nutrition.

Il est probable que le foie, le pancréas, glandes dont les canaux aboutissent à la muqueuse, reçoivent par continuité de tissu l'impression adoucissante de l'action émolliente, et modifient leurs sécrétions. Telle est l'action primitive générale produite sur le tube digestif par les agents émollients. Les effets de certains principes émollients nous restent encore à examiner.

1° *Principes mucilagineux.* Les matériaux émollients des mauves, des guimauves, de lin, etc., administrés soit en solution, soit en poudre, sont difficilement attaqués par les forces digestives de l'estomac et convertis en chyle. Ils traversent presqu'en nature le canal intestinal. Dans leur trajet ces agents produisent une action relâchante et débilitante si marquée qu'on ne peut point, qu'on ne doit point en continuer longtemps l'emploi, parce qu'ils fatiguent l'estomac, dégoûtent les animaux, et occasionnent une diarrhée qui les épuise. Absorbés, les principes mucilagineux vont agir plus spécialement sur les muqueuses respiratoires. Aussi en conseille-t-on particulièrement l'usage dans la bronchite, la pneumonite. Certains émollients mucilagineux dans lesquels entre le nitrate de potasse, comme la graine de lin, la grande consoude, excitent par cela même la sécrétion urinaire, et sont à cause de ces propriétés plus particulièrement conseillés dans les maladies des organes génito-urinaires.

2° *Principes gommeux.* Les gommes arabique, adraganthe, du Sénégal, du pays, données en électuaire, en bols ou en solution, résistent à l'action digestive, et surchargent l'estomac des animaux. Cependant elles sont digérées et peuvent servir momentanément à l'alimentation. Dans le canal intestinal, à part leur effet émollient marqué, elles ont l'inconvénient de diminuer les sécrétions muqueuses, de ralentir les contractions des intestins, et de susciter la constipation. Cette action des gommes utile dans les inflammations catarrhales ou avec supersécrétion, les contr'indique dans les phlegmasies qui s'accompagnent de constipation. Absorbés, les principes de la gomme unis au sang, vont ainsi que le mucilage agir plus spécialement sur les organes de la respiration.

3° *Principes sucrés.* Les principes sucrés contenus dans le sucre, le sirop, le miel, la manne, la réglisse, la betterave, la carotte, les navets, etc., sont facilement digérés. Ces émollients ne fatiguent donc point les organes digestifs, circonstance bien digne d'être prise en considération dans les maladies des viscères de la digestion. En parcourant le canal intestinal la matière sucrée n'influe que fort peu sur les sécrétions qui s'opèrent dans ce conduit; modifiée, absorbée et charriée dans le torrent circulatoire, elle va débiliter tout l'organisme d'une manière douce et durable. Néanmoins les principes sucrés administrés presque purs ou associés à une petite quantité d'eau, agissent plus spécialement sur la sécrétion bronchique qu'ils rendent plus abondante. Mais si la matière sucrée est étendue de beaucoup d'eau, elle manifeste son action plus particulièrement sur les reins, en excitant la sécrétion d'une urine claire, aqueuse, abondante et peu irritante.

Les boissons, les breuvage sucrés donnés presque froids ou à la température de 10 à 12° centigrades et surtout ceux confectionnés avec la réglisse, les navets, les carottes, constituent des liquides émollients et tempérants qui apaisent la soif, modèrent la fièvre de réaction, et sont utiles dans toutes les inflammations aiguës.

4° *Principes amylacés sucrés et gommeux.* Ces principes réunis dans l'orge, le son, le gruau, le riz, le chiendent, possèdent tout à la fois, et la vertu émolliente à un haut degré, et la propriété nutritive. Dans le canal intestinal ces principes sont digérés en partie. Le gluten, l'amidine mise à nu par la destruction de son enveloppe, le sucre, la gomme, donnent un chyle qui va nourrir, entretenir l'organisme, et soutenir les forces du malade sans exaspérer les phénomènes inflammatoires. En parcourant le tube digestif, ces matières, les unes comme la farine d'orge, le chiendent, humectent, délayent les matières alimentaires, et facilitent leur expulsion; les autres composés de beaucoup de fécule ou d'amidine, comme l'amidon, le riz, l'eau de son farineuse, diminuent les contractions des intestins, tarissent un peu la sécrétion muqueuse, et provoquent la constipation.

Ces propriétés spéciales des substances émollientes dont il s'agit, les font recommander ou contr'indiquer dans certaines phlegmasies des intestins, ainsi que nous le dirons plus loin.

5° *Principes gras.* Les graisses végétales qui composent les huiles d'olives, de pavot, d'amandes douces, de colza, de lin, de chènevis, de noix, les graisses animales, comme l'axonge ou saindoux, l'huile de pied de bœuf, le beurre, la crème, etc., ingérées dans le tube digestif y suscitent des effets émollients qui ne peuvent point être rattachés à ceux déterminés par les principes que nous avons déjà passés en revue.

Les huiles végétales administrées à l'intérieur, par leur fluidité, leur glissement facile sur les muqueuses, passent rapidement dans l'estomac où elles ne sont que peu ou point modifiées par la digestion. Néanmoins nous nous sommes assurés en ouvrant des animaux auxquels nous avions fait prendre de ces huiles, qu'elles pénétraient l'épithélium des villosités, et imprégnaient même le tissu muqueux. Leur peu d'assimilation, leur vertu relâchante, suscitent néanmoins une légère purgation pendant laquelle l'huile est expulsée presqu'en nature avec les matières excrémentitielles. Les huiles déterminent donc, indépendamment de leur action émolliente, un effet opposé aux principes gommeux et amylacés qui diminuent les sécrétions, et amènent la constipation. Aussi met-on à profit cette propriété des émollients huileux en les employant de préférence dans les affections du canal intestinal qui s'accompagnent de constipation. C'est surtout dans les maladies des jeunes animaux qu'on en fait usage. Pendant les digestions pénibles, beaucoup de praticiens, avec juste raison, préfèrent les associer aux lavements mucilagineux.

Les graisses animales, comme l'axonge, l'huile de pied de bœuf, sont rarement employées à l'intérieur. Ces graisses que les herbivores répugnent, que les carnivores mangent pendant quelques jours avec plaisir, et qu'ils refusent ensuite, fournissent beaucoup de matériaux à la digestion, fatiguent l'estomac et suscitent le vomissement dans les carnivores; elles donnent d'ailleurs un chyle blanc laiteux très abondant, très gras, qui, mêlé au sang, est porté à tous les organes. Les graisses agissent à la manière des huiles dans le canal intestinal irrité, touchant la muqueuse de toutes parts, elles la pénètrent et font cesser l'inflammatation dont elle peut être le siège. Dans quelques animaux elles suscitent la purgation.

6° *Principes albumineux et gélatineux.* Ces principes entrent dans la composition des préparations faites avec les œufs des oiseaux de basse-cour, les bouillons de veau, de tripes, de tête de mouton, de tendons, de poulet maigre. Ces substances adoucissantes dont on fait souvent usage dans les maladies des porcs et des chiens, et plus rarement dans celles des herbivores, jouissent tout à la fois de vertus émollientes et légèrement nutritives. Leur effet adoucissant est très marqué sur les muqueuses qu'ils relâchent quelquefois jusqu'à susciter la diarrhée. On ne doit jamais faire usage de ces émollients dans le début des inflammations intenses, à cause de l'action digestive qu'elles imposent à l'estomac, et du chyle qu'elles donnent au sang. Dans le déclin des maladies, dans le cours des inflammations chroniques, on doit leur accorder la préférence sur toutes les substances émollientes que nous venons de passer en revue, parce qu'indépendamment de leur vertu relâchante, elles entretiennent la digestion, et fournissent au sang des matériaux assimilables.

Principes graisseux et sucrés. Le lait, le petit lait composent ces principes.

A. *Lait.* Le lait pur est souvent recommandé dans les maladies de tous les animaux domestiques. Parvenu dans l'estomac, ce liquide se sépare en deux parties, l'une coagulée par l'acidité du suc gastrique formée par le caséum et la matière butyreuse, est digérée et fournit un chyle réparateur; l'autre douce, sucrée, aqueuse, ou le petit lait, passe dans l'intestin. La matière grasse, le sérum sont donc les deux principes essentiellement émollients du lait; et ce sont eux qui, en parcourant le canal intestinal, rafraîchissent la muqueuse, et combattent les inflammations dont elle peut être le siége. En outre l'eau, le principe sucré, et une partie de la matière grasse étant absorbés et entraînés dans toutes les parties de l'organisme, apaisent la soif, tempèrent la chaleur des organes, et font couler les urines claires et aqueuses.

Le lait est donné rarement pur et à grande dose dans le début des inflammations de l'estomac; on doit toujours alors le couper avec de l'eau simple ou chargée de décoctions légèrement mucilagineuses ou gommeuses. Cependant on en vante les bons effets à grande dose dans les météorisations chroniques des ruminants (1), les maladies de poitrine des chevaux et des chiens.

Le lait compose une alimentation diététique précieuse dans les inflammations du canal intestinal des jeunes animaux; les jeunes porcs, les jeunes chiens, le boivent avec plaisir.

B. *Petit lait, lait de beurre.* Ce liquide aqueux, legèrement albumineux et sucré, émollient et rafraîchissant, convient dans toutes les maladies aiguës des animaux. Dans les in-

(1) Bourgelat, *Matière médicale*, art. LAIT.
Chabert, art. INDIGESTION, *Instruc. vét.*, t. III, p. 225.
Vignolle, *Mém. de la Soc. d'Agric.*, 1826, p. 16.

flammations du canal intestinal, on ne saurait trop en faire usage. En résumé, on voit donc que les principes émollients déterminent tous, selon leur composition organique, des effets primitifs, particuliers, et parfois même opposés sur la muqueuse intestinale, savoir :

1° Que les principes mucilagineux unis à l'eau débilitent beaucoup le canal intestinal, suscitent même la diarrhée, et font couler les urines abondamment lorsqu'ils recèlent du nitrate de potasse;

2° Que les principes gommeux résistent à l'action nutritive, diminuent les sécrétions muqueuses, et provoquent la constipation;

3° Que les principes sucrés ne fatiguent point les organes digestifs, et font couler les urines claires et abondantes;

4° Que les principes amylacés jouissent tout à la fois de la vertu émolliente et nutritive, et agissent plus particulièrement en tarissant les flux morbides de la muqueuse;

5° Que les principes gras, étant incomplètement digérés, débilitent le canal intestinal et suscitent la purgation;

6° Que les principes gélatineux et albumineux fournissent à la digestion, un chyle réparateur en même temps qu'elles débilitent le canal intestinal;

7° Que le lait fournit également à la digestion des principes assimilables, en même temps qu'il débilite les organes digestifs; enfin que le petit lait ne donne que peu ou point de produits à la digestion, rafraîchit le canal intestinal, calme la soif et active la sécrétion urinaire;

8° Enfin, que ces effets différents, déterminés par les divers agents émollients, doivent faire accorder la préférence à certain d'entre eux dans des cas particuliers que nous aurons soin de signaler plus loin.

Il nous reste maintenant à examiner d'une manière générale les effets des émollients sur le sang et sur l'organisme.

La plus grande partie de l'eau, et sans doute aussi certains principes des émollients parviennent par absorption dans le torrent circulatoire. La partie digestive, transformée en chyle, y pénètre aussi d'autre part par les chylifères.

Les principes mucilagineux circulent donc avec le suc vital, et sont transportés avec lui dans tous les points de l'organisme.

Le sang est-il modifié par les préparations émollientes?

Les solides organiques en sont-ils influencés? Telles sont les questions qui vont nous occuper.

Action sur le sang. L'eau qui entre dans la composition des boissons, des breuvages, des lavements émollients, étant absorbée par les veines mésaraïques, augmente assurément la somme des principes aqueux de ce fluide.

L'inspection physique du sang et son analyse chimique démontrent qu'il en est ainsi. Or, si le sang renferme une plus grande proportion d'eau que dans l'état normal, sa fibrine, son albumine, doivent en être plus étendues, ses globules plus espacés. Ainsi constitué, le suc nourricier doit donc circuler plus facilement dans les petits vaisseaux des parties enflammées, être moins nutritif et doué de la vertu affaiblissante. Quant aux principes sucrés, gommeux, mucilagineux, albumineux, gélatineux, etc. l'analyse du sang, son examen microscopique, ne démontrent point leur circulation en nature avec le sang. Ce qui est certain, cependant, c'est qu'une partie de ces principes sont transformés en chyle, absorbés par les chylifères, et arrivent au sang. Nous ne doutons nullement qu'il en soit ainsi pour les graisses, le lait, l'amidon, l'albumine et la gélatine; mais ces principes, modifiés, chylifiés, et circulant avec le sang, sont-ils capables de nourrir, de vivifier l'organisme: tel est le point capital qui va nous occuper.

Les analyses chimiques des émollients qui ont été faites dans ces derniers temps, ont démontré que leurs éléments ne renfermaient pas d'azote, et étaient formés par le carbone, l'hydrogène et l'oxygène. Ces principes manquent donc de l'élément propre à nourrir l'organisme. D'après M. Dumas, les matières grasses, amylacées, sucrées, composées d'une grande proportion de carbone, seraient brûlées par l'oxygène pendant l'acte de la respiration et dans l'accomplissement des phénomènes de la vie. Or, si ainsi que le pense le célèbre chimiste que nous venons de nommer, ces matières sont brûlées pour former la chaleur animale; elles ne sauraient donc servir à la nutrition. Ce qui est certain, toutefois, c'est que les principes émollients ne sont point susceptibles de nourrir les organes et d'entretenir la vie.

La gomme, le sucre, ainsi que les expériences de M. Magendie l'ont appris, sustentent les animaux pendant un certain temps; mais ils meurent ensuite dans le marasme (1).

Les expériences (2) que l'Académie des sciences de Paris a entreprises depuis un certain nombre d'années dans le but de constater les qualités nutritives de diverses substances simples et mélangées, ont démontré 1° que l'albumine et la gélatine prises isolément n'alimentent les animaux que pour un temps très limité et d'une manière fort incomplète; que ces mêmes principes immédiats, rendus d'une agréable sapidité par l'assaisonnement, sont acceptés avec plus de résignation, et plus longtemps que s'ils étaient isolés; mais qu'en définitive ils n'ont pas une meilleure influence sur la nutrition; car les animaux qui en mangent même à des doses considérables, finissent par mourir avec tous les signes d'une inanition complète; 2° que le beurre, la graisse et les huiles pris pour unique aliment, soutiennent la vie pendant quelque temps; mais que ces aliments donnent lieu à une nutrition imparfaite et désordonnée, pendant laquelle la graisse s'accumule dans tous les tissus, tantôt à l'état d'oléine et de stéarine, tantôt à l'état de stéarine presque pure.

Si donc les principes immédiats qui composent les substances

(1) *Précis de Physiologie expér.*

(2) *Mémoires de l'Institut*, août 1841.

émollientes suscitent la faiblesse, la maigreur, le marasme, parce qu'ils sont impropres à nourrir et à donner la vie aux organes, nous devons en conclure que leur vertu débilitante découle de l'absence de leur faculté nutritive. Or, si les émollients ne sont point aptes à régénérer le sang, si, au contraire, ils font prédominer sa partie aqueuse, si ces agents thérapeutiques ne peuvent point nourrir les organes, il est facile d'expliquer maintenant comment par l'emploi prolongé de la médication émolliente le sang devient séreux, moins coloré, moins fibrineux et albumineux, les muqueuses pâlissent, le pouls acquiert de la petitesse, de la mollesse, le canal intestinal se débilite au point de susciter la diarrhée, et pourquoi l'animal devient faible, abattu, anhémique, maigrit de plus en plus, et tombe dans le marasme.

Il nous reste maintenant à poser les règles qui dirigent l'emploi d'une médication qui influe d'une manière si marquée sur liquides et les solides de l'organisation dans les maladies

EMPLOI DE LA MÉDICATION ÉMOLLIENTE DANS LES MALADIES.

A. *Inflammations aiguës des muqueuses digestives.*

La puissance de la vertu émolliente dans les inflammations aiguës du tube digestif est incontestable et facile à apprécier.

Parcourant le canal intestinal, les liquides émollients calment les douleurs, apaisent la soif, délayent les matières alimentaires, et en rendent l'expulsion plus prompte et plus facile. Absorbés, circulant avec le sang, et transportés dans tous les points de l'organisme, ils modèrent la fièvre de réaction, abaissent la chaleur animale, ralentissent les battements du cœur, assouplissent les pulsations artérielles, rétablissent les sécrétions muqueuse, cutanée, urinaire, diminuées ou perverties, et ramènent par leur pouvoir antiphlogistique et débilitant les fonctions troublées à leur rhythme normal.

Selon le siége, l'intensité, les périodes de l'inflammation et les symptômes qui la signalent, un choix doit être fait parmi les médicaments émollients. Si la phlegmasie a particulièrement son siége dans l'estomac, si les fonctions de ce viscère, notablement troublées, s'accompagnent d'indigestions, de météorisations après le plus léger repas, dans les herbivores; de vomissements réitérés, ainsi qu'on le constate dans les carnivores, il est utile de faire choix des émollients sucrés, légèrement amylacés, et de les donner à petite dose fréquemment réitérée. Ces émollients ont l'avantage d'être facilement digérés, de calmer la douleur, et de faire cesser le vomissement en combattant l'inflammation.

Dans les entérites qui s'accompagnent de coliques, de sécheresse de la bouche, de dureté du pouls, les émollients mucilagineux, comme les décoctions de mauve, de guimauve, de graine de lin, le lait, le petit lait, sont très convenables. Ces agents passent rapidement dans le canal intestinal, y opèrent un relâchement marqué, lequel diminue les douleurs, la chaleur intérieure, et combat l'irritation.

Lorsque l'entérite s'accompagne de douleurs vives, de rétraction du ventre, de constipation opiniâtre, comme on le voit dans les entérites causées par les jeunes pousses de chêne, d'orme, de frêne, certaines plantes âcres, comme les renoncules, les euphorbes, les émollients graisseux, huileux, méritent dans ces cas la préférence sur les adoucissants sucrés et mucilagineux. Ces corps gras résistent en partie aux forces digestives, parcourent le canal intestinal dont ils débilitent profondément la muqueuse, suscitent des contractions de la tunique charnue, et provoquent ainsi l'expulsion des matières alvines en déterminant une légère diarrhée.

Quand la phlegmasie a son siége dans les gros intestins,

qu'elle s'accompagne de borborygmes, de flux morbides abondants, parfois d'expulsions sanguines, comme dans la dysentérie, la diarrhée, les émollients amylacés, gommeux, sont bien préférables à tous les autres émollients. En effet, ces agents calment profondément l'inflammation, déterminent une légère astriction sur la muqueuse, tarissent les sécrétions pathologiques qui ont lieu à sa surface en même temps qu'ils font cesser la chaleur, la douleur, la tuméfaction de son tissu. Les émollients en lavements pénètrent dans tous les animaux, excepté le cheval, jusque dans les gros intestins, et sont généralement suivis de résultats satisfaisants. Dans le déclin des phlegmasies intestinales, alors que les animaux ont souffert longtemps, qu'ils ont maigri beaucoup, que l'inflammation touche à sa fin, il n'est point indifférent de faire usage de préférence à tous les autres émollients, des préparations albumineuses et gélatineuses associées, si les fonctions de l'estomac le permettent, aux amylacés. Ces émollients, tout en continuant l'action relâchante, fournissent des aliments à la digestion et un chyle réparateur pour toute l'économie profondément débilitée. Le lait uni aux jaunes d'œufs, les bouillons de viandes blanches, de tripes, de volailles, les panades, les soupes légères, les aliments aqueux et sucrés donnés peu à la fois et souvent, comme les betteraves, les carottes cuites, sont les aliments dont on fait le plus fréquemment usage.

Dans les phlegmasies chroniques, les émollients nutritifs doivent être préférés à tous autres. Dans le cours de ces maladies, selon nous, non seulement il est important de combattre l'inflammation, mais encore de soutenir, de conserver les fonctions de l'estomac et du canal intestinal. Réunis aux émollients amylacés, ils combattent avec efficacité celles de ces inflammations qui s'accompagnent de flux morbides, de diarrhée séreuse, ou lientérique.

Emploi momentané et emploi prolongé. La durée de l'emploi des médicaments émollients sur la surface muqueuse instestinale, varie selon les indications fournies par la phlegmasie qu'ils sont appelés à faire cesser. Cependant on peut poser comme règle générale que l'action émolliente ne devra point être continuée au delà de la période de résolution des phlegmasies. Si toutefois la maladie réclame la continuation de l'action émolliente, le praticien devra faire choix des émollients nutritifs. Ces agents prolongent l'action débilitante, tout en satisfaisant aux exigences des fonctions de l'estomac, et fournissent des principes reconstituants aux liquides et aux solides. Dans les animaux herbivores, l'*emploi prolongé* des émollients dans les inflammations du canal intestinal, nous ajouterons même dans toutes les phlegmasies internes, quel que soit leur siége, est très nuisible. Ces agents affaiblissent profondément les fonctions digestives, rétrécissent le calibre des intestins, diminuent leur faculté contractile et évacuatrice, amènent la constipation, ou la diarrhée; et ce n'est alors qu'avec beaucoup de peines, de temps et d'attentions qu'on parvient à ramener les fonctions du tube digestif à leur état habituel. D'un autre côté, l'organisme étant profondément affaibli, la nutrition incomplète, le sang appauvri dans ses éléments organiques, notamment dans sa matière globuleuse ou excitante, ce n'est qu'avec beaucoup de difficulté qu'on parvient à régénérer le suc vital et à reconstituer l'organisme délabré.

Maladies des organes respiratoires. La vertu adoucissante des médicaments émollients est frappante dans les inflammations aiguës des organes respiratoires pendant les périodes de début, d'augment et d'état. Ces médicaments, administrés sous la forme d'électuaires (à cause des accidents suscités par l'administration des breuvages qui fatiguent les animaux et suscitent la toux) de boissons, de fumigations, calment l'inflammation bronchique pulmonaire ou pleurale, diminuent la chaleur de l'air expiré, rendent la toux humide, moins pénible, en éloignent les accès, et facilitent l'expectoration. Parmi tous les agents adoucissants, les principes sucrés, gommeux, mucilagineux, provoquent particulièrement ces effets ; et c'est sans doute l'observation de cette propriété remarquable qui leur a valu les noms de béchiques et d'expectorants.

Excepté l'action directe des injections, des fumigations émollientes pratiquées dans les conduits respiratoires, les effets thérapeutiques des émollients sur la muqueuse bronchique, le tissu pulmonaire, la plèvre, sont indirects. L'action sympathique de la muqueuse de l'estomac avec la muqueuse respiratoire par le nerf pneumo-gastrique, peut être assurément invoquée pour expliquer ces effets ; mais c'est surtout le suc nourricier rendu plus séreux, moins globuleux, moins excitant, moins coagulable, et plus facilement circulable dans les vaisseaux de la muqueuse bronchique du tissu pulmonaire, qui donne l'explication des effets curatifs des émollients dans les phlegmasies des organes respiratoires. Ce qui est certain toutefois, et quelle que soit l'explication de ces effets, c'est que la pratique en démontre les avantages incontestables. Dans les phlegmasies bronchiques et pulmonaires, de même que dans les inflammations du tube digestif, la médication émolliente ne devra point être prolongée au delà du moment où la résolution s'opère facilement. L'action affaiblissante dans cette période inflammatoire, pourrait nuire à l'accomplissement de la résorption des produits pathologiques formés au sein du poumon, résorption qui demande une certaine force de l'organisme pour être convenablement opérée.

C'est surtout dans les inflammations catarrhales des jeunes chevaux, des bêtes bovines et ovines, la bronchite des jeunes chiens que nous avons constaté le mauvais usage de l'emploi prolongé des émollients. L'observation nous a appris aussi que dans les indurations rouges du tissu pulmonaire, les épanchements récents, il ne fallait pas trop prolonger l'usage des débilitants pendant la résorption des produits morbides. La résolution, il faut en être bien pénétré, est un acte réparateur pendant lequel les produits pathologiques repassent dans le sang sous l'empire de l'absorption. Or, il est utile que ce liquide ne soit pas trop aqueux pour que cette fonction puisse s'exercer, et qu'en outre l'économie soit douée d'une certaine force pour l'opérer convenablement, et éliminer ensuite par les surfaces libres les matériaux morbides incapables de concourir à la nutrition des organes. Ce qui prouve que ce n'est point une pure hypothèse que nous énonçons ici, mais bien un fait de pure observation; c'est que si, par l'emploi prolongé des agents émollients, un sang aqueux, pauvre en globules, en fibrine, circule dans les vaisseaux; c'est que si l'économie est très affaiblie, on voit des épanchements, des infiltrations se manifester dans l'organisme. Il est donc utile, nous le répétons, de ne point exagérer la débilitation des solides, et l'appauvrissement des liquides pour faciliter et activer l'acte réparateur qu'on est convenu d'appeler résolution des inflammations.

Nous recommanderons également aux praticiens de faire usage pendant la résolution des maladies des organes respiratoires des émollients, amylacés ou sucrés, donnés rationnellement pour fournir des matériaux réparateurs à l'édifice animal. Nous prescrirons les mêmes moyens dans le traitement des bronchites, des pneumonites chroniques.

Maladies des organes génito-urinaires. Les substances émollientes, particulièrement celles dont les principes sont sucrés, comme la réglisse, le petit lait; ou mucilagineuses et renfermant une petite quantité de nitrate de potasse, comme l'eau de graine de lin, associés à une grande quantité d'eau, calment les douleur rénales, changent la nature de la sécrétion urinaire, l'augmentent notablement, et font cesser les douleurs qui se manifestent pendant leur évacuation. L'urine, il est facile de s'en assurer, est beaucoup plus aqueuse pendant l'action émolliente; et il est même possible d'en augmenter ou d'en diminuer la crudité en donnant une plus ou moins grande quantité de boissons ou de breuvages émollients.

Les inflammations essentielles, des organes urinaires, ne sont point rares dans les animaux domestiques; les irritations des reins, de la vessie, sont aussi beaucoup plus fréquentes qu'on le pense dans le cours des inflammations intestinales aiguës, causées par les plantes âcres et aromatiques. Or, les émollients à grande dose et en lavages, en faisant passer une grande quantité d'eau par les vaisseaux si nombreux de la substance rénale, contribuent puissamment à en diminuer l'irritation. Et d'autre part l'urine rendue aqueuse et en quelque sorte émolliente, n'irrite point la poche urinaire, et ne suscite point de douleurs pendant son expulsion. C'est ainsi que la médication émolliente contribue efficacement à faire obtenir la guérison des maladies des organes génito-urinaires, ou concourt puissamment à rendre ces affections moins douloureuses si elles sont chroniques et incurables.

Les émollients sont non moins utiles dans les inflammations des organes encéphaliques, pendant le cours desquelles l'action émolliente prolongée contribue à rendre les impressions cérébrales moins vives, moins douloureuses. Mais ici l'effet est toujours indirect, et transmis par l'action débilitante générale exercée par les émollients sur les solides et les liquides.

Les émollients sont encore utiles dans un grand nombre d'autres maladies, mais comme notre intention n'est point d'empiéter sur le domaine de la thérapeutique spéciale, nous ne nous en occuperons point.

Emploi particulier. — Mode d'administration, — Doses.

Médicaments mucilagineux (1). — 1° *Mauves.* Sont très

(1) Pour la confection des médicaments émollients. Voyez le *Traité de Pharmacie*, Delafond et Lassaigne, p. 37 et suivantes.

émollientes; on en fait des cataplasmes, des décoctions, qu'on donne en breuvages, en lavements.

Emploi. En breuvages, en lavements, à l'intérieur dans les inflammations des intestins. En injections dans le vagin, dans les inflammations de ce canal et de la matrice; à l'extérieur, en lotions et en applications, dans les inflammations de l'œil, le catarrhe auriculaire, les contusions suivies de phlegmon avec abcès, les rougeurs, les démangeaisons diverses. En cataplasmes, en bains sur les régions inférieures des membres, comme dans les furoncles; autour du sabot, dans les inflammations du tissu du pied.

2° *Guimauve.* Egalement très émolliente. En décoctions pour confectionner des breuvages, des lavements, des gargarismes, des bains dans les maladies spécifiées ci-dessus. La poudre se donne particulièrement en électuaire, dans les inflammations du larynx, des bronches, la pneumonite, la pleurésie, à la dose de 60 à 120 grammes (2 à 4 onces). Elle calme les douleurs, fait cesser la toux, et favorise l'expectoration. On l'unit alors au miel ou à la mélasse.

3° *Graine de lin.* Les décoctions de cette graine s'emploient plus particulièrement dans les inflammations du canal intestinal compliquées de néphrite, de cystite, et dans ces dernières maladies, lorsqu'elles sont essentielles. Elles font couler les urines aqueuses et abondantes. Ces décoctions doivent toujours être légères parce qu'elles sont difficilement digérées, et qu'elles chargent l'estomac. A l'extérieur, on emploie la graine de lin dans les mêmes maladies que la mauve et la guimauve. Sa farine sert surtout à confectionner d'excellents cataplasmes, qu'on applique sur les parties enflammées et douloureuses, comme dans les furoncles ou javarts, les phlegmons des phalanges, les boiteries qui sont le résultat de douleurs dans le sabot.

4° *Pulpe de citrouille.* Cuite, la pulpe de citrouille forme une bouillie qui, unie avec un peu de graisse et d'huile fraîche, donne un très bon cataplasme qui peut remplacer parfaitement la farine de graine de lin. L'eau qui a servi à faire cuire la citrouille est émolliente, et peut être donnée avec avantage dans les inflammations internes.

Médicaments sucrés. 1° *Miel.* Cette substance précieuse pour les animaux se donne souvent pure à l'intérieur. Les jeunes chevaux l'appètent quelquefois beaucoup. On l'administre particulièrement dans les inflammations des voies respiratoires qui s'accompagnent d'une toux sèche et douloureuse, comme dans la gourme, l'angine, le rhume de poitrine, la pneumonie, la pleurésie aiguë. Délayé dans l'eau tiède, on confectionne avec le miel d'excellents breuvages émollients, pour combattre les inflammations du canal intestinal, qui s'accompagnent de constipation ; quelques jaunes d'œufs, battus dans du lait chaud, un peu de fécule, délayés dans l'eau miellée, rendent ces boissons adoucissantes et nutritives. L'usage en est très recommandé dans les inflammations des voies digestives, et des voies respiratoires des jeunes animaux. On l'unit aux poudres de réglisse, de guimauve, à la gomme arabique, à la dose de 250 à 500 grammes (1/2 à 1 livre) pour confectionner des électuaires, des pilules, qu'on administre fréquemment aux chevaux.

Le miel entre d'ailleurs comme édulcorant dans une foule de préparations internes et externes.

2° *Mélasse* ou *sirop*. Cette substance s'emploie dans les mêmes circonstances que le miel. Ce médicament est bien moins cher que le miel et en réunit presque tous les avantages.

3° *Réglisse.* La réglisse concassée grossièrement et mise macérer dans l'eau, donne un liquide sucré, limpide et rafraîchissant, que les animaux déglutissent avec plaisir. Cette préparation est fréquemment usitée en été surtout, comme boisson tempérante, qu'on administre dans les maladies internes, qui s'accompagnent de fièvre intense.

La poudre de réglisse de bonne qualité, moins chère généralement que la poudre de guimauve, est souvent unie au miel, à la dose de 60 à 120 grammes (2 à 4 onces), pour confectionner des électuaires adoucissants, dont on fait un fréquent usage dans les rhumes, les maladies de poitrine des chevaux.

4° Les décoctions de *navets*, de *carottes*, de *betteraves*, renfermant un liquide sucré, unies au lait, aux jaunes d'œufs, donnent de très bons breuvages pour tous les animaux et qu'on emploie particulièrement dans les inflammations du ventre, de la poitrine et des voies urinaires. Solleysel (1), Garsault (2), Bourgelat (3), Vicq-d'Azir (4), M. Rodet (5); vantent le bon usage de ces décoctions dans les maladies inflammatoires.

Nous en avons également constaté les excellents effets dans l'entérite, la péripneumonie du gros bétail, la néphrite ou pissement de sang des ruminants.

Les *carottes* crues coupées par rouelles et mélangées avec une petite quantité de farine d'orge et de petit son, composent des mashs excellents pour les chevaux qui sont atteints de bronchite avec toux sèche et quinteuse, de pleurésies anciennes. Dans le but d'en faciliter la digestion, on y ajoute souvent une petite quantité de sel marin. Ces mashs sont également très favorables au rétablissement des animaux, pendant le cours de la convalescence des maladies aiguës. Les bêtes à cornes et à laine appètent cette alimentation avec plaisir dans les inflammations aiguës du ventre.

Les carottes cuites et mangées par tous les animaux, constituent un aliment émollient et restaurant qu'on donne fréquemment aux bêtes à cornes, pendant le déclin des maladies de poitrine et des muqueuses intestinales, comme aussi dans le cours de toutes les maladies chroniques.

(1) *Parfait Maréchal*, p. 16.
(2) *Nouveau Parfait Maréchal*, p. 457.
(3) *Matière médicale*, p. 63, 97 et 213.
(4) *Instruct. vét.*, t. V, p. 185.
(5) *Médecine du bœuf*, p. 292.

Les *navets*, les raves crues, sont donnés plus particulièrement aux ruminants qui les mangent avec délices. On en fait surtout usage, lorsqu'ils sont très échauffés, constipés et rendent une fiente dure, noire et luisante. On leur en distribue d'abord une petite quantité, peu à peu on leur en laisse manger davantage, jusqu'à ce qu'on puisse leur en donner le quart de la nourriture habituelle.

Les navets distribués aux moutons pendant l'hivernage, constituent une alimentation aqueuse et sucrée qui prévient les maladies de sang, ou sang de rate. Les navets cuits s'emploient dans les mêmes circonstances maladives que la carotte.

La *betterave jaune*, *blanche* ou *marbrée*, fournit une alimentation qui, comme le navet, est aqueuse, sucrée et convient spécialement aux ruminants pendant l'hiver, alors qu'ils sont échauffés par les aliments secs et surtout par les graines d'orge, d'avoine, les vesces, les gesses, les pois en paille et en grain. Cette nourriture, donnée au poids de 500 grammes au mouton, de 7 à 8 kilog. aux bêtes bovines, rafraîchit les animaux, rend leur sang plus aqueux, fait couler abondamment leur urine, et les préserve des affections si graves, connues sous le nom de maladies de sang. Cuite, la betterave donne un aliment doux, sucré, facile à digérer et réconfortable dans la convalescence des maladies aiguës du poumon et des muqueuses digestives.

6° *Chiendent.* Racine mucilagineuse et sucrée qui, traitée par décoction, fournit d'excellents breuvages rafaîchissants.

Médicaments gommeux. 1° *Gomme arabique.* Très émolliente, la gomme arabique unie au miel, à la dose de 30 à 60 grammes (1 à 2 onces), pour les grands animaux forme un électuaire très bon, dans le cours des maladies des voies respiratoires qui s'accompagnent de toux opiniâtre. Nous unissons à ces électuaires, pour les rendre plus calmants, 4 à 8 grammes d'opium où de sirop diacode. La poudre de gomme arabique à la dose de 15 grammes (1/2 once), associée aux jaunes d'œufs et tenue en suspension dans un peu de lait coupé d'eau, compose des breuvages qui combattent parfaitement les inflammations diarrhéiques qui attaquent les jeunes animaux nouvellement sevrés.

2° *Gomme du Sénégal*, possède les mêmes propriétés que la gomme arabique, elle est un peu moins estimée, aussi est-elle moins chère dans le commerce ; on l'administre à la même dose et dans les mêmes circonstances.

3° *Gomme adraganthe.* Cette gomme dissoute convenablement dans l'eau, à la dose de 8 grammes (2 gros), et unie à 30 grammes de miel, donne d'excellents breuvages émollients, moins chers que ceux confectionnés avec la gomme arabique, et qui jouissent des mêmes vertus. Très difficile à réduire en poudre, la gomme adraganthe ne peut être administrée qu'en breuvage. On doit auparavant la laisser macérer un peu dans l'eau pour la gonfler et la ramollir.

4° *Gomme du pays.* Bien moins chère que toutes celles dont nous venons de parler, la gomme du pays, n'en possède cependant pas à un aussi haut degré, les vertus émollientes. Les préparations n'en sont pas aussi faciles à confectionner parce qu'elle est moins soluble dans l'eau chaude, et plus difficile à réduire en poudre. Elle est généralement peu usitée. Même dose que la gomme arabique.

Médicaments amylacés, sucrés et gommeux. 1° *Orge.* Très répandues, peu chères, les semences de l'orge traitées convenablement par décoction donnent des boissons, des breuvages très adoucissants, dont on fait un fréquent usage dans les phlegmasies du tube digestif, et notamment dans la diarrhée, la dysentérie, les inflammations des voies respiratoires et particulièrement la péripneumonie des bêtes à cornes. Ces breuvages ne fatiguent que peu ou point l'estomac, et sont légèrement nourrissants.

La farine d'orge délayée dans l'eau tiède ou froide, au poids de 1 à 2 kil., par 10 à 15 litres d'eau, constitue une excellente boisson rafraîchissante et légèrement nourrissante, pour tous les herbivores atteints de maladies aiguës internes. Cette boisson est appétée particulièrement par les chevaux. On y ajoute quelquefois une petite quantité de sel marin (150 à 200 grammes), pour en faciliter la digestion. Dans le but aussi de lui donner la propriété de faire uriner les animaux, on y associe 15 à 20 grammes de nitrate de potasse, ou de sel de nitre. L'orge offre une ressource précieuse dans la campagne, contre les madies aiguës des chevaux et bestiaux, alors qu'on ne peut plus se procurer les feuilles et les tiges de mauves.

2° *Son, petit-son, recoupes.* Traité par décoction, le son fournit un liquide visqueux blanchâtre, doux au toucher et très émollient. On l'emploie en breuvages, en lavements dans les inflammations des intestins, les coliques diverses, la diarrhée muqueuse, l'entérite pseudo-membraneuse des ruminants; et en injections dans le vagin des femelles qui ont avorté ou qui viennent de mettre bas, pour combattre les inflammations du vagin et de l'utérus. A l'extérieur, on en fait également usage en lotions, en fomentations dans la gale, les dartres et toutes les affections qui s'accompagnent de prurit. Le son bouilli, uni aux mauves hachées et à la graisse récente, compose de bons cataplasmes émollients dont on entoure fréquemment le pied des animaux quand il est douloureux.

3° *Pain ordinaire.* Le pain bouilli avec l'eau, cède à ce liquide des principes amylacés et sucrés. Le décoctum est doux, légèrement visqueux, très émollient et un peu nourrissant. L'eau panée est d'un emploi très fréquent dans les maladies aiguës des poulains, des veaux et des agneaux. Coupée avec le lait, associée à la crème aux jaunes d'œufs, l'eau panée compose ainsi de très bons breuvages contre les diarrhées qui attaquent si fréquemment les jeunes animaux, surtout à l'époque du sevrage. Le pain bouilli avec l'eau et uni à la crème, au lait, à la graisse, forme un excellent cataplasme émollient qu'on emploie avec avantage, dans les inflammations du pied et dans les furoncles ou javarts cutanés.

4° *Gruau d'avoine.* 60 grammes (2 onces), de gruau bouilli pendant un quart d'heure dans deux litres d'eau, forment de très bons breuvages émollients et légèrement nourrissants. Unie au miel ou au lait, l'eau de gruau donne des breuvages délicieux, pour les chevaux de race distinguée, atteints d'inflammation légère du canal intestinal. Quelques jaunes d'œufs délayés dans ces breuvages, les rendent très utiles dans les maladies de poitrine du chien et du porc, qui les prennent seuls. On les met aussi très souvent en pratique dans la clavelée confluente des moutons.

5° *Riz.* Le riz traité par décoction, 30 grammes (1 once) dans un litre d'eau, donne un très bon breuvage émollient pour tous les animaux, et, notamment pour les chiens, les bêtes bovines et ovines, atteints de dysenterie ou de diarrhée. Blaine recommande ces décoctions dans la superpurgation des chevaux (1).

Substances grasses. 1° *Huile d'olive.* L'huile d'olive qu'on se procure généralement partout, est la substance grasse le plus généralement usitée à l'intérieur. Cette huile douce et très émolliente, s'administre avec avantage dans les inflammations aiguës du canal intestinal de tous les animaux, et particulièrement des bêtes bovines. Vicq-d'Azyr la recommande surtout dans ces derniers animaux (2), lorsqu'ils sont atteints de typhus contagieux. Blaine l'a vantée dans les inflammations sur-aiguës des intestins des chevaux (3). Dans ces mêmes maladies elle a procuré quelque soulagement entre les mains de M. Rainard (4).

L'huile d'olive est surtout recommandée dans l'entérite du chien, qui s'accompagne de constipation opiniâtre. A l'exté-

(1) *Notions fondamentales sur l'art vet.*, t. III, p. 181.
(2) *Moyens curatifs et préservatifs*, p. 361 et 454.
(3) *Notions fondamentales sur l'Art vét.*, t. III, p. 180.
(4) Compte rendu, École de Lyon, 1823, p. 15.

rieur, l'huile dont il s'agit est fréquemment employée dans les maladies cutanées pour assouplir la peau et combattre le prurit dont elle est le siége dans la gale et les dartres.

2° *Huile de lin.* L'huile de lin a été très vantée dans les maladies des bestiaux, et surtout dans les affections typhoïdes épizootiques. Végèce, Columelle (1), Leclerc (2), Barberet (3), ont recommandé cette huile dans le typhus contagieux. Vicq-d'Azyr (4), assure qu'administrée à la dose d'un verre, et associée à un verre de vinaigre ou d'eau-de-vie, le tout bien battu et mélangé, elle a guéri un très grand nombre de bestiaux atteints de l'épizootie typhoïde qui régnait en France en 1774, 75 et 76. On donnait cette potion au début de la maladie. Depuis Vicq-d'Azyr, Paulet (5) et M. Rodet en ont également vanté les bons effets dans la même maladie (6). L'huile dont il s'agit ne jouit cependant point de propriétés aussi émollientes que l'huile d'olive; car elle a la propriété d'être un peu âcre et dessiccative; mais elle résiste plus que la première à l'action digestive, fatigue peut-être davantage le canal intestinal et provoque par cela même plus promptement et plus sûrement la purgation.

A l'extérieur, l'huile de lin a été vantée par Solleysel (7), pour combattre les dartres croûteuses des jambes des chevaux, et particulièrement contre ces fissures ulcérées de la peau du paturon et de la partie postérieure du boulet, qu'on nomme *crevasses*. Nous avons employé cette huile battue avec un peu d'eau-de-vie ou de vinaigre dans ces maladies, et toujours nous avons eu à

(1) Vicq d'Azyr, *Exposé des moyens curatifs et préservatifs qui peuvent être employés contre les maladies pestilentielles des bêtes à cornes*, p. 213.

(2) *Essai sur les maladies des bestiaux*, p. 32.

(3) *Mémoire sur les maladies épidémiques des bestiaux*, p. 50, 51 et 52.

(4) *Loco citato*, p. 353, 348, 361, 395, 403, 433, 438 et 454.

(5) *Histoire des maladies épizootiques*, t. I, p. 73.

(6) *Médecine du bœuf*, p. 214.

(7) *Parfait Maréchal*, p. 774 et 526.

nous louer de son emploi. Cette préparation assouplit la peau, et l'huile par sa propriété siccative dessèche la plaie et s'empare de l'humidité dont elle est presque toujours humectée.

3° *Huiles de colza, de chènevis, de noix.* Toutes ces huiles s'emploient à l'intérieur, mais avec moins de succès que celles dont nous venons de parler. On en fait un usage fréquent à l'extérieur dans la gale, les dartres, les maladies papuleuses, pour assouplir la peau et la préparer à l'action d'autres médicaments plus énergiques.

4° *Huile de laurier.* Très émolliente, l'huile de laurier, est particulièrement employée en embrocations à l'extérieur sur les engorgements douloureux de la peau et du tissu cellulaire sous-cutané. C'est surtout dans le cas de phlegmon aigu qu'on en fait usage. Les Hippiatres de l'antiquité, et surtout Solleysel, en ont vanté les bons effets (1).

5° *Graisses animales.* Les graisses fraîches, comme le beurre, la crême, le saindou ou graisse de porc, l'huile de pied de bœuf, employées à l'extérieur en onctions pénétrantes cutanées (*Voyez* page 34), sont utiles dans les œdèmes chauds, le phlegmon, les contusions qui s'accompagnent de chaleur et de douleur.

La crême introduite entre les paupières dans les inflammations aiguës de la conjonctive procure toujours des résultats avantageux.

Substances grasses et sucrées. Lait et *petit-lait.* Nous avons déjà fait connaître le bon emploi du lait et du petit-lait (page 275), nous ne reviendrons donc point avec détail sur ces deux premiers médicaments utiles, d'ailleurs, dans toutes les inflammations internes et externes des animaux. On emploie le lait chaud à l'extérieur avec avantage dans les inflammations de la conjonctive et des mamelles ; il entre dans la composition des

(1) *Parfait Maréchal*, deuxième partie, p. 303.

cataplasmes émollients dont on entoure l'ongle des animaux, et surtout la patte des chiens dans l'aggravée ou fourbure.

Substances albumineuses et *gélatineuses*. 1° Les bouillons de tripes, de tête de mouton, de pieds de veau, de mouton, administrés, tièdes et convenablement étendus d'eau, ou réunis au lait, constituent d'excellents breuvages émollients et légèrement nutritifs, très précieux dans la période de résolution des inflammations aiguës et pendant le cours des phlegmasies chroniques. Bourgelat a fait usage, et avec succès, de ces préparations données en lavements dans un cheval atteint d'une violente esquinancie, et auquel il avait été forcé de pratiquer la trachéotomie (1).

Vicq-d'Azyr rapporte un assez grand nombre de guérisons de bêtes à cornes atteintes de typhus contagieux traitées et guéries par des bouillons de viande, simples ou associés à du vin, qu'on administrait aux bestiaux dans les épizooties de 1774, 75 et 76. « La confiance dans ce remède a été telle, dit Vicq-d'Azyr, que plus d'une fois j'ai eu de la peine à empêcher le malheureux et crédule campagnard, de sacrifier sa volaille pour rendre le bouillon meilleur. »

Ces bouillons sont également précieux, soit en lavements, soit en breuvages, pour faire cesser les accidents suscités par la superpurgation. A l'extérieur on les emploie avec succès sous forme de bains dans l'atrophie des membres, l'endurcissement, la rétraction récente, les plaies des tendons, les vieilles entorses. En lotion, on en fait usage pour assouplir la peau dans la gale et les dartres anciennes, avec induration et épaississement du tissu cutané.

2° *OEufs des oiseaux de basse-cour*. Les *jaunes d'œufs* délayés dans le lait, les décoctions mucilagineuses, gommeuses, sucrées et amylacées, sont de puissants auxiliaires à ces préparations adoucissantes, auxquelles ils ajoutent la propriété

(1) *Encyclopédie* de Diderot et de d'Alembert, t. VI, p. 74, an 1757.

nourrissante. Ces médicaments composés se donnent surtout dans les entérites diarrhéiques des jeunes animaux encore à la mamelle, et des veaux qu'on désire engraisser. Mais ils conviennent surtout dans les phlegmasies du ventre et de la poitrine des porcs et des chiens.

Le jaune d'œuf battu avec l'huile donne un liniment adoucissant dont on se sert très avantageusement dans le pansement des plaies douloureuses.

Le blanc d'œuf battu avec les décoctions émollientes, forme une émulsion douce et très adoucissante qu'on donne en breuvage. Administré pur à l'intérieur, il est considéré comme le contrepoison par excellence du sublimé corrosif.

MÉDICATION RAFRAICHISSANTE.

Parmi les nombreuses maladies internes qui attaquent les animaux domestiques, le plus grand nombre s'accompagnent de chaleur intérieure, de sécheresse de la bouche et du gosier, de soif ardente, d'élévation de température à la peau, de constipation, de rougeur vive des muqueuses apparentes, de fréquence du pouls; or, les médicaments qui ont la propriété de diminuer la chaleur intérieure, d'apaiser la soif, d'abaisser la température de la peau, de faire cesser la constipation, ont reçu le nom de *rafraîchissants*. On leur donne encore les noms de *tempérants*, du verbe *temperare*, parce qu'ils tempèrent la chaleur intérieure et modèrent le cours du sang, d'*antiphlogistiques*, parce qu'ils sont employés plus spécialement pour combattre les *phlogoses* ou inflammations; enfin, d'*acidules*, parce qu'ils procurent la sensation acide sur l'organe du goût, et que les éléments acides entrent dans leur composition.

Les agents médicamenteux qui font partie de la médication rafraîchissante, ont une saveur fraîche ou acide; ce sont pour le règne végétal: l'oseille, l'oxalis surelle, les acides acétique, tartrique, borique; et pour le règne minéral : les acides sulfurique, hydrochlorique, le nitrate, le tartrate et l'acétate de potasse. Toutes ces substances médicinales sont toujours étendues d'une quantité d'eau suffisante pour, étant mises en contact avec la muqueuse de la bouche, donner la sensation acide.

Effets sensibles. Les acides étendus d'eau appliqués sur les muqueuses conjonctive, buccale, vaginale, nasale, des animaux en bonne santé, déterminent par leur contact un picotement, un agacement spécial qui suscite aussitôt la sécrétion d'un fluide séreux. Mis en contact avec les muqueuses de la bouche, de l'œil, qui communiquent avec les canaux de glandes sécrétoires, on voit aussitôt les orifices de ces canaux verser en abondance la liqueur qu'ils charrient. Bientôt le liquide acidule, les liqueurs sécrétées, se vaporisent, abaissent la température et produisent la réfrigération. En même temps on voit les vaisseaux capillaires de la muqueuse chasser les globules de sang qui les parcourent, et le tissu muqueux prendre une teinte pâle et quelquefois blanche. Dans la bouche on constate que la chaleur buccale est abaissée, que la salive y abonde, et que cette cavité est devenue fraîche et humide.

Nous avons fait prendre des acidules à des animaux bien portants et à jeun, et voici ce que l'observation nous a fait constater. Après l'administration de cinq à six litres d'eau acidulée à la température de 10 à 12° centigrades, nous avons vu la salive aborder en abondance dans la bouche, et un thermomètre placé dans cette cavité, a annoncé que sa température normale était abaissée de 1 à 2°. Après une demi-heure à une heure quelques borborygmes se sont fait entendre, et les chiens ont expulsé des matières excrémentitielles. Les muqueuses apparentes ont pâli, le pouls est devenu petit et mou, la respiration s'est ralentie de quelques respirations, bientôt les urines ont coulé claires, aqueuses, et d'alcalines qu'elles étaient dans les herbivores, nous les avons vues rougir faiblement le papier de tournesol ; mais ce qu'il y a eu de plus remarquable selon nous, dans ces essais, c'est que la température de l'anus, du vagin, de l'intérieur des oreilles, du prépuce, mésurée avant l'expérience, a baissé de 2 à 3° centigrades pendant la médication.

Ce n'est donc point sans fondement, comme on le voit, que nous avons donné le nom de médication rafraîchissante à l'action et aux effets des acidules, puisqu'en effet ils rafraîchissent l'économie, et abaissent la chaleur animale dans les animaux en bonne santé.

Pendant le cours des maladies inflammatoires soit internes, soit externes, la médication rafraîchissante est presque toujours mise à contribution. A l'extérieur les acidules usités, en lotions, en aspersions, en applications sur la peau, les muqueuses congestionnées et vivement enflammées, déterminent un abaissement de la température de la partie, suscitent une légère astriction sur les capillaires en refoulant le sang dans les vaisseaux situés plus profondément, et amènent bientôt de la pâleur dans le tissu malade. Cet effet néanmoins n'est que passager, il disparaît s'il n'est pas longtemps continué, et bientôt la chaleur, la rougeur, la cuisson, le prurit, reparaissent comme auparavant. Cette observation apprend donc que les effets suscités par les agents acidules pour combattre les inflammations doit être prolongé au moins jusqu'à ce que tous les phénomènes de congestion et d'inflammation aient cessé.

Administrés à l'intérieur, les acidules en touchant la muqueuse buccale, la base de la langue, les amygdales, les parois internes du pharynx, rafraîchissent ces parties, provoquent la sécrétion dont les cryptes muqueux sont charges, et font cesser la chaleur de la bouche, la sécheresse de la gorge, et calment ainsi la soif. Parvenus dans l'estomac, ils tempèrent la chaleur de ce viscère, excitent la sécrétion des nombreux follicules dont sa muqueuse est remplie, et facilitent ainsi la digestion.

Dans toute l'étendue des intestins grèles et des gros intestins, les acidules abaissent la température anormale du tube digestif. Si la muqueuse est enflammée dans divers points de son étendue, ils repoussent le sang qui gorge ses capillaires, enlèvent sa chaleur morbide, excitent la sécrétion dont elle est le siége, et concourent ainsi à combattre l'inflammation. Si l'action tempérante est prolongée, la sécrétion intestinale devient parfois si abondante qu'elle est expulsée à l'extérieur sous la forme d'un liquide glaireux. C'est cette action d'agacement déterminée par les molécules acides qui, pour certains médicaments tempérants, leur a fait accorder la propriété légèrement purgative. Administrés sous forme de lavement, les acidules déterminent les mêmes sécrétions sur les dernières portions du tube intestinal.

Les effets des rafraîchissants ne se bornent point au canal digestif. Les diverses fonctions en ressentent bientôt aussi l'influence. L'eau et les molécules acides après avoir imbibé l'épiderme muqueux des villosités, passent dans les veines mésaraïques, circulent avec le sang, et sont distribuées à tout l'organisme. Alors un effet rafraîchissant général se manifeste; le sang devenu plus aqueux circule plus facilement dans les capillaires; les molécules acides touchant tous les points de l'économie, y suscitent une titillation qui agace les organes et excite les sécrétions diverses. La sécrétion urinaire augmente, et les urines coulent bientôt claires, aqueuses et en grande quantité, propriété qui a fait considérer les acidules comme des *diurétiques froids*. Or, il est probable que cette supersécrétion rénale est due à l'attouchement des molécules acides qui sont éliminées par les reins, puisque les urines d'alcalines qu'elles étaient rougissent bientôt le papier de tournesol.

Les organes de la respiratoin ne sont pas moins influencés par les acidules. Les molécules acides éliminées, il est très probable par la muqueuse bronchique, aiguillonnent et provoquent la toux. Cette excitation est surtout remarquable lorsque les poumons, la plèvre, les bronches, sont enflammés. Aussi est-ce pour cette raison que les acidules sont contre-indiqués dans le début et l'état de ces inflammations.

La peau chaude, brûlante parfois, sèche, adhérente plus ou moins aux tissus sous-jacents, et dont les sécrétions sébacées et sudorifiques sont interrompues, devient moins chaude, acquiert de la souplesse, et si les acidules sont pris tiède, la transpiration cutanée ne tarde point à se manifester.

Le mouvement du sang se rétablit sous l'influence de la médication acidule ; le pouls de fort, plein et accéléré qu'il pouvait être, acquiert de la souplesse, et bat moins fréqemment. Ces effets sont toujours constants, mais pouvons-nous les expliquer? Est-ce le sang qui, plus chargé de sérosité par l'absorption de l'eau tenant les acidules en dissolution, circule alors plus facilement dans les plus petits vaisseux capillaires? est-ce une action rafraîchissante sur le cœur, les tubes vasculaires, par l'eau acidulée? est-ce enfin, parce que l'inflammation qui a donné naissance à tous les symptômes qui constituent la fièvre de réaction a été combattue par les acidules, que la fièvre a baissé et a disparu, ainsi que le trouble fonctionnel général auquel participaient le cœur et les vaisseaux?

Il est probable, selon nous du moins, que tous les effets dont nous venons de parler s'opèrent simultanément. Et d'abord, il est incontestable que le sang ne devienne pas plus séreux pendant l'administration prolongée des acidules. Il suffit d'inspecter le sang dans un hématomètre avant et après la médication pour être convaincu sur ce point. Il nous paraît donc possible d'admettre comme très probable que, puisque toute l'économie est tempérée et même affaiblie par l'action des acidules, le cœur, les capillaires, doivent participer à la manifestation de ces effets. Enfin, nous regardons comme hors de discussion l'affaiblissement des inflammations par la médication acidule, et la diminution de l'ensemble des symptômes qui expriment le trouble général des fonctions organiques. Mais tous ces effets ne se manifestent pas isolément, ils s'opèrent de concert et simultanément.

Durée de la médication. L'impression déterminée par les acidules est vive, prompte, passagère, et quelquefois instantanée. Les molécules acides portées dans le sang en sont rapidement expulsées, et l'agression qu'elles déterminent est toujours d'une courte durée. De là l'indication de réitérer fréquemment l'administration des médicaments dont il s'agit à l'intérieur pour en prolonger l'action, et obtenir les effets curatifs qu'on en attend.

Si telle est la puissance de la médication rafraîchissante, on doit déjà concevoir les grands avantages qui découlent de son usage dans un très grand nombre de maladies qui s'accompagnent de fièvre intense.

Emploi momentané. Avantages. L'usage des rafraîchissants doit généralement être borné au début des inflammations. Alors ils manifestent tout le pouvoir de leurs effets sur la partie encore peu altérée par la maladie, et sur toute l'économie dont les fonctions ne sont encore que peu troublées par les sympathiques morbides. Le retour au calme de la santé est généralement la conséquence de leur usage bien approprié.

Emploi prolongé. Mais si la maladie est d'une longue durée, si surtout elle tend à passer à l'état chronique, les acidules ne doivent point être longtemps continués. Ils irritent l'estomac, troublent ses fonctions, et peuvent même susciter son inflammation. Les muqueuses intestinales participent également aux troubles de l'estomac, et bientôt leur muqueuse s'irrite, s'enflamme, et une diarrhée en est la conséquence. Les reins, les conduits urinaires finissent aussi, par l'agacement continuel des molécules acides que l'urine charrie, par s'irriter, et l'expulsion des urines devient alors pénible et douloureuse. Plus tard, les animaux maigrissent, la peau acquiert de la sécheresse, et l'amaigrissement va toujours en augmentant. Ces effets déterminés par l'usage longtemps continué des acides, nous les avons constatés par des expériences sur des chiens et des chevaux bien portants, quoique bien nourris, et auxquels nous avions administré tous les jours, pendant vingt jours, sept à huit breuvages d'eau acidulée.

Mélange des rafraîchissants et des émollients. Dans la pratique on réunit très fréquemment les aigrelets au miel, à la mélasse, l'eau gommée, l'eau d'orge, de mauve, de guimauve, de riz, de chiendent, de graine de lin. Cette association donne aux émollients une vertu rafraîchissante qui convient beaucoup à tous les animaux domestiques. La substance émolliente sucrée ou gommeuse diminue l'agacement produit par les acides sur le tube digestif, les reins, la vessie, et permet d'en prolonger longtemps l'emploi, sans s'exposer à irriter les muqueuses intestinales. Ce mélange permet même d'en faire usage quelquefois dans les maladies de poitrine qui s'accompagnent de fièvre de réaction violente. Toutefois, dans ces derniers cas l'acidité devra toujours être très légère. Dans l'immense majorité des circonstances nous adoptons de préférence les émollients acidules à l'eau acidifiée, dans le cours des inflammations aiguës avec fièvre de réaction intense, et surtout dans les maladies des muqueuses fines, délicates et sensibles du tube digestif des animaux ruminants. On associe aussi quelquefois les acidules à l'huile d'olive et à l'huile de lin. Vicq-d'Azyr, ainsi que nous l'avons déjà dit, en faisait usage pour combattre le typhus contagieux du gros bétail, dans l'épizootie de 1774, 1775 et 1776.

Dans la pratique, on mêle aussi quelquefois les acidules avec les médicaments toniques; mais nous nous occuperons de ces mélanges lorsque nous traiterons de la médication tonique.

Emploi thérapeutique des rafraichissants dans les maladies.

A. *Congestions actives.* Les animaux domestiques sont particulièrement exposés dans certaines saisons de l'année à des congestions rapides des muqueuses intestinales, de la rate, du poumon, des reins, de la peau, maladies déterminées ordinairement soit par l'usage d'aliments succulents donnés en trop grande proportion, soit par des travaux assidus pendant l'ardeur du soleil, soit par un repos prolongé à l'insolation. Or, dans ces maladies, indépendamment de l'excitation imprimée aux solides organiques par ces causes, le sang qui circule dans les vaisseaux est riche en globules ou matière colorante, en fibrine, en albumine, et pauvre en sérosité ou en eau ; aussi réclament-elles, pour être combattus promptement et avec succès, l'usage de boissons, de breuvages acidules. L'acide acétique, l'acide sulfurique unis à l'eau de rivière sont les substances dont on fait le plus fréquemment usage, tant à cause de leurs vertus bien reconnues, qu'en raison de leur prix peu élevé et de la facilité de s'en procurer partout en quantité suffisante. Les boissons acidules sont parfois répugnées par les chevaux et les bestiaux pendant quelques jours, mais ensuite ils les boivent volontiers.

L'eau acidifiée, les émollients acidules, rafraîchissent les animaux, étanchent leur soif, notamment pendant les chaleurs de l'été et de l'automne, rendent le sang plus aqueux, font couler les urines abondamment, favorisent la transpiration cutanée, et préviennent ainsi les fluxions sanguines graves qui s'opèrent si rapidement sur les organes internes. C'est notamment à l'égard des animaux qui vivent en troupeaux que ces moyens rafraîchissants sont utiles pour prévenir particulièrement la maladie de sang ou sang de rate, le pissement de sang ou hématurie, les coups de sang aux poumons, etc.

Pendant le cours des congestions actives, alors qu'elles ont été combattues par les saignées générales, les rafraîchissants légèrement astringents, tels que l'eau de Rabel ou alcoolé sulfurique, l'eau rendue très aigrelette avec l'acide sulfurique, le bon vinaigre de vin, sont de puissants auxiliaires aux saignées. Ces acidules resserrent les vaisseaux capillaires par une légère action astringente, et concourent puissamment à arrêter les hémorrhagies qui suivent les congestions. C'est par leur emploi qu'on fait cesser les hémorrhagies bronchiques qui attaquent fréquemment les chevaux qui courent pendant les chaleurs, que l'on combat avec efficacité le pissement de sang des ruminants mis dans des pâturages abondants au moment du printemps (1), ainsi que les ébullitions cutanées ou feu d'herbe, et surtout la fourbure qui est causée par suite d'une alimentation succulente jointe à un travail forcé et soutenu sur le pavé.

B. *Inflammations aiguës*. Les inflammations aiguës au début sont, après les émissions sanguines, combattues avec succès par la médication rafraîchissante. Nous allons examiner les cas généraux qui en réclament l'emploi.

1° *Inflammations aiguës du canal digestif.* Les inflammations simples du tube digestif de tous les animaux domestiques, qui s'accompagnent de sécheresse, de chaleur à la bouche, de soif inextinguible, de coliques légères, de constipations, avec expulsion de matières excrémentitielles noires, dures, luisantes ou recouvertes de mucus, d'expulsion d'urines troubles, épaisses, parfois rouges et sanguinolentes, de sécheresse, de chaleur à la peau, de plénitude, de dureté, d'accélération du pouls, réclament impérieusement l'usage des acidules associés aux émollients sucrés ou muqueux, et parfois huileux. Ces rafraîchissants excitent les sécrétions des muqueuses, diminuent les douleurs d'entrailles, étanchent la soif, font cesser la constipation, rendent les urines claires et aqueuses, et calment la fièvre de réaction. Les breuvages, les lavements, les boissons acidulés, administrés à ces animaux de demi-heure en demi-heure, d'heure en heure, sont d'une indispensable utilité et d'une prompte efficacité.

L'expérience journalière démontre les avantages de cette

(1) Pottier, Hématurie des Bœufs, *Recueil de méd. vét.*, t. XVI, p. 229, et t. XVIII, p. 145.

précieuse et simple médication dans l'entérite, la gastro-entérite aiguë de tous les animaux, et particulièrement celles de ces maladies qui, dans les ruminants, sont suscitées par les bourgeons de chêne, de frêne, les plantes âcres, comme les renoncules, les euphorbes, les fourrages rouillés, etc., maladies compliquées si fréquemment de néphrite avec pissement de sang. MM. Everts (1), Braban (2), Brugnone (3), Charlot (4), Guillame (5), Didry (6), Dehan (7), et beaucoup d'autres vétérinaires non moins recommandables en ont rapporté des exemples. Notre pratique nous a convaincu également des précieux effets apportés par les rafraîchissants dans le début de ces graves et fréquentes maladies.

Les inflammations aiguës du canal intestinal qui s'accompagnent de diarrhée muqueuse, de pseudo-membranes, réclament aussi l'emploi des émollients acidules. Dans ces circonstances, en parcourant le tube digestif, les molécules acides et émollientes, par leur légère action répercussive, tendent à détruire le gonflement, la chaleur, la rougeur, la sensibilité morbide de la muqueuse, et à faire cesser la phlogose et la sécrétion pathologique dont elle est le siége.

(1) Everts, gastro-entérite épizootique, bêtes à cornes, *Annales de l'agriculture franç.*, deuxième série, t. XXIII, p. 156.

(2) Braban, même maladie, même Annales, deuxième série, t. XXIV p. 331.

(3) Brugnone, observations et expériences sur la qualité vénéneuse de la renoncule des champs, *Instruct. vétr.*, t. III, p. 309.

(4) Charlot, effets délétères de la mercuriale annuelle, *Recueil de Méd. vét.*, t. X, p. 97.

(5) Guillame, épizootie observée sur un troupeau de bêtes à laine, *Ann. de l'agriculture française*, 2e série, t. III, p. 129.

Même auteur, observations pratiques sur les maladies des bêtes à laine, mêmes Annales, deuxième série, t. VIII, p. 137.

(6) Didry, Maladie épizootique sur les porcs, *Ann. de l'agriculture française*, deuxième série, t. XXII, p. 1.

(7) Dehan, Epizootie des porcs, *Mémoires de la Société d'agriculture de la Seine*, 1835, p. 133.

Dans la période d'état des inflammations, les acidules, s'ils sont indiqués par la fièvre de réaction intense, la soif ardente des animaux, leur désir des liquides froids, doivent toujours être associés aux émollients sucrés, ou mucilagineux, ou amylacés, mais à très petite dose ou jusqu'à une faible acidité. Les molécules acides, dans ce cas, favorisent la digestion des substances sucrées, amylacées, et excitent les sécrétions du canal intestinal.

Dans la résolution de ces maladies, comme aussi dans leurs diverses terminaisons, les acidules sont inutiles; on doit leur préférer les émollients légèrement nourrissants.

C. *La fièvre aphtheuse*, que l'on considère aussi, mais bien à tort, comme une gastro-entérite aiguë, avec sécrétion abondante de mucosités, est, peut-être, de toutes les maladies celle où la médication rafraîchissante montre toute la puissance de ses effets.

Les gargarismes confectionnés avec le miel et le vinaigre, l'eau de Rabel étendue d'eau jusqu'à une légère acidité caustique, injectés dans la bouche, promenés à la surface des ulcérations aphtheuses à l'aide d'un chiffon attaché au bout d'un bâtonnet, tempèrent la chaleur de la muqueuse buccale, repoussent le sang qui distend les capillaires de son tissu, changent la nature des sécrétions, détergent les ulcérations aphtheuses et activent leur cicatrisation. L'eau de Rabel les cautérise même légèrement, et bientôt les animaux peuvent prendre des aliments, les mâcher convenablement et les déglutir avec facilité.

Les aphthes n'ont pas seulement leur siège dans la bouche, il s'en développe aussi dans le canal intestinal. Cette éruption vésiculeuse s'accompagne de fièvre, de soif, qui porte les animaux à se désaltérer sans cesse, de constipation bientôt suivie de diarrhée muqueuse. Les acidules aqueux d'abord, puis les émollients sucrés, mucilagineux, amylacés et légèrement aiguisés par l'acide acétique, conviennent parfaitement pour combattre l'inflammation digestive et faire cesser les symptômes qui la signalent. Les faits ne nous manqueraient pas pour prouver que les rafraîchissants dans cette maladie méritent la préférence sur tous les autres moyens curatifs. Nous pourrions non seulement citer notre propre expérience, mais encore invoquer celle de Huzard (1), de MM. Girard père (2), Gasparin (3), Mathieu (4), Saintin (5), Loyset (6), etc.

Typhus contagieux, affections charbonneuses.

Dans les maladies avec altération septique du sang, comme le typhus épizootique des bêtes bovines, les maladies charbonneuses, les acidules comptent d'assez nombreux succès. Dans le typhus contagieux épizootique du gros bétail, qui a régné en France à diverses époques, ces médicaments simples ont procuré plus de guérisons que tous les autres remèdes souvent très compliqués et toujours fort chers, qui ont été vantés pour guérir cette redoutable affection. Nous invoquons ici le témoignage de Courtivron (7), de Vicq d'Azyr (8), de Huzard et Desplas (9), de Huzard et Mérat (10), de Leroy (11), de Guer-

(1) Epizootie aphtheuse de la vallée d'Auge, *Ann. de l'agr. franç.*, première série, t. XLIV, p. 1.

Et *Encyclopédie méthodique*, art. APHTHE, t. III, première partie, p. 167.

(2) Girard, Analyse du mémoire de Tamberliechi, *Ann. de l'agr. française*, deuxième série, t. XXXIX, p. 75.

(3) *Maladies contagieuses des bêtes à laine*, p. 163.

(4) Mathieu, *Recueil de méd. vét.*, t. XII, p. 64.

(5) Saintin, Correspondance de Fromage de Feugré, t. IV, p. 263.

(6) Loyset, *Journ. des vétér. du Midi*, t. II, p. 153.

(7) Courtivron, Observations sur le typhus contagieux du gros bétail en Bourgogne, *Mém. de l'Acad. royale des Sciences*, 1748, p. 133.

(8) *Exposé des moyens curatifs et préservatifs*, p. 37, 351, 532, 540.

(9) Huzard et Desplas, *Instruction sur la maladie épizootique des départements de l'est*, 1795, p. 21.

(10) Huzard et Mérat, Communication faite à la Société de la Faculté de médecine de Paris sur l'épizotie typhoïde du gros bétail en 1814, *Annales de l'Agr. franç.*, première série, t. LVIII, p. 337.

(11) Leroy, *De la Fièvre pestilent. des bêtes bovines*, — Rodet, *Médecine du bœuf*, p. 214.

sent (1), pour appuyer toute l'exactitude des faits que nous avançons. C'est surtout dans *la période de début* que les rafraîchissants ont procuré ces avantages.

Dans le cours des maladies charbonneuses, les tempérants donnent généralement de précieux résultats, notamment dans le charbon symptômatique. L'histoire des épizooties charbonneuses renferme les bons succès obtenus par ces médicaments (2).

En général les acidules légèrement astringents, comme le vinaigre, les acides sulfurique, nitrique, chlorhydrique, alcoolisés, conviennent parfaitement dans les maladies septiques, qu'on nomme aussi putrides : aussi n'est-ce point sans fondement qu'on a qualifié ces agents d'antiseptiques, d'antiputrides. Dans ces maladies, les acides astringents, par leur attouchement sur les solides organiques, resserrent les tissus et préviennent la formation de ces petits épanchements sanguins, qu'on appelle improprement ecchymoses. Peut-être aussi leur action sur le sang s'oppose-t-elle à l'altération putride de ce fluide? Toutefois si nous prenons en considération les faits observés, nous répèterons avec beaucoup d'auteurs et de vétérinaires très recommandables, que les acidules minéraux et végétaux concourent efficacement à faire obtenir la guérison des maladies typhoïdes et charbonneuses des animaux. En médecine humaine, ces mêmes médicaments sont aussi fort vantés contre les maladies putrides et surtout le scorbut.

D. *Maladies externes.* L'eau acidulée avec le vinaigre s'emploie à l'extérieur dans un assez bon nombre de maladies. On en confectionne des bains, des lotions, des applications dans les entorses récentes, les tumeurs dues à des violences extérieures, pour prévenir l'inflammation. On fait surtout usage des lotions contre les ébullitions ou feu d'herbe, les érysipèles

(1) Guersent, *Essai sur les Epizooties*, p. 35.

(2) Voyez de Gasparin, *Maladies contagieuses des bêtes à laine*, p. 104. *Histoire de l'Académie*, 1776, p. 234, 246.

dus à l'insolation, les piqûres des guêpes, des frélons, les érysipèles œdémateux déterminés dans les moutons par l'usage du sarrasin en fleur, les tumeurs charbonneuses qui présentent particnlièrement le caractère œdémateux, la fourbure récente de tous les animaux. Dans cette dernière maladie, de même que dans toutes les opérations de pied très douloureuses, les acidules sont très utiles à l'intérieur pour affaiblir la fièvre de réaction qui se déclare, les jours qui suivent soit le début de la fourbure, soit les opérations pratiquées sur l'ongle des solipèdes particulièrement.

E. *Contr'indication des rafraîchissants acidules.*

1° *Maladies des organes respiratoires.* Les acidules administrés pendant le cours des maladies qui ont leur siège dans le larynx, les bronches, le poumon, la plèvre, par la titillation que les molécules acides en s'échappant déterminent à la surface de la muqueuse des voies aérifères pendant la transpiration pulmonaire, par la toux pénible, douloureuse, qu'ils provoquent, fatiguent les animaux et aggravent la maladie. Bien que ces agents soient sans doute fort utiles pour combattre ces inflammations, l'excitation qu'ils déterminent et qui rappelle la toux, les rend tout à fait nuisibles.

2° *Maladies des voies urinaires.* Les acidules ne se montrent guère avantageux que durant le cours des inflammations aiguës des voies urinaires, et surtout dans celles de ces maladies qui s'accompagnent de pissement de sang. Dans les inflammations sous-aiguës ou chroniques, ces médicaments sont parfois nuisibles à cause des molécules acides que recèlent les urines, et qui par leur contact irritent, ainsi que nous l'avons déjà dit, les muqueuses des conduits urinaires.

F. *Maladies chroniques.* Les rafraîchissants sont contre-indiqués dans toutes les maladies chroniques, soit externes, soit internes. Ces agents débilitent l'économie, affaiblissent les malades et aggravent leur état.

G. *Maladies du système nerveux.* Les inflammations du système nerveux, les névroses particulièrement, ne réclament jamais l'emploi des acidules. Dans ces maladies, les molécules acides qui circulent avec le sang aiguillonnent la fibre nerveuse, et provoquent de l'exaltation qui devient essentiellement nuisible à la guérison de ces maladies.

Emploi particulier. — Mode d'administration. — Doses.

Substances végétales. 1° *Oseille* (*rumex acetosa*). Cette plante se trouve abondamment répandue à la campagne, soit dans les jardins, soit dans les prairies. En traitant les feuilles par décoction, on obtient un liquide acidule qui porte le nom de *bouillon aux herbes* en pharmacie humaine. Lorsqu'on unit ce liquide aigrelet à la crème faible, au beurre, on en confectionne des breuvages très rafraîchissants qu'on peut administrer aux animaux, et particulièrement aux jeunes bêtes à cornes et à laine, chez lesquelles ils provoquent une légère purgation. Ces breuvages peu coûteux, et qu'on peut se procurer partout pendant la belle saison, sont très avantageux dans le traitement des entérites, des gastro-entérites des ruminants, et notamment dans celles de ces maladies qui attaquent les jeunes animaux.

2° *Surelle acide* (*oxalis acetosella*), nom vulgaire *alleluia, pain de coucou.* Cette plante, qui croît abondamment dans les bois frais et ombragés, renferme beaucoup de sur-oxalate de potasse ; traitée par décoction, elle s'emploie dans les mêmes circonstances que l'oseille.

3° *Acide oxalique.* Cet acide, qu'on extrait du sur-oxalate de potasse, ne doit jamais être employé qu'à la dose de 5 à 6 grammes en solution dans un à deux litres d'eau. Administré pur, cet acide a une action violente sur les tissus. Christison et Coindet (1) disent à cet égard :

(1) Orfila, *Traité de Médecine légale*, 3e édit., p. 56.

1° Que l'acide oxalique, à la dose de quelques gros, est un des poisons les plus actifs et les plus propres à déterminer une mort prompte; 2° que s'il est concentré et introduit à haute dose dans l'estomac, il irrite ou corrode cet organe et détermine la mort par l'affection sympathique du système nerveux, 3° que lorsqu'il est étendu d'eau, il est absorbé et porte son influence sur les organes éloignés. Il n'agit alors ni en irritant l'estomac, ni sympathiquement; toutes choses égales d'ailleurs, son action est plus rapide lorsqu'il est étendu d'eau que lorsqu'il est concentré; 4° qu'on ne peut le retrouver dans aucun des liquides de l'animal, quoiqu'il soit absorbé, probablement parce qu'il est décomposé en passant par les poumons et que ses éléments se combinent avec le sang; 5° qu'il agit directement comme sédatif; 6° que les organes sur lesquels il porte son influence sont d'abord la moelle épinière et le cerveau, ensuite et secondairement les poumons et le cœur; 7° que la cause immédiate de la mort est quelquefois une paralysie du cœur, d'autres fois une asphyxie, ou enfin ces deux affections réunies.

Acide acétique. Vinaigre. Acidum aceticum. L'acide acétique pur n'est point employé en médecine vétérinaire. Il agit avec violence sur les tissus organiques qu'il rubéfie promptement en déterminant une vive cuisson et beaucoup de chaleur. Il résulte des expériences tentées par M. Orfila, sur les animaux: 1° que cet acide concentré est un poison énergique susceptible d'occasionner une mort prompte chez les chiens, lorsqu'il est introduit dans l'estomac; 2° qu'il détermine une exsudation sanguine, puis le ramollissement et l'inflammation des membranes du canal digestif et quelquefois même la perforation; 3° que dans la plupart des cas, il produit une coloration noire, sinon générale du moins partielle, de la membrane muqueuse de l'estomac et des intestins. Cette coloration que l'on serait tenté de confondre au premier abord avec celle que développe l'acide sulfurique, est le résultat de l'action chimique exercée par l'acide acétique sur le sang; 4° que le vinaigre ordinaire à la dose de 4 à 5 onces, détermine les mêmes accidents, et la mort des chiens de moyenne taille dans l'espace de douze à quinze jours, à moins qu'il n'ait été vomi peu de temps après son ingestion (1).

Le vinaigre du commerce convenablement étendu d'eau, et dans une proportion telle que l'eau ait une saveur aigrelette et agréable, constitue un liquide qui porte le nom *d'oxycrat* dont on fait un très grand usage dans le début des inflammations du canal intestinal des animaux, et surtout dans les entérites, les entéro-néphrites déterminées par les plantes âcres et irritantes. On l'unit alors au miel pour composer un *oxymel*, qui, convenablement étendu d'eau, donne des breuvages que les animaux prennent avec plaisir. On en fait plus particulièrement usage dans les congestions rénales, avec pissement de sang, dans les fièvres aphtheuses, les gastro-entérites à la période d'état, les altérations septiques du sang.

L'oxycrat, ou l'eau acidulée faiblement avec l'acide acétique, est surtout employé pour prévenir les congestions sanguines actives, qui se font remarquer sur les bêtes à cornes, les moutons, et qui sont connues sous le nom de maladies de sang, de sang de rate. 3 litres de vinaigre dans 100 litres d'eau sont suffisants pour désaltérer 100 bêtes ovines par jour.

Pendant les chaleurs de l'été et de l'automne, l'oxycrat est une boisson très rafraîchissante pour les animaux, qui comme les chevaux de poste et de diligence, sont forcés de courir pendant les chaleurs. Cette liqueur rafraîchit le canal intestinal, étend le sang d'eau et prévient les apoplexies.

A l'extérieur, l'eau vinaigrée est fréquemment usitée ; 1° en aspersions, en lotions sur le front, les yeux, les naseaux, le chanfrein des animaux pris d'anhématosie en courant, ou qui ont été exposés à la chaleur ; 2° en aspersions dans les érysipèles

(1) Orfila, *Ann. d'Hygiène et de Médecine légale*, n° de juillet 1831.

dus à l'insolation, les contusions récentes ; 3° en douches et aspersions autour des couronnes, dans la fourbure récente ; sur les articulations qui ont été le siége de distensions violentes ou d'entorses.

Acide sulfurique. En versant dans un litre d'eau 2 grammes au plus d'acide sulfurique du commerce bien préparé, on confectionne un breuvage tempérant pour le cheval et le bœuf. En ajoutant à 100 litres d'eau, 1 kil. de cet acide, on compose pour les animaux qui vivent en troupeaux, une limonade minérale rafraîchissante, que les animaux boivent avec plaisir dans le moment des chaleurs, et qui remplit les mêmes indications que le vinaigre étendu d'eau. Ces boissons tempérantes reviennent à très bas prix, et on peut les confectionner partout.

Les breuvages acidulés avec l'acide sulfurique méritent la préférence sur les breuvages vinaigrés dans les maladies putrides. Mindererus disait : « sans l'acide sulfurique il n'est pas possible de traiter la peste. » Dans la médecine des animaux, nous avons toujours eu à nous louer de l'acide sulfurique étendu d'eau, dans les maladies septiques avec altération du sang, et particulièrement les maladies charbonneuses, le mal de tête de contagion, la gangrène septique. D'Arboval (1) en a recommandé particulièrement l'usage pour prévenir les maladies putrides qui se déclarent soit pendant, soit après les grandes chaleurs de l'été. Mayeur (2) a employé ces breuvages acidulés avec succès dans le typhus contagieux des bêtes à cornes qui a régné en 1799, dans le département de la Meurthe.

L'acide sulfurique, dans les maladies putrides, dans le cours desquels le sang se coagule lentement, quelquefois reste incoagulable, se putréfie en très peu de temps dans l'hématomètre,

(1) D'Arboval, *Ann. de l'Agriculture franç.*, 2e série, t. III, p. 337.
(2) Mayeur, *Correspondance de Fromage de Feugré*, t. II, p. 114.

semble activer la coagulation de ce fluide, et s'opposer à son altération putride. Nous avons une grande confiance, nous le répétons, dans la limonade sulfurique, dans les maladies dont il s'agit, et tous les vétérinaires qui en feront usage la partageront avec nous.

Alcool sulfurique ou *Eau de Rabel.* L'eau de Rabel (voyez le *Traité de pharmacie*, page 553), en solution à la dose de 30 grammes (1 once), dans un litre d'eau ordinaire, constitue un excellent breuvage tempérant et légèrement astringent qui jouit de grandes vertus antiseptiques. Nous préférons cette préparation convenablement étendue d'eau aux liquides acidifiés par l'acide sulfurique : parce que nous lui avons reconnu à un plus haut degré que cette limonade, l'importante propriété de retarder la décomposition putride du sang. L'eau de Rabel est plus chère que l'acide sulfurique, parce que cette préparation ne se confectionne que dans les pharmacies ; mais le praticien ne tiendra point compte de cette cherté, lorsqu'il s'agira de sauver la vie des animaux atteints de charbon ou de maladies putrides.

M. Pottier, vétérinaire en Normandie, vante beaucoup l'eau de Rabel étendue d'une quantité d'eau suffisante (1 litre d'eau pour 30 grammes d'eau de Rabel) pour combattre l'hématurie des grands ruminants. Toutefois, dit ce vétérinaire, la dose de ce médicament varie suivant la force du malade et la gravité de son état maladif ; 90 grammes (3 onces) dans trois litres d'eau, suffisent pour un bœuf de 250 à 300 kil. 60 grammes (2 onces) dans 2 litres d'eau, conviennent pour une vache du même poids : la dose doit être administrée deux fois dans la journée. On augmente cette dose d'un tiers si l'hématurie continue.

L'Alcool hydrochlorique, *l'alcool nitrique*, jouissent de vertus tempérantes et antiseptiques, mais ces préparations assez chères ne sont point souvent employées.

Les acides tartrique ou *tartarique*, *borique* ou *boracique* et *citrique*, sont des médicaments trop chers et qui ne jouissent point de plus de vertu rafraîchissante, que les préparations dont nous venons de parler, et dont on ne fait que peu ou point usage en médecine vétérinaire.

Nitrate de potasse. Sel de nitre. Le nitrate de potasse à faible dose, 30 grammes (1 once) dans huit à dix litres d'eau miellée, donne de très précieux breuvages rafraîchissants. 60 grammes de cette substance dans quinze à dix-huit litres (un seau) de boisson blanchie avec la farine d'orge, constituent un liquide tempérant dont on fait très fréquemment usage pour les chevaux, les bêtes à cornes, les moutons et les porcs. Ces boissons sont très recommandées dans le cours de toutes les maladies inflammatoires qui s'accompagnent de fièvre de réaction, après les opérations sanglantes et douloureuses, et durant le cours de la fourbure aiguë. On ajoute le nitrate de potasse à toutes les décoctions mucilagineuses ou amylacées, dans le but de les rendre, non seulement tempérantes, mais encore diurétiques. M. Guillame a fait entrer le nitrate de potasse comme rafraîchissant dans des décoctions d'orge pour combattre une entérite aiguë qui sévissait sur de jeunes agneaux dans les environs d'Issoudun (1). M. Everts a employé la décoction de carottes, de racine de guimauve avec addition de nitrate de potasse, dans la gastro-entérite aiguë des grands ruminants (2). A plus forte dose, le sel de nitre produit des effets irritants sur le canal intestinal ; dans les petits animaux il peut même provoquer l'empoisonnement. (Voir Nitrate de potasse à la Médication diurétique.)

Tartrate acide de potasse. Crème de tartre rafraîchissante. Lorsque le vétérinaire fait dissoudre 10 à 15 grammes (2 à 3 gros) de tartrate acide de potasse dans un à deux litres d'eau miellée pour breuvage, et que ceux-ci sont administrés

(1) Guillame, Histoire d'une entérite aiguë dans un troupeau d'agneaux, *Ann. d'Agriculture française*, deuxième série, t. VIII p. 137.

(2) Everts, Gastro-entérite des grands ruminants, *Ann. d'Agric. française*, deuxième série, t. XXIII, p. 156.

de deux heures en deux heures, il a confectionné des breuvages acidules très rafraîchissants pour les grands herbivores. Pour les moutons, le porc ou le chien, on ne doit donner que deux à trois décilitres de cette préparation. La crème de tartre ainsi administrée rafraîchit le tube digestif, étanche la soif des animaux, rétablit la sécrétion urinaire, si elle est diminuée ou suspendue, et rend la peau moins sèche. On la recommande avec juste raison dans les maladies inflammatoires.

Mais c'est surtout dans la fièvre aphtheuse des bêtes bovines, que nous conseillons la crème de tartre comme un excellent rafraîchissant. Cette substance peut-être aussi, en changeant le mode d'inflammation qui s'établit sur la muqueuse, ou mieux en modifiant sa sécrétion morbide, concourt-elle à faire avorter l'inflammation? Toutefois dans la fièvre qui nous occupe la crème de tartre agit parfois en déterminant une légère purgation, qui donne expulsion à une abondante quantité de mucosités, et c'est ordinairement après cette évacuation que les animaux sont soulagés. Le tartrate acide de potasse se donne aussi comme médicament rafraîchissant dans l'ictère ou la jaunisse du chien, et parfois ce médicament a procuré la guérison de cette redoutable affection.

Acétate de potasse. L'acétate de potasse donné à la même dose que le sel de nitre, agit de la même manière et s'emploie dans les mêmes circonstances maladives. De même que ce sel, l'acétate de potasse rafraîchit le canal intestinal, tempère toute l'économie et agit comme diurétique. Ce sel, selon nous, est plus tempérant que le nitrate de potasse; il est aussi moins cher dans le commerce. Son emploi est peut-être trop négligé dans la pratique vétérinaire.

Acétate de soude. Plus cher, moins employé que le précédent, l'acétate de soude jouit des mêmes vertus que l'acétate et le nitrate de potasse.

Le fruit du *grenadier commun* renferme de l'acide malique

qui donne au jus de ce fruit la propriété rafraîchissante. Lafosse fils recommande le jus acide de la grenade comme un des meilleurs remèdes contre les aphthes. Les effets de cet acide sont plus prompts, dit ce praticien, que celui des autres acides, ce dont nous avons eu la preuve dans plusieurs épizooties aphtheuses (1).

Les pommes légèrement acides, et surtout la rainette, traitées par décoction, donnent aussi un liquide, qui miellé ou sucré, est très rafraîchissant, et facile à se procurer en automne et en hiver dans la campagne. Vitet recommande de rafraîchir les bœufs, les chevaux, de leur faire boire une grande quantité d'eau tenant en solution le suc de plusieurs pommes de rainettes cuites. Cette eau jouit encore de la propriété d'augmenter le cours des urines, de calmer les symptômes des inflammations internes (2); Vicq-d'Azyr (3); Mayeur (4), ont recommandé les pommes acides hachées dans le régime du gros bétail atteint de typhus contagieux.

MÉDICATION RÉFRIGÉRANTE.

Les réfrigérants, de *refrigerare*, rafraîchir, sont les agents thérapeutiques qui sont doués plus particulièrement de la propriété de refroidir tout à coup la partie sur laquelle ils sont appliqués, de la pâlir, de la crisper, de produire une réaction sédative sur le système nerveux, et de procurer la guérison de certaines maladies.

Les réfrigérants le plus souvent usités dans la médecine vétérinaire sont l'eau froide, la neige, la glace et certains mélanges réfrigératifs. Ces agents sont employés sous la forme de

(1) Lafosse, *Dict. d'hipp.*, t. IV, p. 383.
(2) Vitet, *Méd. vét.* t. III, p. 40.
(3) Vicq-d'Azyr, *Moyens curatifs et préservatifs* p. 323.
(4) *Correspondance de Fromage de Feugré*, t. II, p. 132.

bains locaux, de douches, d'aspersions, d'applications, de bains généraux. (Voyez le *Traité de pharmacie*, page 94 et pages 21, 22 et suivantes.)

Effets primitifs et physiologiques. Les réfrigérants ne possèdent pas essentiellement par eux-mêmes la propriété réfrigérative, ils ne l'acquièrent que par leur température basse et par le calorique qu'ils enlèvent à la partie sur laquelle ils sont appliqués. On concevra donc tout d'abord, que plus l'agent réfrigérant aura une basse température, plus sa vertu sera caractérisée. C'est ainsi que la glace, la neige, qui ont la température de 0 produisent une réfrigération plus forte que l'eau froide à la température de 3 à 4°, et que le mélange de glace et de sel marin dont la température est de 3 à 4° au-dessous de la glace, détermine un refroidissement beaucoup plus grand encore.

Si après s'être assuré de la température, de la couleur rose, de l'injection vasculaire, de la souplesse, de l'élasticité, d'une partie circonscrite de la peau, d'un mouton par exemple, on vient à y appliquer une vessie renfermant de la glace pilée ou de la neige, aussitôt que le corps froid touche la peau, les animaux manifestent des mouvements qui accusent une sensation vive sur les papilles sous-épidermiques du tissu cutané. Après quelques secondes on s'aperçoit déjà que la peau pâlit, et après cinq à sept minutes sa température a baissé de 3 à 4° centigrades; sa couleur rose, son injection vasculaire, ont disparu, le tissu cutané est devenu blanc, et la peau, lorsqu'on la double pour la faire glisser sur les tissus sous-jacents, a perdu une partie de sa souplesse et de son élasticité; piquée l'animal accuse peu de douleur, et une légère hémorrhagie s'opère sur la brèche cutanée.

Si on continue l'application réfrigérante pendant quinze à vingt minutes, les mêmes phénomènes persistent, mais bientôt l'action de plisser la peau détermine une vive douleur, accusée par des mouvements brusques de l'animal.

Si, pour étudier les phénomènes réactionnaires qui succèdent à la réfrigération, on retire le corps réfrigérant pendant quatre à cinq minutes, la peau s'injecte, devient d'un rouge vif, sa température augmente, acquiert bientôt celle de l'état normal, et la dépasse après peu de temps ; mais la sensibilité persiste et même s'exalte. Si trois à quatre fois on réapplique le corps réfrigérant, les mêmes phénomènes se manifestent, soit pendant, soit après son application. Mais si l'expérience est continuée sept à huit fois, la sensibilité de la peau s'exalte, et bientôt se manifeste une vive douleur.

Les phénomènes physiologiques ne se passent point de la même manière si on laisse constamment, et pendant une, deux, trois et même quatre heures, le corps froid sur la peau, on s'aperçoit alors que l'action réfrigérante s'établit de la même manière, mais sans exaltation de la sensibilité locale et générale ; pourtant après dix à quinze minutes l'animal éprouve des tremblements d'abord partiels et ensuite généraux, les muqueuses pâlissent un peu, le pouls devient petit et vite, sans cependant que la température de tout le corps, de la bouche, du rectum, du vagin chez les femelles, ne s'abaissent sensiblement. Si alors qu'on constate ces phénomènes généraux, on retire le corps réfrigérant, on les voit cesser lentement, peu à peu, puis disparaître complètement sans susciter une exaltation, de la sensibilité, soit dans la partie impressionnée, soit dans tout l'organisme.

Il résulte donc de ces expériences, 1° que l'application des corps froids développe de la sensibilité par l'attouchement ; 2° que le sang est repoussé des capillaires, et que la partie devient pâle, froide, crispée et peu sensible ; 3° qu'en cessant l'action réfrigérante, la rougeur, la chaleur, la sensibilité, reparaissent ; mais qu'en réitérant l'expérience la sensibilité s'exalte ; 4° que l'action réfrigérante continuée constamment pendant trois à quatre heures, les phénomènes se manifestent d'une manière plus profonde, plus durable, sans exaltation de la sensibilité locale ou générale.

Que ces effets réfrigérants locaux soient obtenus par le bain froid, les lotions, les aspersions d'eau froide, d'eau acidulée ou salée, ils se manifestent toujours de la même manière, seulement ils varient d'intensité selon la température plus ou moins basse du liquide.

Les *douches* produisent un effet plus marqué. Le liquide déjà froid en traversant l'air éprouve le phénomène physique de l'évaporation qui abaisse beaucoup sa température; et le choc de la colonne liquide sur la partie, la pression qu'elle y exerce, déterminent une secousse, un ébranlement dans le système nerveux qui contribue à augmenter les effets de la réfrigération, et à les faire retentir dans tout l'organisme. Si les douches sont pratiquées au voisinage du centre de l'innervation, comme sur la tête, sur la colonne dorso-lombaire, par exemple, leur effet général se fait sentir subitement au centre de l'innervation, et bientôt à tout l'organisme.

Les bains généraux d'eau douce à la température de 10 à 15° et au dessus refroidissent la peau tout à coup, refoulent le sang de ses capillaires et déterminent de la pâleur, bientôt cette impression suscite une réaction sur le système nerveux, des tremblements généraux se manifestent, lesquels ne cessent que longtemps après que les animaux sont sortis du bain, et qu'on les a bouchonnés, laissé courir ou qu'on les a exercés. Mais bientôt le sang revient à la peau, la congestionne, la rougit, et suscite une sugillation qui s'accompagne de développement de chaleur.

Les bains d'eau salée ou de mer suscitent des effets plus énergiques encore. L'eau de mer tenant en solution le sel marin, et par cela même plus pesante, plus froide que l'eau douce, exerce une plus forte pression sur le tissu cutané, et une réfrigération plus intense et plus durable, en outre le choc produit par les vagues qui viennent frapper la surface du corps ajoutent encore à l'action du bain. Aussi les effets réactionnaires qui en sont la conséquence, sont-ils plus énergiques. Toutefois les animaux ne devront point être tenus dans ce bain plus de cinq à dix minutes; au delà de ce temps la réfrigération, et le mouvement réactionnaire trop intense qui en résulterait, pourraient aggraver la maladie au lieu de concourir à sa guérison. Les bains de mer, quoique fréquemment employés dans la pratique vétérinaire, sur les côtes de l'Océan et de la Méditerranée, ne le sont peut-être point encore assez dans certaines affections chroniques externes et internes.

Si tels sont les effets physiologisques locaux et généraux des réfrigérants sur les animaux en bonne santé, il nous reste maintenant à en examiner l'action et les résultats curatifs qui en découlent dans les maladies, ainsi que les règles qui doivent en diriger l'emploi.

De l'emploi des réfrigérants dans les maladies.

A. *Congestions externes.* Dans certaines congestions de la peau, comme les ébullitions, les érysipèles dus à l'insolation, les contusions, les inflammations récentes du tissu cutané et du tissu cellulaire, avec chaleur, gonflement, et quelquefois épanchement d'un liquide séro-sanguinolent dans le tissu cellulaire sous-jacent, les réfrigérants tels que l'eau de puits acidulée avec le vinaigre, ou salée avec le sel de cuisine, employés sous la forme de bains, de douches, d'aspersions, d'applications, à l'aide d'éponges, de bandages matelassés, la glace pilée, la neige, sont mis pratique avec beaucoup de succès contre ces maladies, dont il faut obtenir une délitescence très prompte.

Dans ces circonstances les réfrigérants diminuent l'irritabilité, s'emparent de la chaleur anormale de la peau, repoussent dans les parties plus profondes presque tout le sang qui parcourt le système capillaire soumis à leur sphère d'activité, et provoquent la résorption du sang, de la sérosité qui, déjà, peuvent être épanchés au sein des tissus.

Mais pour que les effets dont il s'agit soient durables et curatifs, il est indispensable que l'action réfrigérante soit prolongée pendant très longtemps, ou jusqu'à ce que la rougeur, la chaleur et surtout la douleur aient complètement disparu. Si on néglige cette règle importante, le sang reparaît vivement dans la partie, la chaleur, la douleur, s'y montrent plus vives qu'auparavant, et l'irritation que l'on avait momentanément combattue, se manifeste de nouveau, et souvent même avec une plus grande intensité. Il est donc indispensable de continuer la réfrigération jusqu'à ce que la congestion, et tous les symptômes qui l'accompagnent aient disparu, pour diminuer peu à peu l'action réfrigérante, afin de ramener doucement la partie malade à son état normal.

Dans la rubéfaction de la peau qui est la suite de la brûlure, les réfrigérants doivent être très souvent renouvelés. Ici l'important est d'enlever rapidement l'excès de calorique qui a pénétré les tissus vivants, et qui a vaporisé les fluides dont ils étaient anormalement imprégnés. Or, les réfrigérants remplissent ce double résultat. Ils absorbent par leur contact la chaleur de la partie, produisent un effet sédatif sur la douleur nerveuse, et les molécules liquides étant absorbées, vont fournir aux solides et au sang l'élément séreux dont ils viennent d'être dépourvus par l'action du calorique. C'est ainsi qu'agissent l'eau froide, la glace, la neige, l'éther sulfurique étendu d'eau, et tous les corps froids qu'on applique sur les parties brûlées. Toutefois si les tissus ont été détruits, charbonnés par le calorique, les réfrigérants sont impuissants pour procurer la guérison : ils ne peuvent alors que prévenir de plus graves désordres dans les parties environnantes.

Mais c'est surtout dans les distensions des articulations nommées entorses, la congestion du tissu podophylleux ou la fourbure de tous les animaux, qu'on fait usage des réfrigérants.

1° *Distension des articulations*. Dans les distensions des articulations de l'épaule, de la rotule, du boulet, de la couronne, si fréquentes dans les animaux, les douches, les lotions pour les articulations supérieures des membres ; l'immersion des régions inférieures des membres dans un bain d'eau froide courante, ou dans les pédiluves d'eau de puits, salée ou vinaigrée, dans la glace pilée ou la neige, sont des moyens héroïques pour prévenir l'inflammation, et calmer la douleur présente ; mais pour que ces effets si désirables soient obtenus, il est indispensable de prolonger l'action réfrigérante pendant cinq à six heures et de la continuer par des lotions, des aspersions, des applications même pendant plusieurs jours, ou jusqu'à ce que la douleur, le gonflement, aient complètement cessé. Garsault (1), Bourgelat (2), M. Girard (3), ont particulièrement recommandé les réfrigérants dans les distensions des ligaments de l'articulation du boulet. Nous pouvons aussi assurer pour notre part, que nous avons obtenu les meilleurs effets de l'emploi prolongé de ces moyens thérapeutiques. Toutefois nous n'hésitons point à faire usage des astringents le deuxième ou le troisième jour de l'accident, pour soutenir et continuer l'action répercussive des réfrigérants.

Fourbure. Les hippiatres Solleysel (4), Garsault (5), Lafosse (6); les vétérinaires Bourgelat (7), Chabert (8), Volpy (9); MM. Girard père (10) et Rodet (11), d'Arboval (12), ont particulière-

(1) Garsault, *Nouveau parfait maréchal*, p. 328.

(2) Bourgelat, *Matière médicale*, t. I, p. 164, art. RESTRINCTIFS.

(3) Girard, *Traité du pied*, dernière édit., p. 177.

(4) *Parfait Marechal*, première partie, p. 454.

(5) *Loco citato*, p. 290.

(6) *Dict. d'Hippiatrique*, art. FOURBURE.

(7) *Encyclopédie* de Diderot et de d'Alembert, art. FOURBURE, t. VII, p. 223.

(8) *Inst. vét.*, t. II, p. 149.

(9) Art. FOURBURE, trad. de Barthélemy, p. 50.

(10) *Traité du pied*, cité, p. 364.

(11) *Med. physiolog.*, Mémoire sur la Fourbure, p. 200 et 201.

(12) *Dict. de Méd. et de Chirurg. vétér.*, art. FOURBURE.

ment conseillé les douches, les aspersions, les lotions d'eau froide salée ou vinaigrée, sur les couronnes, les sabots des chevaux, des bœufs, des porcs, les pattes des chiens atteints de fourbure ou d'aggravée récente. Les bains d'eau froide et courante, les pédiluves constants et soutenus dans des substances molles, comme la terre nouvellement labourée et humide, les cataplasmes confectionnés avec la terre argileuse délayée dans l'eau froide et salée, tenus constamment froids et humides sur les couronnes, les sabots, déterminent de merveilleux effets. Il n'est peut-être pas un seul vétérinaire qui ne les ait constatés dans la pratique. Néanmoins, nous dirons qu'en même temps que nous employons ces réfrigérants, nous faisons promener souvent les animaux sur un sol doux, humide et frais. La terre nouvellement labourée convient particulièrement pour remplir cette indication.

Congestions cérébrales. La glace pilée, la neige, l'eau très froide en applications sur la tête à l'aide de bandages, de sachets, d'éponges, les douches surtout, sont fréquemment employées pour repousser le sang dans les congestions cérébrales, l'arachnoïdite aiguë, le vertige symptômatique (1).

Congestions intestinales et spléniques. Solleysel a recommandé les bains froids dans les congestions intestinales du cheval, qu'il appelle tranchées rouges (2). Nous considérons cette pratique comme mauvaise; nous lui préférons les lavements presque froids. Ces injections sur la muqueuse rectale déterminent une sensation brusque qui, se transmettant à tout le tube digestif, est susceptible de concourir avec les saignées à combattre la congestion, et à faire cesser l'hémorrhagie.

(1) *Compte rendu de l'École de Lyon*, 1815.
Volpy, p. 60.
Everts, *Ann. de l'Agric. franç.*, deuxième série, t. XXIII, p. 164.

(2) *Parfait Maréchal*, première partie, p. 137.

Tessier (1) et beaucoup d'auteurs ont conseillé les bains froids après les saignées pour guérir les bêtes à laine atteintes de la *maladie de sang* ou *sang de rate*. Nous n'approuvons point cette pratique. Ces immersions déterminent un froid subit qui ne remédie nullement à la pléthore sanguine, elles ont en outre le grand inconvénient de causer des rhumes, des bronchites et même des maladies de poitrine. Mais dans les congestions essentielles de la rate des grands ruminants, nous approuvons beaucoup les applications réfrigérantes sur la partie supérieure de l'hypochondre gauche.

Météorisation des ruminants. Des linges mouillés avec l'eau froide et appliqués sur les parois du flanc gauche, les lavements d'eau à une basse température, sont fort utiles pour concourir à la guérison des météorisations des bêtes bovines et ovines, en condensant les gaz du rumen et des intestins. Quelques agriculteurs recommandent même de conduire les moutons météorisés dans l'eau froide des mares, des rivières, après les avoir saignés, de prolonger l'immersion pendant dix à douze minutes, puis de les promener (2). Nous n'approuvons point cette manière de traiter les météorisations, nous préférons les applications d'eau froide sur les flancs, les lavements froids, à ces immersions générales qui refroidissent promptement toute l'économie, et frappent le système nerveux d'une sédation qui ne peut qu'être nuisible au succès qu'on se propose d'obtenir. En outre, dans les moutons encore pourvus de leur toison, la peau reste longtemps humide et froide, et les arrêts de transpiration cutanée qui en sont la conséquence, suscitent des rhumes et des maladies de poitrine.

Hémorrhagies. Les hémorrhagies nasale, utérine, sont combattues avec facilité par les injections directes de liquides réfrigérants dans les cavités nasales, le vagin et l'utérus. On

(1) Tessier, *Instruct. sur les bêtes à laine*, p. 250, et *Mém. de la Soc. d'Agric.*, 1828, p. 116.

(2) Bernard fils, *Ann. de l'Agric. franç.*, première série, t. XXII, p. 180.

profite aussi du refroidissement subit déterminé par l'application des réfrigérants pour faire cesser des hémorrhagies internes. Dans ces cas, c'est la sensation vive du système nerveux qui, suscitant une sorte de crispation des solides en général, resserrant comme par accident les vaisseaux qui sont le siége de l'écoulement sanguin, qui arrête l'écoulement sanguin. Toutefois, ces moyens de combattre les hémorrhagies seront continués et prolongés jusqu'à ce que le sang ait complètement cessé de couler.

Contr'indication des réfrigérants.

Autant les réfrigérants sont utiles dans les congestions et les hémorrhagies, autant ils sont nuisibles dans le cours des inflammations. Si on se rappelle que dans les diverses périodes des phlegmasies le sang est accumulé, coagulé dans les vaisseaux, que des éléments morbides, comme l'albumine, la fibrine, la sérosité, sont épanchés au sein des solides organiques, on concevra sans peine pourquoi les réfrigérants sont inhabiles à combattre ces lésions matérielles. Ces agents thérapeutiques enlèvent la chaleur, ils calment la douleur; mais ces effets ne sont que passagers. Et alors que la réaction sanguine qui suit la réfrigération se manifeste, les symptômes s'exaspèrent par cela même que l'inflammation a acquis une nouvelle intensité.

Dans le cas où des globules purulents sont déjà formés au sein des tissus, l'action réfrigérante est encore bien plus nuisible. Entravant tout à coup cette sécrétion pathologique, faisant résorber activement la suppuration, la réfrigération apporte un trouble subit dans la marche de l'inflammation, suscite un arrêt prompt de la suppuration, qui peut causer des accidents très graves, et particulièrement des métastases purulentes.

Mais c'est surtout dans les suppurations externes de la peau du tissu cellulaire sous-cutané, comme dans les larges plaies anciennes que ces sortes de métastases s'opèrent, soit sur le poumon, soit sur les grandes séreuses, soit sur les synoviales articulaires, et causent des accidents très graves, trop souvent mortels.

Altérations du sang. Les réfrigérants, dans toutes les altérations du sang, excepté la polyhémie et les congestions qui en sont la conséquence, sont nuisibles en ce sens qu'ils suscitent une sédation du système nerveux, qui vient aggraver la maladie et affaiblir profondément les animaux.

Névroses. Les bains froids, les douches, les aspersions, que quelques auteurs vantent dans certaines névroses de l'homme, comme l'épilepsie, la danse de saint Guy, etc., ne nous ont jamais réussi contre ces maladies dans les animaux. Nous avons employé, mais toujours en vain, les bains froids contre la danse de Saint-Guy, si commune dans le chien. Nous avons aussi tenté l'emploi des douches dans cette maladie sans obtenir de résultats satisfaisants. Enfin les mêmes moyens mis en pratique sur le crâne, la colonne dorso-lombaire, de chevaux, de chiens atteints d'épilepsie, de chevaux affectés d'immobilité, nous ont paru aggraver ces maladies.

MÉDICATION ASTRINGENTE.

Les agents astringents, *astringens*, de *astringere*, resserrer, encore nommés *styptiques*, *restrinctifs*, *répercussifs*, *défensifs*, comprennent les médicaments qui, étant mis en contact avec les parties vivantes, sont doués *par eux-mêmes* de la propriété de déterminer une astriction fibrillaire des tissus organiques, de resserrer le diamètre des porosités organiques, de diminuer le calibre des petits vaisseaux, et d'en repousser le sang; d'augmenter la coagulation de ce fluide, de tarir les sécrétions naturelles ou morbides, enfin de produire la pâleur, le refroidissement, la roideur et l'engourdissement des parties où ils exercent leur action.

Les astringents diffèrent donc essentiellement des réfrigérants qui ne suscitent la décoloration, le refroidissement, la sédation des parties vivantes, qu'en absorbant le calorique des tissus organisés sains ou malades.

La médication astringente est très souvent employée pour combattre les inflammations simples ou avec sécrétion de produits morbides dont la nature, la qualité, peuvent être fort différentes. L'action astringente est d'une application fréquente; mais autant elle est utile pour combattre une foule de maladies internes ou externes, autant elle est dangereuse, lorsqu'elle n'est point usitée avec discernement. Il est donc très important que nous fassions connaître avec soin les règles qui en dirigent l'emploi.

Les agents astringents sont tirés du règne végétal et du règne minéral. Les astrigents végétaux ont tous une saveur acerbe, ils tarissent la sécrétion buccale, et ont pour principes actifs les acides tannique, gallique et ellagique. Les astringents minéraux ont pour base, l'alumine, la chaux, la potasse, le fer, le plomb, le cuivre, combinés aux acides sulfurique et acétique. Ces derniers acides, étendus d'une certaine quantité d'eau, sont aussi considérés comme styptiques.

A. *Des effets de la médication astringente à l'extérieur.*

Effets sensibles. — Si on applique une substance astringente, par exemple une dissolution assez concentrée d'alun, sur une région circonscrite du tissu cutané, qui tout à coup est devenue rouge, chaude, douloureuse, tuméfiée et baignée par une petite quantité de liquide séro-purulent, on voit peu de temps après le contact du liquide astringent, la peau pâlir plus ou moins, se froncer, devenir moins chaude, moins douloureuse, et sa sécrétion morbide disparaître plus ou moins complètement. Si on continue pendant quelques jours l'action astringente, tous ces phénomènes inflammatoires disparaissent et la partie revient à l'état normal. Ainsi se montrent dans toute leur simplicité, les effets primitifs des astringents.

Mais si cet effet étant obtenu, on continue l'application constante de l'astringent, si sans cesse le sang est refoulé des vaisseaux capillaires de la peau, si le tissu cutané reste frappé de resserrement, de refroidissement, si les sécrétions sébacées et sudorifiques sont tout à fait suspendues ; la peau devient dure, sèche, son épiderme se fendille, le derme se gerce à son tour, et bientôt le tissu cutané perd en grande partie ses propriétés vitales. Alors d'autres phénomènes peuvent se manifester, un mouvement réactionnaire dans le tissu cutané voisin peut se déclarer, et susciter une désorganisation du tissu dont la texture et les fonctions ont été profondément altérées par l'action astringente.

Au contraire, si l'application styptique n'est que momentanée, des phénomènes opposés et qui se rapprochent beaucoup de ceux qui succèdent à l'action réfrigérante, se manifestent aussitôt la cessation de l'action restrinctive. La peau devient plus rouge, plus chaude, plus sensible, plus tuméfiée, la sécrétion morbide plus abondante acquiert plus de viscosité, et ce phénomène réactionnaire, cette exaltation de l'inflammation cutanée peut faire craindre une terminaison que le praticien cherchait à éviter par l'action astringente.

Si nous avons choisi une maladie donnée pour bien faire concevoir l'action sensible des principes astringents, nous verrons plus loin que ces effets sur les tissus vivants s'exercent toujours de la même manière, seulement leur manifestation peut être forte ou faible, lente ou rapide, selon le degré d'énergie et la composition du principe astringent. C'est ce qu'il importe d'étudier maintenant.

Astringents végétaux. — Les acides tannique, gallique, ellagique, qui existent dans l'écorce du chêne, la noix de galle, agissent fortement sur le tissu cutané qu'ils froncent, blanchissent et condensent. Cependant si on continue pendant longtemps l'application de ces astringents, la peau, malgré son abaissement de température et sa rigidité, n'est cependant point frappée de mortification ou de gangrène. Cette conservation peut-elle être attribuée à la combinaison de l'acide tannique, avec l'albumine du tissu cutané qui le rendrait imputrescible ou moins apte à se décomposer, et à subir l'altération gangréneuse? Est-ce à un refoulement profond des fluides organiques qu'on doit attribuer ce phénomène remarquable? Nous ne chercherons point à étudier ces questions quant à présent. Nous reviendrons sur cette importante propriété des agents astringents végétaux, à l'occasion de la médication tonique astringente et antiputride.

Astringents minéraux. — L'acide sulfurique, l'eau de Rabel étendu de deux tiers de leur poids d'eau ont également une puissante action astringente sur la peau, en s'emparant peu à peu et par une sorte de combinaison des éléments albumineux du tissu cutané pour en former un composé imputrescible. L'alun jouit jusqu'à un certain point aussi de cette propriété. Le sulfate de fer, l'acétate de plomb, le sulfate de zinc, l'acétate de chaux, quoique doués de grandes vertus astringentes, ne sont point cependant aptes à produire consécutivement le puissant effet astringent dont il s'agit. Quant aux préparations styptiques à bases d'oxydes de plomb, de zinc, de fer, et d'après de fort belles recherches de notre estimable collègue M. Lassaigne, une combinaison de ces oxydes peut avoir lieu avec l'albumine que renferment toujours les produits sécrétés par les parties malades, et l'insolubilité de certaines de ces combinaisons plombiques ou zinciques, indépendamment de leur vertu astringente exercée sur le tissu malade, rend raison de leur propriété dessiccative bien connue (1).

B. *Des effets de la médication astringente à l'intérieur.*

Effets sensibles. — Administrés liquides à l'intérieur, les astringents marquent leurs effets depuis la bouche jusqu'à l'anus.

(1) Lassaigne, Compte rendu de l'École d'Alfort, *Recueil de Méd. vét.*, t. XVII, p. 560.

Pénétrant ensuite dans le torrent circulatoire, leur action se fait sentir dans tout l'organisme. Ces effets méritent d'être bien connus et surtout bien étudiés auprès des animaux malades. Nous allons chercher à les faire connaître tels que nous les avons remarqués.

En touchant la membrane muqueuse de la bouche, la matière astringente tarit rapidement les sécrétions buccale et salivaire, c'est à ce point que si le vétérinaire veut administrer coup sur coup plusieurs breuvages très astringents, les animaux se trouvent dans l'impossibilité de pouvoir les déglutir. La bouche examinée alors est sèche, froide, et la langue contractée et sans mouvement, a perdu beaucoup de sa sensibilité. Ces effets sont d'une durée courte et bientôt suivis d'un retour des sécrétions buccales qui avaient été suspendues.

Parvenus dans l'estomac, et parcourant les intestins grêles, les astringents provoquent les mêmes effets, mais à un degré moins prononcé. Si on sacrifie un animal auquel on vient de faire prendre coup sur coup plusieurs breuvages, dix minutes après la dernière administration, on trouve la muqueuse de l'estomac rétrécie, plissée, recouverte d'une couche de matière blanchâtre ou roussâtre, selon la couleur du liquide administré. L'intestin grèle est rétréci, et la muqueuse apparaît ridée et sèche, dans toute l'étendue de cet intestin qui a été parcourue par le liquide astringent. Mais voyons les effets astringents produits sur les fonctions du canal intestinal et sur celles de toute l'économie.

1° *Emploi momentané.* — Pendant le parcours de la matière astringente dans le tube digestif, la bouche reste chaude et sèche, les animaux éprouvent une légère inquiétude, grattent le sol, et parfois manifestent de petites coliques.

Le pouls devient petit, serré et vite. La respiration reste régulière, les muqueuses apparentes pâlissent un peu. La sécrétion urinaire paraît diminuée, car les animaux n'expulsent que de loin en loin une petite quantité d'urine. La peau acquiert une sécheresse et une aridité toute particulières.

Si dans quelques points du tissu cutané existe une sécrétion morbide, si la membrane nasale ou bronchique, sont le siège d'un flux anormal, cette sécrétion, ce flux, sont moins abondants, et deviennent plus séreux. Toutefois, ces effets sont d'une courte durée, si les astringents ne sont administrés que pendant trois, quatre, huit jours même, et bientôt les fonctions du canal intestinal, celles de toute l'économie momentanément troublées reviennent à leur état normal, les flux pathologiques, qui n'avaient été que momentanément supprimées, reparaissent avec les qualités qu'ils avaient perdues, après trois ou quatre jours.

2° *Emploi prolongé.*— A petites doses et administrés pendant longtemps, les astringents diminuent notablement les fonctions digestives. Les sécrétions du canal intestinal ne s'exécutent que peu ou point, les intestins contractés, rétrécis, perdent en partie leur mouvement péristaltique, et les matières excrémentitielles y séjournent et s'y amassent. Alors une constipation plus ou moins opiniâtre se manifeste, et les excréments, en petite quantité, qui sont expulsés se présentent noirs, durs et luisants. Souvent même, les matières alimentaires contenues dans les gros intestins, s'y durcissent, et suscitent des coliques passagères.

La peau sèche, dure, adhère bientôt aux tissus sous jacents. La sécrétion rénale, notablement diminuée, donne une urine épaisse et jaunâtre, quelquefois même roussâtre, dont l'expulsion est douloureuse. Le sang recueilli dans l'hématomètre, épais, noir, et promptement coagulé, fournit un caillot ferme et peu pourvu de sérosité. Enfin, si l'action astringente est très longtemps continuée, les animaux maigrissent, et plus tard ils tomberaient infailliblement dans le marasme. Mais, peut-on dire avec MM. Trousseau et Pidoux, que les principes astringents en circulant avec le sang, le disposent à se *figer* et à se *caillebotter?* Peut-on répéter avec eux qu'ils *tuent* et *cadavérisent* ce liquide, qui ne peut plus alors recouvrir la fluidité et la vie, une fois qu'il a été surpris et glacé par les astringents (1)?

Assurément personne, pas même les deux auteurs que nous venons de citer, n'ont fait cette observation. Nous croyons donc que ce serait tomber dans une coupable exagération que de rattacher au pouvoir des astringents des effets aussi extraordinaires et qui ne pourraient qu'être nécessairement mortels.

L'usage prolongé de la médication astringente a donc, comme on le voit, des inconvénients sérieux en ce qu'il trouble gravement les fonctions digestives, diminue sans doute l'absorption intestinale, ralentit les contractions des intestins, arrête les évacuations, diminue en outre les fonctions urinaires et sébacées, rend le sang plus épais, moins facilement circulable, et enfin provoque l'amaigrissement et conduit au marasme. Or, ces inconvénients sont d'autant plus sérieux que les fonctions digestives gravement troublées, sinon perverties, ne peuvent être rétablies qu'avec beaucoup de temps. Les purgatifs salins sont les moyens qui nous ont paru remédier le plus sûrement à ces sortes d'accidents.

Dans l'état actuel de la science, est-il possible de se rendre compte de l'extension de la médication astringente à toutes les fonctions de l'économie? Beaucoup d'explications plus ou moins ingénieuses ont été faites sous ce rapport; mais nous ne donnerons ici que celles qui nous paraissent avoir le plus de fondement.

Quant à la suspension des sécrétions cutanées et urinaires, cette suspension peut s'expliquer, par la sympathie fonctionnelle qui existe entre la peau, les reins et le canal intestinal dont les fonctions sécrétoires sont momentanément troublées ou

(1) *Traité de Thérapeutique*, art. TONIQUES, ASTRINGENTS., t. II, première partie, p. 318.

suspendues; mais là, selon nous, ne se borne pas le phénomène physiologique qui concourt à produire ces effets.

Les analyses chimiques du sang des animaux auxquels on a administré des substances astringentes, soit végétales, soit minérales, ont appris que les principes des astringents circulaient avec le sang. Tiedemann et Gmelin ont constaté après l'administration de l'acétate de plomb en solution dans l'eau, la présence de ce sel dans le sang des veines mésaraïques. M. Ausset, ancien chef de service de chimie à l'école d'Alfort, l'a découvert également dans le sang du cheval (1). Or, si l'acétate de plomb, substance éminemment astringente, peut être absorbé, ne peut-on pas être autorisé à dire qu'il en est de même pour toutes les autres substances astringentes? Cette supposition acquiert d'autant plus de vraisemblance que certains principes astringents ont été retrouvés dans les urines. Reil, Emmert, Vauquelin, Woehler, ont constaté la présence des acides tannique et gallique dans les urines (2). Si donc les principes astringents circulent avec le sang, assurément l'albumine, la fibrine de ce fluide, ne doivent-elles pas subir une condensation particulière par l'action bien reconnue de ces acides sur l'albumine? et peut-être pourrait-on penser que la coagulation prompte du sang à sa sortie des vaisseaux, la fermeté de son caillot, sa résistance à la putréfaction, se rattachent au contact de l'albumine et de l'acide tannique dans le torrent circulatoire? D'un autre côté si les sécrétions cutanée et rénale sont diminuées, cet effet ne doit-il pas être rattaché aussi à l'action des molécules astringentes qui s'échappent par les tubes rénaux et par leur présence dans le tissu cutané? Enfin, si toutes les fonctions sécrétoires sont diminuées, si l'amaigrissement a lieu, ces effets peuvent, nous le croyons, être rattachés à une perversion due à l'ac-

(1) Ausset, *Recueil de méd. vét.*, t. XVII, p. 562.

(2) Berzélius, *Traité de Chimie*, t. VIII, p 400.

tion nutritive par les molécules astringentes apportées par le sang au sein de l'organisme.

Quelle que soit d'ailleurs l'explication qu'il est permis de donner touchant les effets généraux produits par l'emploi prolongé des astringents, ce qui est certain, c'est que ces effets se manifestent réellement, et qu'il importe au praticien de s'abstenir de prolonger leur action pour les astringents minéraux particulièrement afin d'en prévenir les funestes effets.

Emploi des astringents et des acidules. Dans la pratique on réunit très fréquemment les astringents aux acidules, cette réunion diminue l'action locale, mais favorise l'absorption des molécules astringentes dont l'effet général est alors rendu plus actif et plus prompt, remarque d'ailleurs qui n'avait point échappé au fondateur des écoles vétérinaires (1). On fait surtout usage de ce mélange lorsqu'on désire obtenir tout à la fois la médication réfrigérante et la médication astringente. Nous dirons plus loin les cas maladifs qui réclament l'usage de cette double médication.

Emploi des saignées et des astringents. Les saignées et les astringents sont deux ressources thérapeutiques auxquelles on a très souvent recours; ainsi en même temps qu'on détermine une déplétion sanguine dans les vaisseaux, on repousse par l'action astringente le sang qui stagne encore dans les tissus où il s'est accumulé. Ces deux effets réunis donnent un effet rapide et souvent couronné de succès. Aussi aurons-nous soin de spécifier les cas où cette indication doit être remplie.

Mélange des astringents et des toniques. Nous traiterons spécialement de cette précieuse association à l'article *Médication tonique antiputride*. (*Voyez* cette médication.)

Emploi des astringents dans les maladies.

A. *Congestions.* Nous avons dit ailleurs (page 205) que

(1) Bourgelat, *Matière médicale*, art. ASTRINGENTS.

dans les congestions actives le sang abordait abondamment aux vaisseaux capillaires, les distendait, s'accumulait dans leur intérieur et commençait à y circuler péniblement. On n'a point oublié que la stagnation de ce sang, le dérangement de la nutrition dans la partie, le dépôt de produits morbides, ou en d'autres termes l'inflammation en était la conséquence secondaire. Or, si les astringents sont doués, ainsi que nous l'avons dit, de la propriété de resserrer les tissus, de froncer leurs porosités, de contracter les vaisseaux et de repousser le sang qu'ils contiennent, on concevra tout d'abord la grande utilité de ces agents pour provoquer la délitescence des congestions, et notamment de celles dont la cause est externe et par conséquent physique ou chimique.

Les coups violents, les heurts, les chutes sur le sol, les coups de dents des chevaux, suscitent fréquemment dans les animaux une congestion active dans la peau et le tissu cellulaire sous-cutané. Or, après les réfrigérants, les lotions, les applications astringentes, en refroidissant et resserrant tout à la fois les tissus cutané et sous-cutané, repoussant le sang qui y est accumulé, engourdissant la douleur, préviennent l'inflammation et procurent une prompte délitescence. Mais c'estsurtout lorsqu'il s'agit d'agir longtemps et profondément, que les astringents déployent toute la puissance de leurs effets. Aussi dans ces sortes de cas ne doit-on point hésiter de les préférer aux réfrigérants dont l'action est assurément plus prompte, mais aussi moins énergique et moins durable.

C'est surtout dans les congestions du tissu vasculaire de l'os du pied ou la fourbure de tous les animaux, que les astringents sont précieux pour faire avorter la congestion et procurer une prompte répercussion. On entoure alors la couronne, le sabot, les ongles des animaux, de cataplasmes, de bouillies froides et astringentes pour obtenir ce résultat. Bourgelat (1),

(1) Bourgelat, *Encyclopédie de Diderot et d'Alembert*, t. I, p. 383.

Chabert (1), Girard (2), Viborg (3), et en général tous les praticiens, vantent les merveilleux effets des astringents dans cette maladie.

Les ébullitions ou feu d'herbe qui se déclarent si souvent sur les animaux qui paissent dans de gras pâturages au printemps, sont également activement combattues par les astringents à l'état liquide et employés sous la forme de lotions.

Toutefois dans cette dernière maladie, comme aussi dans la fourbure déterminée par une alimentation trop succulente, la maladie ne résidant pas seulement dans le sabot, mais étant aussi la suite d'un trop plein des vaisseaux et d'une richesse trop grande du sang, ce serait en vain, on le concevra sans peine, qu'on mettrait en jeu l'action astringente pour combattre l'effet local, quand cet effet découle ou est la conséquence naturelle d'un effet général. Il faut donc dans ces deux cas, comme dans tous ceux du reste où la congestion s'accompagne d'un état polyhémique, faire marcher de front les émissions sanguines et la médication astringente.

Les tiraillements, les distensions des articulations ou entorses, les œdèmes idiopathiques, les brûlures récentes, les hémorrhagies traumatiques externes en nappe, réclament également l'emploi des astringents. Ces agents, en resserrant les tissus, préviennent, pour les entorses, l'abord du sang dans les liens articulaires violemment distendus, ou font avorter l'inflammation, si elle existe déjà; pour les œdèmes, ils activent la résorption des fluides épanchés dans le tissu cellulaire; pour les brûlures, ils repoussent le sang, enlèvent le calorique associé aux tissus, engourdissent les douleurs et préviennent toute réaction sympathique; enfin, pour les hémorrhagies traumatiques, ils froncent les ouvertures vasculaires,

(1) Chabert, *Instructions vétérinaires*, t. II, p. 158 et 222.
(2) Girard, *Traité du pied*, p. 160, 232, 364 et 418.
(3) Viborg, *Traité sur le porc*, p. 165.

coagulent le fluide qui s'en échappe, resserrent les fibres des tissus, et repoussent le sang qui aborde à la brèche vasculaire.

Terminaisons de la congestion active. — *Hémorrhagie.* Les astringents ont été vantés contre l'hématurie par Garsault (1), Lafosse fils (2), et presque tous les hippiatres ; et dans ces dernières années, l'eau de Rabel étendue d'une plus ou moins forte proportion d'eau, a été préconisée par M. Pottier contre l'hématurie qui se déclare si souvent au printemps sur le gros bétail. Nous ferons remarquer à cet égard, que si le pissement de sang est le résultat d'une pléthore sanguine, ou d'une inflammation rénale aiguë, il faut bien se garder d'employer tout d'abord les astringents à l'intérieur. Il est indispensable avant tout de saigner les animaux pour obtenir une déplétion du système vasculaire, et si malgré les soustractions sanguines l'hématurie continue, c'est alors seulement qu'il faut avoir recours aux astringents, soit en breuvage, soit en lavements, soit en applications constantes sur les reins.

Mais si l'hématurie, de même que d'autres hémorrhagies, comme l'épistaxis, la métrorrhagie ont persisté longtemps; que le sang se montre clair, appauvri dans ses principes fibrino-albumineux, et ne peut point former un coagulum sanguin à l'orifice des porosités vasculaires ouvertes pour lui donner passage; de même aussi lorsque le sang est altéré dans sa composition intime, comme dans certaines hématuries causées par des plantes âcres, par une nourriture peu réparatrice, cas où le sang se montre peu coloré, séreux et pauvre en globules, les astringents dans ces deux circonstances maladives, en augmentant la coagulabilité et la plasticité du fluide nourricier, en lui donnant la possibilité de déposer, soit au bord des porosités, soit sur la brèche vasculaire, une certaine quantité de fibrine et d'albumine pour former un bouchon en quelque sorte à l'orifice des vaisseaux, en contractant

(1) Garsault, *Nouveau parfait maréchal*, p. 222 et 223.

(2) Lafosse, *Dictionnaire d'hippiatrique*, t. I, p. 14.

les fibres organiques, en resserrant les tissus, combattent avec succès ces espèces d'hémorrhagies sthéniques. En résumé, les astringents dans les hémorrhagies sthéniques ou actives, ne sont donc convenables que vers la fin de ces hémorrhagies, tandis qu'ils sont toujours utiles au début et durant tout le cours des hémorrhagies passives ou asthéniques.

B. Inflammations aiguës. Les astringents sont encore mis en usage avec succès dans le début des phlegmasies aiguës, alors que les solides organiques enflammés ne renferment encore qu'un épanchement sanguin, sanguino-séreux, séreux ou séro-purulent. Dans cette période, les liquides morbides, tels que le sang, la sérosité, le pus séro-purulent à globules peu développés, par l'activité de l'absorption imprimée aux vaisseaux, en raison de l'action restrictive, peuvent encore être modifiés, absorbés, repasser dans le torrent circulatoire et être éliminés par les surfaces libres, sans déterminer d'accidents sérieux. C'est ainsi qu'on explique les bons effets des astringents, dans le début de l'inflammation des mamelles (1), de l'arthrite aiguë des jeunes animaux (2), des engorgements récents et œdémateux des enveloppes testiculaires; du début des eaux aux jambes avant la période de sécrétion (3), de l'hépatite (4), et de certaines angines (5); nous ajouterons encore à cette liste, la conjonctivite aiguë essentielle, les inflammations récentes des gaines synoviales des bourses sous-cutanées; les œdèmes chauds des membres, les épanchements sé-

(1) Voyez Lecoq, Mémoire sur la Mammite, *Recueil de Méd. Vét.*, t. XII, p. 561.

Levrat, sur la même maladie, déterminée par les aphthes, même Recueil, t. XVI, p. 409.

(2) Voyez Lecoq, Mémoire sur la Fourbeture des poulains, Mémoires de la Société vétérinaire du Calvados, n° 2, 1831-32, p. 155.

(3) Girard, *Traité du pied*, p. 166.

(4) Hamont, De l'Hépatite des chevaux en Égypte, *Recueil de Méd. Vétér.* t. XVI p. 110.

(5) Bernard, *Recueil de Méd. Vét.*, t. XII, p. 72.

reux du tissu cellulaire, déterminés par des frottements, etc. Cependant, nous observerons ici, que si l'inflammation occupe un organe important à la vie, si elle est accompagnée de fièvre de réaction, il est indispensable de faire précéder la médication astringente par les émissions sanguines et la médication rafraîchissante.

Terminaisons des inflammations aiguës. Mais lorsque l'inflammation aiguë s'est terminée par l'induration rouge, le ramollissement, l'épanchement, la suppuration, la gangrène, les astringents employés en topiques, ou administrés à l'intérieur, deviennent éminemment nuisibles. Inhabiles à faire repasser les produits morbides épanchés, organisés avec les tissus, ils exaspèrent l'inflammation et en précipitent la marche. Dans la suppuration en foyer ou disséminée, les épanchements des grandes séreuses, ces agents peuvent déterminer des résorptions, des métastases funestes. Les astringents sont donc contr'indiqués dans l'état et les terminaisons des inflammations aiguës que nous venons de citer.

Passage des inflammations aiguës à l'état chronique. Lorsque les inflammations aiguës ont été combattues par les médications déplétive, émolliente, rafraîchissante, et que les principaux phénomènes inflammatoires ont en grande partie disparu, mais que cependant la partie malade se montre encore rouge, tuméfiée et parcourue par des vaisseaux capillaires dilatés anormalement par le sang qui circule lentement dans leur intérieur, qu'elle est le siége d'une sécrétion séreuse ou séro-purulente, il est important de ne point laisser passer cette phlegmasie à l'état chronique. Cet état pathologique que l'on constate si fréquemment dans la conjonctivite, le catarrhe nasal, le catarrhe auriculaire, la diarrhée inflammatoire, les eaux aux jambes, les érysipèles, les plaies suppurantes, les ulcères, les écoulements synoviaux, les dartres humides, les décolements de l'ongle du gros bétail, par les aphthes qui se développent autour du sabot, le piétin, la dartre humide ou ulcéreuse qui se montre à la fourchette du pied des chevaux, etc., est combattu avec succès par les astringents. Ces précieux médicaments alors refoulent le sang des vaisseaux capillaires, activent leur contraction qui tend à passer à l'état atonique, font résorber les fluides morbides déjà organisés avec la trame des tissus malades, tarissent les sécrétions anormales dont ils sont le siége, et forcent la partie enflammée à entrer dans la voie de la résolution. Une foule de maladies aiguës externes peuvent être ainsi combattues avec succès par les astringents; mais nous nous hâtons de dire que beaucoup de sagacité, de circonspection doivent présider à l'emploi de la médication. Et d'abord si la phlegmasie aiguë a été positivement locale, ou si étant générale, son lieu d'élection est définitivement fixé, il convient de débuter par de faibles astringents, pour habituer en quelque sorte la partie malade au changement qu'on veut lui imprimer; puis de passer successivement à des astringents de plus en plus énergiques. Dans quelques cas, il est même utile d'associer les astringents aux émollients, ou bien d'alterner ces deux médications, de les suspendre pendant quelque temps, puis de les reprendre ensuite. Que si au contraire la phlegmasie aigue d'abord générale, s'est localisée ensuite; si par sa cause, la constitution délabrée de l'animal, sa suppression ne peut être opérée sans crainte de voir la maladie se reproduire sous une autre forme dans certains points de l'organisme; il est très important alors de combattre ces maladies, selon les règles que nous allons indiquer, pour les phlegmasies chroniques, parce qu'elles réclament un emploi particulier des astringents.

Inflammations chroniques. Les phlegmasies locales qui débutent sous le type chronique, peuvent être attaquées au début avec succès et sans récidives par les intringents. La conjonctivite, le catarrhe nasal, le catarrhe auriculaire du chien, les eaux aux jambes, le piétin, la fourchette pourrie, les dartres sèches, humides et croûteuses, les plaies suppurantes circonscrites, sont quelquefois dans ce cas. L'emploi approprié et bien dirigé des astringents, aussi que nous l'avons dit pour le passage à l'état chronique des phlegmasies aiguës, amène ordinairement la guérison radicale de ces maladies.

Mais si les phlegmasies chroniques qu'on désire combattre, et c'est le cas le plus général, s'accompagnent d'un flux pathologique abondant qui, par son abondance, sa persistance, est devenu en quelque sorte un émonctoire habituel à l'économie; si par l'ancienneté de la maladie, la constitution en a été modifiée, altérée même, ou si comme on l'exprime dans la pratique, la maladie est devenue constitutionnelle; si surtout l'altération anatomique de la partie malade, la sécrétion dont elle est le siége, sont concomitantes à d'autres affections soit de même nature, soit de nature différente, comme la bronchite chronique avec toux quinteuse, l'existence de tubercules pulmonaires, d'épanchements sereux latents, d'engorgements indolents des ganglions lymphatiques du voisinage; de vieilles maladies cutanées, etc., ces phlegmasies ne doivent être traitées par les astringents qu'avec la plus grande circonspection. Il est même indispensable de ne point abolir complètement la sécrétion morbide, dont elles sont le siège, pour prévenir des accidents très fâcheux et même mortels. Il est donc important que nous fassions connaître les règles qui doivent diriger l'emploi des astringents dans ces cas graves et sérieux.

1° Avant de chercher à tarir la sécrétion, des sétons seront posés au voisinage de la partie malade, et on attendra que la suppuration soit bien établie dans leur trajet, avant d'agir avec les astringents. Ces exutoires devront particulièrement être employés sur les animaux faibles et dans un âge déjà avancé.

2° Les purgatifs drastiques, le mercure doux ou calomel à petites doses, administrés quelques jours avant l'action des astringents, et continués pendant leur usage, et même quelques temps après, en ayant le soin de cesser et de reprendre la médication, afin de ne point irriter le canal intestinal et troubler la digestion, sont des moyens dérivatifs et sécrétoires qui peuvent remplacer les sétons particulièrement dans les chevaux adultes et robustes.

3° Les diurétiques chauds ou résineux sont parfois préférés par les praticiens, parce qu'ils n'irritent point autant les fonctions digestives que les purgatifs. Toutefois la médication astringente ne sera mise en pratique qu'autant que la diurèse sera établie, et que l'urine coulera en abondance.

4° Les stimulants généraux regardés comme sudorifiques et diaphorétiques, ont aussi été vantés ; mais on ne doit point compter toujours sur leurs bons effets.

5° La sécrétion de la partie malade sera d'abord tarie par des astringents faibles, unis à des émollients ; si elle est très étendue, on devra d'abord commencer la dessiccation par quelques points isolés, et arriver ainsi graduellement et successivement sur toute la surface frappée de sécrétion morbide. Toutefois, les astringents énergiques ne devront être employés que vers la fin de la dessiccation.

6° *Avant*, *pendant* et *après* le *traitement*, les animaux devront manger une bonne ration d'aliments substantiels, et être soumis, autant que possible, à un travail régulier et doux. Le labour, le travail au pas, de longues promenades, au pas ou au trot, les exercices naturels au vert pris en liberté, sont des moyens d'hygiène indispensables, qui doivent marcher de front, avec la médication astringente, si on veut obtenir une bonne et solide guérison.

7° Enfin, si l'inflammation chronique suppurante, existe depuis plusieurs années, si l'animal est vieux, faible et atteint de maladies chroniques internes, on ne devra point chercher à tarir cet émonctoire naturel, attendu que sa suppression, quoique opérée avec toutes les attentions que nous venons d'indiquer, peut être suivie d'accidents consécutifs trop souvent mortels.

Les maladies qui peuvent se déclarer par la brusque guérison des surfaces sécrétantes chroniques, en quelque sorte naturalisées dans l'organisme, sont la fièvre purulente, les abcès métastatiques pulmonaires, le farcin, la morve, les épanchements séreux des cavités splanchniques, les abcès dans quelques parties du corps, la diarrhée purulente, et quelquefois la gale, les dartres, les maladies putrides, les affections vertigineuses.

Ces sortes d'accidents se font, en effet, fréquemment remarquer pendant le traitement actif et répercussif des eaux aux jambes chroniques avec sécrétion abondante, du crapaud, de la gale, des dartres anciennes, des flux chroniques des cavités nasales, des plaies ulcéreuses fort étendues, du catarrhe auriculaire du chien, etc. Bourgelat, Chabert, Huzard, Blaine, ont particulièrement cité de ces maladies consécutives, et notamment la morve et le farcin, après le tarissement prompt des eaux aux jambes(1), et il n'est pas un seul praticien qui n'ait point fait cette observation. Pour notre compte, nous avons vu fréquemment aussi se déclarer des maladies putrides après un tarissement trop prompt, soit des eaux aux jambes, soit de la gale, soit d'anciennes plaies du garrot.

Pour remédier aux accidents rapides qui se manifestent à la suite de ces suppressions, il est important de rappeler brusquement la sécrétion qu'on a tarie, par l'emploi des vésicatoires, des frictions d'eau-de-vie cantharidée, de sétons et enfin de médicaments appropriés à la nature de la maladie qui a succédé à l'écoulement ou à la suppuration qu'on a cherché à supprimer.

Sécrétions naturelles. Les femelles pleines, dont les petits

(1) Voyez Bourgelat, art. EAUX AUX JAMBES, *Encyclopédie de Diderot et d'Alembert*, t. V, p. 225.

Chabert, Mémoire sur la Morve, *Mémoires de la Société de Médecine*, 1779, p. 371.

Blaine, *Notions fondamentales sur l'art vétérinaire*, t. III, p. 399.

Huzard, *Traité des eaux aux jambes* et *Nouvelle Encyclopédie méthodique*, t. V, 2e part., p. 664 et 668.

meurent pendant l'allaitement, celles auxquelles on retire le nourrisson avant l'époque voulue pour le sevrage, sont souvent exposées à des engorgements laiteux des mamelles, qui déterminent parfois l'inflammation de la glande mammaire. Pour prévenir ces sortes d'accidents, on applique à la surface des mamelles, des mélanges astringents dans le but de diminuer ou d'interrompre la sécrétion laiteuse. Cette suppression si elle est faite brusquement, peut être suivie de maladies cutanées rebelles, de diarrhée et quelquefois de péritonites mortelles. Il importe pour prévenir ces accidents, d'administrer à l'intérieur soit des purgatifs salins à petites doses, soit des diurétiques froids, dans le but tout à la fois de remplacer la sécrétion du lait, par la sécrétion muqueuse intestinale, ou la sécrétion urinaire. Toutefois, pendant cette suppression, la femelle devra être tenue chaudement, et la peau maintenue constamment à une douce température par des couvertures chaudes. La diète ou la demi-diète, devra aussi être rigoureusement observée.

Maladies anhémiques et hydrohémiques. Dans ces maladies où le sang est pauvre en globules, et trop pourvu d'eau, où les organes ne recevant qu'un sang peu excitant et peu nutritif, sont affaiblis et leur tissu cellulaire gorgé de sérosité aqueuse, les astringents végétaux, comme l'écorce de chêne, les glands, les astringents minéraux à base de fer, comme les sulfates, les acétates ferrugineux, en donnant plus de consistance à l'albumine du sang, en fournissant le fer ou l'un des éléments qui concourt à la formation des globules sanguins, en augmentant la contraction fibrillaire des solides, en s'opposant aux épanchements séreux du tissu cellulaire, contribuent beaucoup à faire obtenir la guérison de ces redoutables maladies. Toutefois pour que les astringents dans les maladies dont il s'agit ne troublent point les fonctions digestives, il est important de les administrer à petites doses longtemps continuées, et de les associer autant que possible à la provende, et aux fourrages qu'on distribue aux animaux. Nous avons toujours été satisfaits de l'usage de ces astringents, réunis à une alimentation reconfortable dans l'anhémie et dans la cachexie aqueuse des bêtes à laine. Gohier, Picard, Lessona, Samson, ont comme nous constaté les bons effets des astringents végétaux dans toutes ces maladies. (Voyez en particulier l'*Ecorce de chêne.*)

Dans la *maladie rouge* des moutons, ou dans cette espèce d'anhémie où le sang altéré dans sa composition coule en nature à la surface des conjonctives, des reins, des bronches, des muqueuses intestinales, les mêmes astringents associés à une alimentation roborante, sont également très précieux pour diminuer les ravages qu'elle occasionne dans les troupeaux qui habitent la Sologne, le Berry et tous les pays maigres, pourvus de parcours incultes, et surtout de landes humides. Les observations faites par Tessier et Flandrin sont précises à cet égard (1).

Contre-indications de la médication astringente. Dans les fièvres éruptives ou les maladies exanthématiques, comme la rougeole, la variole, la fièvre aphtheuse et toutes les maladies qui s'annoncent par un mouvement fébrile général, suivi d'une éruption à la peau qu'on doit considérer comme critique, l'emploi des astringents est plein de danger, qu'ils soient administrés à l'intérieur au début de la maladie, ou qu'ils soient appliqués à l'extérieur après la crise ou l'éruption.

Le trouble que ces agents apportent dans la marche naturelle de la maladie cause le plus souvent la mort. Ce n'est guère que dans la période de dessiccation alors que l'éruption est complètement localisée, qu'on peut se permettre seulement l'emploi de légers dessiccatifs pour activer la guérison et prévenir, dans quelques sujets débiles, l'ulcération.

(1) Tessier, *Observation sur plusieurs maladies des bestiaux*, et *Instruction sur les mérinos*, p. 260.

Et Flandrin, Remarques sur la maladie rouge des moutons de Sologne, *Instr. Vét.*, t. I, p. 328.

Névroses. Dans toutes les affections nerveuses essentielles les astringents se montrent généralement sans aucun succès. Dans les congestions sanguines du cerveau, soit essentielles, soit symptômatiques, ils peuvent avoir quelque utilité en applications locales à la surface du crane, mais on leur préfère généralement les réfrigérants.

Maladies putrides. Nous traiterons de l'emploi des astringents toniques qui conviennent particulièrement pour combattre ces maladies, à l'article *Médication antiputride*. (*Voyez* cette médication.) Quant aux astringents qui ne sont point doués tout à la fois de la vertu tonique et styptique, et que nous allons passer en revue, la plupart sont plus nuisibles qu'utiles dans ces maladies.

Enfin, et nous l'avons déjà dit, les astringents ne sont point indiqués contre les surfaces suppurantes qui sont devenues en quelque sorte des émonctoires naturels, et dont on ne peut tarir la sécrétion sans danger.

Des astringents en particulier.

A. *Substances végétales*. Ecorce de chêne. *Cortex querci*, écorce du *quercus robur*. L'écorce de chêne est un médicament indigène précieux. On confectionne avec son écorce encore verte qui renferme beaucoup de tannin ou d'acide tannique, des lavements astringents qu'on administre presque froids aux jeunes animaux atteints de diarrhée séreuse due à une nourriture aqueuse et peu substantielle.

Hématurie. M. Favre assure que certaines hématuries causées par les feuilles, qui, malgré d'autres soins, inquiétaient par leur durée, ont cédé aux lavements froids d'écorce de chêne (1).

Cachexie aqueuse. Mais c'est surtout contre la pourriture des bêtes à cornes et des bêtes à laine que l'écorce de chêne, le gland ont été recommandés. On donne la poudre d'écorce

(1) Favre, De l'hématurie des feuilles, *Recueil*, t. XIV, p. 415.

de chêne ou le tan uni à la provende aux moutons, à la dose de 16 grammes (demi-once), et même 30 grammes (une once) par jour (1). Aux grands ruminants on administre les décoctions concentrées à la dose de 2 à 3 litres par jour aux bœufs (2), et aux bêtes à laine à celle d'un demi-litre (3). Des moutons, en hiver, nourris avec du gland, ont été préservés de l'hydrohémie ; d'autres qui en étaient atteints ont guéri, lorsque la maladie n'était pas très avancée (4).

A l'extérieur, l'écorce de chêne pulvérisée est employée pour dessécher et hâter la cicatrisation des plaies blafardes et qui sécrètent un pus séreux. On l'emploie aussi dans les maladies putrides. (Voyez *Médication antiputride*.)

Noix de galle. Galla turcica. Galla tinctoria. La noix de galle renferme de l'acide gallique et de l'acide ellagique, principes végétaux éminemment astringents. On prépare des décoctions plus ou moins concentrées avec la noix de galle pour en faire soit des injections dans les cavités nasales, dans l'intention de tarir des jettages chroniques, soit des lotions sur les eaux aux jambes des chevaux pour en provoquer la suppression. La noix de galle doit être administrée avec beaucoup de précaution à l'intérieur à cause de l'astriction très forte qu'elle détermine sur le canal intestinal.

Feuilles de noyer et écorces de noix vertes. Ces parties renferment une forte proportion d'acides gallique, tannique, malique et citrique, associés à une matière âcre et amère. Les feuilles traitées par décoction, les écorces grattées, rapées et unies à l'eau, donnent un liquide très styptique qui peut servir à des injections, des lotions, pour tarir certains flux morbides,

(1) Gohier, Mémoires sur la chirurgie vétérinaire, t. II, p. 417.

(2) Didry, Mémoire sur la pourriture des bêtes à cornes, *Recueil de Med. Vet.*, t. IX, p. 139.

(3) Picard, *Annales de l'Agr. française*, première série, t. XVI, p. 61 ; et Samson, *Mémoires de la Soc. d'Agric. de la Seine*, 1821, p. 84.

(4) Chancey, *Ann. de l'Agric. franç.*, t. XXXVI, p. 377; et Lessona, Rodet, *Médecine du Bœuf*, p. 355.

on peut aussi avec avantage faire servir ce liquide à la confection de cataplasmes astringents.

Les racines de *bistorte*, *Polygonum bistorta*, de *tormentille*, *Tormentilla erecta*, sont quelquefois employées dans les mêmes circonstances que les substances précédentes.

La *gomme kino*, *gummi kino*, le *sangdragon*, *Sanguis draconis*, possèdent, il est vrai, des propriétés astringentes ; mais ces substances exotiques et assez chères sont généralement négligées en médecine vétérinaire, et méritent en effet de l'être sous tous les rapports.

Genêt des teinturiers. Genista tinctoria. Les sommités et les fleurs de ce genêt en décoction prises à l'intérieur ont été conseillées par le docteur russe Marochetti, contre la rage (1). Ces décoctions essayées dans la rage de l'homme par quelques médecins, et dans la rage du chien, par M. Rainard, n'ont point procuré de résultats satisfaisants (2). Aujourd'hui ce remède, comme tant d'autres vantés contre la rage, paraît être oublié.

Genêt à balai. Genista scoparia. Les jeunes pousses de ce genêt qui renferment une notable quantité de principes astringents, sont quelquefois recherchées par les moutons aux premiers beaux jours. Tessier et Flandrin en recommandent l'usage contre la maladie rouge et la pourriture des moutons. Les gousses sont données avec avantage dans la provende pendant l'hiver contre ces maladies (3).

Les feuilles du *grand plantain*, nommé encore *plantain vert*, *plantago major*, les pétales de *roses* de *Provins*, *rosa gallica*, les feuilles d'*aigremoine*, *Agrimonia eupatoria*, sont encore des substances médicinales astringentes, dont on fait quelquefois

(1) *Archives Gén. de Méd.*, t. VI, p. 121, et *Recueil de méd. vét.*, t. II, p. 60.

(2) *Compte rendu de l'École de Lyon*, 1823.

(3) Tessier, *Instruct. sur les mérinos*, p. 265 ; et Flandrin, Sur la maladie rouge, *Instructions vétérinaires*, t. I, p. 328.

usage pour combattre de légères maladies locales, telles que la conjonctivite aiguë, les otites récentes des chiens.

B. *Substances minérales.*

Sulfate d'alumine et de potasse, alun, alumen. Ce sel double, très répandu dans le commerce de la droguerie, de l'épicerie et peu cher, est très employé en médecine vétérinaire; cependant on en fait plutôt usage à l'extérieur qu'à l'intérieur.

Dissous dans l'eau dans diverses proportions, suivant l'indication fournie par la partie malade, l'alun constitue un astringent excellent pour combattre le début et le déclin de la conjonctivite et du catarrhe auriculaire du chien.

En poudre et battu avec le blanc d'œuf, il donne un mélange restringent parfait pour résoudre promptement les infiltrations résultant du contact d'une selle ou d'un bât mal approprié au dos de l'animal; dans les entorses récentes du boulet, l'application de ce mélange sur toute l'étendue de l'articulation, réunie à une compression exercée à l'aide de bandes constamment imbibées d'une dissolution froide d'alun, fait obtenir des résultats très satisfaisants.

La dissolution d'alun dans des décoctions de feuilles de noyer, de tormentille, d'écorce de chêne, s'emploie fréquemment pour dessécher les eaux aux jambes, les crevasses des chevaux; mais comme ce dessiccatif est assez puissant, il ne faut l'employer que selon les règles que nous avons établies page 342.

L'alun est un excellent remède dans certaines inflammations de la bouche et du pharynx.

Une solution d'alun dans l'eau vinaigrée et miellée constitue un très bon gargarisme pour guérir les aphthes qui se montrent si souvent dans la bouche des jeunes animaux au moment du sevrage.

MM. Bretonneau et Trousseau, en médecine humaine, ayant

vanté les excellents effets de l'alun pulvérisé et insufflé dans le fond de la gorge et même dans le pharynx, dans l'angine simple ou couenneuse, les vétérinaires ont essayé ce traitement dans l'angine des animaux. MM. Bernard (1) et Roche Lubin (2) ont rapporté des exemples de guérison de pharyngites simples du cheval traitées par l'insufflation d'alun dans le fond de la bouche et la guérison des animaux par ce traitement. Dans les porcs, les chiens, les veaux, les jeunes poulains, les moutons, où ces insufflations sont beaucoup plus faciles à pratiquer que dans les grands animaux, nous avons toujours eu à nous louer de ce moyen thérapeutique. La résolution, ou plutôt la délitescence, ne se fait pas longtemps attendre : du jour au lendemain les animaux sont guéris.

A l'intérieur, l'alun en dissolution, à la dose de 16 à 32 grammes (demi once à 1 once) dans les grands animaux, à celle de 8 à 12 grammes (2 à 3 gros) pour les petits, se donne avec avantage pour combattre l'hématurie asthénique des ruminants. Blaine les recommande particulièrement contre cette maladie dans le cheval (3). Ces solutions, unies à une petite quantité d'extrait aqueux d'opium ou de laudanum, et données en lavement, guérissent très bien les diarrhées séreuses, opiniâtres des jeunes animaux encore à la mamelle.

L'alun, selon Lafosse, doit être administré avec circonspection. Ce praticien assure avoir vu des chevaux devenir phthisiques à la suite de son usage réitéré (4).

En médecine humaine, la solution d'alun a été particulièrement recommandée dans les coliques déterminées par les émanations saturnines. Ces coliques, qui ne se remarquent guère que dans les chiens appartenant à des peintres ou sur des chevaux et des chiens qui travaillent ou qui habitent dans

(1) Bernard, *Recueil de Méd. Vét.*, t. XII, p. 72.

(2) Roche Lubin, *Recueil de Méd. Vét.*, t. XIII, p. 503.

(3) Blaine, *Notions fondamentales sur l'art vétérinaire*, t. III, p. 272.

(4) Lafosse, *Dict. d'hippiatrique*, t. I, art. ALUN.

des manufactures de céruse, pourraient être traitées par le même moyen.

Proto-sulfate de fer, vitriol vert, vitriol de Mars, couperose verte, sulfate ferré. — Emploi externe. Le sulfate de fer en solution dans l'eau, le vinaigre, uni à l'alumine, à la suie de cheminée, est usité fréquemment pour confectionner des cataplasmes dont on entoure le pied des animaux atteints de fourbure, les articulations où débute l'arthrite, les mamelles frappées d'engorgements laiteux (1).

Usage interne. A l'intérieur, le sulfate de fer est rarement employé seul. Bien qu'administré à petites doses, ce sel, en parcourant le canal intestinal, dépose un sédiment sur la muqueuse, dont il tarit d'abord les sécrétions, et qu'il irrite et enflamme ensuite. Ce n'est donc qu'en solution parfaite et associé à des décoctions aromatiques et toniques, telles que les infusions de sauge, de lavande, les décoctions d'aunée et de gentiane qu'on doit en faire usage. On le donne alors à la dose de 8 à 32 grammes au plus (de 2 gros à 1 once) pour les grands animaux, et à celle de 1 à 8 grammes (1 scrupule à 2 gros) pour les petits. Un solutum de 30 grammes de sulfate de fer dans 8 litres d'eau en aspersion sur 15 kilogrammes (30 livres) de fourrage, constitue un condiment très usité, soit pour prévenir, soit pour guérir au début les maladies hydrohémiques et anhémiques de tous les animaux.

Sous la forme pulvérulente, on a conseillé dans ces derniers temps de l'unir à la farine de lupin, de seigle, à la poudre de gentiane et au muriate de soude, pour confectionner une pâte qui, cuite au four et coupée par tranches, est distribuée avec avantage aux moutons atteints de la pourriture au premier degré. C'est ainsi que sous la forme de breuvage, de condiment, de pâte, le sulfate de fer a été conseillé contre la cachexie aqueuse ou hydrohémie du gros et du menu bétail par Cha-

(1) Lecoq, *Mém. de la Soc. du Calvados*, n. 2, p. 155, et n. 3, p. 14.

bert (1), Tessier (2), Schulembourg (3), Didry (4), Taiche (5), de Gasparin (6), Rey (7) et nous.

Le sulfate de fer, administré à l'intérieur, étant un sel soluble, est absorbé et passe dans le torrent circulatoire; il peut donc modifier le sang et concourir peut-être à la formation de sa matière globuleuse. Toutefois, d'après les expériences de Tiedemann et de Gmelin, une partie de ce sel est éliminée par les urines (8).

Viborg avait annoncé, dans un mémoire adressé à la Société d'encouragement vétérinaire de Copenhague en 1810, que le sulfate de fer, administré à la dose de 240 à 260 grammes (8 à 12 onces), faisait vomir le cheval et agissait fortement sur les urines (9). Le professeur vétérinaire Gohier a répété les expériences du directeur de l'école vétérinaire du Danemarck, sur trois chevaux, et ces trois animaux n'ont ni vomi ni uriné. Le lendemain, tous les trois étaient morts d'une violente inflammation des intestins (10).

Le sulfate de fer, à plus grandes doses que celles que nous avons spécifiées plus haut, peut occasionner des accidents graves et même la mort en enflammant le canal intestinal.

Sulfate de zinc (*sulfas zincæ*). *Vitriol blanc*, *couperose blanche*. La couperose blanche est un styptique puissant qu'on emploie fréquemment à l'extérieur. Dissoute dans l'eau ordi-

(1) Chabert, Mémoire sur la Pourriture, *Instruct. vét.*, t. II, p. 186.

(2) Tessier, *Instruct. sur les mérinos*, p. 240.

(3) Schulembourg, *Instruct. vét.*, t. IV, p. 403.

(4) Didry, Sur la Cachexie aqueuse des bêtes bovines, *Recueil de méd. vét.*, t. IX, p. 144.

(5) Taiche, même maladie, même Recueil, t. XI, p. 298.

(6) Gasparin, *Manuel d'art vét.*, p. 385.; et Rey, *Journal des vét. du Midi*, t. IV p. 358.

(7) Delafond, Mémoire sur les Altérations essentielles du sang, *Recueil*, t. XVI, p. 345.

(8) Moiroud, *Traité de Mat. médicale*, p. 222.

(9) Viborg, *Annales de l'Agriculture française*, première série, t. XLIV, p. 182.

(10) *Compte rendu de l'École de Lyon*, 1811.

naire et dans des proportions variables, cette préparation constitue un collyre excellent pour combattre les ophthalmies externes récentes. En moins de vingt-quatre heures quelquefois les animaux sont guéris.

Les solutions aqueuses de sulfate de zinc, en proportions variables, suivant l'indication, sont aussi employées avec succès pour tarir les écoulements des cavités nasales des chevaux, des oreilles des chiens, les eaux aux jambes récentes, les dartres humides. Dans ces diverses circonstances, le sulfate de zinc, selon M. Lassaigne, se combine avec l'albumine de la matière liquide sécrétée, et concourt ainsi, indépendamment de l'action astringente, à activer la dessiccation.

A l'intérieur le sulfate de zinc n'est point employé. Selon Moiroud, à la dose d'une once, et administré par la bouche, ce sel donne la mort aux animaux après deux ou trois jours. Absorbé par les veines mésaraïques, il paraît agir plus spécialement sur le cerveau (1).

L'oxyde de zinc, ou *tuthie*, est employé en poudre fine, contre les taies des yeux des animaux. On l'étend alors contre les paupières, en suivant le procédé de Bourgelat. (Voyez pour ce procédé, page 90.)

Sous-proto-acétate de plomb, sous-acétate de plomb, extrait de saturne, acétate de plomb liquide, vinaigre de saturne, extrait de Goulard.

Le sous-proto-acétate de plomb pur n'est que très rarement employé à l'extérieur. M. Raynard dit en avoir fait usage avec succès, en l'associant à quelques gouttes d'*acide nitrique,* contre l'espèce de dartre humide qui attaque si fréquemment la face, le pourtour des yeux et la gueule des chiens. Nous avons également employé heureusement ce sous-acétate pur, soit pour dessécher les dartres humides qui se déclarent sou-

(1) Moiroud, *Mat. médicale*, p. 227.

vent entre les phalanges des chiens, les crevasses du pli du genou, du jarret et du boulet, les dartres humides du coussinet plantaire des chevaux, soit pour terminer la dessiccation des eaux aux jambes, soit enfin pour achever de tarir l'écoulement de certains vieux catarrhes auriculaires du chien. Selon M. de Gasparin, le cérat saturné employé pour guérir la gale du mouton, est un véritable poison qui s'insinue dans la circulation et jette les animaux dans le marasme (1).

Le médicament dont il s'agit, aussi bien que l'eau de Goulard, dont nous allons traiter, ne sont jamais administrés à l'intérieur, dans les maladies des animaux. Ce sont même, à petites doses, des agents toxiques qui dessèchent, rétrécissent le canal intestinal, en suscitant de violentes coliques, passent dans le sang, et produisent une intoxication générale (2), souvent mortelle.

Eau de Goulard, eau blanche, eau végéto-minérale.— Cette préparation est très fréquemment employée à l'extérieur (voyez pour sa confection, le *Traité de pharmacie*), en lotions, en fomentations, en applications, dans le traitement des érysipèles récents, des dartres furfuracées ou légèrement humides, des décollements récents de la corne par les maladies aphtheuses, de la fourbure récente du porc, du chien, et même du cheval (3), des brûlures, etc. On s'en sert aussi avec beaucoup de succès en injections dans les cavités nasales, pour combattre les anciens jetages; on en lotionne aussi les yeux affectés d'ophthalmies récentes ou anciennes, et les eaux aux jambes.

De même que le sulfate de zinc, l'extrait de saturne se com-

(1) De Gasparin, *Maladies contagieuses des bêtes à laine*, p. 189.

(2) Voyez les Recherches de M. Ausset, *loco citato*, Compte rendu de l'École d'Alfort, *Recueil de méd. vét.* t. XVII, p. 562 ; et Orfila, *Médecine légale*, 3ᵉ éd., p. 235.

(3) Chabert, Mémoire cité, sur la fourbure; et Girard, *Traité du pied.*

bine avec l'albumine des produits maladifs sécrétés, et concourt ainsi plus rapidement à la dessiccation.

Sous-deuto-acétate de cuivre. — Ce sel encore nommé *vert de gris*, réduit en poudre, constitue un excellent dessiccatif, dont on fait fréquemment usage à l'extérieur, pour dessécher les ulcérations du farcin, les plaies farcineuses, les dartres ulcéreuses, rongeantes, et surtout pour le pansement du piétin des moutons. Ce sel peut être employé sans aucun danger, parce qu'il n'est pas soluble.

Deuto-acétate de cuivre, verdet cristallisé, cristaux de Vénus. — Ce sel étant soluble, pouvant être absorbé, et déterminer l'empoisonnement, ne doit point être employé. On ne le confondra donc point, dans la pratique, avec le sel précédent, et surtout avec le deuto-sulfate de cuivre, ou *couperose bleue*, qui est caustique et vénéneux.

Acétate de chaux. — Ce sel, qu'on trouve dans le commerce à très bon marché, jouit d'une très puissante vertu astringente.

Nous faisons très fréquemment usage d'une solution plus ou moins concentrée de ce sel dans le catarrhe nasal chronique, qui menace de se terminer par la morve, alors que les autres astringents se sont montrés sans succès. Les crevasses des jointures sont aussi parfaitement bien séchées par ce sel, associé à une petite quantité de miel. Dans les eaux aux jambes, dans les plaies ulcéreuses qui suppurent depuis longtemps, on ne doit en faire usage qu'avec beaucoup de ménagements, car la dessiccation si prompte qu'il produit, peut occasionner des répercussions dangereuses.

Eau de chaux. Cette eau est formée par le solutum clair et filtré d'oxyde de calcium. Il ne faut point la confondre avec le *lait de chaux*, qui n'est autre chose que de la chaux éteinte dans une grande quantité d'eau. Bourgelat le premier a conseillé l'eau de chaux à l'intérieur pour guérir la morve (1), après

(1) Bourgelat, *Avant-Coureur du mois de novembre* 1767, numéro 48, et *Instruct. vét.*, t. II, p. 400.

lui Chabert a vanté beaucoup ce moyen (1). Drouard (2) et Volpi (3), en employant non seulement l'eau de chaux à l'intérieur, mais encore en injection dans les cavités nasales, parvinrent à obtenir plusieurs guérisons. Cette eau se donne à la dose de quatre litres par jour, soit en breuvages soit en mélange avec la boisson ordinaire. Aujourd'hui personne ne fait usage de l'eau de chaux dans le traitement de la morve, et c'est peut être à tort. Les injections dans le nez détergent très bien les chancres et provoquent leur cicatrisation. Chabert a conseillé cette eau dans les indigestions des ruminants (4) ; mais avec juste raison, ce traitement est abandonné.

Enfin, Blaine a préconisé l'eau de chaux unie au goudron, pour combattre la pousse, et la toux qui en est le symptôme. Ce moyen ne mérite pas la peine d'être essayé (5).

A l'extérieur, l'eau de chaux est usitée comme dessiccatif dans les plaies anciennes, la gale et les dartres. Nous en avons fait usage avec succès dans la conjonctivite purulente du chien.

Suie de cheminée. La suie de cheminée, mise macérer dans l'eau, puis filtrée, est un excellent vermifuge (*voyez* Médication anthelmintique). A l'intérieur, Vicq-d'Azyr place la suie au nombre des médicaments qu'on peut se procurer partout, et qui comptent des guérisons dans le typhus épizootique du gros bétail (6).

A l'extérieur, la suie pilée et tamisée est un excellent dessiccatif et absorbant, dont on doit faire usage pour tarir les sécrétions abondantes des vieilles plaies.

(1) Chabert, Mémoire sur la Morve, *Mémoires de la Soc. de Médecine*, 1779, p. 377.

(2) Drouard, *Compte rendu, École de Lyon*, 1811.

(3) Volpy, *Abrégé de Médecine vét.*, p. 83.

(4) Chabert, *Instruct. vét.*, t. III, p. 210.

(5) Blaine, *Not. fondament.*, citées, p. 206.

(6) Vicq-d'Azyr, *Moyens préservatifs et curatifs*, p. 470.

Unie au miel, elle convient pour combattre les eaux aux jambes, et les dartres humides, notamment celles qui se déclarent au nez des moutons.

Associée au vinaigre, pour confectionner des cataplasmes, elle a été recommandée, et mérite avec juste raison de l'être, par Garsault (1), Bourgelat (2), Chabert (3) et M. Girard (4), contre la fourbure de tous les animaux.

Créosote. La créosote, comme astringent, est un médicament dont l'emploi n'a encore été que fort peu préconisé en médecine vétérinaire, et dont nous n'entretiendrions pas nos lecteurs.

Préparations astringentes. Le mélange d'alun et de sulfate de zinc en solution dans l'eau, vanté par Solleysel (5), contre les eaux aux jambes, celui de fiente de vache, de vinaigre, de suie de cheminée, proposé également par Solleysel et Bourgelat (6), contre les œdèmes et la fourbure, l'emmiellure dessiccative de Hodier (7), la liqueur styptique (8), l'onguent siccatif de Blaine (9), l'onguent égyptiac, contre les eaux aux jambes, le topique astringent de M. Blavette, contre les écoulements synoviaux (10), la pierre divine ou ophthalmique, contre les ophthalmies, sont des préparations pharmaceutiques dont l'expérience a sanctionné les bons effets, et qu'on emploie fréquemment dans la pratique.

(1) Garsault, *Nouveau Parfait maréchal*, p. 262.

(2) Bourgelat, *Encyclopédie méthodique*, art. FOURBURE, t. VII, p. 223.

(3) Chabert, *Instruct. vét.*, t. II, p. 158 et 229.

(4) Girard, *Traité du pied*. p. 231.

(5) Solleysel, *Parfait maréchal*, art. EAUX AUX JAMBES, p. 529.

(6) Bourgelat, *Matière médicale.*

(7) Delafond et Lassaigne, *Traité de Pharmacie*, p. 450.

(8) Id. id. p. 517.

(9) Blaine, Notions citées, p. 397.

(10) Blavette, *Recueil de Méd. vét.*, t. XVIII, p 433.

DEUXIÈME CLASSE.

MOYENS THÉRAPEUTIQUES PROPRES A CALMER ET A EXCITER LE SYSTÈME NERVEUX. — ANTISPASMODIQUES ET EXCITANTS NERVEUX.

Les moyens thérapeutiques compris dans cette classe, composent les médications :

1° Anodine ;
2° Stupéfiante ;
3° Narcotico-âcre ;
4° Excitative du système nerveux.

§ 1er MÉDICATION ANODINE.

Nous donnons, à l'exemple des thérapeutistes de nos jours, le nom d'*anodins* aux médicaments qui ont pour propriété *particulière* de calmer la douleur pathologique, de modifier et de régulariser certaines perversions du système nerveux céphalo-rachidien et ganglionaire.

Sous le point de vue thérapeutique, de même que sous le point de vue pathologique, le vétérinaire devra se rappeler quatre cas bien différents les uns des autres, dans l'emploi de la médication anodine :

1° Dans le premier cas, la douleur, les accidents nerveux débutent tout d'abord et sans lésion appréciables, dans le système nerveux ; les fonctions sensoriales et locomotrices sont sensiblement troublées, perverties même ; mais la nature du mal, son siége, parfois sont inconnus. Et cependant les symptômes que remarque l'observateur sont graves, et la maladie qu'ils signalent est incurable. Telles sont les *névroses essentielles*, maladies fréquentes chez l'espèce humaine, et heureusement assez rares dans les animaux domestiques. Ici la médication anodine doit être dirigée contre la névrose dans le but de ramener à leur rhythme normal les fonctions nerveuses troublées ou perverties.

2° Dans le second cas, la douleur, la perversion des sensations ne sont que la conséquence d'une altération matérielle du système nerveux, laquelle par sa nature, son siège, son état simple ou compliqué, a provoqué et déterminé les symptômes nerveux qui en sont l'expression. Or, dans cette circonstance, la médication n'est point le moyen thérapeutique exclusif que le praticien doit diriger pour combattre la maladie nerveuse, mais bien un des moyens curatifs qui doit concourir avec d'autres médications à procurer la guérison. C'est ainsi que dans les inflammations du cerveau, de la moelle épinière, des cordons nerveux, la médication anodine trouve, réunie aux déplétions sanguines, aux dérivatifs, la raison de l'utilité de son emploi.

3° Dans le troisième cas, la douleur, les perversions nerveuses accompagnent les inflammations des tissus divers de l'organisme; elles en exaspèrent les symptômes, les compliquent quelquefois gravement : ici, les anodins ne sont encore appelés qu'à jouer un rôle secondaire, très important sans doute, pour faire obtenir la guérison. Les médications déplétive, révulsive, émolliente, doivent la précéder et ensuite concourir avec elle à combattre la lésion matérielle, cause première et essentielle de la douleur, et des symptômes nerveux.

4° Dans le quatrième cas enfin, les accidents nerveux persistent après la guérison de la lésion morbide qui les a suscités, et ce sont eux qui constituent la maladie alors prédominante qu'il faut faire cesser. Dans ce cas, de même que dans le premier, le vétérinaire doit avoir recours aux anodins comme devant être essentiellement chargés de terminer la guérison. L'emploi simultané ou consécutif d'autres médications ne doit être considéré que comme une condition auxiliaire à l'action anodine.

La petite excursion que nous venons de faire dans le domaine de la pathologie générale n'est donc point, comme on peut bien le penser maintenant, sans quelque importance, puisqu'elle nous permettra de spécifier les conditions morbides dans lesquelles la médication anodine est appelée à jouer un rôle principal ou secondaire, et par conséquent de poser les règles de son emploi.

Les anodins le plus fréquemment usités en médecine vétérinaire sont : l'opium et ses composés, les têtes de pavots, l'éther sulfurique, le camphre, la valériane, les fleurs de tilleul, l'*assa fœtida*, les fleurs d'oranger, la laitue commune, la morelle noire et certaines préparations pharmaceutiques, comme l'onguent populéum, le laudanum, l'huile opiacée, la liqueur anodine d'Hoffmann, etc.

Conditions propres à assurer l'action des anodins. Les conditions qui doivent être remplies dans l'emploi des anodins sont les suivantes : 1° La préparation anodine devra être soluble; elle sera employée en solution, autant que la maladie pourra le permettre.

2° On administrera de préférence les principes immédiats actifs des agents anodins, parce que les effets en sont prompts, énergiques et certains.

3° Dans l'emploi externe des anodins, ces agents, autant qu'on le pourra, devront être appliqués immédiatement sur la partie malade, ou toujours le plus près possible de l'endroit douloureux.

4° Destinés à être administrés à l'intérieur, la dose des anodins devra être exacte, et leur administration convenablement faite.

5° Enfin le vétérinaire n'oubliera jamais d'étudier les effets produits par l'agent anodin, afin de pouvoir les augmenter s'ils sont trop faibles, les diminuer s'ils sont trop forts, et d'en régulariser l'action selon la nature et le siége de la maladie. Ce n'est assurément qu'après avoir rempli ces conditions, qu'il est permis d'attendre de bons et salutaires effets des anodins. (Voyez Frictions, Embrocations, Breuvages, pages 31, 33 et 53.)

Effets sensibles. Mis en contact avec des parties endolories, les sédatifs engourdissent les douleurs, calment la fièvre de réaction, et contribuent activement à combattre et à faire cesser les phénomènes inflammatoires, s'il y en a. Lorsque le médicament peut être appliqué immédiatement sur les extrémités nerveuses, quand elles sont irritées ou enflammées, ces effets sont souvent bien remarquables.

Administrés à l'intérieur, les anodins calment les douleurs intestinales, ralentissent les contractions pénibles des intestins, diminuent les sécrétions pathologiques, dont la muqueuse digestive, le foie, le pancréas, peuvent être le siége, et contribuent à rétablir l'harmonie dans les fonctions digestives. Passant ensuite dans le torrent circulatoire, les molécules anodines sont distribuées à tous les organes, tous les tissus, et alors leur action générale se réunit à leur effet local. Les agitations désordonnées, les soubresauts, les contractions involontaires, le vertige, la fièvre de réaction, se calment, diminuent, et souvent disparaissent complètement par l'impression des molécules sédatives sur les parties vivantes et en proie à une excitabilité anormale. Sous l'influence de cette précieuse médication, le pouls devient moins agité, et ses pulsations se régularisent, les contractions du cœur acquièrent de la souplesse, la respiration diminue la fréquence de ses mouvements, les douleurs, les coliques, les vertiges, les contractions cloniques ou toniques s'apaisent, les pupilles dilatées ou contractées reviennent à leur état naturel, et la vision s'accomplit. Les sécrétions cutanées et urinaires suspendues se rétablissent, la peau s'échauffe et se couvre d'une légère sueur chaude, les urines s'écoulent parfois abondamment; enfin la faiblesse musculaire succède à l'agitation, et bientôt un engourdissement de toute l'économie et un calme profond annoncent une impression sédative dans tous les points de l'organisme.

Les bienfaisants résultats de l'action des anodins ne se font pas longtemps attendre. Ceux dont le principe actif est volatil, comme l'éther, le camphre, la liqueur anodine d'Hoffmann, la valériane, médicaments dont les molécules très divisibles peuvent passer rapidement dans le sang, se disséminer promptement et dans ce fluide et dans toute l'économie, déterminent parfois des effets surprenants. En effet, à l'extérieur, aussitôt que le médicament a touché la substance nerveuse endolorie, la douleur cesse : à l'intérieur, si le tube digestif est le siège de douleurs vives, dues particulièrement à une exaltation nerveuse, aussitôt que le médicament anodin a touché toutes les parties malades, les coliques se calment et disparaissent. Les mêmes effets, quoique plus lents à se manifester, s'opèrent après l'absorption dans tous les points de l'organisme. Mais par cela même que la soustraction de la douleur est prompte, par cela même aussi l'action anodine est courte ; il faut donc y revenir une seconde, une troisième fois, et quelquefois plus, pour obtenir un effet durable et curatif. Les anodins fugaces, s'ils ont le grand avantage d'agir avec rapidité et de calmer promptement les douleurs, les désordres nerveux, ont donc aussi l'inconvénient de s'échapper aussitôt de l'organisme par la transpiration pulmonaire et cutanée, et de ne produire qu'une impression éphémère ; et cependant dans beaucoup de cas cette action, quoique subite et courte, suffit pour faire obtenir une guérison sans retour.

Les anodins formés par des substances fixes, telles que l'opium et ses préparations, l'*assa fœtida*, le suc de laitue vireuse, dont les effets locaux et généraux sont incontestablement plus lents que ceux des anodins volatils, ont ce très précieux avantage, qu'ils prolongent la médication et n'exigent point de fréquentes administrations : aussi, dans certaines affections nerveuses, durant lesquelles les animaux se montrent très irritables, parfois méchants, difficiles à approcher, l'usage des anodins fixes doit-il être préféré à celui des anodins diffusibles, parce qu'ils ne nécessitent point des administrations réitérées de breuvages, d'électuaires, de lavements, etc., opérations qui toujours tracassent, irritent les animaux et exaspèrent souvent la maladie.

Toutefois si l'indication de calmer vivement et longtemps se présentait, il serait très rationnel de réunir dans la même administration des anodins volatils et des anodins fixes, afin que, les effets suscités par les premiers étant terminés, ceux des seconds continuassent la médication.

Emploi momentané et prolongé. La vertu des agents anodins étant toute dynamique et ne produisant pas de modifications matérielles dans les tissus organiques, on conçoit que la médication anodine soit prompte à s'user ; de là l'indication très importante de ne pas l'abandonner lorsqu'elle n'a point convenablement rempli le but curatif qu'on s'était proposé. En cas d'insuccès, il est toujours rationnel de changer les agents de la médication, substituer l'éther à la valériane, faire suivre l'emploi de la valériane par celui de l'*assa fœtida*, passer du camphre à l'opium jusqu'à ce qu'on ait rencontré l'agent qui convienne le mieux à la maladie qu'on désire combattre.

L'emploi prolongé des anodins n'est indiqué que dans les maladies nerveuses continues avec exaltations cérébrales, mouvements désordonnés, et dans certaines sécrétions pathologiques qui compromettent par leur persistance la vie des animaux.

Les organes paraissant s'habituer facilement aux antispasmodiques, il arrive une époque où leurs effets deviennent presque nuls : il est donc important, en prolongeant leur usage, d'en augmenter successivement la dose. Toutefois, comme les agents dont il s'agit tarissent les sécrétions intestinales, émoussent la sensibilité nerveuse du canal digestif, diminuent l'étendue et la force de ses contractions, ce triple effet suscite des troubles digestifs et amène toujours une constipation opiniâtre. De là l'indication dans l'usage prolongé des anodins de cesser la médication pendant quelque temps et de la reprendre ensuite.

Emploi dans les maladies.

A. *Affections nerveuses essentielles.* Dans les affections qui ont leur siége dans le système nerveux et qui s'accompagnent d'une perversion de la sensibilité et du mouvement, d'une exaltation de certaines fonctions dont le système nerveux joue le rôle principal, les anodins sont assurément les agents thérapeutiques sur lesquels le praticien doit fonder l'espoir de la guérison. C'est ainsi qu'on doit calculer dans le traitement de la chorée, du tétanos, de la nymphomanie, etc. D'autres maladies essentiellement nerveuses résistent cependant à l'action antispasmodique, tout aussi bien, il est vrai, qu'à d'autres médications puissantes, ce sont : la rage, l'épilepsie, l'immobilité.

1° *Chorée.* La chorée ou danse de Saint-Guy, qui se fait remarquer quelquefois dans le cheval, et fréquemment chez le chien, est une des affections nerveuses qu'on parvient quelquefois à guérir dès son début par les antispasmodiques, Gohier, MM. Rainard et Lamy, ont guéri cette maladie dans le chien par l'administration de la valériane et de l'*assa fœtida* (1). Nous avons été moins heureux que les vétérinaires recommandables que nous venons de citer dans l'emploi de ces deux agents anodins, contre la chorée du chien.

2° *Tétanos.* Nous avons cherché à prouver en traitant de la médication déplétive, que les saignées en diminuant l'excitation sanguine, exaltaient l'influx nerveux dans le tétanos. Or, les antispasmodiques anodins, soit seuls, soit réunis à d'autres médications, sont, selon nous, les moyens curatifs sur lesquels le praticien doit espérer d'obtenir quelquefois la guérison de cette redoutable névrose. Toutefois, si ces

(1) Compte rendu, Ecole de Lyon, 1811, 1820, 1821, 1822, 1824.

agents ne déterminent point, après 6 à 12 heures de leur emploi, un soulagement notable dans l'état des animaux, il faut avoir recours immédiatement aux narcotiques administrés à grande dose, ainsi que nous le dirons plus loin. Néanmoins, les médicaments qui devront être préférés d'abord, parce que ce sont ceux qui comptent le plus de succès, sont les antispasmodiques volatils, tels que l'éther, le camphre, la liqueur anodine d'Hoffmann et la valériane. La dose devra en être réitérée toutes les demi-heures, afin de continuer et de soutenir toujours l'influence de la médication. Le séjour des animaux dans un lieu sombre, l'emploi de plusieurs couvertures de laines placées sur le corps, l'usage de fumigations émollientes dans le but d'exciter la transpiration cutanée, sont des moyens auxiliaires qui concourent beaucoup à faire obtenir, dans quelques cas, la guérison du tétanos essentiel. M. Marympoey (1) a guéri un poulain, une jument, un mulet et une vache par ces moyens.

Nymphomanie. Les antispasmodiques ont été recommandés dans l'affection nerveuse des femelles, qu'on a désignée sous le nom de nymphomanie, affection qui correspond, sous quelques rapports, aux attaques hystériques de la femme. Gohier assure que Mercier, vétérinaire, à Aigle, a traité avec succès une jument et une vache nymphomanes. Quant à nous, plusieurs fois nous avons eu recours à ces agents, pour calmer les effets suscités par cette névrose dans la jument et la vache, et nous assurons qu'ils nous ont réussi.

B. *Maladies diverses.* 1° *Douleurs nerveuses symptômatiques.* Les affections nerveuses symptômatiques peuvent résulter : 1° d'une inflammation des organes encéphaliques et de certaines branches nerveuses ; 2° de l'inflammation de tissus simples ou complexes ; 3° de la sympathie morbide exercée sur l'encéphale et ses dépendances.

(1) Marympoey, *Mém. de la Soc. d'Agric. de Paris*, 1827, t. I, p. 197.

1° *Inflammation des organes nerveux.* Les phlegmasies du cerveau et de ses enveloppes qui s'accompagnent de douleurs violentes, de vertiges, de mouvements désordonnés, réclament l'emploi des anodins. Ces agents associés alors aux émollients, aux tempérants, aux émissions sanguines, concourent efficacement, en engourdissant la douleur, en régularisant les fonctions cérébrales exaltées, à procurer la guérison. Tous les praticiens sont d'accord sur ce point.

Dans les douleurs nerveuses qui sont la conséquence de la section de certaines branches nerveuses, comme dans l'opération de la névrotomie, les déchirures de nerfs, comme il arrive dans les plaies d'armes à feu, les dilacérations des tissus par des corps vulnérants, les compressions diverses, comme dans la castration, les déplacements des abouts fracturés, les brûlures étendues et récentes, les antispasmodiques, employés en applications sur les branches nerveuses coupées, déchirées, meurtries, comprimées ou brûlées, engourdissent parfaitement la douleur, font cesser la fièvre de réaction, comme aussi tous les accidents généraux qui en sont la conséquence.

2° *Inflammations diverses.* Dans les phlegmasies externes très douloureuses, comme les phlegmons sous-aponévrotiques des phalanges, les inflammations aiguës des gaînes synoviales tendineuses, les arthrites aiguës des jeunes animaux, les plaies très douloureuses du pied, le rhumatisme articulaire, etc., les anodins associés à la médication antiphlogistique sont très efficaces pour combattre la douleur et la fièvre de réaction violente qui cause parfois la mort. Mais, il faut bien en être persuadé, ces agents ne sont réellement efficaces qu'autant que la cause essentielle qui occasionne la douleur, l'inflammation, est combattue d'autre part par des moyens rationnels.

A l'intérieur, les antispasmodiques sont utiles dans une foule de maladies. Les congestions intestinales, les entérites aiguës qui débutent en s'accompagnant de violentes douleurs ou de coliques, cessent quelquefois, comme par enchantement, par l'emploi combiné des déplétions sanguines et des antispasmodiques, associés aux émollients. L'éther sulfurique, l'opium, l'huile opiacée, les infusions de fleurs de tilleul sont les agents anodins dont les praticiens devront particulièrement faire usage. Les mêmes agents sont aussi très utiles dans les météorisations du cheval et des ruminants, les coliques d'eau froide. Les succès obtenus journellement dans les cas dont il s'agit, par beaucoup de praticiens, et notamment par MM. Jouannaud (1) et Rainard (2), ne peuvent laisser le moindre doute à cet égard.

Les laryngites, les bronchites aiguës, s'accompagnant de violentes quintes de toux qui exaspèrent l'inflammation, et fatiguent beaucoup les animaux, réclament impérieusement l'emploi des anodins. On les unit alors aux électuaires, aux fumigations émollientes.

3° *Inflammations catarrhales*. Dans les bronchites et les pneumo-bronchites catarrhales avec jetage abondant par les naseaux, râle muqueux bronchique, toux grasse et fatigante, les anodins réunis aux émollients sont encore très utiles. L'opium est le médicament qu'on doit choisir de préférence dans ces sortes de maladies, parce qu'il éloigne les quintes de toux et diminue la sécrétion bronchique. Si l'inflammation a été aiguë et qu'elle s'achemine vers la résolution, l'opium devra être uni aux émollients; mais si la phlegmasie catarrhale marche vers la chronicité, si la muqueuse nasale est pâle et glacée, le jetage froid et mucoso-purulent, l'animal faible, l'opium uni à des substances toniques, comme l'extrait de gentiane, l'extrait de genièvre ou les poudres de ces plantes, fait cesser la sécrétion muqueuse, arrête peu à peu

(1) Jouannaud, *Journ. vét. du Midi*, t. I p. 220;
(2) Rainard, *Traité de Thérapeut. vét.*, p. 240.

le jetage; et les substances toniques remontant les forces digestives, fortifiant tout l'organisme, déterminent une guérison prompte et durable. Cette association heureuse des antispasmodiques et des toniques nous a particulièrement bien réussi dans la maladie dite des chiens et dans les gourmes interminables des jeunes chevaux. Nous en recommandons spécialement l'usage.

Dans les phlegmasies catarrhales de moyenne intensité des intestins, maladies connues sous les noms de *diarrhée*, de *flux intestinal*, les breuvages, les lavements opiacés, comptent de grands succès. L'opium, en diminuant les sécrétions pathologiques dont la muqueuse est le siége, en calmant les douleurs, en ralentissant les contractions intestinales, amène la guérison. Ce sont surtout les diarrhées des jeunes poulains et en général de tous les animaux, qui sont promptement combattues par ce moyen, quand toutefois les causes qui occasionnent la maladie ont cessé. Les exemples de guérison qui nous sont propres, celles consignées dans les annales de la science par Viborg (1) et M. Besnard (2), confirment ce que nous avançons.

Dans la *superpurgation* qui n'est que le résultat d'une inflammation catarrhale aiguë, suscitée par les substances purgatives, les anodins opiacés sont les meilleurs remèdes à employer pour combattre cet accident. Bourgelat (3), Garsault (4), Blaine (5), en ont vanté les bons effets.

4° *Maladies chroniques*. Les anodins sont rarement employés dans les maladies chroniques, si ce n'est dans celles qui s'accompagnent d'un flux morbide, comme dans les bronchites, les entérites chroniques. L'opium, à des do-

(1) Viborg, *Mémoire sur les porcs*, p. 142.
(2) Besnard, *Recueil de méd. vét.*, t. V, p. 146.
(3) Bourgelat, *Matière médicale*, t. II, p. 221.
(4) Garsault, *Parfait Maréchal*, p. 249.
(5) Blaine, *Notions fondament.*, p. 180.

ses modérées, uni aux toniques astringents, fait parfois, lorsque l'inflammation est essentielle, cesser les flux dont il s'agit, en modifiant et changeant la nature de la maladie dont ils sont le symptôme.

Des anodins en particulier.

1° *Opium.* L'opium ne s'emploie jamais brut. L'extrait aqueux d'opium exotique est très rarement usité à cause de son prix élevé. L'extrait de pavot indigène dont l'action est comme 1 est à 5 de l'extrait d'opium exotique, est celui dont on doit faire usage.

Doses. 8, 16 et 32 grammes (2, 4 gros et 1 once) au plus pour les grands animaux; 1 à 8 grammes (20 grains à 2 gros) pour les petits. On le donne en électuaire ou en solution dans un liquide émollient ou légèrement tonique.

Préparations d'Opium. 1° *Vin d'opium composé* ou *laudanum liquide de Sydenham.* Cette préparation chère est généralement peu employée dans la pratique vétérinaire; cependant quelques praticiens en font usage dans les coliques venteuses, les indigestions d'eau froide, pour calmer les douleurs intestinales. On doit lui préférer le *laudanum* de Rousseau (voyez le *Traité de pharmacie*, p. 550), parce qu'il est plus calmant et moins irritant. On donne ces deux préparations à la dose de 2 à 8 grammes (un demi-gros à 2 gros) aux grands animaux.

2° *Huile opiacée, Baume tranquille, cérat opiacé.* Ces trois préparations sont usitées comme calmantes à l'extérieur dans les phlegmons sous-aponévrotiques des phalanges, les plaies très douloureuses, les brûlures étendues, les distensions des articulations. On en fait des frictions pénétrantes sur les parties malades (voyez *Frictions*, page 32). Les sels solubles de morphine, comme le *sulfate* et l'*hydrochlorate*, sont très rarement employés dans les animaux comme antispasmodiques. On en fait plutôt usage comme narcotiques ou stupéfiants. Nous en traiterons dans la *Médication narcotique*. Toutefois leur dose anodine serait de 25 centigrammes à 4 grammes (5 grains à 1 gros) pour les grands animaux, et de 5 à 10 centigrammes (1 à 2 grains) pour les petits. On fait absorber ces sels en les appliquant sur la peau dénudée de son épiderme par l'action d'un vésicatoire.

Quant à la *codéine* et à la *narcotine*, dont l'action et les effets sont encore le sujet de discussions en médecine humaine, ces substances ne sont pas employées dans la médecine vétérinaire à cause de leur prix élevé.

2° *Têtes de pavot* (*Papaveris capitulum*). Les têtes de pavot sont une ressource précieuse pour la médecine vétérinaire, parce qu'elles sont peu chères et se trouvent partout. Traitées par l'eau bouillante, le décoctum renferme tous les principes anodins de la capsule. Ce décoctum se confectionne en mettant de trois à cinq têtes de pavot dans un litre de liquide, que l'on fait réduire aux trois quarts. On fait usage de cette préparation dans les coliques nerveuses, dans les diarrhées muqueuses de tous les animaux. A l'extérieur, on en lotionne les plaies douloureuses et on en imbibe les appareils qui les recouvrent. On en fait aussi un très fréquent usage comme collyre dans les ophthalmies internes et externes.

3° *Ether sulfurique* (*Æther sulfuricus*). L'éther est un médicament anodin très précieux dans la médecine vétérinaire, en raison de la facilité avec laquelle on se le procure partout, et de son prix peu élevé. Administré à l'intérieur, l'éther se volatilise, se répand rapidement dans toute l'étendue du canal intestinal, et c'est alors que, sans exciter vivement la muqueuse, il calme les douleurs produites par la distension des intestins. L'éther est ensuite absorbé, passe dans le sang et est distribué à tous les organes, et si quelques uns d'entre eux sont endoloris, il en engourdit la douleur. Mais l'effet anodin se dissipe promptement, l'éther, réduit en vapeur par la chaleur animale, s'échappe bientôt du sang par les transpirations cutanée et pulmonaire.

L'éther s'administre à petites doses réitérées et avec de grands succès dans les congestions intestinales, les indigestions, les météorisations des ruminants. On l'associe alors à des breuvages émollients ou légèrement anodins, presque froids. Il s'emploie à l'extérieur dans les brûlures récentes. Dans ce cas, après en avoir lotionné la partie brûlée, on dirige aussitôt dessus le vent d'un soufflet, et la volatilisation rapide de la vapeur éthérée, enlevant rapidement le calorique de la partie, procure une prompte guérison. Quelques cas de guérison de hernies étranglées, guéries par des ablutions d'eau froide éthérées, ayant été rapportées dans des journaux mensuels de médecine humaine, nous ont engagé à essayer ce moyen dans les hernies inguinales étranglées des animaux. Ces ablutions nous ont réussi déjà deux fois ; elles méritent assurément d'être essayées avant l'opération.

Doses. De 2 à 4 grammes (demi-gros à 1 gros) dans les grands herbivores. A une plus grande dose, l'éther agit comme un puissant excitant diffusible ; alors il produit de l'excitation et des sueurs abondantes.

Liqueur anodine d'Hoffmann. Cette préparation, composée d'éther et d'alcool, se donne dans les mêmes circonstances que l'éther, et produit à peu près les mêmes effets. C'est au surplus, ainsi que l'éther, une excellente préparation.

4° *Camphre* (*Camphora*). Le camphre dissous dans l'alcool constitue l'alcool camphré ; dans l'eau-de-vie, l'eau-de-vie camphrée, et dans l'huile l'huile camphrée. C'est sous ces trois préparations qu'on en fait usage, soit à l'extérieur, soit à l'intérieur. On l'unit aussi quelquefois aux jaunes d'œuf, à la gomme arabique et à certaines poudres émollientes, afin d'en faciliter l'administration interne.

Les travaux des thérapeutistes ont permis de distinguer trois modes d'action du camphre. A petite dose, soit à l'extérieur, soit à l'intérieur, cet agent médicamenteux agit comme antispasmodique ; à dose plus forte, il provoque l'action stimulante et antiputride ; enfin, à une dose plus élevée encore, il détermine un effet toxique ou l'empoisonnement. Nous n'étudierons ici que l'action antispasmodique de ce médicament.

Doses. De 2 à 4 grammes (demi-gros à 1 gros) pour les grands animaux, de 1 à 2 grammes (5 à 10 grains) pour les petits. L'eau-de-vie camphrée se donne de 1 à 2 décilitres, étendue d'eau-de-vie faible dans les grands herbivores, et de 1 à 2 centilitres pour les moutons et les autres petits animaux.

Aux doses que nous venons de spécifier, le camphre, administré en breuvage, produit une réfrigération, un abaissement remarquable de température dans la bouche des animaux ; peu de temps après le pouls devient faible, mais fréquent. La peau ne s'échauffe pas, les paupières recouvrent parfois le globe oculaire, les animaux tiennent la tête basse, bâillent fréquemment, quelquefois tirent sur leur longe, se couchent et restent longtemps dans cet état ; après un quart d'heure déjà l'air expiré est chargé d'une légère odeur camphrée, et enfin ces phénomènes, qui attestent les effets sédatifs du camphre, disparaissent peu à peu au fur et à mesure que cet agent volatil s'échappe de l'organisme par la transpiration pulmonaire.

Les observateurs qui ont admis que le camphre administré à l'intérieur agissait comme sédatif pendant son contact avec les parties nerveuses des muqueuses intestinales, et qu'aussitôt son absorption il devenait stimulant, ont commis une erreur. Nous nous sommes assuré qu'à petite dose le camphre agissait aussi bien comme sédatif dans tous les points de l'organisme où il est transporté par le sang, que sur la surface où il a été appliqué.

C'est cette vertu calmante, sédative et réfrigérante bien remarquable du camphre qui l'a fait employer avec quelque succès uni à l'opium, à la valériane, contre le tétanos par Gohier (1), MM. Marympoey (2) et Charles Prévost (3).

(1) Gohier, *Mémoires sur la Médecine et la Chirurgie vét.*, t. II, p. 89 et 245.
(2) Marympoey, *Mém. de la Soc. d'Agric. de Paris*, 1827, p. 197.
(3) Charles Prévost, id. 1828, p. 114.

Essayé par nous dans la chorée ou danse de Saint-Guy, le camphre ne nous a point procuré de guérison.

Dans les phlegmasies des voies urinaires, la néphrite, la cystite aiguë, le camphre à petite dose produit des effets merveilleux. Son action sédative dépend ici assurément de son contact avec la substance rénale par l'intermède du sang, de la sécrétion urinaire et de l'urine en quelque sorte camphrée qui est contenue dans la vessie. Dans les inflammations des reins, de la poche urinaire, du canal de l'urèthre, déterminées par l'action de la cantharidine absorbée par l'application de la poudre de cantharide sur le derme dénudé, les bons effets du camphre sont connus depuis longtemps et incontestables; ils se produisent assurément de la même manière, c'est à dire par l'urine, qui charrie une certaine quantité de camphre. Il vaut mieux, dans ces sortes de cas, administrer le camphre à l'intérieur que d'en saupoudrer les vésicatoires, l'effet en est bien plus certain.

Dans la nymphomanie, le camphre a été vanté en médecine humaine par Horstius et Esquirol. Je ne sais si ce moyen serait de quelque utilité dans les grandes femelles domestiques.

Emploi externe. A l'extérieur, le camphre en solution dans de l'eau-de-vie, est employé avec beaucoup de succès, dans les contusions, les entorses, les luxations, les fractures. On en frictionne les parties malades, on les entoure de compresses tenues constamment humides, et par la réfrigération que produit le camphre, par son action sédative, il prévient l'inflammation et excite activement la résorption du sang épanché dans les tissus. Il n'est peut être pas un seul praticien qui n'ait constaté les bons effets du camphre, dans les cas dont il s'agit.

Valériane sauvage. Valériane des bois. Petite Valériane. (*Valeriana silvestris*, *valeriana officinalis.*) Depuis longtemps, la valériane a été conseillée contre l'épilepsie en médecine humaine. En médecine vétérinaire, la valériane compte quelques succès dans cette terrible affection. Cohier (1) a guéri un chien et M. Tisserand (2) un cheval épileptiques, avec la valériane donnée à grande dose en décoction. Nous avons aussi guéri deux chiens d'épilepsie aiguë, par l'emploi de la valériane à haute dose et continuée pendant quinze jours. Mais nous nous empressons de dire que nous avons vu ce médicament échouer dans beaucoup de chiens atteints d'épilepsie chronique, et à l'autopsie desquels nous n'avons trouvé aucune lésion notable du système cérébro-spinal. Nous croyons cependant que si la valériane compte quelques succès dans l'épilepsie, de même que dans toutes les maladies nerveuses, on doit rattacher ces guérisons à de véritables névroses récentes, ou en d'autres termes, à des affections sans lésions matérielles, soit aiguës soit chroniques, du cerveau et de ses dépendances.

On cite beaucoup d'épilepsies déterminées par des éminences osseuses à la face interne du crâne, des tumeurs du cerveau, du plexus choroïde, des grands ventricules : or, dans ces circonstances, on doit concevoir l'impuissance de la valériane pour faire disparaître les attaques épileptiques, qui ne sont alors que symptômatiques. Nous pensons donc que la condition qui paraît devoir assurer le succès de la valériane dans l'épilepsie, consiste à ne faire usage de ce médicament que dans le cas où la maladie est récente, aiguë et essentielle.

Dans ce cas la dose doit être de 60 grammes (2 onces), en décoction concentrée pour le chien, et à celle de 180 à 240 grammes (6 ou 8 onces) pour le cheval et les autres grands animaux ; cette dose devra en être continuée pendant quinze à vingt jours au moins.

La valériane réunie à l'*assa fœtida* a été administrée avec

(1) Compte rendu de l'École de Lyon, 1811.

(2) Tisserand, *Recueil de méd. vét.*, t. XVII, p. 79.

avantage dans la chorée du chien par Gohier (1) et M. Rainard (2) ; réunie à l'opium et au camphre, elle a concouru à la guérison du tétanos.

Ce médicament a encore été conseillé contre l'amaurose, les maladies du canal intestinal, mais ses effets curatifs, dans ces cas, sont loin d'être assurés.

Fleurs de tilleul d'Europe. (Tilia europea (L.). Les décoctions de fleurs de tilleul sont rarement employées seules. Elles servent particulièrement de véhicule adjuvant à l'*assa fœtida*, à l'éther, aux décoctions concentrées de tête de pavot. M. Rainard assure s'être bien trouvé de ces décoctions antispasmodiques dans les coliques et le vertige des chevaux (3). C'est aussi la décoction que nous préférons, comme véhicule de l'éther dans les coliques des mêmes animaux.

Doses. 15 à 30 grammes en décoction dans un litre d'eau.

Assa fœtida. (Gummis Resina, Assa fœtida). L'*assa fœtida* a été vantée par tous les anciens hippiatres et particulièrement par Solleysel, dans le traitement du farcin. Elle entre dans la composition de breuvages stimulants et fondants conseillés contre cette maladie. Mais c'est surtout pour la guérison de la danse de Saint-Guy du chien, et associée à la valériane, que Gohier et M. Rainard l'ont vantée (4). Employée par Morier, avec la valériane, contre la nymphomanie, elle paraît avoir contribué à la guérison de cette névrose (5).

L'*assa fœtida* a été conseillée par beaucoup d'auteurs dans les maladies typhoïdes épizootiques compliquées de symptômes nerveux. Aujourd'hui on a renoncé à son emploi, et peut-être à tort. Cependant on a exagéré sa vertu préservatrice contre ces maladies, en la faisant entrer dans la confection des billots

(1) Gohier, *Compte rendu de l'École de Lyon*, 1811.
(2) Rainard, id. 1824, p. 24.
(3) Rainard, id. 1826, 1834.
(4) Compte rendu de l'École de Lyon, 1811, 1820, 1821, 1822 et 1824.
(5) Gohier, *Mémoires sur la Méd. et la Chir.*, t. II, p. 225.

ou mastigadours qu'on place parfois dans la bouche des animaux, dans le but de rendre la salive médicamenteuse. Quelques vétérinaires font encore usage de cette manière d'administrer l'*assa fœtida*, pour les chevaux et les ruminants, lorsqu'ils sont atteints de coliques venteuses, afin d'en calmer les douleurs. On place ces billots aussi dans la bouche, pour les faire mâcher aux bestiaux qui refusent de manger, quand ils sont dégoûtés. Dans ce dernier cas, l'*assa fœtida* n'est point assurément à dédaigner, lorsqu'on l'unit au poivre, à l'ail, et au sel marin, ainsi qu'on a l'habitude de le faire.

Doses. De 4 à 8 grammes (1 à 2 gros) dans les grands animaux. De 2 à 4 grammes (1/2 à 1 gros) pour les petits.

Les fleurs d'Oranger, la Laitue commune, la Morelle noire, sont des médicaments rarement usités seuls à l'intérieur, comme antispasmodiques en médecine vétérinaire. On en fait des décoctions dont on augmente la vertu en y ajoutant l'éther, la teinture opiacée, etc. A l'extérieur, la morelle est cependant fréquemment usitée en cataplasmes crus ou cuits sur les inflammations douloureuses des gaînes des tendons, des articulations, des mamelles, des testicules.

L'Onguent populéum, et mieux la Pommade de peuplier, est employée très fréquemment à l'extérieur, en frictions, en embrocations sur les tumeurs, les engorgements douloureux; mais il faut avoir soin d'en réitérer fréquemment l'application. (Voyez Frictions pénétrantes, page 32.)

La Gomme ammoniaque, le Galbanum, l'Opopanax, sont des gommes résines qui ne sont point employées aujourd'hui en médecine vètérinaire, l'effet en est incertain. Ces drogues sont en outre d'un prix très élevé.

§ II.

MÉDICATION NARCOTIQUE OU STUPÉFIANTE.

On donne le nom de médication *narcotique*, de ναρκη, assoupissement, ou *stupéfiante*, de *stupor*, stupeur, à l'action et aux effets provoqués par certains agents médicinaux qui, en agissant plus spécialement sur les organes encéphaliques, sont doués du pouvoir de faire cesser les exaltations, les perversions des fonctions attribuées au système nerveux dans les maladies.

La thérapeutique ne possède que quelques médicaments doués de la vertu de produire le narcotisme pur : ce sont les opiacés et les composés de cyanogène. Beaucoup d'autres agents sont aussi capables de faire obtenir la médication stupéfiante ; mais comme leur action se compose d'un mélange d'excitabilité et d'engourdissement, nous en avons fait une médication particulière qui porte le nom de *narcotico-âcre.*

Les narcotiques, et particulièrement l'opium, s'administrent en breuvages et en lavements ; dans certains cas on les dépose sur la peau dénudée de son épiderme, dans le tissu cellulaire, pour les faire absorber, ou bien on les injecte dans les veines.

Dans tous les animaux, le mode d'administration des narcotiques sous la forme de breuvage devra toujours être préféré autant que faire se pourra. Les effets de ces agents étant la conséquence immédiate de leur absorption, de leur arrivée dans le torrent circulatoire, de leur action sur les centres nerveux, on concevra toute l'importance de laisser les animaux à jeun autant que possible, et d'apporter des soins à l'administration des breuvages, dans les ruminants surtout, si on veut obtenir des effets sensibles et curatifs des narcotiques. (Voyez, pour cette administration, page 59 et suivantes.)

L'action narcotique qui suit les injections rectales est presque toujours infidèle ; les animaux ne gardent généralement que fort peu de temps les lavements, si peu qu'ils en soient tourmentés ou incommodés.

Le dépôt des préparations stupéfiantes sur la peau dénudée de son épiderme est fidèle ; mais comme la dénudation du derme réclame un temps assez long pour être opérée dans les grands animaux, et comme aussi il est toujours nécessaire d'employer une forte dose de médicament, cette voie, quoique n'étant point à dédaigner, n'est généralement ni assez expéditive ni assez sûre pour que, à l'égard de certaines maladies nerveuses graves, comme le tétanos, le vertige, contre lesquelles il faut agir avec célérité et certitude, le praticien doive s'y engager.

L'injection des médicaments dans les veines est un mode d'administration auquel le vétérinaire devra recourir toutes les fois qu'il ne pourra que très difficilement donner les narcotiques en breuvages, soit parce que les animaux se livrent à des mouvemens désordonnés, comme dans le vertige, soit parce qu'ils ont le trismus, comme dans le tétanos.

Les injections œsophagiennes pratiquées à l'aide de l'œsophagotomie sont généralement à dédaigner à cause de la gravité de l'opération et des fistules qui peuvent en être la suite.

Mode d'action des narcotiques.

Effets primitifs. Bourgelat, dans sa *Matière médicale*, dit avoir constaté les effets de l'opium dans tous les animaux domestiques (1). Vitet, dont la matière médicale est postérieure à celle du fondateur des écoles vétérinaires, assure que si la plupart des auteurs qui ont fait mention des narcotiques pour la guérison de certaines maladies des animaux, avaient pris l'expérience pour guide, n'auraient pas hésité à retrancher cette classe de la matière médicale vétérinaire. L'opium, ajoute Vitet, ainsi que je l'ai expérimenté, même à forte dose, ne jouit point des vertus somnifères dans le cheval, le bœuf et la brebis (2). Vicq d'Azyr, d'après Vitet, avait adopté la même opinion (3),

(1) Bourgelat, *Matière médicale*, t. II.

(2) Vitet, *Médecine vét.*, t. III, p. 98, — 1783.

(3) Vicq d'Azyr, *Moyens préservatifs et curatifs du typhus des bestiaux*, p. 538.

et Gilbert, par ses expériences faites sur les ruminants, est venu encore confirmer les idées à cet égard. Ce célèbre professeur vétérinaire, après avoir administré 30 grammes (1 once) d'opium à une vache, et 20 centigrammes (10 grains), jusqu'à 20 grammes (5 gros) d'opium à des brebis, sans déterminer aucun effet sensible (1), avait conclu que l'opium, aussi bien que nombre d'autres poisons, ne produit aucun effet sur les ruminants. Or, ce furent ces expériences de Vitet et de Gilbert qui retirèrent la confiance qu'on avait eue jusqu'alors dans l'opium en médecine vétérinaire, jusqu'à ce que d'autres expériences faites par Huzard (2), Gohier (3) et beaucoup d'autres vétérinaires contemporains soient venues démontrer que les opiacés n'étaient point sans effet sur les herbivores monogastriques et polygastriques, et que chez eux, de même que chez l'homme, ils produisaient le narcotisme et pouvaient être fort utiles dans le traitement des maladies nerveuses. Il est vrai que les médicaments narcotiques doivent être administrés à une dose beaucoup plus forte dans les animaux herbivores que dans les carnivores et chez l'homme; il est également vrai que l'action de ces agents est variable et souvent incertaine lorsqu'ils sont introduits dans l'estomac; mais nous nous empressons de dire que ces variations, cette incertitude, tiennent, non pas à l'espèce herbivore, mais bien et surtout au procédé, qu'on employe pour faire arriver les narcotiques dans le tube digestif, et à la *nature*, la *qualité* et la *quantité* (4) des matières alimen-

(1) Moiroud d'abord, dans sa *Matière médicale*, M. Rainard ensuite, dans son *Traité de Thrérapeut. vét.*, ont dit que Gilbert avait occasionné un empoisonnement mortel à une brebis, en donnant l'opium à la dose de 16 grammes; cette brebis est morte 17 jours après l'administration. Est-ce l'opium qui a causé la mort de cette bête, qui n'avait depuis lors présenté qu'un peu de dégoût? Je ne le pense pas.

(2) *Instruct. vét.*, t. V, p. 395.

(3) Gohier, *Mémoire sur la Médecine et la Chirurgie vét.*, t. II, p. 46, et *Compte rendu, Ecole de Lyon*, en 1815.

(4) Les matières astringentes des aliments contenus dans l'estomac des

taires contenues dans l'estomac et les premiers intestins. Et cela est tellement vrai, que si on fait parvenir une dose convenable de préparation narcotique par tout autre chemin que la voie digestive, le narcotisme se manifeste dans les herbivores aussi bien que chez l'homme, toute proportion gardée quant à la dose.

Dans les chiens, les narcotiques administrés par la gueule ne déterminent pas toujours des effets certains. Ces animaux vomissent avec la plus grande facilité et rejettent le médicament si peu qu'il provoque la plus légère nausée; mais, introduits dans l'organisme par absorption cutanée ou cellulaire, par injection dans les veines, les narcotiques déterminent de prompts effets dans ces animaux comme chez les hommes. Ainsi donc, nous le répétons encore, une grande attention devra être apportée dans le choix de la dose et dans le mode d'administration des préparations narcotiques, si on veut compter sur leurs effets thérapeutiques.

Dans le cheval, où la médication opérée par les préparations narcotiques a été plus particulièrement étudiée, si on administre de 10 à 16 grammes (3 à 4 gros) d'extrait aqueux d'opium indigène, on remarque, après 10 à 15 minutes, de l'inquiétude, de légers frissons, parfois un peu de ballonnement. Les conjonctives s'injectent, prennent une teinte légèrement brune; la peau s'échauffe, la respiration devient profonde, et le pouls, d'abord plein, et ses pulsations portées au dessus de l'état normal, deviennent rapidement plus lentes et plus molles; les veines superficielles se gonflent un peu. Les animaux urinent quelquefois. Plus tard les paupières recouvrent les yeux, les pupilles se dilatent, l'animal baisse la tête, reste immobile et dans un état d'engourdissement dont il est facile cependant de le tirer en lui présentant des aliments qu'il appète. Tous ces phénomènes disparaissent après quatre à cinq heures.

herbivores altèrent chimiquement les principes de l'opium, ainsi que les chimistes l'ont constaté (Voyez *Antidotes* de l'opium).

Si on continue pendant cinq à huit jours l'administration de la même dose d'opium, la bouche devient sèche, l'appétit diminue, le repas est souvent suivi de météorisme, les crottins sont durs, secs et rejetés avec difficulté. L'urine, expulsée en petite quantité et après de fréquentes épreintes, est jaune et très peu muqueuse. La respiration est profonde, le pouls est faible, lent, et l'ouïe est obtuse. Les animaux redoutent peu les châtiments, suent au moindre exercice et se couchent aussitôt qu'ils sont rentrés à l'écurie. Si alors on cesse l'administration, ce n'est guère qu'après deux ou trois jours qu'on voit revenir les fonctions troublées à l'état habituel.

La dose d'extrait d'opium est-elle plus forte, deux phénomènes remarquables se manifestent : le premier consiste dans une excitation générale, le second se fait distinguer par un état comateux qui constitue le véritable narcotisme.

1re *Période, excitation.* Dix à douze minutes après l'administration de 30 à 45 grammes (1 once à 1 once et demie) d'opium, le cheval est inquiet, gratte le sol avec les membres antérieurs et hennit parfois; ses yeux sont agités et brillants. Il se couche, se relève, son ventre se ballonne et paraît éprouver des douleurs intestinales. Sa queue s'agite sans cesse, ses oreilles sont droites, et parfois ses lèvres éprouvent des mouvements convulsifs. Sa peau s'échauffe, et bientôt tout son corps se couvre d'une sueur chaude et abondante; sa respiration est accélérée, son pouls vif et nerveux. Certains chevaux expulsent souvent une notable quantité d'urine claire et aqueuse. Dans d'autres cette expulsion n'a point lieu; quelques uns entrent en érection. A cette période d'excitation fort remarquable, et dont la durée varie entre une demi-heure, une heure et deux heures au plus, succède le narcotisme.

2e *Période, narcotisme.* Le cheval baisse la tête, reste tranquille ou se couche et paraît profondément assoupi. Si on le châtie vivement, il se lève avec peine, chancelle et marche en trébuchant; sa pupille est très dilatée, rarement contractée; ses conjonctives sont d'un rouge violacé, son pouls est petit, mou et lent, sa respiration profonde, rare et parfois stertoreuse. Le crâne est chaud, l'ouïe est obtuse, et le cheval refuse les aliments qu'on lui présente; rarement il expulse la petite quantité d'urine que l'on constate exister dans sa vessie en explorant ce réservoir par le rectum. Parfois le pénis est pendant et flasque.

L'état comateux, de somnolence ou d'engourdissement qui constitue le *narcotisme*, est d'une durée fort variable, selon le tempérament des chevaux. Il dépasse rarement sept à huit heures pour la première administration; mais si on donne la même dose du médicament narcotique de jour en jour, la durée, tant de l'excitation que du narcotisme, est plus longue. Toutefois on ne peut continuer cette médication au delà de six jours sans compromettre la vie des chevaux, qui alors digèrent mal, éprouvent du météorisme après le plus léger repas et une constipation opiniâtre qui ne cède que par l'administration de breuvages, de lavements purgatifs avec le sulfate de soude. Tels sont les effets des narcotiques proprement dits sur les chevaux.

Dans les *ruminants*, les mêmes phénomènes se manifestent; seulement, comme une partie des breuvages tombe dans le rumen, le réseau, ou s'engage dans le feuillet, l'excitation et le narcotisme sont généralement plus faibles et plus lents à se déclarer; mais ils se manifestent réellement, nous l'assurons positivement.

Le *chien* auquel on a fait prendre de l'opium à une dose narcotique s'agite et pousse quelquefois des cris; ses conjonctives prennent une teinte rouge livide; ses pupilles, le plus souvent dilatées, se contractent cependant quelquefois. Le narcotisme proprement dit est peu marqué dans cet animal; l'engourdissement est souvent interrompu par des soubresauts ou des convulsions suscitées par le plus léger bruit ou par le moindre attouchement. Ces phénomènes sont toutefois d'une plus courte durée que dans les herbivores.

En résumé, les effets des narcotiques et particulièrement de l'opium se réduisent donc à savoir : 1° que les agents narcotiques administrés au dessus de la dose ordinaire déterminent le narcotisme sans excitation préalable, sans troubler gravement et pendant longtemps les fonctions intérieures et notamment la digestion ;

2° Qu'à une dose plus forte, ces agents suscitent une excitation générale suivie d'une sédation profonde du système nerveux, causée par la diminution des facultés cérébrales, et notamment des facultés qui président à la sensibilité générale et aux forces locomotrices ;

3° Que pendant la manisfestation entière de ces deux phénomènes, la peau se couvre de sueurs abondantes, que la sécrétion urinaire est tantôt augmentée tantôt diminuée, ce dont on s'assure, non pas par l'expulsion rare ou fréquente de l'urine, mais par l'exploration de la vessie, la main étant introduite dans le rectum des grands animaux ; qu'enfin, et cela est constant, les sécrétions muqueuses diverses sont diminuées, notamment celles du canal intestinal, d'où résulte la constipation ;

4° Enfin, que tous ces phénomènes disparaissent peu à peu sans occasionner d'accidents sérieux, si on cesse l'emploi des narcotiques après un certain temps.

Que les narcotiques soient administrés à l'intérieur, qu'ils soient déposés sur la peau dénudée de son épiderme ou dans le tissu cellulaire, qu'ils soient injectés dans les veines, ils provoquent toujours la manifestation d'effets semblables. Seulement leur action est plus prompte, plus énergique, lorsqu'ils sont introduits dans le torrent circulatoire.

Opinions émises sur l'action des narcotiques.

Les opinions des thérapeutistes sont divisées sur l'action et les effets des narcotiques. Les uns pensent que ces agents doivent être rangés parmi la classe des excitants qui, comme l'alcool par exemple, après avoir stimulé vivement l'organisme, le plongent dans un état d'engourdissement ; les autres au contraire, à la tête desquels il faut placer M. Barbier d'Amiens, pensent que les principes narcotiques, après avoir été absorbés et distribués dans toute l'économie, vont affaiblir la force contractile des vaisseaux capilllaires, d'où résulte la lenteur de la circulation dans tous les tissus et dans tous les organes. Or, pour M. Barbier, la lenteur, la faiblesse du mouvement circulatoire dans les nombreux vaisseaux du cerveau, de la moelle épinière, donnent l'explication de l'affaiblissement des fonctions encéphaliques, du coma, du narcotisme; cette même faiblesse dans les vaisseaux de la peau explique la sueur abondante qui recouvre toute la surface du corps. Si les muqueuses apparentes sont d'un rouge bleuâtre, si le pénis entre en érection, si le pouls devient moins fréquent et plus mou, tous ces phénomènes dérivent de la lenteur de la circulation dans les capillaires. Nous n'adoptons ni l'une ni l'autre de ces explications. Selon nous, l'action des molécules narcotiques est, en tout lieu, de la même nature ; mais pour bien fonder notre opinion, voyons si les molécules actives des narcotiques circulent avec le sang. Et d'abord il est certain que les principes actifs de l'opium sont absorbés. Barruel a reconnu la présence de la morphine dans le sang d'un homme qui s'était empoisonné avec 45 grammes (une once et demie de laudanum) (1). Les humeurs sécrétées contiennent de la morphine. M. Orfila a constaté la présence de cet alcaloïde dans l'urine de chiens qu'il avait empoisonnés, soit avec l'acétate de morphine, soit avec l'extrait aqueux d'opium (2). L'odeur vireuse de l'opium a été

(1) Barruel, *Archives gén. de Méd.*, première série, t. VII, p. 549.
(2) Orfila, *Bulletin de l'Acad. royale de Médecine*, 1841-42, p. 142.

reconnue dans la sueur, et d'après Barbier, les enfants qui sucent le lait de nourrices auxquelles on a donné du laudanum, éprouvent le phénomène du narcotisme (1). Les principes actifs de l'opium, en circulant avec le sang, peuvent donc aller toucher et impressionner à leur manière les tissus vivants. Mais quel peut être ce mode d'attouchement? Il résulte d'expériences faites par M. Dupuy, ancien professeur à l'école d'Alfort, et MM. Deguise et Leuret, que l'acétate de morphine appliqué sur les nerfs, la moelle épinière, le cerveau des chiens, provoque des effets narcotiques semblables à ceux qui résultent de son ingestion dans l'estomac (2). Il est bien constaté d'ailleurs que l'opium et ses préparations ne sont point des agents excitants du système nerveux, car si l'on applique des liquides contenant des préparations opiacées sur une extrémité nerveuse endolorie, la douleur est calmée aussitôt. On ne peut pas contester que certaines maladie pendant la durée desquelles les fonctions du système nerveux sont gravement troublées, perverties même, ne reviennent point à leur rhythme normal sous l'influence des préparations d'opium. Si donc il en est ainsi, ne peut-on pas admettre que les molécules narcotiques ont partout et toujours une action spéciale sur les fonctions du système nerveux. Or, que nous appellions cette action *anodine*, lorsque l'opium par exemple est administré à petite dose pour calmer la douleur qui n'est qu'une exaltation de la sensibilité, que nous la nommions *narcotique* lorsque ce médicament est donné à grande dose pour abaisser, engourdir la sensibilité qui est exagérée ou pervertie, et la ramener à son rhythme normal, cette action est toujours la même dans ces deux cas. Est-ce à dire que l'opium, de calmant d'abord, est devenu excitant, et que d'excitant il a acquis tout à coup la propriété narcotique ou stupéfiante? nous ne le pensons pas.

(1) Barbier, *Traité de Matière médicale*, t. III, p. 121.

(2) *Recherches sur l'acétate de morphine*, Paris, 1824.

Seulement nous devons dire que si à une forte dose le narcotisme est précédé d'excitation, cet état ne peut être attribué qu'à une réaction du système nerveux par l'impression brusque de l'agent narcotique, et non à un agacement primitif de cet agent; que si le sang stagne dans les capillaires, dans les sinus veineux du crâne, de la moelle épinière, ces effets doivent être rattachés à la sédation profonde de tout le système nerveux d'abord, sédation qui retentit ensuite sur les organes chargés de la circulation, comme il retentit sur ceux de la respiration, des sécrétions, de la locomotion, etc. Telle est notre opinion sur la manière d'agir des narcotiques : elle nous paraît d'accord avec l'observation des faits physiologiques, et ainsi que nous le dirons plus loin, elle est en harmonie avec les effets produits sur les troubles morbides que ces agents sont appelés à combattre.

Action toxique des narcotiques. Que l'opium ou ses préparations, l'acétate, le sulfate, l'hydrochlorate de morphine, soient administrés à une forte dose, soit à l'intérieur, soit par absorption externe, soit par injection dans les veines, il suscite les phénomènes toxiques suivants en déterminant l'empoisonnement des animaux et une mort prochaine.

Les chevaux éprouvent une vive agitation pendant laquelle ils se livrent à des mouvements désordonnés, grattent le sol, se jettent de côté et se cabrent parfois; souvent ils font entendre des hennissements réitérés; la bouche est chaude, la peau s'échauffe et bientôt se couvre d'une sueur qui ruisselle de toutes parts; le ventre se ballonne, le pouls bat très vivement, les pupilles sont considérablement dilatées et rarement contractées. Quelques chevaux urinent beaucoup et presque constamment, ainsi que l'ont remarqué MM. Renault (1) et Prévost (2).

(1) Renault, Moiroud, *Traité de Mat. médicale*, p. 341.
(2) Prevost, *Journal prat.* t. I, p. 215.

Les chiens éprouvent des mouvements convulsifs, d'abord légers, mais qui deviennent tellement intenses, que l'animal en est ébranlé ; sa tête se renverse sur le dos, les extrémités se roidissent par intervalles ; parfois ces animaux font entendre des cris plaintifs.

Tous ces phénomènes d'excitation dans les herbivores comme dans les carnivores se terminent par un état comateux, pendant lequel les pupilles restent dilatées ou contractées. Les conjonctives deviennent bleuâtres, le pénis sort du fourreau et reste pendant ; plus tard les animaux ne peuvent se tenir debout, ils sont chancelants et comme paralysés, se débattent parfois et poussent des gémissements. Les chiens exécutent de temps en temps des mouvements convulsifs. Plus tard les uns et les autres meurent dans un accablement profond.

La durée de l'empoisonnement est variable selon la nature, la dose et le mode d'administration du poison. Dans les grandes espèces, les effets toxiques ne se prolongent pas au delà de douze à vingt-quatre heures. Cette durée n'est quelquefois que d'une à deux heures, trois à cinq heures au plus dans les petites.

A l'autopsie des animaux, on remarque comme lésion principale que les sinus veineux du cerveau, les vaisseaux artériels nombreux de ce viscère, les veines du canal rachidien, sont gorgés outre mesure par un sang noir. La pulpe cérébrale et la pulpe rachidienne se pointillent d'une multitude de taches noires après leur section.

Les poumons sont quelquefois de couleur violette ou d'un rouge plus foncé que dans l'état naturel. Leur tissu est gorgé d'un sang noir. Le sang contenu dans le cœur et dans les veines ne conserve pas toujours sa fluidité comme on l'avait annoncé ; ce liquide est souvent coagulé peu de temps après la mort. Les autres organes ne sont généralement le siège d'aucune lésion notable.

Antidotes. On a conseillé comme antidotes le tannin en dissolution, les décoctions de noix de galles, l'écorce de chêne et tous les astringents végétaux qui, transformant les principes solubles de l'opium en produits insolubles, annulent en grande partie leur action toxique.

L'iode à l'état de teinture et la solution de chlore, qui décomposent les alcalis végétaux et les transforment en corps inertes, ont été conseillés par M. Donné (1); le café en décoction, d'après Percival, Carminati, Murray, Giaccomini et M. Orfila, est l'antidote le plus précieux contre le narcotisme (2). Les saignées ne sont point à dédaigner pour faciliter la circulation et combattre les accumulations sanguines du cerveau, de la moelle épinière et des poumons. Dans ces derniers temps, M. Orfila vient de conseiller les diurétiques, qui auraient peut-être la propriété d'éliminer la morphine qui circule avec le sang, par les urines (3).

Emploi momentané et prolongé. L'emploi momentané des narcotiques n'est suivi d'aucun inconvénient. La médication terminée, les fonctions qui avaient été momentanément troublées reviennent promptement à l'état normal. Mais si la persistance de la maladie qui doit être combattue par les narcotiques nécessite l'emploi prolongé de la médication, et si surtout les doses ont été successivement de plus en plus grandes, alors l'action narcotique laisse les traces de son passage dans le canal intestinal. Les digestions restent longtemps pénibles, s'accompagnent parfois de coliques et de météorisations, et la constipation persiste souvent pendant une quinzaine. Les purgatifs salins sont les moyens convenables pour remédier à cet état. Toutefois nous dirons avec Moiroud : « Il existe peu de médicaments auxquels les organes s'habituent aussi facilement qu'à l'opium, ce qui fait qu'on est obligé d'en augmenter graduellement les quantités, d'en varier les modes d'administration, et d'en suspendre l'action par intervalle, quand on se

(1) Donné, *Annales de Médecine légale*, t. II, p. 202, — 1829.

(2) *Répertoire gén. de Médecine*, t. XXII, p. 263.

(3) Orfila, *Bulletin de l'Acad. de Médecine*, 1841-42, p. 142.

propose de soumettre longtemps les animaux malades à son usage. »

Mélange des narcotiques et des émollients. On associe très fréquemment en médecine vétérinaire les narcotiques aux émollients, et c'est sous la forme de breuvages, d'électuaires, de pilules, qu'on les administre. L'opium dissous dans l'huile ou uni au jaune d'œuf, constitue deux mélanges qu'on utilise fréquemment. Dans ces associations, la vertu de la substance émolliente se réduit à fort peu de chose. On fait très souvent usage de ces préparations dans les coliques, les diarrhées inflammatoires.

Mélange des narcotiques et des stimulants. L'association de l'opium au vin, à l'alcool, est généralement approuvée par tous les praticiens, en ce sens, dit-on, que l'action des stimulants s'exerçant d'abord, celle de l'opium vient ensuite. Cette association de deux substances dont l'une stimule et l'autre engourdit, ne nous paraît ni heureuse, ni rationnelle. Il est bien préférable d'unir à l'opium l'éther, le camphre, la valériane, médicaments qui agissent comme antispasmodiques auxiliaires dans ces circonstances.

Mélange des narcotiques et des acidules. D'après M. Orfila, l'opium agit avec plus d'énergie lorsqu'il est administré avec l'eau *vinaigrée* que dans le cas où il est uni à l'eau et aux substances émollientes. En effet, l'eau ne dissout point les principes actifs de l'opium, tandis que l'eau vinaigrée s'empare de tout ce que l'eau simple aurait pu dissoudre, et en outre du principe de Derosne et de la morphine qui restent dans le marc (1).

De l'emploi des narcotiques dans les maladies.

Les narcotiques sont de précieux agents thérapeutiques contre les maladies. Le grand praticien Sydenham regardait l'o-

(1) Orfila, *Dictionnaire*, *Répertoire gén.*, art. OPIUM.

pium comme un don du ciel, et il assurait qu'avec cette substance un praticien habile en thérapeutique pouvait opérer des choses surprenantes.

Nous partageons l'opinion de ce savant médecin, et dans la médecine des animaux, l'opium est assurément, quant à nous, l'un des plus utiles médicaments que l'on puisse employer. En effet, les narcotiques agissent sur les centres encéphaliques et sur les nerfs de manière à combattre la douleur, et c'est par cette précieuse propriété qu'ils se recommandent d'une manière spéciale, soit pour faire cesser l'excès de sensibilité morbide qui préside exclusivement dans la manifestation de certaines maladies, soit pour affaiblir la douleur qui concourt à exaspérer la marche et à précipiter la terminaison d'une foule d'affections, soit enfin pour emporter ces douleurs continues qui accompagnent certaines maladies nerveuses à marche lente qui suscitent l'amaigrissement et même le marasme : tel est le beau rôle que les narcotiques ont à remplir dans la thérapeutique.

Douleurs tirant leur origine des conducteurs de la sensibilité. Les déchirures, les contusions, les compressions, les sections, les brûlures, d'une ou de plusieurs branches nerveuses, sont souvent suivies d'un excès de sensibilité qui occasionne soit une violente fièvre de réaction, soit le tétanos. Dans ces circonstances graves, après avoir fait cesser autant que possible la cause de la douleur, on doit avoir recours à l'emploi des narcotiques pour stupéfier le système nerveux, afin de calmer et de faire cesser complètement l'excès de sensibilité qui, dans certains cas, devient essentielle en faisant lieu d'élection dans le domaine des centres nerveux. Les narcotiques appliqués constamment et longtemps sur le lieu du point de départ de la douleur, est la première indication à remplir et celle sur laquelle on doit compter le plus de succès. A l'intérieur les narcotiques, en agissant sur l'ensemble du système encéphalique, concourent aussi de leur côté à la prompte guérison du mal.

Le *tétanos symptômatique* est une des maladies qui se présente le plus souvent à combattre dans la pratique par l'emploi rationnel des narcotiques. Mais nous ferons bien observer que ces agents devront toujours dans ces cas être administrés à assez forte dose. Gohier (1), White (2), MM. Lacoste (3) et Coquet fils (4), ont obtenu la cure de tétanos symptômatiques par l'administration quotidienne de 16 à 45 grammes (1/2 once à 1 once et 1/2) d'opium.

Tétanos essentiel. Le tétanos est assurément une des plus terribles névroses que nous ayons à combattre dans les animaux. Or, jusqu'à ce jour les narcotiques sont les médicaments qui comptent le plus de guérisons. Les succès publiés par Gibson (5), Blaine (6), Moorcroft (7), Gohier (8), Ragot (9), Prévost (10), Majorel (11), Rainard (12), sont là pour attester cette importante assertion. Quelques cas qui nous sont propres pourraient encore l'appuyer. Mais pour qu'il en soit ainsi, il faut en être bien convaincu, il est indispensable d'administrer l'opium à *grandes doses, soutenues et continuées jusqu'à l'affaiblissement de la contraction musculaire, et de la cessation de l'excessive sensibilité que l'on remarque dans tout le cours de cette redoutable affection*. Les vétérinaires français ont obtenu la guérison en donnant l'opium par jour depuis la

(1) Gohier, *Compte rendu, Ecole de Lyon*, 1810.
(2) White, *Abrégé de l'art vét.*, p. 266.
(3) Lacoste, *Recueil de méd. vét.*, t. XIV, p. 457.
(4) Coquet, *Compte rendu, École de Lyon*, 1839.
(5) Blaine, *Notions fondamentales, etc.*, t. III, p. 241.
(6) Id. id. t. III, p, 242.
(7) Moorcroft, *Journal pratique de Médecine vét.*, t. III, p. 505.
(8) Gohier, *Mémoires sur la Chirurgie vét.*, t. II, p. 345.
(9) Ragot, *Mémoires de la Soc. d'Agriculture de Paris*, 1821, p. 81.
(30) Prevost, id. 1828, première partie, p. 124.
(11) Majorel, *Compte rendu, École d'Alfort*, 1807.
(12) Rainard, *Traité de Thérapeutique*, deuxième partie, p. 240.

dose de 16 grammes (1/2 once) jusqu'à celle de 60 grammes (2 onces); mais les vétérinaires anglais qui ont traité le tétanos bien avant nous, par les grandes quantités d'opium, en ont poussé la dose jusqu'à 30 grammes (1 once) administrées de deux heures en deux heures et avec succès. Aujourd'hui, en médecine humaine, si on guérit le tétanos, ce n'est que par l'emploi de doses toxiques vraiment effrayantes. Ainsi « Monro a vu donner sans accidents 120 grains d'opium dans un même jour, Chalmers plus de 30 grains (1 once) de teinture thébaïque dans le même espace de temps. Murray parle d'un homme atteint de tétanos qui fut guéri après avoir pris plusieurs jours de suite plus de 620 grammes (1 livre 4 onces) de laudanum. Gloster parle d'un tétanique qui guérit après avoir pris 90 grammes (3 onces) d'opium. Littleton fit disparaître le tétanos chez deux enfants de dix ans en donnant à l'un 30 grammes (1 once) de laudanum liquide en un jour, et à l'autre 55 grammes (14 gros) d'extrait d'opium en douze heures (1) ». Les vétérinaires devront donc être encouragés par le succès qu'on obtient dans le tétanos de l'homme par l'emploi de l'opium à des doses narcotiques, qui assurément occasionneraient la mort dans toute autre circonstance. La difficulté qui se présente dans l'administration de l'opium, c'est le trismus qui empêche les animaux de déglutir. Dans ce cas nous vidons le rectum, nous injectons le médicament dans cet intestin, et pour que les animaux ne le rendent point, à l'aide d'une aiguille bien courbe , nous faisons une suture à points serrés à l'anus. L'injection dans les veines, quoique ayant mal réussi entre les mains de M. Olivier (2), peut être tentée avec beaucoup de chances de succès; alors ce ne sont point l'extrait aqueux d'opium, le laudanum qu'il faut choisir, mais bien le sulfate ou l'hydrochlorate de morphine en solution parfaite

(1) *Traité de Thérapeutique*, par **MM.** Trousseau et Pidoux, t. I, p. 152.
(2) Olivier, *Journal pratique*, t. III, p. 419.

dans l'eau tiède à la température du sang, qn'il faut introduire dans le sang et à la dose de 25 à 50 centigram. (de 5 à 10 grains), réitérés plusieurs fois au besoin.

Les couvertures chaudes, les fumigations aromatiques sur toute la surface du corps, sont les moyens auxiliaires que nous conseillons fortement de mettre en pratique pendant la médication.

Chorée. Nous avons vu que les anodins avaient procuré la guérison de la chorée dans le chien. Les narcotiques à haute dose, d'après MM. Trousseau et Pidoux, administrés jusqu'à produire la stupeur, donnent des résultats très satisfaisants. Cependant lorsque le narcotisme a été le résultat de la médication, il est bon de laisser reposer le malade pendant quelques jours, puis ensuite de reprendre l'action stupéfiante. Nous nous proposons d'essayer cette médication.

Maladies du cerveau. Les narcotiques sont indiqués et contr'indiqués dans les maladies du cerveau. Dans la congestion cérébrale qui résulte d'un état polyhémique, ainsi qu'on le voit chez les animaux qui sont abondamment nourris avec des aliments succulents, les narcotiques peuvent être nuisibles en ce sens que, ralentissant la circulation au cerveau et dans toute l'économie, ils agissent d'accord avec le mal. La médication déplétive est alors indiquée, et doit être largement usitée. Mais dans toutes les inflammations soit de l'arachnoïde, soit du cerveau dont le point de départ consiste dans une douleur violente, suivie alors d'une accumulation sanguine, ou en d'autres termes, quand la congestion, la stagnation et les symptômes qui en découlent, tels que le vertige, les mouvements désordonnés, l'insomnie, le coma, etc., sont l'effet de la douleur et non sa cause essentielle, les narcotiques sont appelés en concurrence avec les grandes saignées pour, d'une part, abolir la douleur en engourdissant profondément la sensibilité nerveuse, d'autre part, dégager le système nerveux, faire cesser la compression, l'inflammation ou l'épanchement sanguin. Ce que nous disons ici n'est point une hypothèse, l'expérience pratique de Volpy (1), de Cros (2), de MM. Gérard (3), Rainard (4), et nous pourrons y ajouter la nôtre, est venue démontrer les bons effets obtenus dans les maladies cérébrales par l'emploi combiné des saignées et des narcotiques, ou de l'opium à haute dose.

Douleurs violentes des intestins. Nous avons déjà dit un mot de l'indication de calmer les coliques intestinales par les anodins (voyez plus haut). Nous y revenons encore pour dire que les narcotiques à haute dose, en stupéfiant vivement le système nerveux intestinal très endolori, en engourdissant les centres encéphaliques qui perçoivent la douleur, font obtenir des guérisons de certaines coliques dont la raison première est la douleur. On a dit que l'opium était contr'indiqué dans les congestions intestinales? Oui assurément, si l'opium seul était employé, mais réuni aux déplétions sanguines énergiques, son usage est toujours très rationnel.

Paraplégies et néphrites. M. Berger a publié des observations très intéressantes de paraplégie et de néphrite dues à des congestions sanguines sur la moelle épinière et les reins, qui ont été guéries par l'emploi combiné de la saignée et de grandes doses de préparations d'opium. Les mouvements respiratoires, l'acte de la locomotion, l'aberration du sens, tout indiquait dans les malades traités par notre confrère, indépendamment des phénomènes dus à l'accumulation sanguine, une exaltation, une perversion des facultés sensitives et locomotrices. Il y avait donc indication d'administrer les narcotiques à haute dose; c'est ce que M. Berger a fait, et le succès a couronné l'indication qu'il se proposait de remplir.

Dysenterie. Nous avons dit en traitant des anodins que ces

(1) Volpy, *Médecine vét.*, traduction de M. Barthélemy, p. 74.

(2) Cros, *Mémoires de la Soc. d'Agriculture de Paris*, 1817, p. 120.

(3) Gérard, *Recueil de méd. vét.*, t. V, p. 647.

(4) Rainard, *Traité de Thérapeutique*, p. 240.

médicaments étaient très utiles dans la dysenterie, et nous avons fait connaître les résultats obtenus par l'opium dans ces maladies graves par plusieurs praticiens distingués ; nous ne reviendrons pas sur ce point. Nous ne dirons rien non plus de l'emploi des narcotiques dans les douleurs vives, les toux quinteuses et pénibles qui accompagnent la pneumonite, la pneumopleurite et la bronchite aiguës.

Contr'indications des narcotiques. Les narcotiques sont contr'indiqués dans les indigestions, parce qu'ils s'opposent à la manifestation de la digestion, même lorsque les animaux sont en bonne santé. Ces agents le sont également dans toutes les sécrétions ou supersécrétions critiques qui concourent ou opèrent la guérison de certaines affections, et surtout les maladies éruptives dont l'opium peut modifier, troubler ou arrêter le développement.

De l'emploi particulier des narcotiques.

Opium exotique (*opium thebaïcum*). Suc provenant du *pavot oriental* (*papaver somniferum*). L'opium de l'Inde, de la Chine, de la Perse, est celui qui possède le plus de propriétés narcotiques. Il est très cher aujourd'hui. On l'emploie rarement à l'état brut. Il est préférable de faire usage de ses préparations.

1° *Extrait aqueux d'opium exotique* (*laudanum solide*) et *extrait d'opium privé de narcotine*. Bien préparés, ces deux extraits sont très chers dans le commerce de la pharmacie : ils ne se vendent pas moins de 5 fr. les 30 grammes (1 once). Mais si on en fait usage, on peut calculer sur les effets qu'on désire en obtenir. Toutefois nous dirons que dans des circonstances graves et sur des bêtes de valeur, les vétérinaires et les propriétaires ne devront point viser à l'économie, lorsqu'il s'agira de la conservation d'un animal précieux.

Dose médicinale. De 8 grammes (2 gros) à 45 grammes (une once et demie) dans les maladies nerveuses graves des grands animaux ; de 5 centigrammes (1 grain) à 2 grammes (demi-gros) au plus pour les petits. Dans le cheval, comme dans le chien, on peut administrer ces doses en les fractionnant à plusieurs reprises de deux heures en deux heures. Le médicament n'en agit qu'avec plus d'efficacité.

Dose toxique. Dans les cas ordinaires, 45 à 60 grammes peuvent causer la mort aux grands animaux ; 1 à 2 gros au plus déterminent toujours l'empoisonnement du chien.

2° *Extrait de pavot indigène* ou *extrait d'opium indigène.* Cet extrait, qui se prépare avec les capsules du *papaver somniferum* cultivé dans le nord de la France, ne doit point être confondu avec l'extrait aqueux d'opium exotique. En effet, les vertus narcotiques de l'*extrait de pavot indigène* sont *quatre fois et demie moins actives* que celles de l'*extrait d'opium exotique*, d'où il résulte, d'après des essais tentés par Lebas, que pour obtenir des effets narcotiques égaux dans des cas maladifs semblables, il faut employer *deux fois et demie* autant d'*extrait de pavot indigène* que l'indication exige d'*extrait d'opium exotique.* Cet extrait est bien moins cher que l'extrait exotique, il se vend dans la pharmacie au prix de 1 fr. les 30 grammes (1 once); et bien qu'il faille en augmenter deux fois et demie la dose, il en résulte néanmoins une véritable économie (1). Cependant il ne faut pas toujours calculer sur cette économie pour être bien sûr de remplir positivement une indication pressante ; car Lebas (2), qui a tenté des expériences multipliées pour s'assurer du fait, n'est point tombé d'accord avec un essai comparatif fait par Moiroud (3). Quant à nous, n'ayant pas pu jusqu'à ce jour lever complètement l'incertitude qui paraît régner encore à cet égard, nous préférons tou-

(1) Si une once d'extrait aqueux d'opium exotique coûte 5 fr., les deux onces et demie d'extrait d'opium indigène coûteront 2 fr. 50 c. ; il y aura donc moitié d'économie.

(2) Lebas, *Traité de Pharmacie*, art. EXTRAIT.

(3) Moiroud, *Traité de Matière médicale*, p. 342.

jours l'extrait et les préparations où entre l'extrait exotique, à l'extrait et aux préparations d'opium indigène.

Dose médicinale de l'extrait de pavot indigène. De 20 grammes (1 once 1 gros) à 105 grammes (3 onces et demie) au plus dans les grands animaux, de 10 à 15 centigrammes (3 grains) à 5 grammes (1 gros) à peu près pour les petits.

Dose toxique. De 140 à 150 grammes (4 à 5 onces) pour les grands animaux, de 5 à 10 grammes pour les petits.

Les préparations fréquemment employées après l'extrait d'opium sont le vin d'opium, la teinture d'opium et le vinaigre d'opium.

1° *Vin d'opium composé* ou *laudanum liquide de Sydenham.* Cette préparation est tout à la fois excitante et calmante; les animaux bien portants auxquels on l'administre, même à petite dose, éprouvent toujours des coliques, de l'agitation déterminée par les substances excitantes qui entrent dans la composition de ce médicament. A l'extérieur, le laudanum mis en contact avec les plaies douloureuses produit toujours de l'excitation; ce n'est qu'après un certain temps que l'opium qu'il renferme engourdit le système nerveux. Sous ce rapport, nous n'employons que très rarement le laudanum de Sydenham, nous lui préférons le laudanum de Rousseau. Ces médicaments étant généralement préparés avec l'opium exotique, il est facile d'en calculer la dose : 75 centigrammes (15 grains) de laudanum contiennent 5 centigrammes (1 grain) d'extrait d'opium exotique. Cependant le vétérinaire fera bien de s'assurer du pharmacien si le laudanum ne serait pas préparé avec l'extrait de pavot indigène, car alors il faudrait augmenter de deux fois et demie la dose que nous allons spécifier.

Dose médicinale. De 16 à 30 grammes et même 60 grammes dans les grands animaux, dans les maladies nerveuses graves; de 2 grammes (10 grains) à 3 grammes (15 grains) aux petits.

Dose toxique. De 60 à 90 grammes (2 à 3 onces) pour les grands animaux, de 3 à 4 grammes pour les petits.

2° *Vin d'opium préparé par fermentation* ou *laudanum de Rousseau.* Nous préférons ce vin d'opium à celui de Sydenham, parce qu'il ne contient point de substances excitantes (1). Il est donc plus calmant ou plus narcotique. Cette préparation contenant plus d'opium que le laudanum de Sydenham, doit être administrée à une dose plus faible.

Dose médicinale. 16 à 30 et même 45 grammes (demi-once à une once et demie) dans les grands animaux, de 1 gramme (5 grains) à 2 grammes (10 grains) dans les petits.

Dose toxique. De 45 à 60 grammes (1 once et demie à 2 onces) dans les grands animaux, de 3 à 4 grammes (10 à 15 grains) dans les petites espèces.

3° *Teinture d'opium* ou *teinture thébaïque.* Cette préparation, composée d'alcool à 22 degrés et d'opium, est excitante à la manière du laudanum de Sydenham, et contient à peu près la même quantité d'opium. On peut donc l'administrer à la même dose et dans les mêmes circonstances.

4° *Vinaigre d'opium.* Composée de vinaigre, d'alcool et d'opium, cette préparation jouit de grandes propriétés narcotiques, parce qu'elle renferme de l'acétate de morphine, composé très actif. La dose devra donc en être moins forte.

Dose médicinale. De 46 à 30 grammes (demi-once à 1 once) pour les grands animaux, 1 gramme (5 grains) pour les petits.

Dose toxique. De 30 à 60 grammes pour les grands animaux, de 2 à 3 grammes (5 à 10 grains) pour les petits.

Sels d'opium. Acétate, *sulfate* et *hydrochlorate de morphine.* Ces sels d'opium sont rarement employés dans la médecine vétérinaire à cause de leur prix élevé ; cependant on doit en faire usage dans les circonstances maladives qui exigent une action

(1) Voyez pour ces deux préparations notre Traité de pharmacie, p. 558 et 559.

prompte, énergique et curative. Administrés à l'intérieur, ces sels, noyés dans les liquides, les matières alimentaires que renferme toujours l'estomac des animaux, bien qu'ils soient à jeun, sont peu absorbés, et dès lors les effets qu'on en attend sont parfois infidèles. Il est donc préférable, lorsqu'on veut en faire usage, de les déposer, soit à la surface du derme dénudé de son épiderme par un vésicatoire, soit dans le tissu cellulaire, en pratiquant un godet sous-cutané à la face interne de la cuisse, soit, et ce qui est préférable, en les injectant en solution parfaite dans la jugulaire. On a reconnu en médecine humaine que 5 centigrammes (1 grain) de ces sels correspondaient à peu près à 10 centigrammes (2 grains) d'extrait d'opium exotique.

Dose médicinale. De 25 centigrammes à 4 gram. au plus (de 5 grains à 1 gros) sur la peau et dans le tissu cellulaire des grands animaux, de 5 à 10 centigrammes (1 à 2 grains) pour les petits.

De 25 centigram. (5 grains) à 50 centigram. (10 grains) dans la jugulaire des grands animaux, de 5 centigrammes (1 grain) dans celle des petits.

Dose toxique. De 4 à 8 grammes à l'intérieur (1 à 2 gros) dans les grands animaux, de 60 centigrammes à 1 gramme (12 à 20 grains) dans la jugulaire du cheval, de 10 à 15 centigrammes (2 à 3 grains) dans celle du chien.

Acide hydrocyanique. Ce violent poison qui tue les animaux en stupéfiant instantanément le système nerveux, est cependant employé comme médicament. Etendu de quatre à six fois son volume d'eau, il constitue l'acide prussique médicinal. On pourrait en mettre 10 à 12 gouttes dans un litre d'eau, proportion qui, se rattachant à la préparation de l'acide hydrocyanique médicinal de l'homme, pourrait être administrée à petite dose aux animaux. Employé sans succès par M. Ferrus contre l'épilepsie de l'homme, l'expérience n'est point venue confirmer les heureux résultats annoncés par ce savant médecin. Administré, par M. Levrat, vétérinaire à Lausanne, à un chien épileptique, l'animal a guéri (1). Il a échoué contre la phthisie, la rage. On pourrait peut-être l'essayer en injection dans les veines contre le tétanos. Toutefois nous conseillons aux praticiens qui voudraient en faire usage de ne l'employer qu'avec beaucoup de réserve.

Dose toxique. MM. Dupuy (2), Lassaigne (3), Moiroud (4), Christison, Magendie, Coulon, Orfila (5) et autres, assurent que l'acide hydrocyanique pur ou anhydre, tue les animaux avec une rapidité effroyable.

Une ou deux gouttes portées dans la gueule d'un chien, d'un chat, font périr ces animaux en quelques secondes. Les mêmes phénomènes se produisent en déposant la même quantité de poison, soit sur la conjonctive, soit dans une plaie. Six gouttes imbibées dans du coton, et déposées dans la bouche d'un cheval, occasionnent des convulsions, des vertiges et une chute sur le sol.

Les symptômes généraux de l'empoisonnement sont les suivants : Les animaux tombent à terre, se débattent un peu, et semblent privés tout à coup de mouvement et de sentiment ; la pupille est fixe et dilatée, la respiration est profonde, rare, difficile, et bientôt l'animal meurt. Si la dose n'a point été assez forte pour susciter la mort, les animaux tombent, se débattent, éprouvent quelques secousses, et restent ensuite profondément abattus. Après un quart d'heure ces symptômes disparaissent peu à peu, et ils reviennent à leur état habituel.

Autopsie des cadavres. Les vaisseaux renferment un sang noir, tantôt fluide, tantôt coagulé. Les poumons contiennent

(1) *Recueil de méd. vét.*, Rapport de M. Bouley jeune, t. XVIII, p. 686.

(2) *Journal prat. de Méd. vét*, t. I, p. 244.

(3) *Traité élémentaire de Chimie*, t. I, p. 249.

(4) *Compte rendu, École de Lyon*, 1827, p. 15.

(5) Orfila, *Médecine légale*, 3e édit., p. 300 et suiv.

beaucoup de sang, la membrane muqueuse des bronches est injectée; des plaques rouges existent dans l'estomac et les intestins si le poison a été dégluti. Les vaisseaux du cerveau sont très injectés. Le sang, le cœur, le cerveau conservent une odeur d'amandes amères.

Antidotes. L'eau chlorurée, la vapeur de chlore paraissent avoir donné des résultats satisfaisants à MM. Siméon et Orfila (1). L'ammoniaque vanté par Murray, chimiste anglais, Toulmouche (2), puis par M. Dupuy (3), n'a point eu le même succès entre les mains de Herbst et de M. Orfila (4). En définitive l'antidote de l'acide hydrocyanique n'est point encore connu.

Le *laurier cerise*, *lauro-cerasi folia*, recèle une huile volatile, qui contient de l'acide hydrocyanique particulièrement pendant l'été. Cet arbuste, d'après les expériences de Gohier (5) et de M. Dupuis (6), est, même à une très petite dose, un poison mortel pour les animaux. Conseillé contre la morve en 1749 par Brown, Langrish (7), personne n'est venu depuis cette époque prescrire l'utilité de cet agent toxique dans cette redoutable affection.

Amandes amères. Il résulte des recherches faites par Huzard dans divers auteurs, que les amandes amères données ou mangées par les chats, les chiens, les cochons, empoisonnent ces animaux (8). Les amandes amères ne sont point employées, que nous le sachions, comme médicament en médecine vétérinaire.

Cyanures. Cyanure de potassium. Ce cyanure ne doit point être confondu avec le *ferro-cyanate de potasse* nommé encore

(1) Orfila, *Annales d'hygiène publique et de médecine légale*, t. I, p. 525.

(2) *Revue médicale*, 1825, et *Recueil de médecine vét.*, t. III, p. 332.

(3) Dupuy, *Journal pra ique de médecine vét.*, t. I, p. 244.

(4) *Annales d'hyg. publique, etc.*, t. I, p. 511.

(5) *Compte rendu, École de Lyon*, 1810.

(6) *Compte rendu, École d'Alfort*, 1812.

(7) *Instructions vétérinaires*, t. II, p. 400.

(8) Huzard, art. AMANDES AMÈRES, *Nouvelle Encyclop. méthodique*, t. II, première partie, p. 96.

prussiate de potasse. Le premier est doué de propriétés toxiques, le second peut être donné aux animaux, ainsi que je m'en suis assuré, à des doses énormes, sans produire le moindre accident.

L'administration de ce cyanure doit être préférée à celle de l'acide hydrocyanique, qui souvent s'altère malgré tous les soins pris pour sa conservation ; tandis que le cyanure de potassium peut se conserver longtemps, sans perdre de ses propriétés, dans des flacons bouchés à l'émeri, et recouverts de papier noir. On est donc sûr, en employant ce cyanure, des effets qu'on désire obtenir. L'action médicinale et l'action toxique sont semblables à celles de l'acide hydrocyanique. M. Prevost, de Genève, a fait quelques expériences sur des chiens, démontrant qu'il en est ainsi (1).

A l'intérieur le cyanure de potassium pourrait être essayé contre le tétanos. Il résulte des observations faites par MM. Trousseau et Pidoux, que ce cyanure en solution dans l'eau ou dans l'alcool, et appliqué à l'aide de compresses sur la tête des hommes atteints de céphalalgies essentielles et pyrétiques, serait doué de la précieuse vertu de faire cesser la douleur. Sous ce rapport ce cyanure pourrait être utilisé dans les affections vertigineuses du cheval, soit essentielles, soit symptomatiques, en maintenant la dissolution sur le front à l'aide d'une éponge ou d'un bandage matelassé.

Dose médicinale. De 8 à 16 gram. au plus (2 gros à 1/2 once) dans les grands animaux, et à celle de 10 centigr. (2 grains) pour les chiens.

Au dessus de ces doses ce cyanure est un poison mortel dont l'antidote n'est pas connu.

(1) Prevost, *Journal prat.*, t. III, p. 130.

§ III.

MÉDICATION NARCOTICO-ACRE.

Nous donnons le nom de médication narcotico-âcre à l'action et aux effets produits par les médicaments qui agissent plus particulièrement sur le système nerveux, en provoquant d'abord des effets d'excitation variables dans leur nature et leur intensité, suivis bientôt d'engourdissement, de stupeur ou de narcotisme. Administrés par la bouche, appliqués sur la peau, déposés dans le tissu cellulaire sous-cutané, le contact de la plupart de ces agents détermine une irritation plus ou moins intense des parties vivantes, due à un principe âcre et irritant qu'ils renferment. De là le nom de narcotico-âcres qu'on a réservé à ces médicaments, et de là aussi le nom de *médication narcotico-âcre* que nous donnons à l'ensemble de leurs effets sur l'organisme.

Les agents qui sont doués de la vertu de produire cette médication sont : la belladone, la stramoine, la jusquiame, le tabac, l'aconit napel et la grande ciguë.

L'époque de la végétation de ces plantes et les lieux où elles ont été récoltées, la préparation du médicament, sa bonne ou sa mauvaise conservation, sa dose, l'espèce d'animal auquel on administre le narcotique, influent singulièrement sur le mode d'action et les effets qu'on attend de ces agents thérapeutiques. (Voyez le *Traité de Pharmacie*.) Aussi un choix judicieux devra-t-il être fait du médicament narcotique, sa dose sera-t-elle exactement calculée et pesée, son administration faite avec soin, et ses effets sur le malade attentivement recueillis et appréciés par le vétérinaire. Les médicaments narcotico-âcres sont tous indigènes, il est facile de se les procurer à bien meilleur marché que l'opium, et ces raisons doivent engager les praticiens à en faire un fréquent usage.

Administration. Les narcotico-âcres s'administrent sous les mêmes formes et par les mêmes procédés que les narcotiques proprement dits (voyez page 378).

Choix. Pour être bien sûr des effets qu'on est en droit d'attendre des médicaments dont il s'agit, autant que faire se pourra, on se servira de la plante verte lorsqu'elle est en fleur, ou mieux encore quand elle commence à porter des graines. Parmi les préparations qui en sont faites et conservées dans les pharmacies, les extraits, les teintures devront être préférées à la poudre sèche, aux infusions et aux décoctions des feuilles et des tiges.

Dose. Grognier, d'après des expériences faites sur des animaux, a pensé que pour obtenir quelques effets des narcotico-âcres, il ne suffisait pas d'en donner cinq ou six fois plus qu'on en administre à l'homme, mais en centupler les doses (1). Nous dirons avec ce professeur vétérinaire, que dans les herbivores, la quantité d'aliments qui existe toujours dans leur estomac, même lorsqu'ils sont à jeun depuis longtemps, diminue beaucoup la force active du médicament; mais néanmoins la conclusion de Grognier est en désaccord avec les essais que nous avons faits sur l'action des narcotico-âcres dans les herbivores, et avec les nombreuses expériences des toxicologistes anciens et modernes tentées sur les carnivores; nous ferons donc connaître, en traitant des médicaments narcotico-âcres en particulier, la dose médicinale et la dose toxique de chacun d'eux.

Effets primitifs et consécutifs. Rien n'est aussi variable que les effets primitifs produits par les narcotico-âcres, chaque agent étudié en particulier possédant en quelque sorte une action spéciale. Cependant au milieu des nombreux troubles fonctionnels qui se manifestent dans l'organisme, le thérapeutiste doit distinguer : 1° l'action irritante de l'agent narcotico-âcre sur le

(1) Grognier, *Compte rendu de l'Ecole de Lyon*, 1809.

tube digestif; 2° l'effet primitif et consécutif de sa vertu sur le système nerveux. Nous allons essayer de faire connaître cette double action simultanée, en l'isolant par la pensée.

1° *Action irritante sur le canal intestinal.* La chaleur et la sécheresse de la bouche, par fois la salivation abondante, la soif ardente, la constriction de la gorge, les coliques, le ballonnement, les contorsions du ventre, la sensibilité de cette partie par la pression, quelquefois les épreintes, la diarrhée, sont les signes qui annoncent l'irritation des muqueuses intestinales par le contact du médicament narcotico âcre. Mais nous le ferons remarquer, ces signes ne se montrent réellement que dans les circonstances où le médicament a été administré à forte dose, à dose toxique même, et que la manifestation de ces phénomènes est en outre très variable dans son énergie, selon la nature de la plante employée, l'espèce et le tempérament de l'animal.

2° *Action sur le système nerveux.* Selon la dose, les narcotico-âcres déterminent divers effets sur le sytème nerveux. A petite dose, ils agissent comme anodins et peuvent être employés comme tels. A dose plus élevée, ils suscitent les effets suivants :

Peu de temps après l'administration, les animaux s'agitent, grattent le sol, se couchent et se relèvent; la respiration devient fréquente, accélérée même; le pouls est petit, vite, parfois dur, très souvent irrégulier et intermittent. Les battements du cœur sont tumultueux; la peau s'échauffe et parfois se couvre de sueur à la face interne des cuisses, à la base des oreilles. Bientôt les conjonctives prennent une teinte rouge violacée; les pupilles se dilatent, et la vue est plus ou moins abolie; les animaux restent tranquilles, abattus et plongés dans une somnolence, un coma parfois interrompu par quelques mouvements spasmodiques des lèvres, de la queue, des muscles de l'encolure et des membres. La marche est lourde, pénible et chancelante, les animaux trébuchent comme s'ils étaient ivres. Ce n'est que très rarement qu'on voit se manifester des convulsions spasmodiques avec chute sur le sol, des symptômes de paralysies des membres postérieurs, alternant avec le narcotisme. Jamais, et cela résulte d'observations nombreuses faites sur l'homme et sur les animaux, la médication narcotico-âcre ne suscite cette somnolence, cet engourdissement tranquille qui est déterminé par les narcotiques proprement dits et notamment par l'opium.

Si dans le cours de la médication, et par exception sur quelques animaux seulement, on constate un état soporeux ou narcotique, ce repos, ce calme n'est jamais absolu : toujours il est interrompu et alterné par une excitation plus ou moins vive du système nerveux, effets, encore une fois, qui ne se font point remarquer pendant la durée du narcotisme pur. Or, ces différences remarquables dans la manifestation de la médication narcotique et de la médication narcotico-âcre, établissent les caractères différentiels très remarquables qui appartiennent à l'une et à l'autre de ces deux médications.

Durée. La durée de la médication qui nous occupe est très variable selon la dose. L'exaltation nerveuse disparaît la première, le narcotisme, l'irritation intestinale persistent plus longtemps. La dilatation de la pupille qui ne manque jamais est le dernier phénomène à disparaître. Lorsque la dose a été faible, la durée totale de la médication est de cinq à six heures. La dose est-elle plus forte, les effets narcotiques peuvent la prolonger sept à huit heures ; enfin la médication peut dépasser douze à quinze heures si la dose a été toxique. Toutefois, nous le ferons remarquer, si le médicament a été injecté dans les veines, la médication est prompte, active, et sa durée courte ; que s'il a été déposé, soit dans le tissu cellulaire sous-cutané, soit sur la peau dénudée de son épiderme, soit dans le rectum, les effets narcotico-âcres se montrent toujours plus tôt et d'une manière plus énergique que dans le cas où l'agent narcotique est introduit dans l'estomac; mais aussi dans ce dernier cas, la médication est plus lente et plus prolongée.

En résumé les médicaments narcotico-âcres administrés à la dose thérapeutique ont donc pour effet : 1° De déterminer une irritation de l'estomac et des intestins, dont l'intensité est variable selon la dose du médicament et selon aussi, nous le ferons sentir plus loin, l'espèce de médicament employé.

2° De déterminer tout à la fois et une excitation du système nerveux et du narcotisme, mais que ces effets sont subordonnés à la dose du médicament, à son mode d'administration et au tempérament des animaux.

Effets toxiques. Les effets toxiques des narcotico-âcres ne sont qu'une exagération des phénomènes que nous venons de passer en revue. Nous les reproduirons ici d'une manière générale afin qu'ils soient bien connus et qu'on puisse chercher à y remédier, soit parce qu'on aurait commis une erreur de dose, soit parce que les animaux seraient d'une grande susceptibilité à l'action du médicament.

Agitations, chaleurs et sueurs à la peau, dilatation rapide des pupilles, perte de la vue, rougeur livide des conjonctives, convulsions des lèvres, mouvements spasmodiques des muscles de l'encolure et de la queue, agitation violente des membres dans les carnivores notamment, parfois mouvements désordonnés, pouls petit, vite, très irrégulier; respiration profonde, rare, bouche sèche, chaude, ou remplie d'une salive abondante, soif ardente, douleurs intestinales, vomissements, réitérés dans les carnivores ; parfois diarrhée, expulsion involontaire des excréments et des urines, faiblesse musculaire très grande, tremblements généraux ; coma profond, stupeur complète avec quelquefois chute sur le sol, et symptôme de paralysie des membres postérieurs ; cris dans les carnivores ; beuglements dans les grands ruminants.

Ces symptômes persistent pendant cinq, dix et douze heures,

quelquefois plus, et les animaux meurent dans une stupéfaction profonde qui se termine par une paralysie générale.

Lésions toxiques. Si la substance toxique a été administrée par la bouche, l'estomac, les intestins grêles, le cœur, présentent des taches rouges ou d'un rouge vif, dans une plus ou moins grande étendue. Dans quelques cas, ces lésions sont même très légères ; on ne les observe même point, si le poison a été introduit dans l'économie par toute autre voie.

Le sang contenu dans les vaisseaux est très noir, et souvent même coagulé. Les veines en général sont gorgées de sang. Les sinus veineux du cerveau, les grosses veines du canal rachidien, sont remarquables sous ce rapport. Les poumons sont violacés et leur tissu gorgé de sang. Les cavités du cœur offrent fréquemment des ecchymoses dans les chevaux.

L'ensemble de ces lésions constatées par tous les toxicologistes, indique donc que les narcotico-âcres agissent sur le canal intestinal, en l'irritant plus ou moins lorsqu'ils sont administrés par la bouche, mais qu'ils portent plus particulièrement leur action sur le système nerveux.

Antidotes. L'émétique dans les carnivores pour les faire vomir, les purgatifs salins administrés par la bouche et en lavements, dans le but d'expulser rapidement le poison, les décoctions de café, les saignées selon M. Orfila, s'il y a congestion cérébrale, les boissons d'eau acidulée, sont les antidotes qui ont été conseillés, mais sur lesquels on doit généralement peu compter.

Emploi dans les maladies.

Les narcotico-âcres n'ont jamais été beaucoup employés à l'intérieur en médecine vétérinaire : l'incertitude de leurs effets, dans les herbivores surtout, la difficulté souvent de se procurer des préparations de ces médicaments sur lesquelles on puisse compter, ont été jusqu'à présent les raisons qui en ont fait dédaigner l'usage. Ces raisons subsisteront-elles toujours?

Il y a tout lieu de le croire. Cependant nous pensons qu'elles ne sont point si majeures qu'il faille rejeter les avantages que peuvent procurer des médicaments indigènes qu'il est facile de se procurer partout et à un prix beaucoup moins élevé que l'opium. Sous ce rapport, nous devons donc nous en occuper.

Emploi externe. Dans les phlegmons sous-aponévrotiques très douloureux des régions inférieures des membres, dans les inflammations des gaines synoviales, des coulisses tendineuses, les synovites articulaires avec plaies ou sans plaies, les inflammations des mamelles, et en général dans toutes les plaies douloureuses, et surtout dans celles qui sont compliquées de l'inflammation, de la déchirure, de la compression de filets nerveux, les topiques narcotiques sont très avantageux. Ces préparations engourdissent rapidement la douleur qui est un des éléments prépondérants dans la maladie, font cesser la fièvre de réaction et calment les phénomènes inflammatoires, dans la partie soumise directement à leur influence. La teinture de belladone, de jusquiame, les cataplasmes faits avec ces deux plantes, la ciguë, le datura, réduites en pulpes, le jus de ces plantes associé aux cataplasmes émollients de graines de lin, de lait et de mie de pain, sont les préparations dont on se sert habituellement. Il est nécessaire d'en continuer l'usage jusqu'à ce que la douleur ait complètement cessé.

Emploi interne. L'usage des narcotico-âcres à l'intérieur a été très négligé en médecine vétérinaire, et c'est sans doute à tort. Peut-être pourrait-on obtenir la guérison de certaines maladies nerveuses rebelles, en les donnant bien préparés et doués de toute leur vertu. Déjà quelques essais ont été tentés pour la guérison de l'immobilité et de l'épilepsie, par M. Bernard, directeur de l'école vétérinaire de Toulouse, et le succès paraît avoir couronné l'entreprise de notre collègue (1).

(1) Bernard, *Recueil de médecine vétérinaire*, t. XIV, p. 263 et 264.

Nous engageons beaucoup les vétérinaires à continuer ces essais.

Dans toutes les maladies internes qui s'accompagnent de douleurs violentes, de fièvres, de réactions intenses, d'exaltations, de perversions, de la sensibilité et du mouvement musculaire, assurément l'action antispasmodique de la belladone, de la jusquiame, devrait procurer les mêmes avantages que l'opium. Une petite dose de ces préparations pourrait être déposée sans inconvénient dans le tissu cellulaire sous-cutané. Woerz a fait usage avec succès de l'extrait de jusquiame, pour faire cesser une toux pénible et fatigante, qui se manifestait sur des chevaux atteints de pleuro péricardite aiguë. Bien que la science soit pauvre en faits de ce genre, il faut bien l'espérer, les vétérinaires devront essayer de faire usage des narcotico-âcres, et que plus tard les annales vétérinaires annonceront des guérisons par les succédanés indigènes de l'opium. En attendant et en traitant en particulier de l'emploi de ces agents, nous indiquerons les maladies de l'homme, dans lesquelles on en fait usage avec succès. Nous pensons que ce sera motif de plus pour engager les vétérinaires dans cette nouvelle voie thérapeutique.

Emploi particulier.

1° *Belladone* (*Belladona*). Partie active, l'*atropine* de Brandes; parties usitées, les feuilles, les tiges, les fruits, la racine.

Emploi interne. Epilepsie. Des guérisons d'épilepsies ont été observées en médecine humaine par l'usage de la belladone. M. Bernard, ainsi que nous l'avons dit, a rapporté un exemple de guérison de l'épilepsie dans le chien (1). La dose qui nous a paru être homéopathique n'a point été, il faut le regretter, indiquée par notre collègue.

(1) Bernard, *Recueil de médecine vétérinaire*, t. XIV, p. 263.

Recommandée particulièrement contre la coqueluche des enfants, l'extrait ou la poudre de belladone pourrait être administrée avec avantage, unie aux électuaires adoucissants pour calmer les toux quinteuses et fatigantes, qui se manifestent durant le cours et surtout le début des broncho-pneumonites, des laryngites aiguës et suraiguës, des animaux. Les fumigations de feuilles de belladone seraient peut-être préférables encore pour remplir cette médication, en ce sens que la vapeur calmante agirait directement sur l'organe irrité. Quelle que soit la maladie contre laquelle on fasse usage de la belladone, aussitôt que sa partie active a été absorbée et qu'elle circule avec le sang, on remarque *une dilatation plus ou moins forte, mais constante de la pupille.* D'après quelques expériences de M. Flourens, le principe actif de la belladone agirait plus particulièrement sur les tubercules quadrijumeaux, qui donnent, comme on le sait, naissance aux nerfs optiques, dont la terminaison membraneuse, ou la rétine, se rend à l'iris. Quoi qu'il en soit, la dilatation de la pupille, après l'administration de la belladone et la perversion de la vision, sont des phénomènes sensibles qui annoncent l'action de la belladone sur le système nerveux. Ils apparaissent après deux minutes, selon M. Ségalas, lorsque l'extrait de belladone est introduit dans les bronches (1). Cet extrait agit moins rapidement lorsqu'il est appliqué sur l'œil.

Emploi externe. Maladies des yeux. La belladone est un remède fort utile pour calmer la sensibilité extrême qui accompagne certaines ophthalmies aiguës internes. Nous avons fait usage de décoctions de feuilles de belladone unies à des décoctions émollientes avec beaucoup de succès dans le cheval, dans l'ophthalmie soit périodique soit continue. Selon nous, l'une des indications principales à remplir, nous n'osons point dire la première dans les ophthalmies internes,

(1) Ségalas, *Journal de physiologie*, de Magendie, t. VII, p. 122.

c'est de calmer, d'engourdir la douleur qui surgit avec tant d'intensité sur un organe aussi délicat, aussi nerveux que l'œil, et dont le gonflement inflammatoire est comprimé de toutes parts par des enveloppes fibreuses et résistantes. Nous engageons donc de toutes nos forces les praticiens à faire usage de lotions fréquentes de belladone dans les ophthalmies internes des animaux.

On a profité en médecine humaine de la propriété particulière que possèdent les applications de belladone sur l'œil, pour dilater la pupille afin de faciliter l'opération de la cataracte. Ce moyen pourrait être essayé, si on tentait de pratiquer cette opération sur les animaux.

Le travail de la parturition est quelquefois long et pénible à cause de la rigidité essentielle du col de l'utérus. La belladone par sa propriété de relâcher, de dilater les sphincters, a été conseillée par Chaussier, pour faciliter l'accouchement chez la femme. La pommade ou mieux le cérat d'extrait de belladone dont on enduit le col de l'utérus à plusieurs reprises fait obtenir ce résultat. Ce moyen pourrait être essayé dans les grandes femelles domestiques.

C'est en vertu du même mode d'action qu'on a conseillé la belladone en lotions et applications topiques sur les hernies étranglées. Mais ici le cas est bien différent, l'ouverture qui serre et comprime la partie d'intestin herniée n'est point susceptible de dilatation et de resserrement : par conséquent il est presque superflu de le dire, la belladone doit être impuissante sous ce rapport, pour combattre les hernies. Mais calmant beaucoup la douleur de l'organe hernié, faisant cesser l'afflux sanguin, elle peut opérer un soulagement notable et concourir à la guérison.

De tous les médicaments employés contre la douleur externe, il n'en est assurément point de plus prompt et de plus efficace que la belladone. La teinture de la racine de cette plante, son extrait dissout dans l'eau, font cesser comme par enchantement, les vives douleurs qui se remarquent dans les plaies ou des branches nerveuses ont été coupées, déchirées ou meurtries. Nous ne connaissons point de préparations plus calmantes que la teinture ou l'extrait dont il s'agit, contre les vives douleurs des articulations dues soit à une inflammation violente avec ou sans plaie, soit à une affection rhumatismale aiguë. Nous étendons alors l'une ou l'autre de ces préparations sur un cataplasme émollient, ou bien nous en chargeons un plumasseau dont nous entourons la partie endolorie, et nous en soutenons l'action par des lotions fréquentes, faites avec des décoctions des feuilles de la plante.

Les douleurs intenses produites par les entorses du boulet sont également bien calmées par les mêmes moyens.

Préparations. Mode d'administration et doses.

1° *Poudre.* La poudre de belladone est la préparation la moins chère et la plus facile à employer. On peut l'administrer en électuaires ou en pillules, à la dose de 30 à 45 grammes (1 once à 1 once 1/2) dans les grands animaux. Il est indispensable de la donner fraîche ou confectionnée dans l'année. Si peu qu'elle ait vieilli dans les pharmacies, elle perd de ses propriétés.

2° *Décoctions.* Les feuilles et les tiges nouvellement desséchées et traitées par décoction ou par infusion se donnent à la dose de 125 gram. (4 onces) dans un litre d'eau pour les grands animaux, et à celle de 30 grammes (1 once) pour les petits.

3° *Extrait aqueux du commerce.* L'extrait de belladone a une activité double de celle de la poudre. On ne doit le donner qu'à la dose de 12 à 15 grammes (7 gros à 1 once) pour les grands animaux, et à celle de 1 à 3 grammes (de 5 à 15 grains) pour les chiens. On peut le faire absorber dans le tissu cellulaire à la dose de 5 à 10 grammes dans les grands herbivores, à celle de 2 à 3 centigrammes dans le chien.

Cet extrait bien préparé est très cher dans le commerce où il est coté au prix de 16 francs le demi-kilog.

4° *Teinture*. La teinture jouit d'une activité un peu moins grande que l'extrait. Elle est aussi beaucoup moins chère. On peut l'injecter dans les veines à la dose de 5 à 10 gouttes dans 1 à 2 litres d'eau dans le cheval. Cette préparation est celle que l'on doit préférer pour l'usage externe.

5° Le *Baume tranquille*, le *liniment narcotique*, préparations dans lesquelles entre beaucoup de belladone, sont d'excellentes préparations pour l'usage externe dont il a été question (voyez *Traité de pharmacie*, pages 544 et 567).

Doses toxiques. Gohier est parvenu à faire avaler la décoction de 3 kilog. de feuilles vertes et de baies de belladone dans 5 litres et demi d'eau à un cheval sans qu'il en soit résulté aucun accident (1). Ce cas nous paraît être une exception. Assurément cette dose doit être considérée comme toxique.

Extrait aqueux. De 30 à 40 grammes pour les grands animaux, de 10 à 15 grammes pour le chien.

Stramoine commune. Datura stramonium. Partie active, la *daturine* de Brandes.

La stramoine est une plante très commune dans toutes les parties de la France. De même que la belladone, elle agit sur le système nerveux, et d'après M. Orfila, elle paraîtrait exciter plus fortement le cerveau. Ses propriétés sont beaucoup moins énergiques dans les animaux herbivores notamment, que chez l'homme. En médecine humaine, la belladone et la jusquiame ont été employées dans les mêmes maladies. Le datura compte cependant plus de guérisons dans l'épilepsie. En médecine vétérinaire, la stramoine, en raison de la facilité de s'en procurer partout et en quantité, pourrait être employée beaucoup plus souvent dans les maladies externes sous la forme de

(1) Gohier, *Mémoires sur la médecine et la chirurgie vétérinaire*, Supplément, t. II, p. 44.

bains, de lotions, de cataplasmes crus ou cuits, sur les parties enflammées et très douloureuses.

Mode d'administration. Administré sous la forme de lavement avec les attentions que nous avons déjà indiquées (page 71), le datura, ainsi que tous les agents toxiques qui agissent par absorption, détermine des effets beaucoup plus rapides que lorsqu'il est porté dans l'estomac.

Doses. 1° *Feuilles vertes.* Gohier a pu administrer la décoction de 1 kilog. 500 grammes (3 livres) de feuilles vertes de stramoine à un cheval. Cet animal a éprouvé les effets du narcotisme pendant quatre à cinq heures, mais n'en est pas mort (1). Moiroud a pu faire prendre 150 grammes (5 onces) de suc exprimé de stramoine au cheval, sans qu'il en soit résulté d'autres phénomènes qu'un peu d'assoupissement et de baillements (2).

2° *Graines récentes.* Gohier a donné 120 grammes (4 onces) de graines de pomme épineuse à un vieux cheval qui éprouva pendant sept heures les effets du narcotisme sans en mourir. Ces doses peuvent être employées.

3° *Extrait aqueux.* La préparation de l'extrait exige beaucoup de soin si on veut qu'il jouisse de toute l'activité dont il est susceptible. Celui qu'on tire des graines est plus actif que celui qui vient des feuilles. La dose pourrait être de 4 à 8 grammes (1 à 2 gros) dans les grands herbivores, et de 5 à 10 centigrammes (1 à 2 grains) pour le chien. Nous n'avons jamais fait usage de cet extrait.

Jusquiame noire. Hyoscyamus niger. Partie active l'*hyoscyanine* de Brandes. L'aspect et l'odeur de la jusquiame décèlent les propriétés stupéfiantes dont cette plante est douée. Toutes ses parties, en effet, exercent sur l'organisme une action comparable à celle de la belladone; mais elles sont plus intenses. Cette plante ne laisse aucune trace de son impression sur la partie où elle a été appliquée et absorbée.

(1) Moiroud, *Traité de mat. médicale*, p. 350.

(2) Gohier, mémoires cités, t. II, p. 44.

D'après des expériences de M. Orfila, le suc ou l'extrait des feuilles, des tiges et particulièrement de la racine de jusquiame détermine sur les chiens un *état narcotique plus pur, moins mélangé de symptômes d'irritation que celui suscité par l'opium*. La mort, suivant ce célèbre toxicologiste, survient toujours au bout d'un temps plus ou moins long, suivant la dose, la préparation et le mode d'action du poison; mais sans avoir été précédée, circonstance remarquable, d'autres phénomènes que des vertiges, de la dilatation des pupilles, de l'abattement, de la faiblesse dans le train postérieur, de l'assoupissement et de quelques mouvements convulsifs assez légers. Aucune altération n'a été observée dans les organes, si l'on en excepte dans quelques cas, l'engorgement des poumons, l'injection des vaisseaux du cerveau.

La jusquiame est une plante très commune; elle pourrait, à cause de ses propriétés narcotiques pures, si elles étaient aussi bien constatées sur les herbivores que sur les carnivores, peut être remplacer l'opium dans beaucoup de cas : il est donc utile que nous fassions connaître les maladies contre lesquelles elle a été employée, ses préparations pharmaceutiques et les soins à prendre pour son administration.

Maladies. A l'extérieur, la jusquiame, nous l'avons expérimenté, jouit de propriétés calmantes à un haut degré : on peut donc s'en servir, en toute assurance dans les plaies douloureuses, les phlegmasies sous-aponévrotiques, l'inflammation des mamelles, les maladies articulaires aiguës, les entorses, les rhumatismes aigus, les ophthalmies aiguës, internes.

A l'*intérieur*, les vétérinaires n'ont point, jusqu'à ce jour, assez expérimenté sur les vertus narcotiques de cette plante; on pourrait l'essayer contre le tétanos, le vertige essentiel, les coliques violentes, d'autant mieux que ce médicament ne suscite point la constipation comme l'opium et ses préparations.

Dans les maladies de poitrine avec toux douloureuse et répétée, la jusquiame a été donnée avec succès aux chevaux par Woerz (1). On peut aussi l'essayer dans l'épilepsie, la chorée, la maladie tremblante des bêtes à laine.

Préparations qu'on doit employer. La plante devra être choisie au moment où elle est en pleine végétation. L'extrait fait avec la racine est beaucoup plus actif.

D'après M. Orfila, l'extrait aqueux, obtenu par décoction de la plante *peu développée ou trop desséchée jouit à peine de propriétés vénéneuses.* C'est donc de l'extrait de la racine que l'on doit se servir de préférence à toute autre préparation, si on veut obtenir des effets constants et notables de la jusquiame. La teinture paraît jouir aussi de beaucoup d'activité.

Moiroud dit avoir donné la jusquiame à des chevaux, à la dose de 90 à 120 gram. (3 à 4 onces), après avoir été traitée par décoction ; cette plante a produit une grande dilatation des pupilles, une agitation spasmodique des lèvres, et un peu de fréquence dans le pouls ; mais sans donner lieu à aucun signe d'empoisonnement mortel. Moiroud a-t-il administré les feuilles vertes ou sèches, les tiges ou la racine? c'est ce que nous ignorons, et cela est fâcheux. Selon le même auteur et d'après des renseignements qui lui ont été fournis sur les lieux, il paraît que certains marchands de chevaux d'Allemagne parviennent à engraisser les animaux malingres qu'ils cherchent à refaire en mélangeant à l'avoine qu'ils leur destinent, la graine de jusquiame.

Mode d'administration. Dans l'estomac, dans le rectum, le tissu lamineux sous-cutané de la face interne de la cuisse, et en injection dans les veines.

Doses, extrait aqueux. A l'intérieur et en lavement de 1 à 4 grammes (4 grains à 1 gros) grands animaux, de 5 à 10 centigr. (1 à 2 grains) petites espèces, de 1 à 2 grammes dans le tissu cellulaire sous-cutané.

(1) Woerz, *Recueil de médecine vétérinaire*, t. XVIII, p. 333.

Teinture. La teinture se donne à la même dose à l'intérieur, et en dépôt dans le tissu cellulaire. On pourrait l'essayer en injection dans les veines, à la dose de 5 à 10 centigram. (1 à deux grains) dans les chevaux.

Tabac ou *Nicotiane, nicotiana Tabacum.* Parties actives, la *nicotine* et la *nicotianine.* Dans ces derniers temps, on a constaté que les feuilles de tabac du commerce, employées soit à l'extérieur soit à l'intérieur, sont douées de vertus narcotiques et irritantes bien plus intenses que celles récoltées et séchées sans aucune préparation, qui sont au contraire plus narcotiques qu'irritantes. Ces dernières seront donc préférées toutes les fois qu'il s'agira d'administrer le tabac comme narcotique, tandis qu'on emploiera le tabac du commerce comme substance narcotico-irritante.

Usage interne. Le tabac est rarement employé à l'intérieur dans la médecine des animaux herbivores. On donne les décoctions de tabac du commerce en lavements dans quelques maladies cérébrales accompagnées de coma, de constipation opiniâtre. En médecine humaine, Thomas Anderson, puis récemment M. Cavenne, viennent d'annoncer la cure du tétanos de l'homme, en donnant des lavements soit de décoction soit de fumée de tabac (1). Ce moyen pourrait être essayé contre cette maladie, dans les animaux. Administré aux chiens, même à une petite dose, le tabac suscite des nausées suivies parfois de vomissements, de coliques violentes qui se terminent par des déjections stercorales, noires et muqueuses ; souvent aussi, à cette irritation du tube digestif, se joignent des tremblements généraux, des mouvements convulsifs, des vertiges, enfin de la somnolence, interrompue par des contractions cloniques.

A la dose de 12 à 16 grammes (3 gros à demi-once), le tabac administré au chien et au cochon, soit en poudre et en solution dans l'eau, soit en décoction, peut occasionner la

(1) *Bulletin de l'Académie de médecine*, t. I, p. 193.

mort. A l'autopsie des animaux, de violentes traces d'inflammation se font remarquer dans le canal intestinal.

Employé comme vomitif par beaucoup de personnes, pour le chien, le chat et le cochon, le tabac irrite violemment l'estomac; il vaut mieux avoir recours à l'émétique.

Usage externe. Les décoctions de tabac dans l'eau, l'eau-de-vie, l'alcool, et associées à d'autres décoctions renfermant des principes âcres, comme l'hellébore, la clématite brûlante, sont très recommandées pour la guérison de la gale et des dartres de tous les animaux. Ces préparations conviennent très bien, il est vrai, pour guérir ces maladies; mais elles doivent être employées avec beaucoup de circonspection. Lorsque l'épiderme de la peau est enlevé dans de larges surfaces, les lotions de tabac, surtout celles qui ont pour véhicule le vinaigre, l'eau-de-vie ou l'alcool, liquides qui dissolvent plus facilement le principe actif et narcotique, peuvent donner naissance à un véritable empoisonnement.

Ces sortes d'accidents ont été signalés par Bourgelat dans sa matière médicale (1), et Huzard a eu occasion de les constater dans le cheval (2). Toutefois, l'empoisonnement ne se fait remarquer qu'autant que les décoctions sont concentrées et employées fréquemment. Cet accident est plus redoutable dans les herbivores que dans les chiens. Il a été signalé chez l'homme par Stoll.

Les mêmes lotions sont fréquemment usitées avec succès pour faire mourir les poux, les ricins, les ixodes qui pullulent et vivent sur la peau des animaux. Les fumigations selon le procédé de Jefferson remplissent parfaitement ce but pour le mouton.

Aconit ou napel, aconitum napellus. Principe actif l'*aconitine* de Brandes. Gilbert assure que les chevaux mangent l'a-

(1) Bourgelat, *Eléments de mat. médicale*, t. II, art. TABAC.

(2) Huzard, *Nouvelle Encyclopédie méthodique*, t. II, 2e partie, p. 575.

conit napel impunément, et Thouin prétend que l'on doit beaucoup rabattre des qualités délétères qu'on a attribuées à cette plante. Ces opinions sont controversées par beaucoup d'observations. Un vétérinaire grec, Hiéroclès, indique les remèdes propres à combattre l'empoisonnement des chevaux qui ont mangé l'aconit napel (1). Viborg a fait des expériences qui démontrent les qualités vénéneuses de cette plante pour le cheval et le porc (2). M. Hugues a rapporté, en 1827, deux faits d'empoisonnement sur le cheval (3). Grognier assure que l'aconit est un poison pour les moutons qui en broutent dans les pays de montagnes où croît le napel en abondance (4). L'aconit, cela est incontestable, est donc un poison actif et violent pour les animaux.

Dans le cheval qui en a mangé avec les fourrages, il détermine des indigestions, des coliques avec efforts pour opérer le vomissement, une salivation abondante et une gêne de la respiration. La marche de l'animal est lourde et vacillante, son pouls est petit, embarrassé, ses pupilles sont dilatées, il reste immobile et dans un état comateux. La saignée, l'administration de la thériaque à la dose de 30 à 60 grammes (1 à 2 onces) dans du vin, les lavements purgatifs, sont les moyens qui ont été mis avec succès en pratique par M. Hugues.

L'aconit est donc un agent médicamenteux énergique dans les animaux. Cependant, aussi bien en médecine humaine qu'en médecine vétérinaire, il est peu employé. On lui préfère d'autres narcotiques dont les effets stupéfiants sont plus certains.

On confectionne avec la racine de cette plante un extrait qui pourrait être administré dans quelques maladies nerveuses à la dose de 2 à 4 grammes (demi-gros à 1 gros) dans le cheval,

(1) *Traduction des vétérinaires grecs*, p. 108.

(2) Viborg, *Traité sur le porc*, p. 88.

(3) Hugues, *Journal pratique de médecine vétérinaire*, t. II, p. 378.

(4) Gronier, *Éléments d'Hyg. vétérinaire*.

et de 2 à 4 centigrammes (demi-grain à 1 grain) dans les petits animaux.

Grande Ciguë, Ciguë maculée (*Conium Maculatum*). Partie active, la *cicutine* ou *conéine* de Brandes. Rien n'est aussi variable que les effets de la ciguë sur les animaux. Que les herbivores mangent cette plante au moment de sa première végétation, lorsqu'elle est en fleur, ou lorsqu'elle est en graine, dans ces trois circonstances, les effets produits par son action vénéneuse sont différents dans leur manifestation. Sous le rapport thérapeutique, que les feuilles de la ciguë soient administrées vertes ou sèches aux diverses époques de la végétation de la plante, que ce soit le jus, l'extrait aqueux ou l'extrait retiré des feuilles par l'alcool, que la plante soit récoltée au nord ou au midi, qu'elle ait végété dans un lieu humide ou dans un lieu sec et calcaire, à l'ombre ou au soleil, dans toutes ces circonstances variées les effets de la médication narcotique seront différents. Ces diverses conditions qui augmentent ou qui diminuent les propriétés narcotiques de la ciguë n'ont pas toujours été bien appréciées, et c'est assurément cette inobservation qui rend raison des effets si différents qu'on a remarqués sur les animaux, soit qu'ils aient mangé de la ciguë par accident, soit qu'on leur ait administré cette plante comme médicament. M. Orfila a rendu un grand service à la thérapeutique et à la toxicologie en cherchant à fixer les opinions sur ce point. Les praticiens devront donc bien savoir aujourd'hui :

1° Que les feuilles de la ciguë, lorsqu'elles commencent à pousser, ne renferment que peu ou point de principes actifs ;

2° Que c'est dans le moment où la plante commence à donner ses graines, qu'elle recèle abondamment le suc narcotique qui lui donne ses vertus ;

3° Que dans ce moment même la ciguë ne possède cependant que très peu de propriétés toxiques, soit qu'elle vé[illegible] dans le nord, soit qu'elle végète à l'ombre et dans un terrain cultivé ;

4° Que cette plante au contraire, cueillie dans le midi de la France et dans tous les pays chauds, jouit de toute la vertu qu'elle peut posséder ;

5° Que ses vertus sont plus grandes encore, toutes circonstances égales d'ailleurs, lorsqu'elle végète dans les lieux secs et incultes.

On ne sera donc point étonné maintenant si on lit dans les ouvrages du célèbre botaniste Linné, que les campagnards suédois mangent impunément la ciguë, après l'avoir fait bouillir dans plusieurs eaux, et que les vaches et les chèvres sont friandes de cette plante en Suède ; qu'à l'école de Lyon un bélier ait pu être nourri pendant cinq jours avec de la ciguë sans en être incommodé (1) ; que Moiroud en ait fait manger 3 livres et demie à un cheval sans qu'il éprouvât aucun dérangement (2) ; que le docteur Nerthwood ait vu un cheval abandonné pour cause de farcin en manger pendant quinze jours, et être guéri de l'affection qu'il portait (3). Or, dans toutes ces circonstances, il est très probable que la ciguë mangée volontairement par les animaux ne renfermait que peu ou point de principes narcotiques ; et cette présomption doit assurément se changer en certitude quand on lit les exemples d'empoisonnements naturels d'une vache par M. Lecoq (4), de moutons, par M. Leblanc (5), de canards, par M. Jouanaud (6). Toutefois, il est digne de remarque que cette plante agit avec plus d'énergie lorsqu'elle est administrée par la bouche sur les carnivores que sur les herbivores.

(1) Compte rendu, École de Lyon, 1817.
(2) *Loco citato*, p. 359.
(3) *Revue médicale*, septembre 1829.
(4) Lecoq, *Recueil de médecine vétérinaire*, t. XVIII p. 358.
(5) Leblanc. *Mémoires de la Société d'Agriculture de Paris*, 1821, p. 92.
(6) Jouanaud, *Journal vétérinaire du Midi*, t. III, p. 148.

Il résulte donc en définitive de tout ce que nous venons de dire, que la ciguë, pour être employée comme plante médicinale, devra être choisie dans les conditions que nous avons exprimées plus haut.

Administrée à la dose médicinale, la ciguë suscite aux herbivores des bâillements fréquents, du ptyalisme, une légère accélération du pouls, quelques contractions spasmodiques dans les muscles, de la chaleur à la peau, une dilatation remarquable de la pupille, et bientôt les animaux restent pendant longtemps dans un état d'accablement et de stupeur qui ne disparaît qu'après cinq, six et même douze heures.

Ces phénomènes sont plus remarquables dans les carnivores.

A une dose toxique, la ciguë suscite les mêmes phénomènes, mais ils sont plus énergiques. Les carnivores vomissent abondamment, éprouvent des convulsions violentes; dans les herbivores le ventre se météorise. Dans les uns comme dans les autres une soif ardente, des contractions spasmodiques des muscles de l'abdomen, des grincements de dents, une dilatation énorme de la pupille, se manifestent; enfin tous ces phénomènes se terminent par un engourdissement, un coma profond, une paralysie des membres postérieurs, et la mort.

A l'*autopsie*, la muqueuse de l'estomac et des intestins se montre parsemée çà et là de taches rouges noirâtres dues à l'action irritante du poison. Les poumons sont gorgés de sang, les vaisseaux du cerveau sont distendus par une grande quantité de ce fluide.

Antidotes. La saignée, les boissons acidules, le café, l'émétique dans les carnivores, les purgatifs salins pour les herbivores, le lait coupé, sont les moyens à l'aide desquels on peut secourir les animaux avec l'espoir de les sauver.

Emploi de la ciguë dans les maladies. La ciguë est une plante qui végète partout; elle est douée de propriétés énergiques, et c'est à tort, selon nous, que son usage ne soit pas plus répandu dans la médecine des animaux. Bourgelat s'exprime ainsi dans sa *Matière médicale* : La ciguë, dit-il, est une plante vireuse et un véritable poison, prise à grande dose ; mais employée avec méthode, c'est un remède très efficace.

Farcin. Le fondateur des écoles vétérinaires a prescrit la ciguë dans les engorgements farcineux. Gohier a dit ensuite : « J'ai traité avec la ciguë, dans l'espace de trois ans, au moins cent chevaux farcineux, et je crois n'avoir perdu que ceux qui auraient immanquablement succombé à d'autres médications. » Ce praticien ajoute ensuite : « J'ai économisé par ce moyen une somme assez considérable qu'il m'eût fallu dépenser pour traiter ces chevaux avec d'autres médicaments peut-être moins efficaces (1). » Depuis 1816, époque où Gohier faisait connaître ces résultats, le docteur Nerthwood a annoncé, en 1829, dans la *Revue médicale*, qu'un cheval atteint du farcin en fut guéri dans environ quinze jours, après avoir mangé avec avidité de la ciguë dans un lieu où elle croissait en abondance. On a dit depuis que la ciguë n'avait point justifié son efficacité contre le farcin (2), mais je n'ai lu nulle part des faits qui appuient cette opinion. Je crois donc que la ciguë devrait être essayée de nouveau contre cette redoutable affection.

Storck a vanté cette plante contre le squirrhe et le cancer en médecine humaine ; Huzard l'a conseillée contre ces affections dans les animaux (3), et Gohier l'a employée avec quelque succès dans ces sortes de cas (4); nous pensons que, si squirrhe, si cancer il y a, il est bien préférable d'avoir recours à l'opération dont, assurément, le succès est plus certain.

Usage externe. A l'extérieur, la ciguë est employée pour confectionner des cataplasmes anodins crus ou cuits qu'on ap-

(1) Gohier, *Mémoires sur la médecine et la chirurgie*, t. II, p. 60; et *Résultat de quelques expériences faites sur les poisons végétaux*, p. 57 et 59.

(2) Moiroud, *Traité de mat. médicale*, p. 361.

(3) Huzard, *Nouvelle Encyclopédie méthodique*, t. IV, p. 346, art. CARCINOME.

(4) Gohier, *Compte rendu*, *Ecole de Lyon*, 1817.

plique sur les engorgements des mamelles, les phlegmons douloureux, les plaies très endolories.

Doses. 1° *Poudres*, de 30 à 45 gram. et même 60 gram., soit en électuaire soit en décoction, dans 2 litres d'eau pour les grands animaux. Après un certain temps de son usage, on peut en porter la dose jusqu'à 120 grammes (4 onces). De 15 à 30 gram. pour les petits, dans 4 décilitres d'eau.

2° *Feuilles vertes*, de 150 à 180 grammes (5 à 6 onces) dans 2 litres d'eau.

3° *Suc de la plante verte*, de 30 à 45 grammes (1 once à 1 once 1/2) dans un litre d'eau pour les grands herbivores, de 10 à à 15 grammes (3 à 4 gros), pour les petits herbivores et le chien.

4° *Extrait aqueux, confectionné avec les feuilles ou les racines fraîches*, de 4 à 8 grammes (1 à 2 gros) pour les grands animaux, de 2 à 4 cent. (1 grain) pour les petits.

Doses toxiques. 1° *Décoction de la poudre*, 120 gram. (4 onces) pour le cheval (Rainard et Moiroud).

2° *Feuilles vertes*, de 210 grammes (7 onces) pour le cheval, et de 150 grammes (5 onces) pour le chien.

3° *Extraits*, de 15 à 30 grammes (1/2 once à 1 once) pour le cheval.

La *Ciguë aquatique*, *Phellandrium aquaticum*, la *petite Ciguë*, *Cicuta minor*, *Cicuta cynapium*, ne sont point employées en médecine vétérinaire.

§ IV.

MÉDICATION EXCITATIVE DU SYSTÈME NERVEUX.

Nous donnons le nom de médication excitative du système nerveux, à l'action et aux effets produits par les agents qui sont doués de la propriété de stimuler la sensibilité et l'action nerveuse qui préside à la contraction musculaire plus particulièrement, en agissant sur le cerveau, la moelle épinière et les nerfs, sans cependant produire de désordres matériels sur la texture pulpeuse et délicate de ces organes.

Les médicaments et les agents qui possèdent cette singulière propriété, sont la noix vomique, la fève de Saint-Ignace, le sumac vénéneux, l'électricité et le galvanisme.

Deux auteurs de thérapeutique d'un grand mérite en médecine humaine, ont classé les agents dont il s'agit parmi les excitants du système musculaire; M. Richard dans son *Traité de Thérapeutique*, a adopté cette classification; nous pensons tout autrement. Nous croyons que ces médicaments agissent directement sur le système nerveux, et que, si en effet le système musculaire subit des modifications qui tendent à exciter sa contraction, la cause n'en est point dans la fibre musculaire, mais assurément dans les nerfs qui s'y distribuent et qui président à sa contraction et à sa sensibilité. Or on sait que ces nerfs tirent leur origine du cerveau de la moelle épinière, et qu'ils ne sont, en quelque sorte, que les conducteurs fonctionnels de ces organes. C'est donc donner une idée fausse de la manière d'agir des agents dont nous allons nous occuper, que de les classer parmi les excitants musculaires.

Noix vomique, *Strychnos*, *Nux vomica*. Partie active la *strychnine* et la *brucine*, de MM. Pelletier et Caventou. Parties employées, la *poudre*, l'*extrait alcoolique*, la *teinture*, la *strychnine* et la *brucine*.

Mode d'administration. Sur le tube digestif, en dépôt dans le tissu cellulaire sous-cutané, en injections dans les veines.

Action de la noix vomique. Effets *primitifs* et *consécutifs*. Les Arabes, d'après Richard (1), paraissent être les premiers peuples qui aient reconnu les propriétés énergiques et délétères de la noix vomique. Mais ce ne fut guère qu'en 1676 et 1677 que Wepfer et Brunner firent des expériences sur les animaux pour étudier les effets de ce poison violent (2). Plus tard,

(1) Richard. *Botaniq. méd.*, t. I, p. 324.
(2) Bayle, *Biblioth. thérapeut.*, t. II, p. 120.

ces expériences furent répétées en France, par les docteurs Desportes, Magendie, Orfila, Ségalas, et en médecine vétérinaire par M. Dupuy.

Les effets de la noix vomique, administrée par la bouche, sont généralement plus intenses dans les animaux carnivores que dans les herbivores, et sous ce rapport, cette substance a cela de commun avec tous les médicaments connus. Nous en avons déjà dit et répété la raison : nous ne reviendrons donc pas sur cette question.

Animaux carnivores. La poudre de noix vomique, donnée à petite dose au chien, soit en suspension dans l'eau, soit en pilules, ne tarde point à produire ses effets. A peine s'est-il écoulé 5 à 6 minutes, qu'on s'aperçoit que l'animal est inquiet. S'il cherche à marcher, ses mouvements musculaires sont saccadés, brusques et interrompus parfois par des soubresauts, des contractions spasmodiques dans les muscles des membres. La pupille n'est point dilatée ; la sensibilité générale est exaltée ; et si on touche le chien, si on l'expose tout à coup à une vive lumière, si un bruit inattendu se fait entendre, aussitôt des secousses brusques se manifestent. La respiration reste régulière, quoiqu'elle soit interrompue de temps en temps par les secousses qui la rendent alors seulement saccadée et difficile. Le pouls est accéléré ainsi que les battements de cœur. Les fonctions digestives et sécrétoires ne présentent rien de bien remarquable. L'intelligence du chien ne paraît pas troublée. Cet animal écoute, voit et obéit.

Animaux herbivores. Les mêmes phénomènes se passent dans les animaux herbivores, seulement ils sont plus lents à se produire.

Les effets de la noix vomique, à petite dose, sont d'une courte durée: ils se terminent ordinairement après dix à quinze minutes.

Si la dose de noix vomique est plus forte, les mêmes phénomènes se manifestent, mais ils sont plus prompts, plus énergiques et d'une durée plus prolongée. Si la dose est successivement augmentée de jour en jour, ou d'un jour l'un, on s'aperçoit, après chaque administration, que les phénomènes qui se produisent acquièrent de plus en plus d'intensité. De là l'indication lorsqu'on veut obtenir de bons effets thérapeutiques de la noix vomique, sans exciter gravement le système nerveux, d'en éloigner l'administration, de la suspendre, de la reprendre même, et de ne point aller toujours en augmentant la dose. Dans beaucoup de cas, il est même préférable de la diminuer.

Action toxique. Les effets de la noix vomique à dose toxique, se manifestent rapidement. Les animaux éprouvent d'abord un malaise général. Puis se manifeste bientôt une contraction générale de tous les muscles du corps, et particulièrement des extenseurs, pendant laquelle la colonne vertébrale, les membres, sont brusquement redressés. A cette contraction dont la durée est fort courte, succède un calme marqué, suivi lui-même d'une nouvelle contraction qui se prolonge plus que la première. Un nouveau calme, pendant lequel l'animal paraît étonné, surpris, suit encore cette contraction; mais il est d'une courte durée. Alors surviennent et se succèdent presque continuellement des secousses brusques accompagnées d'une contraction tétanique violente des muscles des mâchoires; les yeux pirouettent dans les orbites, la pupille se dilate. On ne peut toucher aux animaux ni faire le moindre bruit, sans exciter des convulsions violentes pendant lesquelles les muscles se redressent à la manière d'un ressort très bandé qui se détend, et qu'on ne peut mieux comparer qu'aux secousses brusques qu'excitent les muscles, lorsqu'on exécute sur les nerfs moteurs une forte décharge de batteries électriques. La respiration est accélérée, irrégulière, saccadée, interrompue : alors les conjonctives, la muqueuse de la bouche, du nez, les parties blanches de la peau prennent une teinte violacée. Les intervalles de rémission sont très courts, deux à trois attaques se succèdent avec rapidité; bientôt la raideur devient générale, le thorax reste immobile, la respiration paraît cesser et l'animal meurt par asphyxie, selon beaucoup d'expérimentateurs, et d'après M. Ségalas, par un effet semblable à celui produit par une forte commotion électrique (1). La mort survient ordinairement après le troisième, le quatrième ou le cinquième accès tétanique, et ordinairement sept à huit minutes après la manifestation du premier accès.

Autopsie des cadavres. Lorsque la noix vomique a été administrée en poudre, on voit manifestement des traces d'irritation là où le poison a été en contact avec la muqueuse intestinale. L'extrait alcoolique, la teinture, la strychnine, ne laissent aucunes traces de leur attouchement. Les autres lésions sont semblables à celles suscitées par l'asphyxie. Les poumons, les veines pulmonaires, les artères sortant du cœur sont gorgés d'un sang noir. Le cerveau, la moelle épinière, les racines des nerfs, les nerfs eux-mêmes dans leur trajet, ainsi que nous l'avons constaté par des dissections minutieuses, ne présentent aucunes traces d'altération. Que la noix vomique soit administrée à l'intérieur en breuvages, en électuaires ou en lavements; qu'elle soit déposée dans le tissu cellulaire sous-cutané ou injectée dans les veines, elle suscite toujours les mêmes effets pendant la vie, et ne laisse que fort peu d'altérations cadavériques après la mort.

Les effets toxiques de ce poison sont très prompts à se manifester, lorsqu'on injecte ses préparations dans les veines; ils sont encore très actifs dans le canal intestinal: ils sont un peu plus lents dans le tissu cellulaire sous-cutané.

Mode d'action. Les expériences de M. Magendie (2), celles ensuite de M. Ségalas (3), semblaient avoir prouvé à tous les thérapeutistes, que la partie active de la noix vomique était

(1) Ségalas. *Journal de physiologie expériment.*, an. 1822, t. II. p. 361.

(2) Magendie, *Traité de Phys.*, art. ABSORPTION.

(3) Ségalas, id. id.

absorbée, et que c'était par le transport des molécules de la strychnine au cerveau, à la moelle épinière, que les nerfs étaient excités et influencés, lorsqu'en 1826, MM. Dupuy et Leuret se livrèrent à des expériences de transfusion du sang veineux d'un animal en proie à l'empoisonnement de la noix vomique administrée à forte dose à l'intérieur, vinrent ébranler la conviction qu'on avait eue jusqu'alors sur l'absorption de la noix vomique (1). En effet, le sang veineux de deux chevaux empoisonnés, transfusé par courant continu à l'aide de sondes partant de la veine jugulaire de l'animal, en proie à l'action de la noix vomique, dans la veine jugulaire d'un autre cheval, n'a point suscité les phénomènes produits par l'action du poison chez ce dernier. Quelques thérapeutistes ont eu l'idée alors de dire que la noix vomique agissait seulement sur les extrémités nerveuses de la partie où elle était déposée, qui en transmettaient alors les effets au cerveau et à la moelle épinière. Cette opinion a été aussi accréditée par les expériences de M. Dupuy, qui, ayant coupé les nerfs pneumo-gastriques à un cheval, et ensuite lui ayant administré 60 grammes (2 onces) de noix vomique râpée, est venu déclarer que cette substance n'avait produit aucun effet, tandis que la même quantité donnée à un autre cheval qui n'avait pas subi cette section, l'a fait périr en peu d'heures après trois accès terribles. Ces deux expériences ne nous paraissent nullement devoir faire conclure que la partie active de la noix vomique n'est point absorbée. Car comment expliquer l'action de la strychnine lorsqu'elle est déposée, soit dans le tissu cellulaire, même à une très petite dose, soit sur une petite surface de la peau dénudée de son épiderme. Et d'ailleurs, si les effets de la noix vomique se passaient exclusivement sur les extrémités des nerfs, l'action devrait être prompte, instantanée; mais il n'en est point ainsi : il s'écoule toujours un certain temps, quelquefois fort court il est vrai,

(1) Dupuy et Leuret, *Journal prat. de méd. vétér.*, t. I. p. 145 et 323.

entre le contact du poison sur les parties vivantes et absorbantes, et son action sur la moelle épinière.

Quoi qu'il en soit de ces diverses opinions, l'essentiel pour le thérapeutiste est de savoir que la partie active de la noix vomique agit sur les organes nerveux ; qu'elle excite brusquement et par secousses les parties du cerveau et de la moelle épinière, qui sont destinées au mouvement et à la sensibilité, sans susciter des troubles notables dans les autres fonctions du système nerveux ; enfin que cette action n'entraîne point de désordres matériels sur les organes si délicatement organisés où elle exerce une influence, même dans les cas où elle occasionne rapidement la mort.

Emploi dans les maladies. Bien que la noix vomique soit un poison violent, on a cependant essayé son emploi contre certaines maladies graves. C'est surtout dans les affections des organes encéphaliques qu'on en fait usage, soit en médecine humaine, soit en médecine vétérinaire.

Paralysie. Dans l'emploi de la noix vomique contre la paralysie locale ou générale, l'important est de savoir si l'absence, soit de la sensibilité, soit du mouvement, soit de ces deux facultés tout à la fois, est due à une congestion ou à une inflammation, avec désordres notables dans le cerveau, la moelle épinière, ou à la déchirure, la blessure, la compression exercée par quelques altérations pathologiques de nature diverse sur les nerfs de la partie paralysée. Dans toutes ces conditions pathologiques, parfois fort difficiles à bien constater, la noix vomique ne peut point remédier à de semblables désordres : au contraire elle semble agir dans le sens du mal en aggravant la paralysie. Ce n'est donc que dans les paralysies, soit du mouvement soit du sentiment, qui se prolongent après la congestion, l'inflammation de la moelle épinière ou des nerfs, lorsque ces accidents ont été combattus activement par les médications déplétive et révulsive ; dans les commotions de la moelle épinière ou du cerveau après une chute violente ; dans les paralysies ou à l'autopsie des animaux qui sont sacrifiés pendant leur durée ou même qui en meurent, le cerveau, la moelle épinière, les nerfs se montrant dans un état parfait d'intégrité ; dans les paralysies en un mot dues à une véritable *névrose de la sensibilité ou du mouvement*; ainsi que dans les paralysies partielles des lèvres, de la queue, de l'œil, de la vessie, du rectum, etc. ; que la noix vomique peut et doit être employée avec quelque succès. C'est qu'en effet ce médicament ne peut guérir la paralysie qu'en secouant brusquement le système nerveux, qu'en réveillant, excitant, activant les fonctions spéciales du cerveau, de la moelle épinière et des nerfs, quand seulement, nous le ferons encore remarquer, ces fonctions sont diminuées ou abolies dans le mode même de leur manifestation qui nous est inconnu ; que la noix vomique, en rappelant, en exagérant ces fonctions momentanément, peut les ramener à leur rhythme normal, et par conséquent procurer la guérison. Bien qu'il soit difficile dans la pratique de reconnaître si la paralysie est due à une lésion matérielle ou à une névrose, l'action de la noix vomique vient en quelque sorte faire reconnaître les circonstances où son emploi peut être avantageux ou inutile. L'expérience est venue démontrer en effet que si les parties paralysées ne ressentent nullement, après plusieurs doses convenables de noix vomique, l'influence de cet agent, la guérison dans l'immense majorité des cas est incertaine ; il y a même peu d'amélioration à espérer dans la persistance de son administration.

En médecine humaine, la noix vomique et ses préparations ayant été employées avec avantage par MM. Fouquier, Bricheteau et Andral, les vétérinaires ont aussi essayé ce moyen de traitement dans la paralysie des animaux. Déjà les annales vétérinaires comptent un assez bon nombre de succès obtenus dans le cheval et les ruminants, par MM. Charlot (1), Clichy (2),

(1) Charlot, *Recueil de Méd. vét.*, t. III, p. 159.

(2) Clichy, *id.* t. IV, p. 404.

Revel (1), Huré (2) et Dumaine (3), et dans le chien par MM. Barthélemy (4), Rigot (5) et Lecoq (6). Les insuccès qui ont été publiés sont peu nombreux, ils appartiennent à MM. Prévost (7) et Rainard (8); nous avons également fait usage avec insuccès de la noix vomique dans une jument atteinte de paraplégie depuis un mois; mais à l'autopsie de cette bête, un ramollissement de la portion lombaire de la moelle est venu nous donner la raison positive de notre non réussite. Toutefois, nous devons ajouter ici que dans les guérisons annoncées par les vétérinaires que nous avons cités, la noix vomique a été employée de concert avec les médications déplétives, révulsives et l'acupuncture, de sorte que la guérison doit assurément être rattachée à ces trois moyens curatifs. Mais quoi qu'il en soit, nous pensons que la médication opérée dans la paralysie par la noix vomique est toute puissante pour provoquer la guérison de cette redoutable affection dans les cas que nous avons spécifiés.

On commencera par une faible dose qu'on augmentera de jour en jour jusqu'à ce qu'on ait obtenu des contractions involontaires ou de l'exaltation et de la sensibilité dans les parties non malades d'abord, puis dans les parties paralysées. De temps en temps on laissera reposer le malade pendant 2 à 3 jours pour ne point exalter la sensibilité et on reprendra la médication. Quelques thérapeutistes pensent que dans le moment où l'animal est devenu sensible, exalté par la noix vomique, il faut alors en diminuer graduellement la dose; ce mode d'emploi nous paraît très sage et très rationnel.

(1) Revel, *Recueil* cité, t. IX, p. 439.
(2) Huré, *id.* t. XIII, p. 285.
(3) Dumaine, *Mémoires de la Société d'Agric. de Paris*, an. 1825, p. 97.
(4) Barthélemy, *Compte rendu*, Ecole d'Alfort. 1822.
(5) Rigot, *Recueil de méd. vét.*, t. VII, p. 172.
(6) Lecoq, *Mémoires, Soc. vét. du Calvados*, n. 7, p. 70.
(7) Prevost, *Recueil*, t. II, p. 343.
(8) Rainard, *Traité de thérap. vét.*, p. 210.

Amaurose. Dans ces derniers temps, MM. les docteurs Bretonneau, Walson (1), Liston (2) et Miquel (3), assurent avoir employé avec succès la strychnine dans l'amaurose, en faisant pénétrer cette substance dans la peau de la paupière, par la méthode endermique. On pourrait essayer ce traitement dans l'amaurose essentielle des animaux en appliquant un vésicatoire au dessus de l'œil pour dénuder l'épiderme, et en saupoudrant sur le corps muqueux de la peau soit de 1 à 2 centigrammes (1/2 à 1 grain) de strychnine, soit de 5 centigrammes (1 grain) d'extrait alcoolique de noix vomique.

Tétanos, chorée, épilepsie. Nous avons essayé la noix vomique dans ces trois maladies, mais toujours avec insuccès. Nous ne connaissons d'ailleurs aucune guérison de l'une ou de l'autre de ces trois affections nerveuses, par l'emploi de la noix vomique.

Dysenterie. La dysenterie est une des maladies contre lesquelles la noix vomique a montré le plus d'efficacité chez l'homme, notamment dans les dysenteries épidémiques. Les guérisons obtenues par Hartmann, Hagstrom, Hufeland, se comptent par centaines (4). Blaine, en médecine vétérinaire, conseille ce moyen dans la dysenterie et dans la diarrhée du cheval et des ruminants, et dit l'avoir employé avec succès (5). Ce vétérinaire associe, pour ce cas, la noix vomique à la dose de 16 grammes (1/2 once), à l'opium et à l'ipécacuanha. Cette formule devrait être essayée dans la dysenterie, soit sporadique soit épizootique, qui règne quelquefois sur les chevaux et le gros bétail.

Farcin. La noix vomique a eu une grande vogue pour la guérison du farcin des chevaux pendant le règne de l'hippiatrie.

(1) *Journal des progrès des sciences méd.* t. III, p. 234.
(2) *Archives gén. de méd.*, t. XXII, p. 548.
(3) *Traité de thérap.* Trousseau et Pidoux, t. I, p. 510.
(4) Bayle, *Biblioth. thérap.*, t. II, p. 242.
(5) Blaine, *Notions fondament.*, t. III, p. 230 et suiv.

Garsault (1) conseille de râper 12 boutons de noix vomique, de mêler cette râpure avec de l'avoine légèrement mouillée, et de la faire manger au cheval de deux jours l'un, jusqu'à ce qu'il ait pris trois fois cette dose. Ce remède, dit Bourgelat, fatigue prodigieusement les animaux, et même les tue assez fréquemment; cependant quelques uns en réchappent et guérissent du farcin; mais alors ils restent faibles, ce qui prouve que ce remède a porté atteinte aux sources de la vie. Quelques vétérinaires, dignes de toute confiance, nous ont assuré avoir fait usage de la noix vomique comme moyen interne dans le traitement du farcin, et en avoir obtenu de bons succès. Bien que nous n'attachions pas une grande confiance dans ce traitement, il mériterait cependant d'être essayé de nouveau. Beaucoup de maréchaux et quelques maîtres de poste font encore aujourd'hui un secret de cet emploi.

Mode d'administration et doses.

1° *Poudre.* La poudre de noix vomique doit toujours être râpée depuis peu de temps; plus la poussière en sera fine, plus elle aura d'activité. On peut la donner en bols, en électuaires, et ce qui est préférable, en suspension dans de l'eau miellée.

Dose. De 8 grammes (2 gros) et successivement jusqu'à 16, 20 et 30 grammes et plus (4, 5 et 8 gros) dans le cheval et les grands ruminants.

Chiens. De 5 centigrammes (1 grain) à 10 et 15 centigrammes (2 à 3 grains) dans les petits chiens, de 20 à 40 centigrammes (4 à 8 grains) pour les gros.

2° *Extrait alcoolique. Chevaux et grands ruminants.* De 2 à 8 grammes (un demi-gros à 2 gros). On peut successivement pousser la dose jusqu'à 12 grammes (3 gros), en breuvage dans un liquide miellé.

Chiens. Dose indéterminée. On peut faire un brevage d'un

(1) Garsault, *Nouveau Parfait Maréchal*, p. 261, art. FARCIN.

décilitre d'eau miellée dans lequel on ajoute de 70 à 80 centigrammes (13 à 15 grains) d'extrait qu'on administre par cuillerée d'heure en heure, jusqu'à ce qu'on ait obtenu des contractions. Les mêmes doses s'emploient en lavement, mais elles produisent plus d'effet.

Teinture. Même dose que l'extrait. On peut même l'augmenter d'un dixième.

Strychnine. Ce médicament très cher et très rare n'est presque jamais employé en médecine vétérinaire. Dissoute dans l'alcool, on pourrait la donner, à la dose de 2 à 4 et même 6 centigrammes, et l'employer en frictions, ainsi que nous l'avons dit, contre l'amaurose.

Dose toxique. 1° *Poudre.* De 30 à 60 grammes (1 à 2 onces) pour les grands animaux, de 1 à 2 grammes (1/2 gros pour les chiens.

Extrait. De 15 à 20 grammes (1/2 once à 6 gros) pour les grands animaux, de 5 à 10 centigrammes (1 à 2 grains) pour les petits chiens, de 10 à 15 centigrammes (2 à 4 grains) pour les gros.

Fève de Saint-Ignace. La fève de Saint-Ignace, qui d'après MM. Pelletier et Caventou, renferme beaucoup de strychnine, n'est point usitée en médecine vétérinaire.

L'upas teinté, poison le plus violent qui soit fourni par le règne végétal ne s'emploie point non plus.

Sumac vénéneux. Rhus toxicodendrum. Partie usitée. Les feuilles en décoction et l'extrait. Dufresnoy d'abord (1), MM. Bretonneau, Trousseau et Pidoux ensuite, ont employé avec succès chez l'homme les décoctions, l'extrait de sumac, avec avantage dans les paralysies que la noix vomique aurait pu guérir. Selon ces médecins, le sumac agirait sur le système nerveux sans l'exciter beaucoup et sans déterminer d'ir-

(1) Dufresnoy, *Ancien Journal de méd.*, t. LXXX, p. 236.

ritation locale sur le système digestif, qui au contraire chez l'homme prendrait plus d'activité (1).

Selon M. Rainard le *sumac à feuilles de myrte*, *rhus coriaria*, lorsqu'on en donne les feuilles aux animaux, suscite des convulsions semblables à celles de la noix vomique (2).

Des observations nouvelles sont à faire sur les propriétés des sumacs en médecine vétérinaire. On donne en médecine humaine, la décoction des feuilles à la dose de 4 grammes, et l'extrait à celle de 15 centigrammes jusqu'à 4 grammes (de 3 grains à 1 gros).

Électricité. Jalabert en 1740, Mauduyt en 1778, Poma et Arnaud en 1787 mirent en usage le fluide électrique avec succès contre le rhumatisme articulaire, la paralysie, les douleurs nerveuses de l'homme; mais ce fut de 1820 à 1836, que M. le docteur Sarlandière s'occupa spécialement de l'électricité employée sous diverses formes et à l'aide de différents appareils contre le traitement d'une foule de maladies nerveuses. Nous avons connu particulièrement M. Sarlandière, nous avons assité pendant plusieurs années à ses essais, et nous avons été surpris de voir l'électricité opérer la guérison d'un grand nombre d'affections nerveuses anciennes, qui jusqu'alors avaient résisté à tous autres moyens thérapeutiques. En médecine vétérinaire, nous ne possédions qu'un seul fait de l'action de l'électricité galvanique appliquée aux animaux et publié par Préau (3), lorsque M. Caussé est venu annoncer des essais heureux de l'emploi du galvanisme dans le traitement de plusieurs maladies nerveuses des grands herbivores (4). Les faits rapportés par M. Caussé, quoique peu nombreux, il est vrai, n'en sont pas moins extrêmement intéressants, en ce sens que le galvanisme a été mis en pratique alors que beaucoup d'autres

(1) *Traité de matière méd.*, t. I, p. 524.

(2) *Traité de thérapeutique gén.*, p. 211.

(3) *Correspondance de Fromage de Feugré*, t. I, p. 79.

(4) Caussé, *Journal des vétér. du midi*, t. V, p. 41 et 81.

moyens curatifs rationnels avaient échoué, et que les guérisons ont été obtenues en présence de personnes capables de juger les effets de l'électricité et d'apprécier la réalité des guérisons. C'est donc avec une vive satisfaction que nous avons vu le praticien de Castelnaudary se saisir heureusement d'un moyen curatif dont on avait dédaigné l'emploi sur les grands animaux, à cause de la rareté et de la difficulté de son application. Les résultats obtenus par notre confrère nous engagent donc à dire un mot du mode d'emploi de l'électricité, et des quelques maladies qui ont été guéries par ce moyen thérapeutique nouveau en médecine vétérinaire.

Pendant longtemps beaucoup de physiciens, de physiologistes ont pensé que le fluide impondérable, subtil et inconnu dans son essence, que l'on suppose partir du cerveau, de la moelle épinière et circuler dans les nerfs pour être transporté aux organes, était de la même nature que le fluide électro-galvanique. Cette opinion qui n'est point dépourvue de quelque fondement a donc fait penser que certaines maladies pourraient être dues à un excès de *fluide nerveux*, et d'autres à un *défaut de ce fluide*. Aujourd'hui on considère cette supposition comme tout à fait gratuite. Toutefois l'électricité faisant ressentir de la douleur dans les parties où la sensibilité était anéantie, rétablissant des contractions involontaires, là où la contraction volontaire était abolie, venant au secours de fonctions suspendues et perverties en les ramenant à leur rhythme normal, annonce toute sa puissance modificatrice sur la sensibilité et la contractilité. « Il ne faut point assuré« ment, dit M. Sarlandière, considérer l'électricité comme un « *irritant* des nerfs, mais comme un modificateur qui, agissant « puissamment et directement sur les cordons nerveux, de« mande seulement à être convenablement employé (1). »

Mode d'emploi. La difficulté d'isoler les grands animaux du

(1) Sarlandière, *Journal des Conn. médico-chir.*, 1836.

sol sur des supports en verre, empêche qu'on ne fasse usage des décharges provenant de machines électriques. On ne pourrait donc avoir recours à ce procédé que pour les chiens. Les décharges électriques à l'aide de la bouteille de Leyde, des batteries électriques, peuvent être employées dans tous les animaux.

Nous avons vu notre collègue M. Lassaigne, faire usage de très fortes décharges de batteries électriques, et à diverses reprises sur un chien atteint de chorée, mais sans aucun succès.

Galvanisme. Le galvanisme est le fluide électrique qui peut être le plus facilement employé en médecine vétérinaire. Néanmoins le peu de docilité des grands animaux, la difficulté de les maintenir dans certains cas, l'éloignement des lieux, la difficulté de transporter l'appareil, l'incertitude des succès qu'on désire obtenir, seront toujours les raisons qui détourneront les praticiens vétérinaires dans l'usage de ce moyen thérapeutique. Ce n'est donc que dans les hôpitaux vétérinaires et dans quelques cas particuliers, où les autres moyens thérapeutiques auraient été sans succès, qu'on devra avoir, ainsi que l'a fait M. Caussé, recours au galvanisme.

La pile dont on se servira de préférence pour les animaux sera la pile à tasses ou à couronne, parce qu'elle développe un courant électrique continu et susceptible d'exciter de temps en temps des secousses plus ou moins énergiques selon le nombre de tasses dont on se sert.

Pour mettre en jeu le fluide galvanique, on établit ce que l'on appelle le *courant galvanique,* opération qui consiste à comprendre la partie malade qu'on désire modifier entre les deux pôles du cercle galvanique, de manière à ce qu'elle soit traversée par les deux électricités de nature contraire qui tendent à l'attirer aux deux extrémités des conducteurs de la pile. Dans les cas ordinaires, on établit le courant en touchant les deux parties avec les fils conducteurs; mais si on désire augmenter la force et l'activité du courant de manière à impressionner davantage les parties malades, on fera des incisions dans les tissus, ou bien on y implantera des aiguilles métalliques jusqu'à une certaine profondeur, dans le but d'y conduire l'électricité; enfin lorsqu'on désirera modifier plus particulièrement les nerfs de certains organes, on enfoncera des aiguilles aux endroits correspondant à ces nerfs. Dans ce dernier cas, et d'après M. le docteur Ure, il faudra appliquer le *pôle positif* aux nerfs, et le *pôle négatif* aux muscles (1).

Maladies des animaux traitées par le galvanisme.

1° *Paralysies récentes.* On ne peut espérer guérir par ce moyen que les paralysies sans altération matérielle du cerveau, de la moelle épinière ou des nerfs, ou bien, en d'autres termes, les paralysies dans lesquelles il ne manque plus au système nerveux que le pouvoir de la fonction. M. Caussé a traité et guéri des maladies ayant ce caractère, savoir : la paraplégie dans le bœuf, en plaçant le pôle zinc dans la bouche et le conducteur du pôle cuivre dans l'anus, la pointe dirigée vers l'os sacrum, puis de ce dernier endroit aux parois abdominales; l'animal fut guéri en une seule application : la pile fonctionna seulement quinze minutes. La paralysie du pénis d'un cheval, en appliquant le pôle cuivre dans l'orifice extérieur du canal de l'urèthre, et le pôle zinc sur la base du pénis au moyen d'une incision; la pile exerça son action pendant quarante-cinq minutes. La paralysie de la face gauche d'un cheval par l'implantation de quatre aiguilles dans la conque, deux sur le trajet du nerf facial, deux au menton et deux au bout du nez. Chacune de ces aiguilles, portant un fil de laiton très fin, fut réunie par la torsion de ses fils pour former deux petites cordes métalliques, l'une pour la partie supérieure de la tête, et l'autre pour la partie inférieure. Quarante dé-

(1) *Dictionnaire de Chim.*, p. Andrew Ure, t. III, p. 267.

charges furent données en une seule séance, l'animal étant abattu, et il fut guéri.

Préau, quarante-deux ans avant M. Caussé, avait déjà pu faire lever et marcher pendant trois mois, par l'emploi du galvanisme, un cheval atteint de paralysie. L'animal est mort ensuite.

Météorisation. Dans les météorisations du cheval, alors que la membrane charnue des tuniques intestinales par la distension gazeuse a perdu sa faculté contractile, si à l'aide d'un agent puissant il est possible de réagir sur les systèmes nerveux et musculaire en leur imprimant la force d'excitabilité et de contractilité nécessaires pour chasser les gaz, les matières excrémentielles, et faire cesser les douleurs et les coliques, on aura rempli une indication pressante et rationnelle. M. Caussé a choisi le galvanisme pour atteindre ce but. Sur deux chevaux atteints de coliques avec météorisme, les deux poles de la pile furent appliqués, l'un à la bouche, l'autre à l'anus. L'action galvanique dura de trente à quarante-cinq minutes : alors les animaux expulsèrent des gaz, des matières excrémentielles, et furent promptement hors de danger. Enfin un cheval atteint de vertige abdominal fut guéri par un courant galvanique établi à l'aide d'une grosse aiguille implantée dans le trajet du nerf pneumogastrique à l'encolure, et mise en rapport avec le pole zinc, et d'une autre aiguille implantée au niveau du prolongement abdominal du sternum. L'action dura cinquante-cinq minutes.

Ces faits, quoique en petit nombre, doivent engager les vétérinaires à faire usage du galvanisme; toutefois les observations de M. Caussé méritent d'être répétées, afin d'entraîner une entière conviction.

Le galvanisme pourrait également être essayé dans la chorée du chien et du cheval.

Acupuncture. De 1820 à 1826, époque où l'acupuncture était un moyen thérapeutique à l'ordre du jour en médecine humaine, et que MM. Jules Cloquet, Dantu, Morand, etc., en vantaient les effets merveilleux dans la guérison de beaucoup d'affections nerveuses. Girard fils (1), MM. Bouley jeune (2), Chanel (3), Clichy (4), Rainard (5), essayèrent l'acupuncture dans la paralysie, le rhumatisme musculaire ancien des membres, la chorée, les engorgements du testicule, etc. ; mais tous ces essais démontrèrent que l'acupuncture n'était que d'un très faible secours contre ces maladies dans les animaux. Nous avons aussi essayé ce moyen, et peut-être avec trop de persévérance dans le rhumatisme lombaire, les boiteries de l'épaule, les émaciations des muscles de l'épaule et du grasset, la chorée ancienne et essentielle du chien, sans pouvoir nous louer d'un seul succès bien positif. On peut donc dire aujourd'hui que l'acupuncture est un moyen à ajouter aux révulsifs, aux exutoires, au feu, qu'on emploie contre ces maladies, à cela près cependant que ces derniers sont plus souvent suivis de guérison.

Nous ne parlerons pas du procédé opératoire de l'acupuncture, nous renvoyons aux ouvrages de chirurgie qui en traitent. Quant aux hypothèses plus ou moins ingénieuses qui ont été émises sur le mode d'action des aiguilles, nous nous abstiendrons d'en traiter avec détail (6), nous dirons seulement que l'implantation le séjour des aiguilles dans les tissus, à part le phénomène électrique qu'ils peuvent produire sur le système nerveux de la partie, déterminent une excitation suivie d'une réaction inflammatoire, et que ce sont sans doute ces deux effets réunis qui concourent simultanément à la guérison.

(1) Girard fils, *Recueil de méd. vét.*, t. II, p. 123.

(2) Bouley jeune, *id.* t. II, p. 131.

(3) Chanel, *Journal pratique*, t. I, p. 93.

(4) Clichy, *Recueil de méd. vétér.*, t. IV, p. 404.

(5) Rainard, *Traité de thérapeutique*, p. 212.

(6) Voyez pour cette action une note de Girard fils, *Recueil de méd. vétér.*, t. II, p. 123.

Excitant nerveux particulier.

Digitale pourprée (*Digitalis purpurea*). Partie active, la *digitaline* de M. Leroyer ; *parties employées*, les feuilles fraîches ou la poudre conservée pas plus d'un an.

Certains thérapeutistes ont classé la digitale parmi les narcotico-âcres, d'autres parmi les sédatifs, les contre-stimulants, d'autres parmi les médicaments *incertæ sedis*. Quant à nous, nous avons pensé devoir placer la digitale d'abord dans la médication excitative du système nerveux, et ensuite d'en faire un excitant particulier, par la raison que cette plante est tout à la fois *excitante, sédative des mouvements du cœur et diurétique.*

Effets. Selon la dose, la digitale détermine des effets fort variables qui n'ont pas toujours été bien appréciés par les pharmacologistes. C'est qu'en effet à petite dose et à dose moyenne la digitale n'excite que fort peu toute l'économie, et manifeste spécialement son action en ralentissant les mouvements du cœur, tandis qu'à grande dose elle les accélère constamment.

Il est important que nous relations bien ces deux effets.

Effets excitants. Lorsqu'on administre la digitale, soit aux grands soit aux petits animaux, ce médicament excite un peu d'anxiété, les muqueuses apparentes s'injectent, la bouche devient sèche et des borborygmes se font entendre, le pouls acquiert de la dureté, et ses pulsations peuvent aller d'un tiers en sus au dessus du chiffre de l'état normal ; les battements du cœur sont forts et sonores, la respiration s'accélère sans devenir irrégulière ; la peau s'échauffe légèrement. Cet état dure trois à quatre heures, après quoi d'autres effets se manifestent.

Effets sédatifs. Ces effets s'annoncent par un peu de somnolence ; les animaux tiennent la tête basse, les conjonctives prennent une teinte légèrement violacée, la bouche reste toujours sèche, la respiration se ralentit et devient profonde ; mais le phénomène le plus remarquable qui se manifeste consiste dans la diminution du nombre des pulsations artérielles et cordiales qui peut être porté graduellement au quart, au tiers, rarement au dessus de la moitié du nombre total des pulsations à l'état normal. En outre, les battements cordiaux sont plus mous, moins brusques et parfois intermittents; les pulsations artérielles sont molles, douces, et c'est à peine si on sent l'ondée sanguine passer dans le tube artériel. Ces effets, fort remarquables, et qui annoncent la puissance de l'action sédative de la digitale sur les mouvements du cœur, et peut-être mieux sur le système nerveux qui préside aux contractions de cet organe, se prolongent pendant quatre à cinq heures, puis ils disparaissent peu à peu avec le léger coma qu'on avait remarqué.

Action diurétique. En même temps que l'action sédative de la digitale a lieu sur le cœur, les animaux se campent fréquemment et expulsent avec facilité une petite quantité d'urine claire et aqueuse. Cette diurèse diminue peu à peu, mais se prolonge cependant une à deux heures après que l'effet sédatif est complètement terminé.

Le lendemain de l'administration de la digitale, les animaux éprouvent le désir de prendre des aliments, et ils les mangent avec avidité.

Si on continue l'emploi de la digitale pendant plusieurs jours, sans cependant en augmenter la dose, le tube intestinal s'irrite, et les animaux, bientôt dégoûtés, la bouche chaude et les crottins durs, refusent les aliments et urinent abondamment. Cet état annonce positivement une irritation du canal intestinal et des voies urinaires, dont on peut s'assurer du reste en sacrifiant alors les animaux.

Effets toxiques. A forte dose la digitale détermine en grande partie les effets produits par la médication narcotico-âcre. Alors on ne voit plus se produire successivement l'excitation, la sédation et la diurèse, mais tous ces effets se manifester irrégulièrement. Les animaux sont tristes, ils tremblent sur tous leurs membres, les muqueuses sont d'un rouge livide, la bouche est chaude, sèche et remplie de salive; les oreilles, les membres, le bout du nez, deviennent glacés; les animaux se couchent, se relèvent et expulsent fréquemment des matières excrémentielles. Le ventre est douloureux à la pression; les chiens éprouvent des nausées et vomissent bientôt. Le pouls est petit, très vite, très irrégulier, tantôt faible, tantôt mou. Les battements du cœur sont accélérés ou ralentis, souvent intermittents, d'autres fois très irréguliers tant dans leur nombre que dans leur force, et dans les bruits qui les accompagnent. Quelques chevaux éprouvent des soubresauts dans les tendons et sont irritables, d'autres restent dans un état de coma et de somnolence. Après une ou deux heures, ils expulsent souvent par l'anus des matières excrémentielles glaireuses; certains animaux urinent, d'autres n'urinent pas; les vaisseaux de la face s'injectent, le ventre se ballonne, les narines se dilatent, des tremblements généraux presque continuels s'opèrent, et après quelques heures, les animaux se couchent et meurent tout à coup en éprouvant ou sans éprouver de convulsions. Tels sont en général les effets toxiques de la digitale qui ont été observés par Leroyer (1), Dupuy (2), Bracy Clark (3), Orfila (4), Lebel et Ignard (5), et ceux que nous avons notés sur les chevaux et les chiens. Ces effets, selon M. Orfila, se produisent de la même manière que les préparations de digitale, soit administrées à l'intérieur, déposées dans le tissu cellulaire, ou injectées dans les veines : seulement dans ce dernier cas, ils sont plus prompts et plus énergiques. D'après M. Auguste Leroyer, 7 centig. (1 grain 1/2) de digitale dans 16 grammes (1/2 once)

(1) Leroyer, *Journal pratique de méd. vét.*, t. V, p. 450.

(2) Dupuy, *id.* t. V, p. 452.

(3) Bracy Clark, *id.* t. III, p. 501.

(4) Orfila, *Médecine légale*, troisième édit., t. III, p. 422.

(5) Lebel et Iguard, Thèse de Girard. Paris, 1819; et Moiroud, *Mat. Méd.* p. 353.

d'eau injectée dans la jugulaire d'un chien de moyenne taille peuvent le faire périr en cinquante minutes.

A l'autopsie des animaux, les membranes muqueuses intestinales se montrent rouges, injectées et parsemées d'ecchymoses. Le sinus du cerveau, les veines du poumon, les veines sous-cutanées sont gorgées par un sang noir, tout le système capillaire est remarquablement distendu par le sang. Le tissu du cœur est ecchymosé dans sa substance charnue. Les organes urinaires n'offrent rien de notable. Les reins sont, comme tous les organes sanguins, seulement distendus par beaucoup de sang.

L'ensemble de ces altérations et surtout les traces d'irritation intestinale, la distension des vaisseaux veineux, ainsi qu'on le remarque à la suite de l'action toxique des narcotico-âcres, a fait classer la digitale parmi ces agents. Nous ne nions point qu'il en soit ainsi à dose toxique, mais à dose médicinale nous pensons autrement. Bien cependant que la digitale agisse en irritant un peu le tube digestif, nous lui reconnaissons d'abord un effet excitant et ensuite un effet sédatif qui agit plus spécialement sur le cœur.

Usage dans les maladies. La digitale a été employée avec succès dans les maladies du cœur et les hydropisies.

Maladies du cœur. Assurément, si la digitale est administrée dans les dilatations anciennes des cavités du cœur, avec ou sans épaississement, les dilatations anévrysmatiques de l'aorte, de l'artère pulmonaire, cette plante est impuissante pour remédier à ces altérations organiques. Elle ne peut que soulager les animaux momentanément, tout en ralentissant la circulation, et en activant par sa vertu diurétique les épanchements du péricarde, du thorax, de l'abdomen, du tissu cellulaire sous-cutanée qui sont la conséquence de ces graves lésions. Dans l'emphysème pulmonaire ancien du cheval qui s'accompagne toujours de dilatations des cavités droites du cœur; nous avons pu diminuer beaucoup les symptômes dus au dérangement de la circulation, mais l'amélioration que nous avons obtenue a toujours été momentanée.

Ce n'est réellement que dans les inflammations récentes, soit du cœur, soit du péricarde et particulièrement dans la névrose du cœur, maladie beaucoup plus commune qu'on ne le pense dans le cheval, et dont nous possédons d'intéressants exemples, que la digitale montre toute la vertu de sa puissance. Employée dans cette maladie par M. Rainard (1) et par nous, réunie au régime débilitant et à la médication déplétive, dans cette singulière névrose du cœur, la digitale réussit parfaitement bien.

Les contro-stimulistes emploient souvent la digitale dans les maladies aiguës. Nous n'avons jamais osé faire usage de ce médicament dans ce type de maladies.

Hydropisies simples. La propriété diurétique bien reconnue de la digitale l'a fait recommander dans toutes les hydropisies simples et essentielles, aussi bien que, ainsi que nous l'avons dit, dans les hydropisies symptômatiques des altérations du cœur. La digitale est en effet un puissant médicament dans ces maladies, mais il faut que cette plante soit administrée en décoction et que la dose en soit modérée et longtemps continuée.

Doses. 1° *Feuilles fraîches.* De 30 à 60 grammes (1 à 2 onces) en décoction dans 1 litre 1/2 d'eau pour les grands animaux, de 8 à 16 grammes (2 à 4 gros) en décoction dans un demi-litre d'eau pour les petits.

Poudre fraîche. Cette poudre doit être confectionnée dans l'année, être verte et avoir une forte odeur de foin. En pilules de 16 à 30 grammes (1/2 once à 1 once) pour les grands animaux, de 1 à 2 grammes (1/2 gros) pour les petits. La même dose en infusion pour les premiers dans un demi-litre d'eau, et pour les seconds dans 3 décilitres.

(1) Rainard, Compte rendu de l'Ecole de Lyon, ann. 1831. *Recueil de méd. vét.*, VIII, p. 580.

Teinture. La teinture de digitale est rarement employée à l'intérieur. On en fait surtout usage en frictions pénétrantes sur le ventre des petits animaux atteints d'ascite. Cette préparation augmente beaucoup la diurèse et fait promptement résorber le liquide épanché. La teinture de scille produit le même effet.

Dose toxique. 1° *Feuilles fraîches.* De 120 à 150 grammes (4 à 5 onces) pour les grands animaux, de 12 à 16 grammes (3 gros à 1/2 once) pour les petits.

2° *Poudre.* De 45 à 60 grammes, en électuaire, en pilules ou en décoction pour les grands animaux, de 4 à 8 grammes (2 à 4 gros) pour les petits.

TROISIÈME CLASSE.

MOYENS THÉRAPEUTIQUES PROPRES A DÉTOURNER L'AFFLUX SANGUIN ET A DÉRIVER LA DOULEUR DANS LES MALADIES. — RÉVULSIFS ET SPOLIATIFS.

MÉDICATION DÉRIVATIVE.

Cette grande et importante médication qu'on a encore nommée *révulsive, transpositive,* comprend l'action et les effets de plusieurs séries d'agents thérapeutiques capables, en suscitant une maladie artificielle, de combattre ou de concourir à la guérison d'une altération pathologique donnée. La médication révulsive est fondée en grande partie sur cet aphorisme d'Hippocrate : *duobus doloribus non in eodem loco simul obortis, vehementior obscurat alterum.* On sait que la douleur est l'un des premiers éléments morbides d'un grand nombre de maladies des solides organiques ; or, détourner cette douleur, en lui opposant une autre douleur plus forte et artificielle, c'est produire une *révulsion,* de *revellere,* arracher, ôter de force, parce qu'en effet on arrache la douleur ou la maladie du lieu où elle est fixée; c'est déterminer une dérivation, de *derivare*, détourner, parce qu'on la détourne de son lieu d'élection; enfin c'est exercer une transposition, de *transponere*, transposer, parce qu'on la déplace d'un lieu pour la placer dans un autre lieu. L'action dérivative suscitant d'abord de la douleur et de la fluxion, *ubi stimulus, ibi flexus*, ensuite des sécrétions morbides ou des sécrétions physiologiques exagérées qui doivent être considérées aussi comme pathologiques, s'opérant au détriment des fluides nutritifs ou du sang, détermine tout à la fois, et une dérivation de la douleur et une *soustraction* des humeurs organiques ou une véritable *spoliation*. Ces deux phénomènes difficiles à isoler l'un de l'autre, doivent donc être compris dans la même médication. Nous n'imiterons donc point quelques thérapeutistes modernes qui ont séparé la médication révulsive de la médication *spoliative* ou *exutoire*. Selon nous, ces deux médications se confondent et ne peuvent être isolées, parce que les trois phénomènes, l'irritation, la fluxion sanguine, la sécrétion pathologique, s'établissent d'emblée et marchent d'accord.

L'action générale des révulsifs est de déterminer *artificiellement* des douleurs, des congestions sanguines, des inflammations, des sécrétions de nature diverse que le praticien augmente, diminue, prolonge, varie, déplace, selon les indications fournies par les phénomènes maladifs qu'il désire combattre. Mais parmi les agents thérapeutiques capables de provoquer ces effets, un juste choix doit en être fait. Il est donc important que nous fassions d'abord connaître ces agents, ainsi que leur manière d'agir, avant de tracer les règles qui doivent en diriger l'emploi dans les maladies. Ces agents composent quatre médications qui toutes rentrent dans le domaine de la médication révulsive.

Ce sont les médications :

1° Rubéfiante ;

2° Vésicante;
3° Irritante;
4° Cautique escharotique.

§ Ire.

MÉDICATION RUBÉFIANTE.

On a donné le nom de rubéfiants, de *rubefacere*, rougir, aux agents thérapeutiques qui ont la propriété d'irriter, de rendre douloureux et de déterminer une fluxion cutanée qui s'annonce par la rougeur, la douleur et la tuméfaction, phénomènes qui constituent la *rubéfaction* ou la médication *rubéfiante*.

Agents. Les frictions cutanées à l'aide de brosses ou de bouchons de paille, l'emploi du calorique rayonnant, de l'eau chaude, les frictions avec le vinaigre chaud, les essences de térébenthine et de lavande, l'ammoniaque, l'application momentanée des poudres de moutarde et d'euphorbe, de pulpe de grand raifort sauvage, sont les agents actifs de la médication rubéfiante dont nous allons faire connaître l'action et les effets d'une manière générale.

Effets primitifs. Les rubéfiants déterminent de la douleur, de la chaleur, de la rougeur, du gonflement dans le tissu cutané, phénomènes dus assurément tout à la fois et à une irritation des filets nerveux très nombreux qui se rendent au corps muqueux, et à une turgescence, une accumulation sanguine consécutive des vaisseaux intermédiaires qui se divisent et se subdivisent à l'infini au dessous de l'épiderme. Les uns de ces agents déterminent à l'instant une très vive douleur, comme l'essence de térébenthine, le vinaigre chaud, l'ammoniaque étendue d'eau; mais cette douleur qui suscite aussitôt une sugillation cutanée, n'est qu'éphémère. Les autres, comme la moutarde, la pulpe de grand raifort sauvage, déterminent moins promptement la rubéfaction; mais aussi elle est plus profonde et plus durable. Ces effets sont à considérer comme nous le dirons plus loin dans la révulsion de certaines maladies. Toutefois, et quelle que soit l'espèce de rubéfiant dont on se sert, ses effets seront d'autant plus rapides et d'autant plus énergiques qu'on en fera usage sur les endroits où la peau est fine, délicate et très sensible, comme sous le ventre, la face interne de la cuisse, des avant-bras, des parois latérales et inférieures de la poitrine, à la face, etc. Enfin, la rubéfaction est d'autant plus puissante que la peau des animaux est plus fine, plus vasculaire et plus sensible. Elle doit donc, toutes choses étant égales d'ailleurs, être plus facile à obtenir dans le mouton que dans le chien, dans le cheval que dans les bêtes bovines. On profite presque toujours de l'engorgement, de l'afflux sanguin dans la peau et dans le tissu cellulaire sous-cutané pour y pratiquer des scarifications et obtenir une saignée locale.

Effets consécutifs. La congestion sanguine qui s'est opérée à la peau détermine toujours un léger suintement séreux à la face externe du corps muqueux, l'épiderme en est légèrement soulevé, et plus tard cette couche inorganique se détache et tombe par écailles; si la rubéfaction a été très intense, si toutes les parties constituantes de la peau, et notamment les bulbes pileux, ont participé à l'irritation, le tissu cutané se gonfle, se ride, devient très douloureux, et lorsque l'inflammation est en partie dissipée, les poils et l'épiderme tombent. Le tissu cutané encore un peu épais et douloureux reprend bientôt sa souplesse, perd sa sensibilité anormale, l'épiderme se régénère et la peau se recouvre de poils.

§ II.

MÉDICATION VÉSICANTE.

La médication vésicante de *vesica, vessie*, qu'on nomme encore épispastique, de ἐπισπάω, *j'attire*, comprend l'action et les effets des agents thérapeutiques qui, appliqués sur la peau, déterminent de la douleur, de la rougeur, de la chaleur et la sécrétion d'un fluide séreux jaunâtre qui soulève l'épiderme et s'accumule sous lui pour former de petites ampoules ou vessies : de là le nom de vésicatoires qu'on a encore donné aux vésicants.

Agents. Les cantharides et l'alcool cantharidé, l'onguent vésicatoire et toutes les préparations vésicantes, l'eau bouillante, l'euphorbe, l'ammoniaque peu étendue d'eau, sont les agents vésicants dont on se sert ordinairement en médecine vétérinaire.

Effets primitifs. Les vésicants mis en contact permanent avec le tissu de la peau, agissent peu à peu en déterminant une douleur vive, cuisante, qui s'accompagne de chaleur, de gonflement et de rougeur; après douze à vingt-quatre heures, l'épiderme est soulevé, et à la place de l'application se montre un plus ou moins grand nombre de petites ampoules ou vessies de la grosseur d'une lentille, d'une petite ou d'une grosse noisette, lesquelles renferment une sérosité claire, jaunâtre, séro-albumineuse si l'inflammation est légère, et albumino-fibrineuse si l'irritation a été très violente. A cette vésication qui s'accompagne de tuméfaction de la peau, d'infiltration d'un fluide jaunâtre dans le tissu cellulaire sous-cutané, succède un décolement de l'épiderme dans toute la surface irritée par la sécrétion d'un fluide d'abord visqueux, blanchâtre, légèrement globuleux, qui constitue une sérosité purulente dans laquelle nagent quelques filaments de fibrine, et enfin un liquide blanchâtre, épais, crémeux, à globules bien développés, qui constitue le véritable pus. Si on examine alors la surface suppurante, on voit qu'elle est rouge, saignante par le contact, très douloureuse, pourvue de granulations vasculaires et d'une fine membrane pyogénique, organisation qui constitue un véritable appareil de sécrétion purulente ou morbide.

Trois effets accompagnent donc l'application des vésicants, ce sont :

1° L'irritation suivie de douleur, de chaleur, de rougeur et d'engorgement (rubéfaction);

2° La sécrétion d'un fluide séreux et son accumulation sous l'épiderme sous la forme d'ampoules (vésication);

3° Le développement de bourgeons cellulo-vasculaires d'une membrane pyogénique et la sécrétion de pus (suppuration).

Ces effets s'obtiennent plus ou moins rapidement selon la plus ou moins grande vertu du vésicant, la finesse, la sensibilité de la peau et l'épaisseur de l'épiderme.

Dans le choix du vésicant, on accordera toujours la préférence aux préparations de cantharides, et autant que possible on recherchera par l'application les parties où la peau est fine. De même que pour les rubéfiants, les vésicants sont plus actifs sur la peau du chien et du mouton que sur la peau du cheval et des grands ruminants.

Effets généraux et consécutifs. Lorsque l'action vésicante est forte, opérée sur une large surface, et le sujet irritable, les phénomènes inflammatoires locaux ou la vésication sont accompagnés et suivis d'une réaction sympathique générale qui s'étend à toute l'économie. Les membranes muqueuses apparentes rougissent, le pouls s'élève, acquiert de la vitesse et de la dureté, la respiration s'accélère, la soif se déclare, et les animaux éprouvent tous les effets d'une véritable fièvre de réaction. Cette réaction se montre pendant le premier degré d'excitation; elle est à son apogée pendant la sécrétion séreuse, diminue et disparaît peu à peu pendant la période de suppuration.

Un autre effet consécutif non moins important que celui-ci se manifeste pendant la période de sécrétion, et même avant le soulèvement, le décolement complet de l'épiderme, et particulièrement lorsqu'on réapplique des préparations de cantharides sur la peau dénudée de son épiderme : c'est l'absorption du *principe actif des cantharides* ou de la *cantharidine*. Ce principe, après avoir parcouru le torrent circulatoire, est particulièrement éliminé par les reins. Or, en parcourant les conduits urinaires, associé à l'urine qui est alors rendue vésicante, il détermine une irritation spéciale qui s'accompagne d'une sécrétion d'urine claire et abondante, d'érections involontaires et douloureuses, phénomènes d'ailleurs sur lesquels nous reviendrons avec détail en traitant des cantharides. Ainsi donc, et indépendamment des phénomènes locaux qui se manifestent, là où le vésicant a été appliqué, surviennent donc, dans quelques circonstances particulières, deux phénomènes généraux : l'un qui résulte de l'extension de l'irritation qui constitue une véritable fièvre de réaction, l'autre qui se manifeste plus particulièrement sur les voies urinaires, et qui consiste dans une irritation de la muqueuse accompagnée d'une abondante diurèse. Or ces phénomènes doivent être bien pris en considération dans l'emploi de la médication révulsive pour combattre les maladies.

La suppuration déterminée par les vésicants, qui constituent alors de véritables exutoires ou émonctoires, peut être entretenue pendant un temps plus ou moins long à l'aide de préparations irritantes déposées à la surface de la plaie pour entretenir l'inflammation.

§ III.

MÉDICATION IRRITANTE.

Nous désignons sous le nom de médication irritante l'action et les effets déterminés par des corps étrangers irritants placés par le thérapeutiste dans le tissu cellulaire sous cutané.

Les agents destinés à cet usage sont :

1° Les racines d'hellébore noir, de vératre blanc, la garou, la clématite et autres plantes irritantes, qu'on désigne, étant placées sous la peau, du nom de *trochisques irritants*.

2° Les mèches en chanvre, en ruban de fil, les morceaux de cuir enduits de préparations irritantes, qu'on introduit sous la peau, qui portent le nom de *sétons*.

Effets primitifs. Ces corps étrangers et irritants déterminent une inflammation plus ou moins vive du tissu cellulaire sous-cutané et un afflux sanguin, suivi presque aussitôt d'un épanchement séreux, avec chaleur, douleur et engorgement plus ou moins considérable. Ces phénomènes inflammatoires sont d'autant plus marqués, que le corps étranger a été placé dans une partie pourvue de beaucoup de tissu cellulaire. Aussi doit-on rechercher les endroits où ce tissu est lâche et abondant pour y placer les sétons ou les trochisques. C'est ordinairement au poitrail, à l'encolure, aux fesses, sur les parties latérales de la poitrine qu'on applique les sétons dans tous les animaux. Les trochisques se placent au fanon et au voisinage de certaines articulations malades dont le jeu se fait avec douleur. On profite souvent de l'engorgement produit par les trochisques pour pratiquer dans leur épaisseur des scarifications qui, donnant écoulement au sang, déterminent une déplétion sanguine locale.

Effets consécutifs. A la suite de l'irritation très vive déterminée par les corps étrangers dont il s'agit, des bourgeons cellulo-vasculaires se forment, une suppuration d'abord sanguinolo-purulente, puis purulente, s'établit autour du corps étranger. Alors la chaleur, la douleur, le gonflement, diminuent de jour en jour; bientôt il ne reste plus qu'une infiltration séreuse, entourant l'espace occupé par le corps étranger et une membrane pyogénique qui l'isole et sécrète du pus. Les trochisques, les sétons, constituent alors de véritables émonctoires dont on entretient l'irritation et la suppuration à l'aide de pommades irritantes qu'on dépose autour du corps étranger dans le but d'obtenir tout à la fois une action *révulsive* et *évacuative*. Les effets curatifs qu'on obtient de ces agents découlent de ces deux actions réunies. La médication dont il s'agit est fréquemment usitée dans la médecine des animaux, tant à cause de la facilité de son emploi que des bons effets curatifs qu'on en obtient.

§ IV.

MÉDICATION CAUSTIQUE-ESCHAROTIQUE.

On nomme caustiques, καιω, *je brûle*, les agents thérapeutiques qui opèrent la destruction des tissus vivants avec lesquels ils sont mis en contact.

Les caustiques sont appelés *actuels* lorsqu'ils pénètrent, brûlent, détruisent les tissus et les carbonisent par l'intermède du calorique; on les désigne du nom de *potentiels* quand leurs éléments se combinent avec les principes organiques immédiats des tissus pour les transformer en un tissu nouveau privé de la vie et étranger à l'organisme. Dans l'un comme dans l'autre cas, la partie vivante qui a été détruite par l'agent caustique reçoit le nom d'*eschare*.

Caustiques actuels. Les métaux, tels que le fer, l'acier, le cuivre, rarement l'argent, chauffés à diverses températures, sont les corps conducteurs dont on se sert le plus souvent pour faire pénétrer le calorique dans les parties vivantes, soit en les tenant à une certaine distance de leur surface, soit en les promenant plus ou moins lentement sur la peau, soit en les appliquant, en les introduisant dans l'épaisseur des tissus. L'eau bouillante qu'on répand sur la peau, la combustion vive d'huiles essentielles, comme l'essence de térébenthine, de lavande, l'alcool dont on imprègne les poils et la peau, et qu'on enflamme ensuite dans le but de brûler subitement, mais peu profondément, le tissu cutané, sont des moyens énergiques qu'on ne doit point négliger.

Certains corps combustibles, comme les étoupes, le coton, imprégnés d'huile essentielle de térébenthine, de nitrate ou de chlorate de potasse, servent quelquefois de corps destinés à la combustion, et à brûler lentement et douloureusement les parties sur lesquelles on les enflamme : ce sont les préparations qu'on a nommées *moxas*.

Effets primitifs. Ces caustiques agissent toujours par l'intermède du calorique, qui volatilise les liquides des tissus organiques, les racornit, les dessèche et finit par en détruire la texture en les carbonisant ou en les transformant en un véritable charbon animal.

La cautérisation actuelle détermine divers effets selon le lieu où elle est appliquée et la quantité de calorique qu'on a fait pénétrer dans les tissus. Elle peut aller depuis la simple rubéfaction de la peau jusqu'à la destruction de son tissu et des parties profondes. Les muscles, les parties fibreuses, les cartilages, les os, peuvent être excités, irrités ou carbonisés par le calorique. Dans tous les cas, l'action du calorique détermine une vive douleur, accompagnée bientôt d'un afflux sanguin, avec chaleur, rougeur et gonflement des tissus. Ces phénomènes locaux sont d'autant plus intenses et plus durables, que le calorique a pénétré lentement et profondément dans l'épaisseur des tissus, et *vice versâ*.

Effets consécutifs. Si la surface cautérisée est grande, si la carbonisation a été profonde et lente, une fièvre de réaction plus ou moins intense succède à l'action du calorique.

Ces phénomènes généraux persistent jusqu'à ce que la partie vivante carbonisée et morte ou l'*eschare*, soit éliminée des tissus par la suppuration établie dans le voisinage, et qui la sépare des parties vivantes et enflammées. Alors, à tous ces phénomènes d'excitation, d'inflammation locale, qui produisent une dérivation, succède une sécrétion purulente qui constitue une *évacuation* ou un *émonctoire* qu'on peut entretenir plus ou moins longtemps. La cautérisation actuelle est un procédé chirurgical très fréquemment employé, et dont les bons effets sont journellement constatés dans une foule de maladies externes que nous indiquerons plus loin.

Cautérisation potentielle. Les agents caustiques potentiels sont *liquides*, *mous* et *solides*. Les acides sulfhydrique ou sulfurique, azotique ou nitrique, chlorhydrique ou hydrochlorique, le nitrate acide de mercure, l'alcool sulfurique ou l'eau de Rabel sont les *caustiques liquides* dont on se sert le plus souvent en médecine vétérinaire. Le proto-chlorure d'antimoine est le seul *caustique mou* usité. Le nitrate d'argent, de potasse, la soude, le deuto-chlorure de mercure, l'acide arsénieux, le sulfure d'arsenic, le deuto-sulfate de cuivre et l'acétate de cuivre sont les *caustiques solides* dont l'usage est recommandé en médecine vétérinaire.

Effets primitifs. Ces agents, mis en contact immédiat avec les parties vivantes, se combinent plus ou moins rapidement avec leurs éléments organiques pour les transformer en un composé nouveau et mort qui porte aussi le nom d'*eschare*, et dont la nature est variable selon l'agent caustique employé. La combinaison des tissus avec l'agent chimique produit une véritable destruction de leurs éléments nerveux et vasculaires, détermine une douleur plus ou moins aiguë, suivie bientôt de gonflement, de rougeur et de chaleur. Ces phénomènes inflammatoires, de même que dans la cautérisation actuelle, sont employés pour produire une révulsion, et ce sont surtout les caustiques solides, tels que le sublimé corrosif, l'acide arsénieux, le sulfate de mercure, l'acétate de cuivre, qui sont choisis de préférence pour remplir cette indication.

Effets consécutifs. L'inflammation établie autour de l'eschare a généralement une marche lente dans la cautérisation dont il s'agit. La suppuration qui en est la conséquence est tardive, aussi l'eschare se détache-t-elle des tissus beaucoup plus lentement. Les phénomènes consécutifs généraux ou rationnels sont donc moins marqués, mais plus profonds, plus durables que dans la cautérisation actuelle. Aussi verrons-nous plus loin comment on peut utiliser cette lente réaction pour combattre certaines maladies.

Les caustiques potentiels doivent toujours être maniés par une main bien exercée ; tous ont généralement le grave inconvénient de cautériser quelquefois au delà de la partie qu'on désirait détruire ou irriter. Parfois aussi certains caustiques, comme le sublimé corrosif, l'acide arsénieux, le sulfate de cuivre, dont toutes les parties ne se combinent point avec les tissus, peuvent être absorbés, passer dans le sang et déterminer l'empoisonnement. Nous aurons le soin de faire connaître les caustiques qui peuvent occasionner ces fâcheux effets.

Les caustiques escharotiques sont très fréquemment employés dans la médecine des grands animaux, non seulement comme révulsifs, mais encore comme caustiques proprement dits. (Voyez cette médication.)

Des règles qui doivent guider le praticien dans l'emploi de la médication révulsive.

Première règle. *Pour être efficace, l'irritation révulsive doit être plus forte que l'irritation morbide.* Cette règle ne souffre pas d'exception ; mais pour qu'elle soit convenablement remplie, il est important d'avoir égard à la nature de la maladie. S'il s'agit de dériver une simple douleur, l'agent révulsif devra être choisi parmi ceux qui, agissant sur le système nerveux spécialement, suscitent de très vives douleurs. C'est ainsi que la rubéfaction prompte, suscitée par la combustion de l'essence de térébenthine, la cautérisation objective, le moxa, la douleur aiguë produite par l'action de l'électricité et du galvanisme, détournent tout à coup la douleur nerveuse essentielle, et sans lésion notable de l'encéphale et de ses dépendances. Mais lorsqu'il s'agit de dériver une congestion, une inflammation, ce n'est point seulement sur la vive douleur que le praticien doit fonder l'espoir d'une bonne et solide dérivation, mais bien et surtout sur une accumulation sanguine et sur des produits morbides artificiels déposés dans les tissus sur lesquels la dérivation est opérée. Il faut, en d'autres termes, que les produits morbides externes et artificiels déplacent les produits morbides déposés au sein des organes malades. Ainsi, l'application d'un sinapisme ne doit et ne peut être suivi de bons effets qu'autant que, indépendamment de la vive douleur qu'il occasionne, le tissu soit le siége d'un gonflement considérable, que le sang, la sérosité abondent dans le tissu cutané et le tissu cellulaire sous-jacent, afin qu'il soit possible de pratiquer des saignées locales dans cet engorgement et de le fixer par des pointes de feu. Ainsi, l'action d'un vésicatoire ne peut être durable et curative qu'autant que la douleur sera vive et l'épiderme soulevé par une abondante sérosité.

Deuxième règle. *L'action révulsive devra être exercée sur une grande surface, ou bien l'intensité de la révulsion devra compenser son étendue.* L'oubli de cette règle peut faire commettre de grandes fautes dans la thérapeutique de la révulsion. En effet, il est facile de concevoir que plus l'action révulsive exercera son influence sur une large surface, plus son pouvoir, qui n'est que la conséquence de son action irritante, sera grand, et plus aussi elle devra transposer la maladie avec plus de promptitude. C'est ainsi que plusieurs sétons passés sur les parties latérales de la poitrine, qu'un large sinapisme, un vésicatoire étendu, une friction d'alcool cantharidé sur les deux côtés de la poitrine, révulsent du jour au lendemain une phlegmasie aiguë au début, étendue à tout l'arbre bronchique, une double pleurésie, une large pneumonite. Et cependant encore aujourd'hui on voit dans ces sortes de cas certains praticiens appliquer un seul séton au poitrail, un léger sinapisme, un petit vésicatoire sous le sternum, et si la maladie fait des progrès, si l'animal meurt, on accuse l'impuissance du séton, ou du sinapisme, ou du vésicatoire, qui est resté sans effet, quand il ne faut accuser que l'impéritie du praticien. Dans d'autres cas, pour combattre une inflammation synoviale articulaire, avec dilatations externes ou gonflements synoviaux (molettes, vessigons), on se contente de tracer quelques raies de feu, d'appliquer cinq à six pointes de feu sur la partie boursoufflée, et l'animal ne guérit point; l'articulation se gonfle davantage, et bientôt l'animal est incapable de rendre de bons services, parce que la claudication va toujours en augmentant. On accuse encore ici le feu d'impuissance quand la faute doit être attribuée au vétérinaire, qui s'est attaché à vouloir combattre un symptôme ou un point circonscrit de la maladie, quand il aurait dû couvrir toute l'articulation de raies de feu pour produire une large révulsion dépassant en surface toute l'étendue de la synoviale articulaire enflammée. Nous pourrions ici multiplier beaucoup ces citations, et signaler l'oubli qu'on fait trop souvent en médecine vétérinaire de la règle que nous venons d'énoncer. Si cependant la partie ou l'action dérivative qui doit être établie ne permet pas d'agir sur une surface étendue, alors on doit choisir un agent révulsif dont l'action soit énergique et agisse profondément sur les tissus, de manière que son intensité soit compensée par son étendue.

Troisième règle. *Les dérivatifs devront toujours être appliqués le plus près possible du siège du mal.* Cette règle ne doit jamais être oubliée, quels que soient la nature, le siège, la période de la maladie qu'on désire combattre. Voici sur quelle raison de physiologie pathologique nous fondons notre opinion à cet égard. On sait que les vaisseaux capillaires forment un réseau continu dans l'épaisseur des organes, que ceux des parois des cavités splanchniques, par exemple, ont des communications anatomiques avec ceux des membranes qui tapissent ces cavités, et que les vaisseaux de celles-ci s'anastomosent avec ceux des organes qu'elles recouvrent; que d'un autre côté les divisions et les subdivisions à l'infini des nerfs qui portent la sensibilité dans plusieurs parties, sont des nerfs provenant de la même origine, et que d'ailleurs les nerfs, soit du mouvement, soit du sentiment, soit de la vie organique, ont entre eux beaucoup de réunions. Or, si le phénomène de la révulsion réside tout à la fois dans une douleur produite, dans une fluxion sanguine capable de détourner la douleur pathologique et de la fixer au lieu de la révulsion, en outre de détourner l'afflux sanguin qui s'opère sur l'organe malade pour l'amener aussi au lieu de la révulsion, on conçoit que moins la distance sera grande entre l'organe malade et le lieu de la révulsion, plus la transposition de la douleur, plus l'afflux sanguin, seront faciles et prompts à détourner; qu'au contraire plus cette distance sera grande, plus ces deux effets, et surtout la dérivation sanguine, seront lents et tardifs à s'opérer. Un grand nombre de praticiens préfèrent cependant appliquer les révulsifs loin du siége du mal, se fondant sur ce que l'action et les effets de la révulsion peuvent se confondre et agir dans le même sens. C'est ainsi que dans les maladies du cerveau et de ses enveloppes, ils préfèrent appliquer les sinapismes, les sétons, les vésicatoires aux fesses qu'à l'encolure et près de la tête, dans l'intention qu'ils ont de révulser le sang et la douleur dans les parties postérieures. Nous n'adoptons point dans toute son acception cette manière de raisonner. Nous préférons, si la maladie cérébrale est déterminée par une congestion sanguine, une inflammation du cerveau ou de ses enveloppes, établir la révulsion au voisinage de la tête. En effet, la longueur de l'encolure des animaux, l'éloignement du cerveau, tant du cœur que des gros vaisseaux qui partent de cet organe, permettent au vétérinaire d'établir le lieu de la révulsion à l'encolure et d'obtenir non seulement une douleur artificielle qui ne se confondra point avec la douleur pathologique, mais encore une rétrocession du sang des capillaires du cerveau, dans les capillaires de la peau et des parties profondes du voisinage de la tête. Or, cette dérivation du sang ne peut point assurément être aussi facilement obtenue par l'emploi des révulsifs appliqués aux parties postérieures. Cependant, si la maladie cérébrale est symptomatique, si elle ne consiste que dans la réaction violente d'une autre maladie éloignée, la dérivation de la douleur nous paraît mériter la préférence dans une partie éloignée du siége où elle retentit. Ainsi donc, à l'exception de cette dernière circonstance, la révulsion sera donc opérée le plus près possible du siége du mal. L'expérience démontre tous les jours les bons effets des révulsifs appliqués sur la peau de l'auge, dans les angines pharyngées ou laryngées simples ou compliquées de croup. Les observations de MM. Prevost (1), Cailleux (2), et les nôtres (3), ne laissent aucun doute à cet égard. Les succès obtenus par l'application des sétons, des sinapismes, des vésicatoires, sur les parties latérales ou inférieures de la poitrine des animaux domestiques, dans les phlegmasies soit aiguës soit chroniques des bronches, du poumon et des plèvres, sont à la connaissance de tous les vétérinaires. Les excellents effets des frictions vésicantes, du feu sur la peau qui recouvre les articulations atteintes de maladies chroniques, l'application de trochisques irritants ou escharotiques, du cautère actuel dans les parties sous-cutanées voisines de ces parties dans les maladies rhumatismales articulaires, appuient encore notre opinion. Ainsi donc, la théorie d'une part, la pratique de l'autre, viennent confirmer la règle que nous avons énoncée.

Relativement à la nature, au début, à l'état, aux diverses terminaisons des maladies, plusieurs règles sont encore à observer.

A. *Congestions sanguines.*

Quatrième règle. *Les congestions sanguines actives au début, devront être combattues par la médication déplétive, avant l'emploi de la médication révulsive.* Cette règle ne doit jamais être oubliée, quels que soient le siége, l'étendue et la violence

(1) Prévost, *Recueil de Méd. Vét.*, t. III, p. 468.
(2) Cailleux, id., t. VIII, p. 637.
(3) Delafond, id., t. VI, p. 351.

de l'accumulation sanguine. Dans ces cas, le sang n'est point encore épanché dans les organes, ce liquide congestionne seulement les vaisseaux capillaires, et la saignée, avant tout, doit commencer la délitescence. Une large révulsion opérée ensuite sur le tissu cutané, soit à l'aide de frictions sèches ou de frictions humides et irritantes, avec l'essence de térébenthine, le vinaigre chaud, l'ammoniaque étendue d'eau, l'emploi du calorique porté à la peau à l'aide de bassinoires, de corps chauds, de fumigations aromatiques, de couvertures en laine, en détournant la douleur de la partie congestionnée, en transposant l'accumulation sanguine, sont des moyens adjuvants puissants aux soustractions du sang. En effet, l'expérience en confirme les bons effets journellement dans la pratique. Cependant si la congestion est accompagnée d'hémorrhagie, si le pouls est petit et faible, si les muqueuses sont peu colorées, si la peau est froide, il est souvent utile de commencer l'action révulsive en ranimant la circulation générale, en rappelant le sang à la périphérie du corps par de vigoureuses frictions cutanées, par l'emploi de la bassinoire promenée sur toute la peau du corps et des membres, et c'est alors que si le pouls se relève, si les muqueuses rougissent, si la chaleur cutanée revient à sa température normale, la saignée en opérant une déplétion générale, combat la congestion. C'est ainsi que nous agissons dans les congestions pulmonaires, pleurales et intestinales, et toujours nous avons eu à nous louer, dans ces circonstances, d'avoir fait précéder la médication déplétive par la médication révulsive. Toutefois, si la saignée abat le pouls et détermine un abaissement de température à la peau, nous revenons une seconde fois, et autant qu'il est nécessaire, à l'action des révulsifs dont il a été question.

B. *Inflammations.*

Cinquième règle. *Dans le début et l'état des inflammations aiguës violentes occupant une large surface, la médication ré-*

vulsive devra être énergique, durable, et toujours précédée ou accompagnée de la médication déplétive.

Dans l'inflammation aiguë, le sang a laissé déposer des produits morbides qui se sont organisés avec les tissus ; ce liquide a pu s'épancher au sein des organes et s'y organiser pour constituer de fausses membranes, des indurations, des hépatisations ; déjà même des globules de pus de récente formation peuvent infiltrer les fibres organiques. Dans cette condition morbide, la première indication à remplir est de combattre d'abord la phlegmasie par les antiphlogistiques pour calmer la douleur, affaiblir la chaleur et la rougeur, diminuer le gonflement, et faciliter la résorption des liquides morbides déjà formés au sein des tissus, et ce n'est qu'après que ces effets auront été obtenus, qu'il sera possible de révulser le reste des phénomènes inflammatoires et de transposer les produits morbides en activant leur résorption. On espèrerait en vain que la médication révulsive, aussi énergique, aussi profonde, aussi durable que possible, puisse obtenir par son influence la disparition d'une inflammation étendue et violente. Dans les cas cependant où la phlegmasie débute et se présente avec des symptômes peu alarmants, où elle occupe un tissu, un organe où elle est facile à révulser (*voyez* septième règle), on peut employer simultanément les médications déplétive et révulsive pour arracher cette phlegmasie du lieu où elle siège et la transposer ailleurs, à la peau par exemple. Mais, excepté cette circonstance, la révulsion est nuisible, mise en pratique dès le début des inflammations étendues et violentes. La douleur que les révulsifs susciteraient, l'accumulation de fluides qu'ils pourraient déterminer, seraient révulsées à l'instant par la maladie qu'on désirerait combattre et qui en serait d'autant aggravée. C'est ainsi que s'expliquent le peu d'effets des sétons, qui restent secs et sans engorgement, malgré qu'ils soient animés fortement, que les vésicatoires ne décollent point l'épiderme, que les sinapismes ne produisent ni rubéfaction, ni engorgement, dans le début des phlegmasies violentes des intestins, du poumon, des plèvres et du péritoine. Aussitôt que la période de violence de l'inflammation est calmée, que surtout les douleurs ont diminué, bien que les autres phénomènes inflammatoires persistent encore, les révulsifs doivent être employés, et c'est alors qu'ils agissent avec promptitude, énergie, et achèvent de combattre l'inflammation. Certains praticiens, quoique convaincus de l'impuissance des révulsifs au début de l'inflammation, passent néanmoins des sétons ou placent des trochisques en même temps qu'ils agissent par la médication antiphlogistique, dans l'espoir, disent-ils, que la suppuration s'établira aussitôt que l'inflammation aura cédé; cette pratique qui ne peut être tolérée qu'à l'égard des phlegmasies légères et bornées à une petite surface, doit être bannie à jamais dans les inflammations aiguës violentes; car ce n'est pas tant, il faut bien s'en pénétrer, la suppuration qu'on doit seulement chercher à obtenir dans l'usage d'un révulsif, mais de la douleur, de la fluxion sanguine, et surtout de l'engorgement, phénomènes seuls capables de transposer l'inflammation.

Le choix du lieu de la révulsion est une autre condition non moins importante à remplir. Si le canal intestinal est sain, et si la maladie que l'on désire révulser ne fait que débuter, l'emploi d'un purgatif qui agira sur toute l'étendue de la muqueuse digestive, en l'irritant, en provoquant une sécrétion abondante, pourra révulser la phlegmasie d'emblée. C'est ainsi que dans les inflammations du cerveau et de ses dépendances dans certaines ophthalmies, dans la bronchite, la pleurésie aiguë, l'arthrite des jeunes animaux, les purgatifs enlèvent la maladie comme avec la main. Il ne faut point s'imaginer qu'en irritant le tube digestif on troublera gravement et pour longtemps les fonctions intestinales, qu'on fera réagir sympathiquement la douleur intestinale sur la phlegmasie qu'on cherche à combattre, ainsi que l'ont dit et exagéré les partisans de l'Ecole de Broussais; il n'en est rien : l'irritation du canal intestinal étant artificielle, n'est point sérieuse, elle n'est que passagère et sans danger. Toutefois si la révulsion qu'on veut opérer doit être active et forte, et si on craint de compromettre les fonctions de l'estomac, on doit agir sur les dernières portions intestinales et sur les gros intestins en faisant des injections rectales souvent répétées. Mais si l'inflammation occupe des tissus complexes, si elle a passé la période de début, c'est à la peau et au tissu cellulaire qu'il faut s'adresser pour le choix du lieu de la révulsion, afin de l'obtenir forte, constante, durable, sans troubler les fonctions digestive et nutritive qu'il est important de conserver.

Le lieu de la révulsion cutanée mérite dans quelques cas aussi d'être pris en considération. Les phlegmasies internes en débutant révulsent quelquefois certaines maladies cutanées dont la date est ancienne et dont les sécrétions pathologiques sont parfois devenues habituelles à l'organisme; et nous citerons les affections galeuses, dartreuses, les eaux aux jambes, certaines dartres ulcéreuses; or, dans ces circonstances il est de toute utilité avant tout de rappeler l'inflammation et la sécrétion cutanée, en appliquant les révulsifs sur le lieu d'où elles ont disparu, sauf plus tard, et lorsque le danger sera passé, à changer le lieu de la révulsion. Nous tenons beaucoup dans notre pratique à remplir cette condition thérapeutique, parce que nous la croyons urgente et rationnelle. Si cependant le lieu occupé par la maladie cutanée n'était pas convenable pour opérer la révulsion de la phlegmasie interne, il faudrait alors appliquer le révulsif autant que possible dans le voisinage en même temps que sur le lieu d'où la maladie a disparu, ou dont la sécrétion a été supprimée, et faire agir ces deux révulsions de concert.

C. *Terminaisons diverses des inflammations aiguës.*

Sixième règle. *Dans les terminaisons diverses des inflammations, les produits morbides artificiels des révulsifs devront se rapprocher le plus possible des produits pathologiques de l'inflammation.*

L'important dans l'étude de la révulsion, c'est de connaître la nature, le siége et le mode de terminaison habituel de l'inflammation qu'il s'agit de combattre, afin de faire choix d'un révulsif, dont les effets primitifs et consécutifs se rapprochent le plus possible de la nature et de la terminaison de la maladie. C'est ainsi que les phlegmasies catarrhales des muqueuses, dont la terminaison ordinaire consiste dans une sécrétion de matières muqueuses ou mucoso purulentes, comme dans le coryza, l'angine laryngée, la bronchite, la conjonctivite, l'otite, la cystite, etc., sont très facilement transposées par l'action de révulsifs qui donnent lieu à une inflammation sécrétoire établie soit sur les muqueuses digestives par l'action des purgatifs salins, soit sur la peau par l'emploi des vésicatoires ou des sétons. L'expérience a démontré en effet les bons effets de ces sortes de révulsions. Nous pourrions citer une foule de faits qui nous sont propres pour appuyer cette opinion, et encore rapporter les succès nombreux qui ont été obtenus par Barrier (1), Gohier (2), Percy (3), et par une foule de praticiens non moins recommandables que ceux dont nous venons de citer les noms, pour convaincre entièrement les vétérinaires à cet égard. Dans les *épanchements* récents, séro-albumineux, des membranes séreuses, les révulsifs qui suscitent une prompte accumulation séreuse, soit au dessous de l'épiderme comme les larges vésicatoires, soit dans le tissu cellulaire sous-cutané, comme les sinapismes, la cautérisation par approximation d'une large portion de peau, plusieurs sétons, dont l'effet consécutif sera de donner une suppuration abondante, sont les dérivatifs que le praticien doit préférer. C'est

(1) Barrier, *Instruct. vétér.*, t. V, p. 145.

(2) Gohier, *Compte rendu de l'École de Lyon*, 1821.

(3) Percy, *Ann. de l'Agriculture française*, 2e série, t. I, p. 85.

par l'emploi de ces moyens tout à la fois révulsifs et évacuatifs associés aux diurétiques, quelquefois aux purgatifs que l'on combat l'inflammation et l'épanchement des grandes séreuses splanchniques et des séreuses articulaires. Blaine (1), Gaullet (2), Gire (3), Voerz (4), ont rapporté des guérisons qui démontrent la bonté de l'emploi de ces moyens dans les épanchements thoraciques.

Dans la terminaison par *suppuration* des inflammations, la révulsion, qu'elle soit opérée au début de la formation du pus, qu'elle soit exercée plus tard, devra toujours être obtenue par des agents qui, non seulement déterminent de la douleur, mais encore une abondante sécrétion purulente. La suppuration dans les maladies internes est toujours difficile à transposer. Cependant dans le début de la formation purulente, où les globules de pus, incomplétement formés et encore emprisonnés dans la texture des organes, peuvent être facilement résorbés avec les autres produits morbides de l'inflammation, la révulsion peut être employée avec quelques chances de succès ; mais lorsque la sécrétion du pus est opérée par des bourgeons cellulo-vasculaires ou par une membrane pyogénique, que le pus forme collection, la révulsion de la suppuration est toujours difficile. En effet, non seulement dans ce cas il est indispensable que la dérivation fasse cesser les phénomènes inflammatoires qui président à la formation du pus, mais encore il faut que ce produit morbide soit résorbé si la collection a son siége dans des organes internes, et, dans beaucoup de cas, que la sécrétion purulente soit remplacée par une autre sécrétion purulente artificielle procurée par le révulsif : or, la médication propre à combattre la suppuration devra donc être tout à la fois *transpositive* et *évacuative*. Les sétons, les trochisques, les

(1) Blaine, *Notions fondamentales sur l'art vétérinaire*, p. 160.
(2) Gaullet, *Mémoires de la Société d'Agriculture de Paris*, 1817, p. 129.
(3) Gire, *Compte rendu de l'Ecole de Lyon*, 1827, p. 26.
(4) Voerz, *Recueil de Médecine vétérinaire*, t. XVIII, p. 333.

vésicatoires, dont on entretient la suppuration, font obtenir ce double résultat. Toutefois, il importe que ces deux effets soient continués pendant longtemps ou jusqu'à ce que l'inflammation suppurative que l'on cherche à combattre ait complètement disparu. Nous nous empressons d'ajouter que cette double médication s'opérant aux dépens du sang est épuisante et amène promptement un amaigrissement général ; de là l'indication de donner une ration convenable d'aliments nourrissants et de facile digestion aux animaux pour compenser les pertes que fait l'économie pendant la suppuration.

Le *ramollissement*, la *gangrène*, sont des terminaisons que la médication révulsive peut prévenir, mais qu'elle ne peut point combattre.

Septième règle. *Un choix rationnel doit être fait des révulsifs selon le siège et la nature des maladies.*

A. *Siège des maladies.* L'expérience a démontré que selon la nature et l'organisation des tissus qui entrent dans la composition des organes, les inflammations étaient plus ou moins faciles à révulser ; s'il en est ainsi, un choix doit donc présider dans l'emploi des moyens dérivatifs que possède la thérapeutique.

Système muqueux. 1° La révulsion des inflammations des membranes muqueuses respiratoires est peu tenace, surtout lorsqu'elle est catarrhale. L'action dérivative devra être établie à la peau, dans le tissu cellulaire sous-cutané par les sinapismes, les sétons et les vésicatoires, et à la surface des muqueuses digestives par les purgatifs.

2° La révulsion des inflammations des muqueuses digestives est en général difficile, si peu que ces inflammations soient étendues et déjà anciennes. Cette difficulté tient sans doute à l'organisation plus complexe de ces muqueuses et à la grande surface qu'occupe dans certains cas l'inflammation. Les révulsifs devront être placés sur la peau, ou dans le tissu cellulaire sous cutané. On devra faire usage de préférence dans tous les grands animaux, des trochisques irritants et des sétons.

3° La révulsion des inflammations des muqueuses génito-urinaires est moins tenace que celle des muqueuses digestives. On peut l'opérer sur le tube digestif par les purgatifs, dans le tissu cellulaire par les sétons, les trochisques, et sur la peau par les sinapismes, jamais par les vésicatoires, à cause de l'absorption de la cantharidine, qui, éliminée par les reins, va irriter la muqueuse vésico-uréthrale.

Système séreux. L'inflammation des plèvres est, à son début, facile à révulser par l'emploi des rubéfiants en frictions sur les parois thoraciques, et surtout par l'application des sinapismes. A une période plus avancée, et alors que l'inflammation s'accompagne d'épanchement de fausses membranes, la révulsion est très difficile à obtenir. Les larges sinapismes, les vastes vésicatoires, la cautérisation objective d'une grande étendue des parois des cavités splanchniques sont les seuls révulsifs qui procurent quelque succès.

L'inflammation des séreuses articulaires et des surfaces de frottement peut aussi, à son début, être facilement révulsée par l'emploi des purgatifs longtemps continués, les frictions et les applications irritantes, et surtout par le feu en raies ou en pointes sur la peau qui recouvre l'articulation.

Système parenchymateux. L'inflammation qui a son siège dans les tissus complexes ou composés et très vasculaires, tels que le poumon, le foie, la rate, les reins, les ganglions lymphatiques, peut, lorsqu'elle n'est encore qu'à son début ou à l'état de congestion, et alors que le sang, la sérosité albumino-fibrineuse de ce fluide, ne sont point épanchés au sein des tissus, encore être facilement arrachée par des révulsifs énergiques appliqués à la peau ou déposés dans le tissu cellulaire; mais plus tard, alors que ces tissus sont indurés, hépatisés, ramollis, la révulsion compte bien moins de succès, et encore n'est-ce guère que dans les maladies des poumons qu'elle obtient des avantages réels.

Système fibro-osseux. Les phlegmasies lentes, parfois occultes et souvent rhumatismales du système fibro-osseux des articulations diverses, sont toujours très tenaces à la révulsion. Ici la médication devra être active, puissante et soutenue. On l'établit à la peau et dans le tissu cellulaire par l'emploi de la cautérisation actuelle ou potentielle, suivie d'une suppuration plus ou moins prolongée.

Système nerveux. Nous avons déjà dit, à l'occasion des antispasmodiques, qu'il fallait distinguer dans les maladies du système nerveux les congestions, les inflammations et les névroses. Les congestions des organes nerveux peuvent être transposées sur les muqueuses digestives par les purgatifs, à la peau par l'emploi des rubéfiants et des vésicants. Les inflammations sont beaucoup plus tenaces à arracher, et les révulsifs, quels qu'ils soient, employés dans ce but, ont l'inconvénient, en suscitant une douleur artificielle, d'exalter la douleur morbide, si elles ne sont point plus fortes que cette dernière. Mais les névroses ou les maladies nerveuses sans lésions matérielles sont, de toutes les affections nerveuses, celles dont la révulsion est la moins difficile à obtenir. Toutefois cette révulsion, dans ce dernier cas, devra être exercée à la surface de la peau, et consister dans une vive douleur continuée ensuite par un exutoire.

Les moxas, la cautérisation par la combustion d'une huile essentielle, l'emploi de l'eau bouillante, du vinaigre très chaud, la cautérisation actuelle étendue sur une large surface, les frictions irritantes fréquemment répétées, sont les révulsifs à l'aide desquels on parvient à obtenir parfois la guérison des principales névroses des animaux domestiques. C'est ainsi que dans quelques cas d'*immobilité*, MM. Decoste (1) et Hugon (2) ont guéri cette redoutable maladie nerveuse dont le siège est encore peu connu par l'emploi des moxas; que certaines pa-

(1) Decoste, *Recueil de Méd. Vét.*, t. VI, p. 400.
(2) Hugon, id. t. VI, p. 566.

ralysies ont été combattues par la cautérisation actuelle par M. Prinz (1); que M. Dard (2), par des incisions pratiquées le long de la colonne vertébrale, dans lesquelles il plaçait de l'essence de térébenthine qu'il enflammait, est parvenu à guérir des affections vertigineuses.

Inflammations chroniques.

Huitième règle. *Pour combattre les inflammations chroniques, la révulsion devra toujours être lente, profonde et permanente.*

La médication révulsive, appliquée aux maladies chroniques, doit toujours déterminer deux effets : le premier doit consister dans une irritation profonde et constante établie à la peau ou dans le tissu cellulaire sous-cutané ; le second doit résulter de la sécrétion purulente qui accompagne l'irritation et constituer une véritable spoliation. Ces deux éléments de la médication révulsive, l'irritation et la sécrétion purulente, ne restent pas toujours au même degré d'action pendant toute la durée de la révulsion. Aussitôt l'application du séton, ou du vésicatoire, ou du trochisque, l'irritation du tissu cellulaire ou du tissu cutané, la douleur, la chaleur, l'intumescence, qui en sont les conséquences, constituent d'abord l'action révulsive prédominante ; mais plus tard, lorsque ces premiers phénomènes ont en partie disparu, qu'une membrane pyogénique, sécrétant du pus, s'est formée au sein de la plaie artificielle ou dans le trajet du séton, la sécrétion purulente constitue alors un *émonctoire*, de *emungere*, tirer dehors, un *exutoire*, de *exuere*, dépouiller, qui, s'opérant aux dépens du sang, produit un effet déplétif général. Cette dernière action, qui s'accompagne assurément toujours de l'irritation entretenue et par le corps étranger et par les substances excitantes dont on l'enduit ou dont on recouvre le

(1) Prinz, *Mémoires, Société d'Agric. de Paris*, 1827, t. I, p. 179.
(2) Dard, Id. 1827, t. I, p. 204.

vésicatoire ou la plaie suppurante, mérite que nous y attachions de l'importance.

On a remarqué, aussi bien en médecine humaine qu'en médecine vétérinaire, qu'une abondante suppuration, soit morbide, soit provoquée artificiellement, déterminait toujours un amaigrissement général, bien que les animaux restassent en repos et mangeassent la ration alimentaire habituelle ; que si la suppuration avait son lieu d'élection dans une partie circonscrite du corps ou d'un membre par exemple, cette partie, indépendamment de l'amaigrissement général, s'atrophiait sensiblement. C'est au surplus la remarque que nous avons faite après avoir placé des sétons à l'épaule et à la hanche, et qui a dû aussi être faite par beaucoup de praticiens. Or, indépendamment donc de la souffrance qu'occasionnent les révulsifs exutoires dans les parties où ils ont été établis, souffrances aussi qui peuvent bien expliquer jusqu'à un certain point l'émaciation, la suppuration, qui assurément se fait aux dépens du sang apporté dans les organes pour les nourrir, détourne de ce liquide, on ne peut en douter, les fluides nourriciers qu'il charrie pour entretenir la suppuration ; car, on le sait, le pus est composé des mêmes éléments organiques que le sang, moins la partie colorante.

La révulsion lente, prolongée, capable de combattre une maladie dont la date est ancienne dans l'organisme, détermine donc trois effets : 1° un effet lent, mais général, sur toute l'économie, consistant dans une évacuation lente des éléments nutritifs du sang qui seraient appelés dans toute autre circonstance à servir à la nutrition de tout l'organisme, 2° une irritation locale dans le point où l'exutoire est placé, 3° une suppuration locale aux dépens du sang qui est porté aux solides, et particulièrement aux muscles du voisinage de la suppuration. Or ce sont ces trois effets qui, bien connus du praticien, doivent le guider dans l'emploi de la médication révulsive et exutoire pour combattre les maladies chroniques dont le siège et la nature peuvent être d'ailleurs fort différents. Mais avant de faire connaître ces maladies, nous dirons que pendant le temps généralement long et nécessaire pour que la médication révulsive soit suivie de guérison, il faudra, autant qu'on le pourra, soumettre les animaux à un bon régime analeptique, tout en maintenant cependant la ration alimentaire au dessous de la ration habituelle, les faire travailler si le cas le permet, les loger dans un local sain, et exécuter rigoureusement le pansement de la main.

Le lieu de la révulsion devra, autant que possible, être établi à la peau et dans le tissu cellulaire sous-cutané, et aux endroits du corps ou des membres qui ne sont point assujettis au frottement pendant la marche, à servir de point d'appui aux parties de la selle, des harnais, et dans les parties où les animaux ne peuvent se gratter, se mordre ou se frotter.

La révulsion lente qu'on peut opérer sur le tube digestif par l'emploi des purgatifs à petite dose donne, il est vrai, dans beaucoup de maladies, des résultats satisfaisants; mais elle a le grave inconvénient de troubler les fonctions du canal intestinal, qu'il est si utile de conserver dans le cours des maladies chroniques.

La peau et le tissu cellulaire, surtout dans les grands animaux, seront donc les endroits où la révulsion sera établie de préférence sans qu'il en résulte d'inconvénients sérieux pour toute l'économie.

Indurations internes et épanchements séreux chroniques. Si nous rangeons ces deux lésions à côté l'une de l'autre, c'est que pour nous, dans les deux cas, les produits pathologiques sont de la même nature : car ce sont toujours de l'eau, de l'albumine, un peu de fibrine et quelques sels qui les constituent. Seulement, pour les indurations, ces produits morbides sont épanchés et organisés au sein des tissus cellulo-vasculaires des organes, et pour les épanchements, ils sont flottants dans les cavités séreuses.

Dans ces deux cas, la révulsion et la suppuration devant être prolongées jusqu'à parfaite guérison, la révulsion sera établie autant que possible dans le tissu cellulaire sous-cutané. Les révulsifs appliqués sur la peau, avec dénudation de l'épiderme, suppuration prolongée, réclamant des soins minutieux pour éviter les métastases, mettant les animaux dans l'impossibilité de travailler, laissant des traces fort apparentes qui en diminuent la valeur, ne doivent être mis en pratique que dans des circonstances particulières.

Dans ces conditions pathologiques, il faut autant compter sur l'effet évacuatoire ou spoliatif que sur l'effet révulsif, attendu qu'ici la douleur, la fluxion sanguine, ne sont point les éléments qui entretiennent la maladie, mais bien les altérations matérielles qui la constituent, car il faut bien en être convaincu, ce sont ces altérations qu'il faut détourner en leur opposant une autre maladie artificielle, qui, enrayant la fluxion morbide, affamant l'économie, provoquera la résorption des liquides épanchés dans les séreuses ou déjà organisés au sein des tissus, et fera obtenir la guérison.

Dans les épanchements séreux, nous avons toujours remarqué que le sang était pauvre en globules et abondant en eau : or, il est donc important, en même temps qu'on agira par la médication révulsive, de provoquer une abondante diurèse qui tout à la fois éliminera par les reins la sérosité du sang qui est en excès dans ce fluide, et activera la résorption du liquide épanché dans les séreuses dont il s'agit. Ici encore nous conseillons de bien nourrir les animaux pour réparer les matériaux du sang et surtout les globules, de manière à donner à ce liquide les qualités désirables pour qu'il puisse nourrir et fortifier l'organisme.

Si l'induration des tissus est située à l'extérieur et se présente sous la forme d'une tumeur dure et indolente, le révulsif devra être appliqué sur la peau correspondant à la tumeur. Dans ce cas le révulsif, en irritant la partie, en excitant l'activité de la circulation, en provoquant la résorption des liquides morbides épanchés et organisés dans les tissus, enfin en les atrophiant et détournant d'autre part les molécules nutritives qui servent à la suppuration artificielle, procure de nombreuses guérisons. C'est ainsi que nous semblent agir le feu, les vésicatoires, les frictions irritantes, dans les indurations blanches du voisinage des articulations, les engorgements des membres, les indurations chroniques du tissu cellulaire, etc.

Douleurs articulaires. Certaines douleurs articulaires dont ni la cause ni la nature, ne sont pas toujours bien connues, mais que l'on qualifie d'écarts, d'entorses, d'allonges, de rhumatismes, de goutte dans les animaux, et qui occasionnent de la claudication, de l'amaigrissement dans les parties charnues voisines, sont parfois combattues avec succès par l'emploi prolongé des frictions vésicantes répétées, du feu en raies, de la cautérisation de la peau et du tissu cellulaire sous-cutané par la méthode napolitaine, ainsi que par l'action des trochisques irritants ou escharotiques. Les succès qu'obtiennent journellement les vétérinaires par ces moyens, les bons résultats qui en ont été publiés par MM. Gaullet (1), Viramond (2), Nansio (3), Lacoste (4) et Rainard (5), viennent encore ajouter à la bonne opinion qu'on avait sur l'action curative des révulsifs exutoires dans les claudications dont il s'agit.

Suppurations anciennes. Les suppurations qui résultent de vieilles plaies, d'eaux aux jambes, de la gale, des dartres ulcéreuses, du catarrhe nasal, du catarrhe auriculaire chronique, nous l'avons déjà dit à l'occasion de la médication astringente (*voyez* page 342), ne peuvent être guéries sans l'emploi d'émonctoires artificiels qui changent le lieu de la suppuration

(1) Gaullet, *Recueil de Méd. Vét.*, t. IX, p. 625.
(2) Viramond, *Journ. Vétér. du Midi*, t. III, p. 16.
(3) Nansio, *Recueil de méd. vét.*, t. XIV, p. 552.
(4) Lacoste, id. t. XVII, p. 303.
(5) Rainard, id. t. XIII, p. 17.

sans la supprimer, et la rendent moins grave, si on veut plus tard en débarrasser l'économie. Les exutoires sont ici d'une indispensable nécessité pour éviter des métastases souvent mortelles. On choisit ordinairement le voisinage de la partie suppurante autant qu'on le peut pour établir l'exutoire. Les sétons sont les moyens à préférer dans ces sortes de cas.

Souvent aussi, soit par une cause insolite, soit par la naissance d'une maladie interne, soit par l'emploi mal ordonné de la médication astringente, certaines sécrétions morbides suscitent tout à coup des désordres graves dans toute l'économie, notamment dans les humeurs, désordres qu'on ne peut laisser persister sans danger. Dans ces cas graves, la médication révulsive exutoire devra être aussitôt mise en pratique sur la partie sèche et flétrie qui suppurait, pour y ramener la sécrétion pathologique dont elle était le siége. C'est ainsi qu'en prolongeant l'action dérivative pendant longtemps, soit sur la même partie, soit en changeant de temps en temps l'exutoire de place, on parvient à prévenir des maladies graves, telles que la phthisie pulmonaire, la morve et le farcin.

Huitième règle. *Les révulsifs exutoires existant depuis longtemps, ne doivent jamais être supprimés brusquement.*

Les exutoires artificiels qui depuis longtemps déterminent une sécrétion purulente artificielle, peuvent constituer plus tard de véritables émonctoires pathologiques qu'il n'est jamais prudent de supprimer sans prendre quelques attentions que nous allons indiquer.

1° On commencera par tarir peu à peu la sécrétion exutoire par les pommades ou les onguents astringents.

2° On déplacera le lieu de la suppuration en établissant un émonctoire moins étendu.

3° Enfin, lorsqu'on supprimera tout à fait ce dernier, on aura soin d'administrer pendant quelque temps un purgatif salin pour provoquer une sécrétion pathologique sur le tube digestif. Quelques praticiens font usage des diurétiques, d'autres des sudorifiques. Nous préférons l'action purgative qui, selon nous, remplit mieux le but qu'on désire atteindre dans le cas dont il s'agit.

Neuvième règle. *Les révulsifs ne doivent point être employés pour combattre les altérations organiques hétérologues à l'organisme.*

Altérations hétérologues. Les produits pathologiques désignés sous les noms de *squirrhe*, de *cancer*, d'*encéphaloïde*, de *mélanose*, de *polypes*, etc., ne peuvent point être guéris par la médication révulsive appliquée soit médiatement soit immédiatement. Ces produits morbides résistent à cette médication aussi bien qu'à toute autre. L'extirpation, la cautérisation potentielle, avec destruction complète de la partie malade, sont les plus sûrs moyens de guérison.

Dixième règle. *La médication révulsive ne doit point être mise en pratique contre les altérations du sang.*

Autant la médication qui nous occupe est bonne et utile dans les altérations des solides organiques, autant elle est nuisible dans les altérations des liquides.

Polyhémie. La polyhémie qui n'est due qu'à un excès de sang dans tout le système circulatoire et à la surabondance de ses globules, réclame impérieusement la saignée et tous les antiphlogistiques.

L'anhémie, *l'hydrohémie*, qui sont causées par un appauvrissement des globules et la prédominance de la sérosité du sang, ne sauraient guérir non plus par les révulsifs et les exutoires qui tendent, eux aussi, à amener cet appauvrissement. La *typhohémie*, qui comprend toutes les *altérations septiques* du sang qui constituent les maladies charbonneuses et les maladies typhoïdes, ne doivent point sous toutes les formes qu'elles revêtent, être traitées par les révulsifs. Ces moyens, en suscitant de la douleur et un afflux sanguin, donnent naissance à des hypostases sanguines qui ont la plus grande tendance à la gangrène, et dont la résolution, si toutefois on peut l'obtenir, se fait avec la plus grande difficulté et avec une extrême lenteur.

Dans toutes les phlegmasies, soit *sporadiques*, soit *enzootiques*, soit *épizootiques*, compliquées d'altérations septiques du sang, et quel que soit l'organe ou le système d'organes où siège la phlegmasie, les révulsifs sont généralement suivis d'engorgements qui passent rapidement à l'état gangréneux. Les sétons et les trochisques irritants qui donnent naissance à un épanchement de sang dans leur trajet, sont parmi les révulsifs ceux qui occasionnent le plus d'accidents. Le sang déjà malade et s'échappant facilement des vaisseaux, et ainsi que l'a fort bien expliqué M. Renault (1), séjournant dans le trajet du séton où il reste exposé au contact de l'air, se putréfie avec la plus grande facilité et détermine une gangrène septique presque toujours mortelle. A toutes les époques où des maladies enzootiques ou épizootiques ont régné sur les animaux domestiques en affectant un cachet septique ou putride, les révulsifs, et notamment les exutoires ont été suivis d'accidents gangréneux. C'est du moins ce qui a été constaté par Desplas (2), Crepin (3), de Gasparin (4), Grognier (5), Bragard (6) dans le charbon et la pleuro-pneumonie putride des chevaux, du gros et du menu bétail. Ces accidents ont été, on le sait, très ordinaires durant la gastro-entérite épizootique qui a régné sur les chevaux en 1825, époque où ils ont été

(1) Renault, *Recueil de Méd. Vét.*, t. X, p. 1, 22 et 241; et *Traité sur la Gangrène traumatique.*

(2) Desplas, *Sur la Maladie charbonneuse du Quercy*, *Instr. vét.*, t. II, p. 275.

(3) Crepin, Mémoire sur une péripneumonie épizootique observée sur les chevaux, *Journal pratique*, t. III, p. 466.

(4) De Gasparin, *Traité des Maladies contagieuses des bêtes à laine*, art. CHARBON, p. 103.

(5) Grognier, Sur une Périp. épizootique des bêtes à cornes dans le département du Rhône, *Compte rendu*, *Ecole de Lyon*, 1820.

(6) Bragard, Sur la Pleuro-pneum. épizootique du gros bétail du Dauphiné *Compte rendu*, *École de Lyon*, 1824.

particulièrement signalés par MM. Girard (1), Rainard (2), Leblanc (3), Dumaine (4), et beaucoup d'autres vétérinaires. Les sétons, les vésicatoires employés pour combattre l'entérite et la péripneumonie épizootique qui a régné en 1841 sur les chevaux dans beaucoup de parties de la France, ont été très souvent accompagnés des mêmes accidents; nous avons été un des premiers à les signaler (5).

Pour éviter ces inconvénients, Huzard et Desplas (6), puis Mayeur (7), ont conseillé de passer les sétons avec une grosse broche rougie au feu, de manière à obtenir une eschare assez épaisse pour prévenir toute hémorrhagie dans le trajet du séton. Ce moyen est très bon; mais il a l'inconvénient dans les chevaux seulement, jamais dans les bêtes à cornes, pour les sétons au fanon du moins, d'occasionner souvent des chutes de la peau, lorsque son tissu a été trop fortement cautérisé.

Nous devons cependant dire que, d'après les observations de Gilbert (8), les sétons, les vésicatoires, les trochisques surtout, sont employés avec succès dans le traitement de la variété de charbon connue sous le nom de *charbon symptômatique*. Dans cette maladie, qui est précédée d'un violent mouvement fébrile suivi de l'éruption d'une ou de plusieurs tumeurs charbonneuses toujours d'un bon augure, et qu'on guérit en les fixant par la cautérisation et la suppuration, les révulsifs exutoires, en excitant et favorisant ce dépôt critique par la douleur, l'afflux sanguin et la suppuration qu'ils suscitent, donnent

(1) Girard, *Mémoire sur la Gastro-Entérite de* 1825.

(2) Rainard, *Mém.* id.

(3) Leblanc, *Mém.* id.

(4) Dumaine, *Mémoires*, *Soc. d'Agric.*, 1827, t. I, p. 194.

(5) Delafond, Note sur une maladie qui règne épizootiquement sur les chevaux dans quelques parties de la France, *Recueil de Méd. vét.*, t. XVIII, p. 465.

(6) *Instructions sur les maladies inflammatoires épizootiques*, 1795, p. 20.

(7) Mayeur, Mémoire sur une maladie inflammatoire putride, *Correspondance de Fromage de Feugré*, t. II, p. 130.

(8) Gilbert, *Traité des Maladies charbonneuses*.

la raison suffisante de leur emploi et des succès qu'on en obtient.

Emploi des révulsifs exutoires comme moyen préservatif de quelques maladies.

Des médecins du plus grand mérite ont dit et répété que le moyen le plus victorieux que l'on ait employé contre la peste, est sans contredit l'ouverture d'un égout artificiel ; les succès de cette méthode sont trop universels, dit Vicq d'Azyr, pour être révoqués en doute (1).

En médecine vétérinaire, un très grand nombre de faits ont positivement prouvé que les sétons, les trochisques irritants ou caustiques placés aux animaux bien portants pendant l'existence de maladies épizootiques charbonneuses, typhoïdes ou de nature septique, étaient des moyens dont les effets étaient incontestablement bons pour préserver les chevaux et bestiaux de ces redoutables maladies. Peut être les auteurs ont-ils un peu exagéré la valeur préservative de ces exutoires ; mais, quoi qu'il en soit, on peut jusqu'à un certain point supposer que le séton qu'on a placé à un animal doit être considéré comme un appareil éliminateur des virus introduits dans l'organisme par voie d'absorption. Cette opinion, qui pourra être considérée comme de peu de valeur par beaucoup de personnes, nous paraît cependant d'accord avec l'observation de faits notés depuis très longtemps par des médecins et des vétérinaires d'un grand mérite, qui se sont sérieusement occupés des maladies contagieuses des chevaux et des bestiaux. En effet, pendant les épizooties typhoïdes de 1711 à 1712, qui ravagèrent les bêtes bovines en Italie, et décrites par Lancisi et Ramazzini, l'épizootie charbonneuse qui ravageait les bestiaux à la même époque, qui nous a été transmise par Hermant, ainsi que celle de 1729, qui régnait en Italie, dans une partie de l'Allemagne,

(1) Vicq d'Azyr, *Exposé des moyens curatifs et préservatifs des bestiaux*, p. 60.

et étudiée par Gœlicke; la grande épizootie typhoïde qui décima, de 1740 à 1750, les bêtes à cornes de la France, observée par le célèbre de Sauvages et par Bouvard, Cochu, Chomel, Malouin et autres; l'épizootie charbonneuse qui dévasta le gros bétail de l'Auvergne en 1760, décrite par Régnier; l'épizootie du typhus contagieux observée en 1771 par Bourgelat, Dufot et Needman; la grande épizootie typhoïde de 1774, 1775 et 1776, étudiée par Vicq d'Azyr, Doazan, Bellerocq, Bonniol et autres; l'épizootie charbonneuse de 1793 du département de l'Indre, qui fut savamment décrite par le professeur Gilbert; l'épizootie typhoïde qui dévasta le gros bétail de la France en 1795, observée par Huzard et Desplas, ainsi que celle de 1814, 1815 et 1816, décrite par Huzard, d'Arboval, MM. Girard, Dupuis, Gohier et Grognier; enfin l'épizootie de gastro-entérite des chevaux qui régna en 1825 en France, on observa qu'un grand nombre d'animaux auxquels on avait placé des sétons ou des trochisques, avaient été préservés de la maladie régnante. Mais ce qu'il y a de bien remarquable, et ce qui aussi a été constaté par le plus grand nombre des auteurs que nous venons de citer, c'est que si, malgré l'emploi du séton ou du trochisque, les animaux sont atteints de l'épizootie, la maladie est beaucoup plus bénigne et rarement mortelle. « Je n'ai » jamais vu mourir, dit Gilbert (1), des animaux affectés de » charbon lorsqu'ils avaient été sétonnés pour les préserver » de cette maladie, à moins d'erreurs de régime bien marquées » et seules capables de donner la mort; ce qui prouve, ajoute » Gilbert, que si l'évacuation produite par les sétons ne suffit » pas toujours pour débarrasser la masse du sang de l'humeur » morbifique, elle en diminue du moins la quantité ou en atténue la qualité au point de la rendre peu dangereuse, ce » qui remplit suffisamment la seconde indication que présente » le traitement préservatif. »

Persuadé que dans le plus grand nombre des maladies épi-

(1) Gilbert, *Traité des Maladies charbonneuses*, p. 49.

zootiques dues, soit à des inflammations qui se compliquent très vite d'altérations putrides du sang, soit à des altérations septiques essentielles de ce liquide, convaincu que les virus de beaucoup de maladies contagieuses sont dus à des éléments putrides introduits dans le sang par absorption, qui altèrent septiquement ce fluide, nous n'hésitons donc point, fort que nous sommes de l'observation, de l'expérience de nos devanciers et de la nôtre, à conseiller l'emploi des exutoires, soit pour prévenir les chevaux et bestiaux de certaines maladies épizootiques régnantes, soit pour rendre ces maladies, lorsqu'elles se déclarent, plus faciles à combattre.

Des rubéfiants en particulier.

1° *Frictions sèches.* Les frictions sèches se font dans les grands animaux avec de la paille tressée en bouchon, des brosses dures, et dans les petits animaux avec du gros linge, et mieux des morceaux d'étoffe de laine. On devra les pratiquer en frottant la peau dans tous les sens, et surtout en sens inverse des poils. Le frottement exercé sur la peau l'échauffe, la dilate, excite la circulation de ses vaisseaux capillaires, et si la friction est continuée pendant longtemps, bientôt le tissu cutané rougit en s'injectant et devient le siége de douleurs, de cuisson et de chaleur. Les frictions ne doivent point être continuées lorsqu'on a obtenu ces derniers effets. Ces moyens sont très usités dans la thérapeutique de beaucoup de maladies que nous avons indiquées en traitant de la médication rubéfiante.

2° *Emploi du calorique.* Dans le but d'échauffer vivement la peau, et en même temps que nous faisons usage des frictions sèches, nous employons des moyens conseillés il y a longtemps par Solleysel (1) et par Garsault (2) : c'est de faire promener une bassinoire renfermant des cendres chaudes et des charbons

(1) Solleysel, *Parfait maréchal*, p. 109.

(2) Garsault, *Nouveau Parfait maréchal*, p. 213.

allumés, sur toute la surface du corps, après l'avoir recouverte d'une ou de deux couvertures. Ce moyen réuni aux frictions nous a parfaitement réussi dans le traitement des congestions intérieures, des maladies dues à des refroidissements cutanés.

3° Les *fumigations aromatiques* faites avec des baies de genièvre projetées sur des charbons incandescents, donnant une fumée emportant avec elle du calorique, échauffent le tissu cutané, et concourent avec les frictions à ramener la température à la peau, et à en opérer la rubéfaction.

4° Dans le but de maintenir la chaleur extérieure, à la suite des frictions sèches, de l'emploi du calorique, il est important de couvrir les animaux avec plusieurs couvertures en laine, ou des peaux de moutons, la laine tournée du côté de la peau ; à défaut de couvertures en laine, de placer une couche de foin fin entre la peau et des draps ou autres tissus de fil ou de coton. Dans le but de maintenir de la chaleur aux extrémités inférieures des membres, ce qu'on néglige trop souvent, on les entourera de gros cordons faits avec du foin tortillé en forme de corde ; enfin on aura soin de placer les animaux dans un lieu aéré et chaud.

On a conseillé pour réchauffer la peau, de placer les animaux dans un trou pratiqué dans un tas de fumier chaud, et de les recouvrir de fumier de manière à laisser seulement la tête libre et à l'air. Ce moyen qui a été essayé et particulièrement recommandé par Garsault dans le tétanos, n'est assurément point à dédaigner quand d'autres moyens plus rationnels et plus simples n'ont point réussi.

5° *Huile essentielle de térébenthine*, ou *Essence de térébenthine* (*Oleum terebenthinæ*). Cette huile essentielle qui coûte peu cher, et employée sous la forme de frictions humides faites avec la main d'abord, ensuite avec le bouchon de paille jusqu'à ce que l'épiderme en soit convenablement imbibé, détermine une violente irritation sur la peau. Aussitôt après ces frictions, on voit les animaux frapper du pied, se débattre, se frotter contre les corps environnants, et se mordre les parties que l'essence a touchées. On en fait particulièrement usage sous le ventre à la face interne des cuisses, dans les congestions intestinales, sur les membres depuis les boulets jusqu'aux genoux et aux jarrets dans la fourbure récente, sur les articulations, siége de vieilles claudications, enfin pour faire obtenir la résolution de tumeurs dures et indolentes occupant la peau et l'épaisseur du tissu cellulaire sous-cutané.

M. Pretot a conseillé d'enflammer cette huile lorsque les poils en sont imprégnés, pour produire une vive brûlure de la superficie de la peau. Ce moyen énergique, ainsi que nous l'avons déjà dit, nous paraît devoir être employé dans les paralysies locales, le lumbago, les rhumatismes articulaires, les engorgements chroniques divers (1).

L'essence de térébenthine est encore employée à l'extérieur en frictions sur les parties atteintes de la gale. Ces frictions sont très bonnes contre cette maladie dans tous les animaux. On peut se servir de l'essence pure ou associée à de l'huile ou à de la graisse à la manière de Daubenton.

6° *Huile volatile de lavande*, ou *Essence de lavande* (*Oleum spiritûs spicæ*). Cette essence, nommée encore vulgairement huile de spic ou d'aspic, est peu employée en médecine vétérinaire. On la mélange quelquefois à l'essence de térébenthine par parties égales. Cependant sur les chevaux fins, on la préfère à cette dernière, parce qu'elle irrite peu la peau et qu'elle occasionne moins la chute des poils. Elle est plus chère que l'essence de térébenthine.

7° *Le Vinaigre chaud*. Le vinaigre porté à une assez forte température, est un agent rubéfiant très puissant, qu'on peut se procurer partout et à bon marché. On l'emploie particulièrement en frictions humides, suivies de frictions sèches, dans les maladies que nous avons spécifiées à l'article essence de térébenthine.

(1) Pretot, sur la Cautérisation incendiaire. Voyez *Journal des Haras*, t. XXVIII, p. 115.

8° *Ammoniaque liquide* ou *Alcali volatil étendu d'eau.* L'ammoniaque est un rubéfiant précieux dans la médecine vétérinaire. On en fait usage en friction sur les parties latérales de la poitrine des animaux atteints de pleurésie récente. Sur les articulations qui sont le siége de douleurs ainsi que sur les engorgements œdémateux ou déjà indurés. Mais c'est surtout dans les efflorescences et les tumeurs charbonneuses de la peau, du tissu cellulaire de tous les animaux, et particulièment du mouton, les tuméfactions érysipélateuses, les engorgements gangréneux après l'inoculation du claveau, dans le même animal, qu'on fait un grand usage de l'ammoniaque sous la forme de frictions, et que ce médicament compte de nombreux succès. Tous les praticiens sont d'accord sur ce point. On l'emploie alors étendue d'eau dans diverses proportions selon l'indication, ou bien on l'associe à l'huile d'olive ou à la graisse. (Voyez le *Traité de pharmacie.*)

Dans ce dernier cas, l'action de l'ammoniaque est plus puissante, la rubéfaction, et quelquefois même la vésication sont beaucoup plus promptes, parce que l'alcali emprisonné dans le corps gras, ne peut point se volatiliser, ainsi qu'il arrive lorsqu'on l'associe à un liquide.

L'ammoniaque est vantée avec juste raison contre les œdèmes érysipélateux causés par les piqûres des guêpes, des frelons, la morsure de la vipère; et malgré l'importance que certains thérapeutistes attachent aux expériences de Fontana, tendant à démontrer l'inutilité de l'emploi de cet alcali volatil, nous pouvons assurer que cet agent est un remède spécifique excellent dans ces sortes de cas, et surtout dans la morsure de la vipère.

L'ammoniaque, unie à la graisse, constitue la pommade ammoniacale de Gondret, que son inventeur a vantée contre l'amaurose; ce remède a été essayé sans succès par nous. Cependant M. Brun assure avoir guéri l'amaurose d'un mulet par la vapeur d'ammoniaque dirigée à la surface de l'œil (1).

(1) Brun, *Compte rendu de l'École de Lyon*, 1823.

9e *Moutarde noire*. Semences du *sinapis nigra*. Partie employée, la farine qui est âcre et brûlante ; partie active, l'huile essentielle.

La farine de moutarde est un rubéfiant précieux, tant à cause de la facilité de se la procurer généralement partout, que de la bonté et la sûreté de ses effets.

Le fondateur des écoles vétérinaires avait dit dans sa *Matière médicale* (1) « la poudre de moutarde, qui est un bon épispastique pour l'homme, ne produit aucun effet sur les animaux, » Vitet n'en fait nullement mention dans sa *Matière médicale* (2). La science est redevable au laborieux professeur vétérinaire Gohier d'avoir le premier fait des expériences sur les animaux en 1810 pour démontrer : 1° que les sinapismes produisaient autant d'effet sur la peau des animaux que sur celle de l'homme ; 2° que la poudre de moutarde est pour le moins aussi active délayée dans de l'eau tiède que mêlée avec le vinaigre (3) ; 3° que l'engorgement qu'elle produit se forme plus promptement que par l'application d'un vésicatoire, et qu'il est au moins aussi considérable ; 4° que si on laisse le cataplasme de moutarde pendant vingt-quatre ou trente-six heures, il occasionne la chute de l'épiderme et d'une partie de l'épaisseur de la peau (4).

Les expériences de Gohier furent répétées longtemps après (1830) par M. Charles Prevost, qui obtint les mêmes résultats (5). Aujourd'hui personne ne doute des puissants effets des sinapismes. Que la farine de moutarde soit appliquée sur la peau du cheval, du bœuf, du mouton ou du chien, toujours elle détermine la rubéfaction : seulement l'effet en est d'autant plus actif, plus prompt et plus énergique, que les animaux ont la peau plus fine et qu'on place le cataplasme sur les par-

(1) Bourgelat, *Matière médicale*, t. II, p. 209. Edition an IV.
(2) Vitet, *Mat. méd.*, art; RUBÉFIANT, VÉSICAT., t. III, p. 310 à 340.
(3) Gohier, *Compte rendu*, *Ecole de Lyon*, 1810.
(4) Gohier, *Compte rendu de l'École de Lyon*, 1811.
(5) Prevost, *Journal prat* t. I, p. 99.

ties du corps où elle est recouverte d'une légère couche épidermique, comme à la face interne des cuisses, sous la poitrine, à la tête, etc.

Que la farine de moutarde soit délayée dans l'eau chaude ou froide, le vinaigre chaud ou froid, qu'elle soit fraîche ou emmagasinée depuis longtemps, mais bien conservée cependant, ses effets rubéfiants se manifestent de la même manière. (Voyez, pour l'application des sinapismes, page 27.)

Effets. Une demi-heure, et parfois dix à douze minutes après l'application des sinapismes, on voit les animaux se tourmenter et accuser de la douleur ou de la cuisson en cherchant à enlever le sinapisme avec les dents, avec la patte ou le pied, ou en se frottant contre les corps environnants. Quatre, cinq, six, huit heures au plus dans les grands animaux, et là où la peau est dure, et une à deux heures dans les petits, les moutons surtout, où la peau est fine, après une application bien faite d'un cataplasme de moutarde, la peau est rouge et douloureuse, son tissu, ainsi que le tissu cellulaire sous-jacent, sont le siége d'une congestion sanguine. On profite généralement, s'il s'agit de combattre une congestion ou une inflammation, de cette fluxion sanguine pour pratiquer des mouchetures dans l'épaisseur de l'engorgement, et une saignée locale qui remplace les sangsues. Ce premier effet étant produit, si la maladie a complètement cessé, on peut laisser l'engorgement se résoudre seul; mais si on désire continuer l'action révulsive, on peut mettre en pratique différents moyens pour fixer l'engorgement et obtenir de la suppuration.

A. *Suppuration.* Si on continue après douze heures l'application du sinapisme, l'engorgement devient considérable, la peau se ride, un liquide, d'abord blanchâtre et purulent soulève l'épiderme, enfin après trente-six à quarante-huit heures, du véritable pus, décole cette couche inorganique qui alors se détache ou s'enlève par lambeaux. Si le sinapisme a été renouvelé pendant ce laps de temps, il arrive même qu'une portion de l'épaisseur de la peau, vivement enflammée et comme cautérisée par l'huile essentielle de moutarde, tombe sous la forme de larges eschares plus ou moins épaisses. Les surfaces rubéfiées sécrètent alors du pus abondamment. De nombreux bourgeons cellulo-vasculaires et une membrane pyogénique opèrent, de concert, cette sécrétion. Cette plaie suppurante peut alors être entretenue pendant un temps plus ou moins long, selon l'indication, en l'animant avec les suppuratifs, et en l'abritant du contact de l'air par des bandages appropriés. (Voyez *Vésicatoire*, page 36.)

La suppuration de la peau obtenue par les sinapismes a beaucoup d'inconvénients : 1° l'eschare qui se détache, entamant l'épaisseur de la peau, laisse une plaie qui suppure abondamment, ne se guérit que lentement et laisse toujours à la peau une cicatrice blanchâtre dépourvue de poils qui tare les animaux ; 2° pendant toute la durée de la suppuration, des soins minutieux doivent être pris soit pour empêcher les bêtes de se mordre, de se frotter ou de se gratter, soit pour panser journellement la plaie et l'abriter du contact de l'air froid et humide, et prévenir ainsi une suppression de la suppuration qui peut être suivie d'accidents mortels ; 3° enfin, la plaie, selon les endroits qu'elle occupe, comme sur les parois de la poitrine par exemple, empêche parfois d'utiliser les animaux avant sa parfaite guérison.

B. Passage d'un séton. Pour éviter ces inconvénients, certains praticiens, après avoir obtenu la rubéfaction et le gonflement sanguin, et avoir fait des scarifications dans son épaisseur, s'empressent de passer un séton au travers de l'engorgement. L'écoulement sanguin qui résulte du passage de l'aiguille à séton dans une partie très fluxionnée, donne de nouveau une saignée locale, l'engorgement augmente par l'irritation causée par le corps étranger, mais bientôt de la suppuration s'établit autour de la mèche, l'engorgement diminue et l'action révulsive, ne se composant d'abord que de douleur et de fluxion, se continue par de la spoliation.

Le séton passé dans l'engorgement du sinapisme, est assurément un bon moyen de fixer la dérivation, de la continuer et d'éviter une grande partie des inconvénients qui se rattachent au décolement de l'épiderme et à la suppuration, puisque par son emploi les pansements sont plus simples, la suppression de la sécrétion purulente moins à redouter, et que les animaux sont moins tarés ; mais on doit craindre que cette opération, d'une part, dans certaines maladies, détermine un excès d'irritation dans l'engorgement qui peut occasionner la gangrène; que d'autre part, et surtout dans les maladies sporadiques, enzootiques ou épizootiques, avec altération septique du sang, l'hémorrhagie capillaire soit difficile à arrêter, et que le séjour du sang dans le trajet de la mèche, son contact avec l'air, sa putréfaction, donnent naissance à une gangrène septique.

C. Cautérisation actuelle. La cautérisation en pointes pénétrantes plus ou moins profondes des plaies faites par les mouchetures disséminées çà et là dans l'épaisseur de l'engorgement, est le moyen que nous préférons pour le fixer, parce que, réunissant en grande partie les avantages de la suppuration cutanée et l'emploi du séton, elle n'expose point aux dangers qui en suivent l'application. En effet, la cautérisation arrête l'écoulement du sang, l'eschare abrite les tissus du contact de l'air, et prévient la gangrène septique; la suppuration détachant ensuite les eschares, établit un exutoire, et comme cet exutoire a son siége dans le tissu cellulaire sous-cutané, il n'exige point de pansements minutieux, n'expose point aux suppressions purulentes, enfin ne tare que peu les animaux. Depuis longtemps nous avons adopté la cautérisation dont il s'agit, et nous n'avons jamais eu d'accidents à déplorer.

Les sinapismes s'emploient dans une foule de maladies aiguës de tous les animaux: l'angine, la laryngite, la bronchite, la pleurite, la pneumonite, la pleuro-pneumonite, l'arachnoïdite, la cérébrite, le rhumatisme articulaire, et beaucoup d'autres maladies, sont combattues à leur début par l'emploi de ces puissants révulsifs.

1° *Raifort sauvage*, *Cochlearia armoricia*, encore nommé *Crasnon rustique*, *grand Raifort*, *Cochlearia de Bretagne*, *Cran de Bretagne*. Partie employée, la *racine fraîche réduite en pulpe*. Partie active, l'huile essentielle.

La pulpe de grand raifort, appliquée sur la peau des animaux lorsque les poils en ont été rasés, est promptement suivie de rougeur, de chaleur, de douleur et de tuméfaction ; 5 à 6 heures après cette application, on peut pratiquer dans l'engorgement des mouchetures qui donnent une abondante saignée locale.

La racine de raifort sauvage est cependant généralement peu employée en médecine vétérinaire, mais c'est à tort : l'expérience nous a convaincu que sa pulpe fraîche déterminait une rubéfaction peut être plus énergique que la farine de moutarde. On peut donc l'employer dans les maladies où les sinapismes sont indiqués. Le raifort sauvage croît abondamment dans certaines localités et surtout en Bretagne ; on peut le cultiver dans les jardins, et sous ces derniers rapports, il mérite donc encore de fixer l'attention des vétérinaires.

La racine de raifort a été aussi employée à l'intérieur pour combattre les affections putrides et organiques (voyez *Médication tonique antiputride*).

Des vésicants en particulier.

1° *Cantharide officinale*, *Cantharida officinalis*. *Melœ vesicatorius*. Partie employée, la poudre ; partie active la *cantharidine* de M. Robiquet, et le principe volatil odorant de M. Orfila.

Préparations. On emploie la cantharide en poudre seule ou ses préparations, sous la forme d'onguent, de pommade, de teintures, de liniments (voyez le *Traité de pharmacie*, pages 543, 471, 550 et 458), etc. L'application des cantharides sur la peau demande toutes les attentions que nous avons spécifiées page 36. La vésication qu'on obtient avec les cantharides ne se fait pas longtemps attendre notamment sur les endroits où la peau est fine et sur les animaux où l'épiderme est mince et la peau très vasculaire, comme dans le mouton et dans le chien. La formation des phlyctènes est surtout précédée d'une vive cuisson qui porte les animaux à se mordre, se gratter avec les pieds, à se rouler, à se frotter contre les corps environnants pour enlever la préparation vésicante. De là l'indication après avoir appliqué les vésicatoires, de mettre les animaux dans l'impossibilité de les enlever ni d'y porter la dent. Dans ce dernier cas, nous avons vu bien souvent les animaux se barbouiller les lèvres, les naseaux, la langue avec l'onguent vésicatoire qui suscitait alors une salivation abondante, et faisait naître des ampoules dans ces parties. On doit prendre pour éviter cet inconvénient, les précautions que nous avons indiquées page 37, art. *Pansements*.

Le temps qui s'écoule pour la formation des ampoules après l'application vésicante varie beaucoup selon l'épaisseur, la finesse de la peau, et la proportion de cantharides qui entre dans la préparation vésicante, la nature, le siége et l'âge des maladies; mais toutefois, ce n'est guère qu'après 5 à 10 heures que la peau se recouvre de phlyctènes assez volumineuses, accompagnées de chaleur, de douleur et d'engorgement. Si le vésicatoire n'est employé que dans le simple but d'obtenir la vésication, on doit alors en cesser l'application, crever la phlyctène, et appliquer à la surface de la peau, alors d'un beau rouge vif et très douloureuse, des onguents, des liniments, des digestifs excitants propres à maintenir une légère irritation et à seconder la sécrétion purulente, c'est ce qu'on appelle vésicatoires *suppurants*. Si, au contraire, le but du praticien est de n'obtenir de l'action des cantharides que l'irritation et la formation d'ampoules, il crève celles-ci et laisse dessécher lentement la plaie: c'est ce qu'on désigne sous le nom de *vésicatoires temporaires* ou *vésicatoires volants*.

Si, au contraire, le praticien désire obtenir une révulsion forte, profonde, constante et durable, alors il réapplique, à diverses époques, une nouvelle préparation de cantharides pour attaquer la peau profondément, déterminer beaucoup de douleur, d'engorgement et une abondante suppuration : ces vésicatoires sont nommés *permanents*. Ces vésicatoires *suppurants* et *permanents* réclament des pansements journaliers parfaitement exécutés, ainsi que nous l'avons indiqué, page 39, afin d'éviter toute répercussion du pus. L'attention que réclament surtout ces sortes de révulsifs, consiste à maintenir sans cesse la plaie dans un état d'irritation tel, qu'elle sécrète toujours beaucoup de pus de bonne nature.

Les vésicatoires sont assurément des révulsifs puissants dans une foule de maladies ; mais nous reprocherons aux vésicatoires suppurants et surtout aux permanents, l'inconvénient de réclamer des soins minutieux, d'empêcher d'utiliser souvent les animaux tant que la suppuration est abondante, parfois tant que la plaie n'est point complètement cicatrisée, et de laisser, ainsi que les sinapismes suppurants, des cicatrices difformes et sans poils qui tarent les animaux. Pourtant ces inconvénients ne devront point être pris en considération lorsqu'il s'agira de combattre une maladie qui peut faire mourir les animaux, et que les vésicatoires sont appelés à guérir.

Inconvénients se rattachant à l'emploi externe des cantharides. Lorsque la poudre de cantharide est employée à trop forte dose, soit pour l'application d'un vésicatoire, soit pour le passage de sétons animés, le principe actif des cantharides agit alors comme un véritable caustique escharotique. La peau se détache dans une grande partie de son épaisseur et tombe en gangrène ; les mèches des sétons suscitent une gangrène du tissu cellulaire qui formant une espèce de fourreau autour de la mèche, s'échappe plus tard d'une seule pièce ou par lambeaux du trajet du séton. La peau est souvent alors séparée des tissus sous-jacents, amincie, et participe parfois à la gangrène, et ce qui est digne d'être remarqué dans ces sortes d'accidents, c'est que la douleur, l'irritation, sont généralement moins remarquables que dans les circonstances ordinaires. Mais bientôt l'engorgement devient considérable, prend le caractère œdémateux, l'infiltration du tissu cellulaire s'étend fort loin, s'indure plus tard, et ne disparaît que très lentement. Il n'est guère possible de diminuer la gravité de ces accidents lorsqu'ils se produisent : on ne s'en aperçoit souvent que lorsqu'on ne peut plus y remédier. Il faut donc les prévenir en appliquant une dose convenable de cantharides.

Un autre inconvénient qui signale l'emploi des cantharides, et dont nous avons déjà dit un mot, c'est l'absorption du principe actif de ces insectes ou de la cantharidine. Cette absorption signalée depuis très longtemps en médecine humaine par Gsell (1), observée en médecine vétérinaire par Bourgelat (2), Charles Prevost (3), Moiroud (4), mise en doute par Volpy (5), et par quelques expériences faites sur les chevaux par M. Barthélemy aîné (6), ne peut être, selon nous, l'objet d'un doute dans quelques circonstances que nous signalerons plus loin. Quoi qu'il en soit, les phénomènes qui signalent cette absorption sont faciles à constater. Voici les plus ordinaires : les animaux se campent fréquemment pour uriner et expulsent une petite quantité d'urine claire et aqueuse. Souvent le pénis est pendant et le méat urinaire se montre rouge, tuméfié et douloureux. Le canal de l'urèthre est sensible à la pression dans son passage au contour ischiatique. Dans d'autres cas, mais assez rarement, les animaux éprouvent des coliques, se campent souvent et font de violents efforts pour expulser une petite quantité d'urine rougeâtre et sanguinolente. Le pénis entre souvent en érection. La portion pelvienne du canal de l'urèthre, la vessie, les reins explorés par le rectum, manifestent une vive sensibilité. Ces derniers accidents compliquent

(1) Gsell, *Mémoires des Savants étrangers*, t. I, p. 340.

(2) Bourgelat, *Matière méd. vét.*, t. II, art. CANTHARIDES.

(3) Ch. Prevost, *Journ. prat.*, t. IV, p. 535,

(4) Moiroud, *Traité de Mat. méd*, p. 462.

(5) Volpy, traduct. de M. Barthélemy, p. 56.

(6) Barthélemy, *Compte rendu, École d'Alfort*, en 1822.

souvent la maladie que l'on veut combattre et nuisent au succès de sa guérison. Ils se manifestent d'autant plus vite et sont d'autant plus à redouter que l'affection se complique déjà d'irritation des reins et de la vessie.

Les circonstances qui nous ont paru favoriser l'absorption de la cantharidine, sont : 1° l'emploi de la poudre de cantharide appliquée soit sur la pâte nommée levain, dont on se sert souvent dans la pratique pour appliquer les vésicatoires, soit sur l'onguent vésicatoire dans le but d'en augmenter l'énergie, soit enfin, sur les onguents, les pommades, dans l'intention de ranimer la suppuration.

2° L'usage persistant de l'emploi des vésicatoires pour combattre des maladies très graves et dont la révulsion est pénible et difficile. Dans ces cas, bien que l'épiderme ne soit point soulevé, bien qu'il y ait peu d'engorgement dans la partie, l'absorption de la cantharidine se fait avec une surprenante rapidité.

3° L'application d'onguent vésicatoire sur une large surface de peau dépourvue de son épiderme par certaines affections cutanées, comme la gale et les dartres.

4° Les frictions vésicantes sur une grande étendue de la peau du corps ou des membres, notamment dans les animaux qui ont la peau fine.

5° Enfin, lorsque les animaux ont été affaiblis beaucoup par d'abondantes saignées qui ont désempli le système circulatoire et rendu l'absorption plus active.

Ces effets sont assurément dus à la cantharidine qui a été absorbée et qui est expulsée par les urines qu'elle a rendues vésicantes. Ce qui tend à démontrer qu'il en est ainsi, c'est qu'à l'autopsie des animaux qui meurent pendant les effets du diurétique chaud dont il s'agit, on rencontre les voies urinaires rouges injectées et pointillées par de nombreuses ecchymoses.

Moyens de remédier à ces accidents. **Pour remédier à ces accidents, on doit avant tout retirer le vésicatoire et le rem-**

placer par un sinapisme ou par la pommade d'euphorbe pour continuer l'irritation, et administrer des breuvages émollients miellés dans lesquels on ajoutera 4 à 8 grains (1 à 2 gros) de camphre dissous dans un jaune d'œuf. Le camphre a été reconnu depuis très longtemps comme le moyen spécifique par excellence pour faire cesser comme par enchantement l'irritation urinaire en rendant l'urine calmante, d'irritante qu'elle était. Les lavements émollients anodins, l'application d'un sachet sur les reins, les lotions sédatives sur le trajet du canal de l'urèthre, enfin les boissons rafraîchissantes, les breuvages émollients anodins, administrés en grand nombre pour rendre la sécrétion urinaire aqueuse et adoucissante, sont les moyens auxquels on a recours, et dont l'expérience a sanctionné l'efficacité. On a dit qu'il fallait saupoudrer les vésicatoires avec du camphre pulvérisé pour prévenir ces accidents : ce moyen ne nous a point réussi.

Maladies dans lesquelles on fait plus particulièrement usage des préparations de cantharides.

Maladies externes. 1° *Contusions récentes.* Les auteurs vétérinaires espagnols prescrivent les préparations vésicantes contre presque toutes les maladies internes et externes. Ils conseillent surtout de faire usage de ces préparations qu'ils nomment *potentials* dans les contusions et les plaies contuses récentes, aussitôt ou peu de temps après l'accident. Cette méthode est aujourd'hui employée en France par beaucoup de praticiens. Ce moyen empirique est perturbateur, mais nous assurons qu'il est suivi d'une prompte résolution de l'engorgement. C'est surtout dans les plaies contuses de la face antérieure du genou, du voisinage des os, des articulations, que ce moyen est employé avec succès. Toutefois l'onguent vésicatoire doit être affaibli ou rendu actif selon la violence de la tuméfaction. Nous observerons que ce traitement n'est cependant réellement bon qu'autant qu'il est mis en pratique aussitôt l'accident. Quelque temps après et pendant la période inflammatoire, bien des fois nous l'avons vu exaspérer l'inflammation et nous nous sommes trouvé forcé de le remplacer par les émollients anodins.

2° *Tumeurs et engorgements indolents.* Les frictions d'eau de vie cantharidée, les applications d'onguent vésicatoire sur les tumeurs, les engorgements froids et indolents, produisent d'excellents effets. Ces moyens excitent la peau et les tissus sous-jacents, exaspèrent l'inflammation chronique et la ramènent au type résolutoire après un certain temps. Il est souvent utile aussi d'avoir recours plusieurs fois à ces moyens jusqu'à ce qu'on ait obtenu une résolution parfaite de l'engorgement.

3° *Maladies des articulations.* Les douleurs articulaires connues sous le nom d'écarts, de faux écarts, d'allonges, qui ne sont tantôt que des rhumatismes musculaires, d'autres fois des douleurs fibro-synoviales déterminées par une distension violente de l'articulation, sont souvent guéries par une seule mais vigoureuse friction d'eau de vie cantharidée, jointe à un repos complet. Les effets curatifs sont plus longs à se faire sentir, si l'accident ou le rhumatisme sont déjà anciens. Les rhumatismes articulaires aigus, chroniques et ambulants, sont surtout bien fixés et guéris par cette énergique vésication. Le lumbago ne résiste même pas toujours à leur emploi.

Les engorgements chroniques des capsules articulaires, des gaines des coulisses tendineuses, sont également bien guéris par la vésication. Ici, l'emploi du médicament est important à connaître : ce n'est point par une simple application vésicante qu'on guérit, mais bien par une ou plusieurs frictions pénétrantes d'eau de vie cantharidée, prolongées jusqu'à ce que la peau en soit pénétré, de manière à exciter, à entretenir, à répandre l'inflammation dans toute l'épaisseur de l'engorgement, et y opérer successivement la résolution. Les bons résultats qui ont été obtenus de cet emploi des vésicants dans les maladies dont il s'agit, par Bourgelat (1), M. Bouley jeune (2), et beaucoup d'autres vétérinaires, sont suffisants pour engager les praticiens à les mettre en usage.

Les plaies des grandes articulations sont même guéries d'après M. Pottier par ces applications vésicantes (3). Les luxations de la rotule qui ont été réduites, maintenues en place par l'engorgement du vésicant, se consolident parfaitement. Un grand nombre de fois nous avons constaté les bons effets des vésicants dans les cas dont il s'agit.

4° *Maladies psoriques.* La gale et les dartres, soit récentes soit anciennes, ne résistent que très rarement à l'action vésicante d'une couche d'onguent épispastique et d'une friction d'eau de vie cantharidée. Bourgelat, dans sa *Matière médicale*, à l'article Cantharide, a signalé ce moyen héroïque qu'ensuite Chabert a conseillé dans son traité sur la gale et les dartres, et après ces deux grands maîtres, beaucoup d'autres vétérinaires. L'eau de vie cantharidée est préférable dans ce cas à l'onguent vésicatoire, toutes les fois qu'il s'agira de traiter la gale sur une large surface, et qu'on voudra agir légèrement et successivement dans divers points du corps et des membres. C'est souvent dans ces sortes de frictions qu'il faudra surveiller les animaux pour s'assurer si la cantharidine n'agit point trop fort sur les voies urinaires, afin d'administrer le camphre pour éviter tout accident.

5° *Maladies des yeux.* Les vésicatoires appliqués sur la joue dans les grands animaux, le plus près possible des yeux, ont fait obtenir la guérison de l'amaurose. Gohier a traité deux chevaux et un chien (4), et le vétérinaire Brun, un cheval (5), qui ont guéri par ce moyen ; nous préférons les frictions vésicantes réitérées de temps à autre aux environs des paupières,

(1) Bourgelat, *Matière médicale*, t. II, p. 92.
(2) Bouley jeune, *Recueil de méd. vét.*, t. XVII, p. 13.
(3) Pottier, id., p. 301.
(4) Gohier, *Mémoires sur la Médecine et la Chirurgie vét.*, t. II, p. 181.
(5) Brun, *Compte rendu, École de Lyon*, 1823, p. 37.

jusqu'à ce que l'épiderme soit bien pénétré de la préparation. Ces frictions sont préférables aux applications vésicantes dans ce cas, à cause de la difficulté de maintenir le vésicatoire en place sur les joues.

6° *Maladies charbonneuses.* Les applications d'onguent vésicatoire fortement chargé de cantharides sur toute l'étendue des tumeurs, des efflorescences charbonneuses, essentielles ou symptômatiques qui ont été cautérisées avec le fer rouge, est un moyen très énergique et en même temps très efficace pour changer la nature de la maladie, susciter des phénomènes inflammatoires à la peau, dans l'épaisseur de la tumeur, et déterminer de la suppuration, qui, lorsqu'elle est établie, est promptement suivie de la guérison. Ce moyen qui a été conseillé en 1772, lors de l'épizootie charbonneuse qui a régné dans la Champagne et dans l'Auvergne (1), puis par Chabert (2), Gervy (3) et beaucoup d'autres vétérinaires, est un moyen excellent sur lequel on peut assurément compter, que nous employons toujours, et dont tous les praticiens vantent les bons effets.

Maladies internes. Les cantharides en frictions ou en applications sont usitées comme révulsifs exutoires dans un grand nombre de maladies aiguës ou chroniques; nous citerons les angines pharyngée et laryngée, la bronchite, la pneumonite, la pleurite, les maladies cérébrales, etc. Quant à l'emploi des cantharides comme vésicatoires dans les maladies internes, nous renvoyons à l'article Vésicant en général, page 452, et à l'article Médication révulsive, page 460.

Contr'indication des cantharides. Les préparations de cantharides employées à l'extérieur sont toujours contr'indiquées dans toutes les maladies des organes génito-urinaires, à cause de l'absorption de la cantharidine et de son action irritante sur les reins, la vessie et le canal de l'urèthre.

(1) *Mémoires de la Soc. de Médecine de Paris*, 1776, première part., p. 263.
(2) Chabert, *Instructions vétérinaires*, t. I, Mémoire sur le Charbon.
(3) Gervy, *Instruct. vét.*, t. II, p. 287.

Des irritants en particulier.

Les substances irritantes dont on fait usage en médecine vétérinaire à titre de révulsifs, et que l'on place dans le tissu cellulaire sous-cutané, sont des racines, des bois, des écorces renfermant un principe âcre et irritant, sans être caustique. Ces agents, qu'on nomme *trochisques irritants*, suscitent une vive douleur, beaucoup de tuméfaction, un engorgement plus ou moins considérable, dans lequel on passe quelquefois un séton, ou introduit des pointes de feu, dans le but d'obtenir tout à la fois un effet révulsif et un effet évacuatif. Les trochisques irritants sont très usités dans la pratique de la médecine vétérinaire.

Mode d'emploi. On fait macérer le médicament dans du vinaigre froid pendant douze à vingt-quatre heures, ou bien on le fait bouillir dans le même liquide pendant une heure. On coupe la racine en morceaux de la longueur de cinq à six centimètres (un pouce), on divise les écorces en lanières, on coupe les bois par petites portions de dix à quinze centimètres (deux à trois pouces), et après avoir fait une incision à la peau, on introduit l'un ou l'autre de ces agents dans le tissu cellulaire sous-cutané qu'on a dû détacher de la peau. Souvent, à la manière de Gilbert, on attache le morceau de racine irritante à la mèche du séton qui doit être passé dans le tissu cellulaire, et lorsque l'effet est produit on retire le corps irritant et on laisse le séton.

1° *Héllebore noir. Helleborus niger.* Partie employée, la *racine*; parties actives, l'huile volatile, l'huile grasse et la matière résineuse, qui sont solubles dans l'eau et dans l'alcool. Le vinaigre paraît accroître la vertu irritante de la racine, selon l'observation qui en a été faite par Bourgelat (1).

Action. La racine d'hellébore suscite, après six à douze heures de son séjour dans le tissu cellulaire, un engorgement plus ou moins volumineux sur lequel on peut pratiquer des

(1) Bourgelat, *Matière médicale*, t. II, p. 129.

mouchetures profondes qui donnent ordinairement une forte saignée locale. C'est au fanon des bœufs, au poitrail, à l'encolure, aux fesses des chevaux, qu'on place ces trochisques.

D'après des expériences faites par M. Orfila, la poudre de racine d'hellébore introduite dans le tissu cellulaire sous-cutané des chiens, détermine, à part l'engorgement, des vomissements prompts, violents et des accidents nerveux auxquels les chiens ne tardent point à succomber (1). Ces accidents, qui sont dus à l'absorption des principes actifs de la racine d'hellébore, n'ont jamais été, que nous le sachions, constatés sur les herbivores.

L'hellébore, comme trochisque, a été employé depuis les temps les plus reculés dans la médecine des animaux. Columelle, Caton et Varron en parlent dans leurs Traités d'agriculture. Columelle, qui écrivait 40 ans avant Jésus-Christ, décrit même le procédé qu'on doit employer pour placer le trochisque d'hellébore à l'oreille des bestiaux (2). Depuis cette époque jusqu'à nous, le trochisque d'hellébore a été vanté par tous les auteurs qui ont traité des maladies épizootiques charbonneuses et typhoïdes, sur le gros bétail (3). L'hellébore noir est un médicament peu cher dans les officines; il croît abondamment dans les pays de montagnes ; on peut le cultiver dans les jardins, et sous ce rapport la racine d'hellébore, indépendamment de ses vertus irritantes bien reconnues, est encore un médicament thérapeutique indigène précieux pour les vétérinaires. Les décoctions d'hellébore noir plus ou moins concentrées, sont fréquemment usitées en lotions et en fomentations dans le traitement de la gale de tous les animaux; mais ces préparations font vomir le chien.

2° *Vératre blanc. Veratrum album*, encore nommé *Hellé-*

(1) Orfila, *Médecine légale*, troisième édit., p. 410.

(2) Paulet, *Maladies épizoot.*, t. I. p. 58.

(3) Voyez Dufot, *Traité sur le Typhus*, p. 23 ; Vicq-d'Azyr, Typhus des bestiaux en Picardie, *Instr. vét.*, t. V, p. 184 et 188; Petit, *Instruct. vétér.*, t. II, p. 270, Mémoire sur le Charbon de l'Auvergne.

bore blanc, *Vératre*, *Pied de Griffon*. Partie usitée, la *racine*, partie active, la *vératrine* de MM. Pelletier et Caventou.

La racine de vératre s'emploie dans les mêmes circonstances que la racine d'hellébore noir. Elle offre aussi une ressource précieuse pour les vétérinaires, parce que le vératre croît presque partout dans la campagne. L'hellébore dont il s'agit a été également recommandé en décoctions concentrées dans le traitement de la gale du cheval, par presque tous les hippiatres; dans celle du mouton par MM. Goudalie (1) et de Gasparin (2), dans celle du porc par Viborg (3), et contre les maladies pédiculaires par Gohier (4).

3° *Garou*. Ecorce fournie par le *Daphne bois gentil* (*Daphne mesereum*), le Daphné Laurole (*Daphne Laureola*), et particulièrement par le Daphné Garou (*Daphne Gnidium*). Partie active, la *daphnine* de Vauquelin.

On met macérer les écorces dans du vinaigre pendant douze à vingt-quatre heures, ensuite on les découpe en deux à trois lanières de trois à quatre centimètres de largeur qu'on insinue sous la peau. Bientôt il se manifeste un engorgement considérable. On fait une incision à la plaie et on retire l'écorce irritante. La plaie suppure bientôt. L'usage du garou a été recommandé dans le typhus contagieux du gros bétail comme exutoire par Vicq-d'Azyr (5). On s'en sert fréquemment pour combattre les vieilles claudications de l'épaule et de la hanche.

Les rameaux sarmenteux de la *Clématite brûlante* (*Clematis vitalba*); les racines de la *Renoncule bulbeuse* (*Renonculus bulbosus*), de la *Renoncule âcre*, *Renonculus acris*, *de Fusain commun* (*Evonimus europæus*), sont quelquefois employées au même usage.

(1) Goudalie, *Annales de l'Agriculture française*, première série, t. XXVIII, p. 394.
(2) De Gasparin, *Traité des Maladies contagieuses des bêtes à laine*, p 190.
(3) Viborg, *Traité des maladies du porc*, p. 137.
(4) Gohier, *Mémoires sur la méd. et la chirurg. vét.*, t. II, p. 100.
(5) *Loco citato*, p. 296.

Deuto-chlorure de mercure. Muriate sur-oxygéné de mercure. Sublimé corrosif. Mercurius sublimatus corrosivus.

Action et effets sur l'économie. Le sublimé corrosif est un caustique violent; son action n'est pas très prompte, parce que ce composé se combine peu à peu avec les tissus qu'il touche; mais cette combinaison est profonde, s'accompagne de vives douleurs d'engorgement sanguin et de beaucoup d'infiltration séreuse dans le tissu cellulaire. L'eschare est grise ou noirâtre, imputrescible, et se détache lentement des tissus sains par la suppuration.

Le sublimé corrosif, en touchant les parties vivantes, se combine particulièrement avec l'albumine, dont elles sont abondamment pourvues. On a considéré ce composé de deuto-chlorure de mercure et d'albumine comme insoluble et tout à fait innocent, et M. Orfila, auquel on doit la découverte de ce précieux antidote dans les cas d'empoisonnement par le sublimé pris à l'intérieur, le regarde comme tel. M. Lassaigne a fait de nouvelles recherches sur cette combinaison, et dans un mémoire qu'il a adressé à l'Académie des sciences, notre estimable collègue a cherché à prouver que ce composé *était soluble dans les chlorures alcalins*, *tels que la soude et la potasse.*

M. Lassaigne a fait cette autre observation importante : c'est que la fibrine ou la chair musculaire se combine au *sublimé* sans le décomposer entièrement. Or, si d'une part le deuto-chlorure de mercure, mis en contact avec les tissus organisés, peut, quoique combiné et formant une eschare insoluble avec l'albumine des tissus, redevenir soluble et à l'état de deuto-chlorure par les chlorures de sodium et de potassium dissous dans l'eau des tissus vivants; si d'autre part, mis en contact avec la fibrine ou la chair musculaire, il n'est point décomposé, ce caustique peut donc être absorbé et déterminer l'empoisonnement. C'est en effet ce que l'expérience a prouvé. Les exemples nombreux d'empoisonnement par le sublimé corrosif employé comme trochisque escharotique dans les grands ruminants par M. Caillau (1), et comme caustique par M. Festal (2), les expériences de M. Orfila faites sur les chiens (3), lèvent tous les doutes qu'on pouvait encore avoir sur les accidents toxiques que peut déterminer le sublimé lorsqu'il a été déposé dans le tissu cellulaire. D'après le célèbre toxicologiste que nous venons de nommer, ce poison absorbé irait particulièrement porter son action sur le cœur et sur le canal digestif; il irriterait et enflammerait surtout ce dernier. J'ai déposé sur quatre chevaux le sublimé corrosif dans le tissu cellulaire de la face inférieure du poitrail, endroit où on place les trochisques ordinairement dans ces animaux, le poison y est resté seulement vingt-quatre heures, un engorgement considérable en a été le résultat, et sur ces quatre chevaux deux ont présenté des signes d'empoisonnement.

Voici les symptômes qui indiquent l'action toxique de ce poison violent.

Les animaux sont très abattus et éprouvent des coliques de temps en temps. Les conjonctives s'injectent, le pouls est petit, vif, concentré, et les battements du cœur remarquablement tumultueux; les muqueuses apparentes sont très rouges ou d'un rouge violacé, la respiration est accélérée. Dans les bêtes à cornes, la peau est chaude, le mufle sec, la respiration accélérée et plaintive. Le chien reste couché et se plaint beaucoup. Dans tous ces animaux, une salivation claire, filante, abondante, écumeuse, remplit la bouche ou la gueule, et s'écoule par les commissures des lèvres; les mâchoires se rapprochent convulsivement de temps en temps; le sang est très noir et se coagule lentement. Ces phénomènes toxiques se montrent pendant huit à dix heures; ils diminuent successivement pour disparaître tout à fait après douze à vingt-quatre heures. La sa-

(1) Caillau, *Compte rendu, École de Lyon*, 1827, p. 27.

(2) Festal, *Journal vét. du Midi*, t. III, p. 52.

(3) Orfila, *Traité de méd. légale*, troisième édition, t. III, p. 121 et 122.

livation persiste beaucoup plus longtemps, et quelquefois pendant plusieurs jours.

A l'*autopsie* des chevaux que nous avons sacrifiés pendant la manifestation des phénomènes toxiques, nous avons vu la membrane muqueuse des intestins grêles, et surtout les portions duodénale et moyenne être rouges, injectées, et surtout ecchymosées çà et là. Le ventricule gauche du cœur offrait des taches noires dues à du sang épanché entre les membranes internes et les fibres musculaires. La vessie était pointillée en rouge par des ecchymoses. Les glandes salivaires ne nous ont rien offert de notable. Ces lésions sont en grande partie celles qui ont été constatées par M. Orfila dans ses expériences sur les chiens.

Antidotes. On peut remédier jusqu'à un certain point à cet empoisonnement en pratiquant de petites saignées réitérées, en faisant avaler aussitôt aux animaux, soit des blancs d'œufs, soit des décoctions astringentes d'écorce de chêne, afin de neutraliser le poison, qui paraît être éliminé par le tube digestif. Il est convenable ensuite de calmer l'inflammation intestinale en administrant des boissons émollientes anodines et des lavements de même nature.

Dans les expériences que nous avons faites sur les chevaux en employant le sublimé corrosif en trochisques, les animaux ne sont point morts, il est vrai, mais les symptômes qu'ils nous ont présentés pendant la vie, les lésions que nous avons constatées après leur sacrifice, nous autorisent à dire que ces symptômes, ces lésions ajoutées aux symptômes et aux lésions de la maladie que le praticien désire combattre en appliquant des trochisques, sont capables d'aggraver le mal et d'occasionner la mort.

Cependant, un grand nombre d'auteurs vétérinaires parmi lesquels nous citerons Chabert (1), Petit (2), Lessona (3), Ma-

(1) Chabert, *Instruct. vét.*, t. IV, p. 148.
(2) Petit, id. t. II, p. 270.
(3) Lessona, Rodet, *Méd. du bœuf*, p. 84.

rympoey (1), Rainard (2) et autres, ont conseillé et mis en pratique les trochisques dont il s'agit, soit comme moyen préservatif, soit comme moyen curatif dans beaucoup de maladies graves des animaux, telles que le charbon, la péripneumonie du gros bétail, l'entérite, l'arachnoïdite, etc. Et aucun de ces auteurs ne cite des cas d'empoisonnement par l'absorption du sublimé. L'action toxique de ce poison serait-elle restée inaperçue? Serait-elle moins fréquente qu'on pourrait le penser ? C'est ce que nous ne savons point. Toutefois il résulte de tout ce que nous venons de signaler :

1° Que le deuto-chlorure de mercure, déposé dans les tissus vivants pour les cautériser, donne une eschare insoluble en se combinant avec l'albumine des tissus ; mais que cette eschare restant en contact avec les chlorures de sodium des liquides existant dans les tissus vivants, peut redevenir à l'état soluble ou à l'état de deuto-chlorure;

2° Que la chair musculaire que touche le sublimé ne le décompose point ;

3° Que la science possède des exemples d'empoisonnement des animaux par le sublimé employé comme trochisque escharotique ;

4° Que cet empoisonnement surajouté à la maladie que l'on désire combattre par l'emploi de ces trochisques, peut l'aggraver et susciter la mort des animaux ;

5° D'où il faut conclure que l'emploi du sublimé corrosif comme trochisque escharotique, ne doit point être sans danger, ou que cet agent ne doit être employé qu'avec beaucoup de circonspection, pour faire obtenir la médication révulsive dans le traitement des maladies des animaux et des grands ruminants particulièrement ;

6° Que les trochisques irritants confectionnés avec la racine d'hellébore, de vératre, doivent être préférés à ce caustique

(1) Marympoey, *Mémoires de la Société d'Agriculture*, 1827, p. 200.

(2) Rainard, *Compte rendu, École de Lyon*, 1823, p. 13.

toxique, attendu que l'action et les effets de ces agents végétaux ne se bornent qu'à une irritation locale tout aussi énergique peut-être que le sublimé.

Le sublimé corrosif est encore employé comme caustique escharotique dans d'autres maladies. (*Voyez* Médication caustique.)

Acide arsénieux, *Acidum arseniosum*, encore nommé *Oxyde blanc d'arsenic*, *Deutoxyde d'arsenic*, et dans le langage vulgaire *Arsenic*.

L'acide arsénieux, de même que le sublimé corrosif, est usité comme trochisque escharotique. L'engorgement douloureux et volumineux qu'il suscite, et dans lequel on pratique soit des mouchetures profondes qui donnent une saignée locale, soit une cautérisation actuelle, soit de larges incisions que l'on cautérise ensuite ou qu'on anime avec des onguents suppuratifs, dans le but d'obtenir tout à la fois un effet révulsif, un effet déplétif et un effet évacuatif, est assurément un moyen de révulser les maladies internes des animaux, que les vétérinaires ne devraient point négliger de mettre en pratique, s'il n'était point suivi d'accidents qu'on doive redouter. L'oxyde d'arsenic cautérise lentement les tissus, mais il les désorganise profondément en occasionnant une très vive douleur. L'escharre est gris noirâtre, se détache très lentement et n'entretient qu'une faible suppuration. On ne doit point laisser le trochisque longtemps dans la plaie ; dix à douze heures sont suffisantes.

L'acide arsénieux, de même que le sublimé corrosif, peut-il être absorbé et déterminer l'empoisonnement, lorsqu'ainsi il a été déposé dans le tissu cellulaire ? Tous les toxicologistes anciens et modernes, et particulièrement M. Orfila (1), ont démontré par l'expérience que l'acide arsénieux, même à très petite dose, introduit dans le tissu cellulaire de la face interne de la cuisse du chien, déterminait l'empoisonnement et même

(1) Orfila, *Traité de méd. légale*, 3e édit., t. III, p. 727.

la mort. Gohier (1), Drouard (2), ont vu des chevaux être empoisonnés par des préparations d'oxyde d'arsenic, employées pour la guérison de la gale. Moiroud a constaté la mort de huit chevaux qui ont été victimes de l'acide arsénieux, qui était entré dans la confection de vésicatoires (3). Des accidents semblables ont été recueillis sur le mouton par Godine (4). Nous avons déposé sous la peau de l'encolure de deux chevaux, 8 grammes d'acide arsénieux, et après douze heures, les animaux étaient tristes, ont refusé les aliments ; les muqueuses ont pris une teinte violacée, le pouls s'est bientôt fait sentir vite et filant, le sang s'est montré noir, se coagulant lentement ; les battements du cœur sont devenus tumultueux, et la respiration profonde ; les animaux ont expulsé fréquemment des matières excrémentielles et ont présenté enfin les symptômes d'un véritable empoisonnement. L'un d'eux est mort après cinquante heures ; l'autre, étant encore très malade, a été sacrifié. Sur le cadavre de ces deux chevaux, les muqueuses intestinales ont offert çà et là des ecchymoses : le cœur montrait des épanchements sanguins au dessous de sa séreuse. Le sang était noir et non coagulé dans les vaisseaux. Le tissu des poumons s'offrait parsemé de petites taches brunes.

L'observation, l'expérience, démontrent donc que l'acide arsénieux déposé soit sur la peau soit dans le tissu cellulaire sous-cutané, peut causer l'empoisonnement, accident d'autant plus grave que pour ce poison, on ne connaît point encore d'antidote bien constaté. L'hydrate de peroxyde de fer qui a été recommandé lorsque l'arsenic a été ingéré dans l'estomac, devrait cependant être essayé.

Nous conseillons donc aux vétérinaires de ne point faire usage de l'acide arsénieux comme trochisque escharotique, pas

(1) Gohier, *Mémoires sur la médecine et la chirurgie*, t. II, p. 50.
(2) Drouard, *Recueil de méd. vét.*, t. II, p. 57.
(3) Moiroud, id., t. V, p. 530.
(4) Godine, *Compte rendu*, École d'Alfort, 1812.

plus dans l'arachnoïdite (1) que dans l'entérite aiguë (2), bien que ces trochisques aient été mis en pratique avec quelque succès contre ces deux maladies.

Sulfure d'arsenic, Sulfuretum arseniosum. On connaît dans le commerce trois espèces de sulfure d'arsenic, savoir :

1° Le *Sulfure jaune naturel* ou l'*Orpiment natif*, qui est formé d'après M. Guibourt, sur 100 parties d'arsenic métallique et de 63,9 de soufre. Ce composé est vénéneux.

2° Le *Sulfure jaune natif* ou le *Realgar*, formé, selon M. Laugier, de 42 parties de soufre et de 100 de métal. M. Guibourt a trouvé dans ce sulfure 15/1000es d'acide arsénieux. Ce sulfure est un poison plus violent que le premier.

3° Le *Sulfure jaune artificiel*, ou *Orpiment artificiel*, formé, d'après M. Guibourt, sur 100, de 94 parties d'acide arsénieux et de 6 seulement de sulfure d'arsenic. Ce faux orpiment, préparé dans le commerce de la droguerie, est un poison aussi violent et un caustique aussi énergique que l'acide arsénieux.

Dans la pratique, il n'est donc point indifférent de bien savoir quelle est l'espèce de sulfure dont on fait usage, puisque ces sulfures ne possèdent la propriété caustique que par la quantité d'acide arsénieux qu'ils contiennent. En effet, les expériences de Smith, de M. Orfila (3) et de notre collègue M. Renault (4), démontrent que parmi ces sulfures qui *tous sont vénéneux*, soit qu'on les donne à l'intérieur soit qu'on les dépose dans le tissu cellulaire, le *sulfure d'arsenic artificiel* est le plus dangereux. Ces trois sulfures et surtout le dernier ne doivent donc être employés qu'avec beaucoup de ménagement, non seulement à cause de leur propriété caustique, et par le danger que l'on court de les voir absorber et de causer l'empoi-

(1) Rainard, *Compte rendu, École de Lyon*, 1823, p. 13.

(2) Maiympoey, *Mém. de la Soc. d'Agric. de Paris*, 1827, p. 200.

(3) Orfila, *Loco citato*, p. 177.

(4) Renault, *Traité de Mat. médicale* de Moiroud, p. 487.

sonnement, mais encore à cause de la difficulté dans la pratique de pouvoir distinguer, sans avoir recours à l'analyse chimique, le sulfure naturel qui est peu dangereux, du sulfure artificiel qui est très caustique et un véritable poison soluble susceptible d'être absorbé. On doit donc encore préférer les trochisques irritants végétaux à ces trochisques minéraux.

Deuto-sulfate de cuivre, *Deuto-sulfas cupri*, encore nommé *Vitriol bleu*, *Couperose bleue*, *Vitriol de cuivre*, *Vitriol de Chypre*. On se sert de ce sel en médecine vétérinaire pour placer des trochisques dans le tissu cellulaire sous-cutané. Certains praticiens en font ainsi usage dans le voisinage des articulations, pour révulser les vieilles claudications, connues sous les noms d'écarts, de faux écarts, d'alonges, etc. Le sulfate de cuivre n'est pas sans danger dans ce cas, à moins qu'il ne soit introduit qu'à une très petite dose dans les tissus et qu'il n'y séjourne pas longtemps. Moiroud a constaté par des expériences faites sur des chevaux et des chiens, que ce sel déposé dans le tissu cellulaire sous-cutané déterminait de larges eschares, qu'il était en outre absorbé, allait irriter vivement le canal intestinal qu'il enflammait et provoquait une sécrétion d'urine noirâtre, bientôt suivie de la mort des animaux. Moiroud n'a point retrouvé le sel dont il s'agit dans le sang, mais il l'a constaté dans les urines. Le vitriol bleu déposé dans le tissu cellulaire n'est donc point sans quelque danger, à moins que, nous le répétons encore, la dose soit très minime. Nous en dirons autant du sel suivant.

Deuto-acétate de cuivre neutre. Ce sel soluble connu encore sous les noms de *Crystaux de Vénus*, de *Verdet crystallisé*, exerce absolument les mêmes effets sur l'économie, selon Moiroud (1), que le sulfate dont il vient d'être question, lorsqu'on le dépose dans le tissu cellulaire. De même que de ce dernier, on ne doit donc en faire usage qu'avec beaucoup de ménagement.

(1) Moiroud, *Loco citato*, *Recueil*, t. V, p. 324; id., *Traité de Mat. médicale*, p. 489.

Sous-deuto acétate de cuivre. Ce sel insoluble et très impur, encore appelé *vert de gris* n'est point employé, que nous le sachions, comme trochisque escharotique dans la médication révulsive; on en fait souvent usage comme dessiccatif et astringent. (*Voyez* la Médication astringente et la Médication caustique.)

MÉDICATION CAUSTIQUE.

La médication caustique se compose de l'action et des effets des agents thérapeutiques qui ont la propriété de détruire les tissus vivants avec lesquels ils sont mis en contact, et de donner naissance à un corps nouveau inorganique (eschare), formant corps étranger au sein des tissus vivants, et qui doit en être expulsé par l'inflammation éliminatoire.

La médication caustique, indépendamment de son emploi comme révulsif et dérivatif, est encore très souvent mise en pratique dans les maladies externes. Il est donc important que nous fassions connaître son action, ses effets, et les règles qui doivent présider à son emploi.

Les agents cautérisants doivent être distingués, ainsi que nous l'avons déja fait, en caustiques *actuels* et en caustiques *potentiels*. Ces derniers sont encore nommés *cathérétiques, rongeants, feux morts,* etc. Le calorique est le seul agent de la cautérisation actuelle. Les caustiques potentiels sont plus nombreux. On les a divisés en caustiques *liquides, mous* et *solides*.

A. Les *premiers* comprennent les acides *sulfhydrique*, *azotique*, *chlorhydrique* et le *deuto-nitrate acide de mercure.*

B. Les *seconds* renferment le *chlorure d'antimoine* et toutes les pâtes caustiques.

C. Les *troisièmes* plus nombreux sont formés par le *nitrate d'argent,* la *potasse*, la *soude*, le *sublimé corrosif*, l'*acide arsénieux,* le *sulfure d'arsenic*, les *sulfates* et les *acétates de cuivre.*

Ces caustiques, quels qu'ils soient, lorsqu'ils touchent les tissus vivants, déterminent trois effets successifs dont la nature et l'énergie varient selon les propriétés du caustique employé, mais dont l'ensemble est digne de fixer l'attention des praticiens. Le *premier* de ces effets consiste dans la destruction organique des tissus vivants ; le *second* dans une réaction générale sur tout l'organisme ; le *troisième* dans l'expulsion de l'eschare par une sécrétion purulente qui s'opère du sein des tissus vivants qui avoisinent ce corps mort et étranger.

1er *effet. Action primitive des caustiques.* Lorsque le calorique transmis à l'aide d'un corps combustible, le fer rouge par exemple, pénètre les tissus vivants, il en volatilise les fluides, les détruit et les carbonise. Cette action est accompagnée d'une très vive douleur instantanée, d'autant plus intense, toutefois, que la carbonisation est lente, graduée, et exercée par une émission lente et successive de calorique transmis par continuité ou par rayonnement, et d'autant moins douloureuse que la température du corps incandescent est plus élevée, la volatilisation et la carbonisation plus rapide ; car alors la formation d'un charbon animal mauvais conducteur du calorique, diminue l'action cautérisante ou destructive. Ce mode de transmission du calorique mérite d'être bien connu. En effet, si le praticien désire modifier profondément les parties malades sans les détruire entièrement, il devra se servir de cautères ayant une température peu élevée, et en éteindre beaucoup dans les tissus ; que si, au contraire, il veut détruire superficiellement sans exciter vivement les parties qu'il veut carboniser, il devra se servir d'un cautère d'une température peu élevée, du fer rougi à blanc par exemple.

Les *caustiques potentiels liquides* agissent plus ou moins profondément en vertu de leur concentration, de leur promptitude à s'emparer des fluides de l'économie et de se combiner avec les matières animales pour former des composés nouveaux qui constituent l'eschare. D'où il résulte que dans l'emploi d'un caustique potentiel liquide, le vétérinaire doit à l'avance en connaître positivement le degré de concentration, la composition et l'action sur les liquides et les solides organiques, s'il veut à l'avance prévoir les effets qu'il désire obtenir. Ces agents liquides ont en outre le grave inconvénient de pénétrer profondément dans l'épaisseur des tissus, et de cautériser souvent au delà des parties qu'on désire détruire. C'est notamment sur le tissu osseux qu'on voit ces agents s'emparer de la matière salino-terreuse, se combiner avec la chaux, et opérer une destruction chimique de l'os.

Les caustiques liquides ont cependant un grand avantage dans la pratique : c'est celui de pouvoir être injectés ou portés facilement, à l'aide d'un pinceau, dans les cavités que forment les kystes, les sinuosités des trajets fistuleux, et de pouvoir aussi, étant convenablement affaiblis, être usités en lotions, en bains ou en applications.

Les caustiques mous et solides se combinent plus lentement avec les tissus que les caustiques liquides; comme eux ils s'emparent des fluides de l'économie et surtout de l'albumine, de la graisse, de la fibrine, des matières salines des tissus, pour former lentement une eschare dont l'épaisseur, la dureté, la couleur, la composition, varient selon la substance chimique employée. Il est plus facile dans la pratique de borner l'action et les effets des caustiques solides, parce qu'ils pénètrent moins rapidement et à une moins grande profondeur dans l'épaisseur des tissus. On les emploie en poudre, en pâte, en morceaux plus ou moins volumineux; on donne parfois à ces préparations une forme convenable pour faciliter leur application et leurs effets.

Quel que soit l'agent caustique actuel ou potentiel que l'on fasse agir sur les tissus vivants et sensibles, son attouchement est suivi instantanément, ou après un temps fort court, d'une douleur vive, mordante ou brûlante, déterminée par l'action cautérisante ou corrosive du caustique, et cette douleur devient de plus en plus énergique, au fur et à mesure que le caustique arrive en détruisant peu à peu des parties de plus en plus sensibles. Toutefois la douleur est d'autant plus forte que la partie est elle-même plus organisée et plus pourvue de nerfs. C'est ainsi que les caustiques appliqués sur la peau, sur les glandes mammaires, déterminent plus de douleur dans les tissus que dans le tissu cellulaire; que la sensibilité de ce dernier tissu est plus grande que celle du tissu musculaire, que celle du tissu tendineux plus forte que celle du tissu cartilagineux. Selon le tissu morbide dont on veut opérer la destruction, la sensibilité pathologique offre encore de notables différences; c'est ainsi que dans la cautérisation des tissus indurés, squirrheux, cancéreux, encéphaloïdes ou mélaniques, la douleur ne se fait sentir, et les phénomènes réactionnaires qui en sont la conséquence ne se déclarent, que dans le moment où le caustique, après avoir détruit le tissu pathologique, attaque alors les parties saines qui l'environnent. Toutefois, cette douleur suscite un afflux sanguin dans la partie qui devient alors rouge et chaude, et bientôt une sérosité albumineuse ou albumino-fibrineuse s'épanche dans les parties voisines en formant une tuméfaction plus ou moins considérable; en un mot, une véritable inflammation s'établit tout à la fois, et dans les tissus morbides, si le caustique ne les a pas tous envahis, et dans les parties saines environnantes. Tels sont les effets primitifs de l'action des agents caustiques. Ils se réduisent donc à savoir : que le caustique détruit les parties vivantes de diverses manières, selon la nature de sa composition chimique, et que cette destruction s'accompagne de douleur suivie de chaleur, de rougeur et de tuméfaction, phénomènes qui caractérisent l'inflammation locale.

2e *Effet. Réaction générale dans l'organisme.* En même temps que cette action caustique locale se manifeste, si la douleur est très grande et les phénomènes inflammatoires étendus et profonds, une réaction générale s'établit dans tout l'organisme, l'animal s'agite parfois et cherche à enlever l'agent qui cause de la douleur; sa respiration s'accélère, son pouls bat vite et fort, ses muqueuses apparentes s'injectent, sa bouche devient sèche et chaude, il est très altéré et perd l'appétit. En un mot il éprouve tous les phénomènes d'une fièvre de réaction ou symptômatique, plus ou moins vive. A cette fièvre, dont la durée et la force varient selon l'étendue et la violence de la cautérisation, viennent quelquefois se joindre d'autres phénomènes dus à l'absorption de l'agent caustique potentiel qui a été employé. Cette action toxique, dont il a déjà été question page 505, et dont les effets sont différents selon le caustique qu'on a fait agir, peut seule, dans certains cas, causer la mort; toutefois, se réunissant à la fièvre de réaction, ces deux causes peuvent susciter des troubles tellement grands dans toutes les fonctions de l'organisme, que la mort peut en être la conséquence prochaine.

Le vétérinaire prévient ces accidents fâcheux et toujours très défavorables dans la pratique en observant les règles suivantes :

1° Il se servira, autant qu'il le pourra, de la cautérisation avec le fer rougi au feu pour éviter l'empoisonnement.

2° Si beaucoup d'endroits sont à cautériser en même temps, comme dans les cas de nombreux boutons de farcin, par exemple, ou si la cautérisation doit être profonde et douloureuse, il ne cautérisera, pour le premier cas, que les parties qui en ont un besoin réel et indispensable, et pour le second cas, il reviendra plusieurs fois à la cautérisation jusqu'à ce que l'effet désiré ait été obtenu.

D'un autre côté, on peut diminuer la gravité de ces accidents en tenant les animaux à la diète, en les saignant, en calmant la douleur locale par des applications émollientes et anodines, en engourdissant la douleur réactionnaire et la fièvre générale par l'administration de médicaments narcotiques, et enfin en administrant les substances reconnues comme antidotes du poison caustique qui a été employé.

3° *Effet. Sécrétion purulente, élimination de l'eschare.* Lorsque l'action caustique est terminée, les phénomènes inflammatoires locaux, la réaction générale, diminuent et cessent peu à peu. C'est à cette époque que s'établit une inflammation éliminatoire qui doit détacher l'eschare des parties vivantes. On reconnaît que cette élimination va s'opérer à une auréole inflammatoire marquée par un bord rouge, tuméfié et douloureux, qui encadre l'eschare, à l'apparition d'une sérosité purulente sanieuse dans la circonférence de la plaie, remplacée bientôt par du pus plus blanc et plus lié, enfin à la présence d'un pus blanc épais et de bonne nature. Alors la partie carbonisée ou morte se détache des parties suppurantes et encore enflammées, se rétrécit, se dessèche, et bientôt se détache complètement des tissus sous-jacents; ceux-ci alors se montrent rouges, roses, garnis de bourgeons cellulo-vasculaires, et recouverts de pus. Si la cautérisation a détruit complètement la partie altérée, la suppuration continue à s'opérer, les parties saines environnantes se dégorgent peu à peu, deviennent moins sensibles, la plaie ne réclame plus que des soins simples selon l'indication qu'elle présente, et se cicatrise bientôt de la même manière que les plaies suppurantes.

La chute plus ou moins rapide ou lente des eschares, leur épaisseur, leur forme, leur composition, variant selon une foule de circonstances et selon l'organisation de la partie cautérisée, la nature de l'altération, la composition chimique, l'activité du caustique employé, ne donnent aucun renseignement sur les bons effets qu'on doit attendre de la cautérisation. L'aspect rosé de la plaie, le nombre de bourgeons qui en forme le fond et les parois, la présence d'un pus blanc crémeux à la surface, la souplesse, la sensibilité, le dégorgement des parties environnantes, sont des signes qui annoncent les bons effets de la cautérisation et l'heureux augure d'une prochaine guérison. Au contraire, on reconnaît que la cautérisation doit être opérée une seconde fois : 1° à la formation de bourgeons cellulo-vasculaires volumineux, mous, rougeâtres, saignant au moindre contact, sécrétant un pus glaireux, grisâtre, sanguinolent et parfois fétide ; 2° à la tuméfaction, l'induration, l'insensibilité de la partie environnant la plaie ; 3° à la lenteur de la cicatrisation ; 4° enfin à sa non cicatrisation et à sa transformation en ulcère fongueux à bords renversés et durs. Il est important, aussitôt que quelques uns de ces caractères apparaissent, de cautériser une seconde fois.

Ce n'est souvent qu'après la chute de l'eschare, que l'on s'aperçoit des ravages de la cautérisation potentielle surtout. Les accidents les plus à redouter sont les hémorrhagies des gros vaisseaux, la destruction de grosses branches nerveuses, et celle aussi de parties tendineuses ou ligamenteuses ; l'ouverture de coulisses, de gaînes synoviales fibreuses, de synoviales articulaires, la destruction des glandes qui sécrètent la salive, du bourrelet sécréteur de la corne, la dénudation du périoste, la cautérisation des os, etc. Ces accidents sont toujours graves et entraînent des complications qui entravent, prolongent la guérison, et qui, plus tard, nécessitent le sacrifice des animaux et parfois occasionnent la mort.

De toutes les considérations dans lesquelles nous venons d'entrer à l'égard des caustiques, découlent les règles thérapeutiques qui suivent :

1° Le cautère actuel devra être préféré autant que possible aux caustiques potentiels.

2° Les caustiques potentiels qui ne sont point susceptibles d'être absorbés, comme les acides concentrés, le beurre d'antimoine, la soude, la potasse, le nitrate d'argent, le nitrate acide de mercure, devront être préférés au deuto-chlorure de mercure, à l'acide arsénieux, aux sulfures d'arsenic, au sulfate, à l'acétate neutre de cuivre, qui sont absorbés et causent parfois l'empoisonnement.

3° Les caustiques solides et mous devront, autant que possible, avoir la préférence sur les caustiques liquides dont il n'est pas toujours facile de borner et d'apprécier l'action.

Toutefois, si on fait usage de ces derniers caustiques, il sera indispensable d'en bien connaître le degré de concentration.

4° Si la cautérisation doit être légère ou réitérée, les caustiques liquides seront étendus d'une suffisante quantité d'eau; les caustiques mous ou en pâte seront étalés en couches minces; les caustiques solides seront employés en poudre.

5° S'il est utile que la partie à cautériser soit incisée ou enlevée en partie, on laissera écouler le sang, on arrêtera l'hémorrhagie et on sèchera la plaie avant de la recouvrir ou d'y introduire le caustique.

6° Aussitôt qu'on s'apercevra que la cautérisation a été trop violente, qu'elle s'accompagnera d'une fièvre de réaction intense, que l'on redoutera la manifestation de phénomènes toxiques capables de compromettre la vie des malades, les animaux seront mis à la diète, saignés, soumis à l'influence des médications antispasmodique et émolliente locale et générale, enfin on s'empressera d'administrer l'antidote pour neutraliser les effets du poison si on craint les effets toxiques dus à son absorption.

7° La cautérisation potentielle ne devra point être employée, ou ne le sera qu'avec beaucoup de précaution et de surveillance, au voisinage de gros vaisseaux artériels et veineux, des glandes salivaires, des cavités splanchniques, des articulations, des tendons, des os, des cartilages, du bourrelet sécréteur de la corne, à cause des ravages qu'elle peut causer loin du lieu où le caustique a été appliqué.

Emploi dans les maladies.

Les maladies contre lesquelles on fait usage des caustiques sont généralement externes et consistent toutes en des altérations chroniques de la peau et des tissus sous-jacents, comme les dartres, les ulcérations, les végétations polypeuses et autres, les cavités accidentelles closes ou non closes, ainsi que les plaies chroniques recouvertes de membranes muqueuses ou séreuses accidentelles; les tumeurs indurées, squirrheuses, cancéreuses, mélaniques, etc. Nous n'entrerons point dans tous les détails que nécessite l'emploi des caustiques dans ces différents cas pathologiques qui appartiennent à la thérapeutique chirurgicale. Nous ferons cependant connaître, en traitant des caustiques en particulier, l'usage plus spécial de chacun de ces caustiques dans le traitement de certaines altérations et productions pathologiques externes.

Des caustiques escharotiques en particulier.

A. *Caustiques liquides.* Les acides sulfhydrique, azotique, chlorhydrique, et le nitrate acide de mercure, sont les acides caustiques le plus souvent usités en médecine vétérinaire.

1° *Acide sulfhydrique,* encore nommé *sulfurique* (*Acidum sulfuricum*), *Acide vitriolique, Huile de vitriol* (*Oleum vitriole*).

Action. Cet acide à l'état de concentration est un caustique très énergique. Il s'empare des tissus vivants, les désorganise, les décompose et les noircit. Il est très difficile de borner l'action de ce caustique. Son eschare est noire ou grise, étendue et difficilement expulsée des parties saines et vivantes; aussi ce caustique est-il rarement employé. Ce n'est guère que dans les tumeurs indurées très anciennes qu'on en fait usage. On ne doit point s'en servir pour la cautérisation de parties osseuses. Convenablement étendu d'eau, on s'en sert pour cautériser les vésicules du charbon à la langue (1). Administré à l'intérieur, cet acide est un poison qui opère promptement la mort en détruisant les parois de l'estomac et du tube intestinal. Convenablement étendu d'eau, il constitue une boisson légèrement astringente et rafraîchissante. (Voyez *Médication tempérante*, p. 213.)

(1) Gilbert, *Traité des maladies charbonneuses*, p. 61, et Rodet, *Méd. du Bœuf*, p. 113.

Acide azotique ou *nitrique* (*Acidum nitricum*), encore nommé *Eau forte.*

Action. Cet acide est un puissant caustique. Il corrode et désorganise les tissus soumis à son contact, absorbe leur humidité et les transforme en une eschare jaunâtre qui en est difficilement séparée par l'inflammation éliminatoire.

Usage. On l'emploie avec avantage pour cautériser les muqueuses accidentelles des vieux trajets fistuleux. Morel de Vindé a particulièrement recommandé cet acide pour cautériser le piétin à son début (1) ; beaucoup d'autres auteurs, tels que M. de Gasparin, Girard, Favre et d'Arboval, ont ensuite conseillé ce caustique dans cette affection. En effet, la cautérisation par cet acide dans le moment ou le piétin ne fait encore que commencer à décoler l'ongle, et où une légère élévation blanchâtre ulcéreuse se montre au biseau, guérit promptement et radicalement l'animal; mais plus tard, lorsque l'inflammation s'est propagée au tissu sous-ongulé, la cautérisation n'est point aussi efficace. Morel de Vindé a encore conseillé cet acide contre le chancre de la bouche des agneaux (2), et nous pouvons assurer avec ce savant agriculteur, que ce moyen est héroïque contre cette affection. Solleysel a particulièrement recommandé l'eau forte dans le pansement du crapaud (3). On s'en sert souvent pour cautériser les verrues ou porreaux qui végètent à la peau des animaux, et surtout aux mamelles des vaches.

Action toxique. Administré pur à l'intérieur, l'acide azotique détermine une forte inflammation, la destruction et la perforation de l'estomac. Les caractères anatomiques sont des taches jaunes, citrines, orangées sur la muqueuse de la bouche, de l'œsophage, de l'estomac et du canal intestinal, revêtues d'une couche assez épaisse de matières jaunes verdâtres.

(1) Morel de Vindé, *Ann. de l'Agr. française*, première série, t. XLVIII p. 289.

(2) Morel de Vindé, *Ann. de l'agriculture française*, t. LXVIII, p. 39.

(3) Solleysel, *Parfait Maréchal*, p. 246.

Antidote. Neutraliser l'acide par la magnésie calcinée, l'eau albumineuse, le lait, les boissons mucilagineuses.

3° *Acide chlorhydrique*, encore nommé *Acide hydrochlorique*, *Acidum hydrochloricum*, *Acide muriatique.*

Action. L'acide chlorhydrique est un caustique énergique, mais cependant moins corrosif que les deux acides précédemment étudiés.

Usage. Cet acide, uni au miel jusqu'à acidité insupportable à la langue, constitue une préparation excellente pour combattre la diphtérique ou l'angine couenneuse du porc, maladie qu'on a confondue jusqu'à présent avec le charbon à la gorge, et la soie ou soyon. Nous avons employé ce moyen sur des centaines de porcs atteints de cette maladie, et nous les avons pour ainsi dire tous guéris (1). Pour obtenir ce résultat, on couche le porc, on lui ouvre la gueule avec deux cordes, on saisit la langue qu'on tire fortement en dehors, et à l'aide d'un pinceau on va toucher les parties rouges et déjà recouvertes de fausses membranes, avec le mélange de miel et d'acide. On râcle même la partie avec une spatule en bois pour la débarrasser de la fausse membrane, et rendre la cautérisation plus efficace. L'animal est guéri en moins de douze heures si la maladie a été prise à son début. Le même mélange est excellent pour cautériser les aphthes, le muguet ou le chancre des agneaux et des veaux.

Etendu d'eau, et conseillé en lotions sur la peau, en injections dans les cavités nasales, en breuvage contre la morve et le farcin, par le pharmacien Gally, cet acide a eu l'insuccès que nous avions annoncé (2).

A l'intérieur, l'acide hydrochlorique est un poison violent qui donne rapidement la mort. A l'ouverture des animaux, les muqueuses sont cautérisées et l'eschare est noire ou jaunâtre.

(1) Delafond, *Bulletin de la Soc. d'Agric. de la Seine*, an. 1842.

(2) Delafond, Analyse de l'affection calcaire, *Recueil de méd. vét.*, t. XIII, p. 375.

Antidote. La magnésie calcinée, les breuvages émollients et mucilagineux.

4° *Deuto-nitrate acide de mercure. Nitras hydrargyricus, acido nitrico solutus.*

Action. Ce sel dissous dans l'eau en plus ou moins grande proportion selon l'indication, constitue un caustique puissant usité en médecine vétérinaire dans un très grand nombre de cas chirurgicaux, et notamment pour la cautérisation des muqueuses accidentelles dans les vieilles plaies du garrot, de l'encolure, les trajets fistuleux des abcès froids et anciens, le crapaud, et surtout les ulcérations morveuses et farcineuses des chevaux. Cet acide jouit en outre de la précieuse propriété de coaguler rapidement le sang; aussi est-il recherché pour arrêter les hémorrhagies traumatiques. Moiroud a fait quelques expériences sur le cheval et le chien qui lui ont démontré cette propriété hémostatique (1).

B. Caustiques mous. Proto-chlorure d'antimoine.

Action. Ce caustique de consistance butyreuse, qu'on a encore nommé *beurre d'antimoine*, cautérise les tissus avec une grande rapidité et à une grande profondeur. On doit donc l'employer avec beaucoup de ménagement. Son eschare, d'un jaune grisâtre, se détache lentement par l'inflammation éliminatoire, sans susciter une abondante suppuration. Ce caustique est particulièrement recommandé pour la cautérisation des plaies faites par les chiens enragés, et en général pour toutes les plaies anciennes et sinueuses dont il a déjà été question. Dans certains cas on peut agir vigoureusement avec ce caustique qui, selon M. Orfila (2), n'est point absorbé, et ne produit qu'un effet local.

Huzard a particulièrement recommandé ce beurre d'antimoine pour la cautérisation du crapaud ancien. Selon cet au-

(1) Moiroud, *Compte rendu*, *École de Lyon*, 1827, p. 17.

(2 Orfila, *Médecine légale*, t. III, p. 227, 3e éd.

teur, l'eschare que donne ce caustique devient noirâtre, acquiert de la fermeté, de la solidité et même une grande dureté. On peut utiliser cette eschare en la comprimant au moyen d'un fer à plaque, pour arrêter les végétations de la plaie (1).

Pour se servir de ce chlorure, on doit employer un petit pinceau d'étoupes ou de crin que l'on a soin d'essuyer chaque fois qu'on le plonge dans le vase qui renferme le caustique, afin de ne pas altérer celui-ci. On doit aussi avoir le soin d'éponger le sang qui baigne la plaie, afin qu'il puisse arriver intact jusqu'au tissu qu'il doit détruire. Lorsqu'on peut cautériser les trajets fistuleux ou le fond d'une plaie, on peut en imbiber des boulettes d'étoupes, et les laisser quelque temps à demeure sur la partie.

C. Caustiques solides. 1° *Nitrate d'argent.* Le nitrate d'argent encore nommé *pierre infernale*, est un caustique très souvent employé en médecine vétérinaire, et doué de la précieuse propriété de n'être point absorbé, et de se borner à former une eschare. Pour s'en servir il faut assujettir le nitrate d'argent dans un tuyau de plume ou dans un porte-pierre en argent, ainsi que le conseille M. Chevallier. Ce chimiste a démontré que maintenu dans un porte-pierre en cuivre, ce sel se décompose peu à peu sans se déformer : il y a oxydation du cuivre, réduction de l'argent, et par suite annulation complète des propriétés caustiques. Avant d'appliquer le crayon, il faut absterger les fluides qui baignent la plaie en la laissant cependant humectée d'un peu de sérosité ; si elle est sèche il faut l'humecter avec un peu d'eau. On doit toucher la partie en promenant le caustique sans presser si on veut avoir une eschare mince, et l'appuyer en pressant un peu si on désire cautériser plus profondément. Si des fluides abordent en quantité dans la plaie, il est indispensable de les enlever pour

(1) Huzard, *Encyclopédie méthod.*, t. V, première partie, p. 187.

éviter une action caustique dans un rayon trop étendu. L'eschare qui se forme, mince, molle d'abord, blanche, puis argentine, devient bleuâtre et enfin noirâtre ; elle se détache sans inflammation ni suppuration bien marquée.

Emploi externe. Ce sel cautérise vivement tous les tissus avec lesquels on le met en contact, pourvu qu'ils soient un peu humides. Les muqueuses sont brûlées avec une grande rapidité. On s'en sert avec avantage pour la cautérisation des ulcères superficiels de la peau, de la membrane nasale, des oreilles, des phalanges du chien, les gerçures des plis des articulations, et quelquefois aussi, à défaut de beurre d'antimoine, les plaies faites par des animaux enragés.

Les dartres sèches ou humides, lorsqu'elles sont récentes et superficielles, sont parfois guéries par l'application réitérée de ce caustique. On introduit souvent un crayon de nitrate d'argent dans les fistules anciennes, et notamment dans celles provenant de la carie des cartilages du pied ; dans ce dernier cas, le nitrate d'argent agit aussi bien que le sublimé corrosif, dont nous traiterons plus loin, pour guérir cette carie.

Dissous dans une petite quantité d'eau distillée, uni à la graisse, le nitrate d'argent est usité avec beaucoup de succès contre les ophthalmies aiguës, simples. M. Bernard l'a même recommandé dans l'ophthalmie périodique du cheval (1). Ces préparations doivent être employées ainsi que nous l'avons indiqué, page 98.

Les aphthes, le muguet des agneaux, sont très bien combattus par l'usage du crayon de nitrate d'argent. On a conseillé sa solution pour combattre l'angine diphtérique ; mais nous préférons l'acide hydrochlorique dans ce cas ; les effets de cet acide sont plus certains que ceux de la pierre infernale ; en outre ce médicament est d'un plus facile emploi et est bien moins coûteux.

(1) Voyez pour ces préparations le *Traité de Pharmacie*, p. 445 et 515.

Emploi interne. Conseillé et vanté, en Allemagne, en Suisse, en Angleterre et en France, contre l'épilepsie de l'homme, ce moyen est bientôt tombé en discrédit après les essais qui ont été tentés dans ces derniers temps. M. Mérat l'a vanté dans la chorée. La formule de ce médecin est : nitrate d'argent fondu, 30 centigrammes (6 grains); extrait gommeux d'opium, 4 grammes (1 gros); camphre, 2 à 3 centigrammes, pour 96 pilules. On pourrait essayer cette préparation dans le chien.

Action toxique. Le nitrate d'argent, administré à dose trop élevée à l'intérieur, détermine l'empoisonnement; l'eschare formée est d'une couleur grisâtre ou noirâtre. Ce poison n'est cependant que peu absorbé.

Antidote. Le sel de cuisine dissous dans l'eau pour former un chlorure d'argent insoluble. On administre ensuite les émollients acidules.

1° *Potasse caustique. Potasse* et mieux *hydrate de protoxyde de potassium.* Cet oxyde de potassium, encore nommé à cause de ses usages *pierre à cautère*, appliqué sur les tissus vivants, se liquéfie, les attaque profondément, tend à les dissoudre et à s'unir avec eux pour constituer une eschare jaunâtre ou grisâtre, peu résistante et savonneuse. Ce caustique agit sur le sang et les humeurs quelconques, en liquéfiant les parties fibrineuses et albumineuses de ces liquides, sans leur faire subir d'altération réelle. Très avide d'humidité, la potasse dessèche les parties qu'elle touche. Elle agit plus fortement sur la peau, qui ne contient que peu de liquide, que sur les membranes muqueuses qui sont toujours plus humides et plus gorgées de fluides, parce que dans le premier cas la potasse se liquéfie aux dépens de la sérosité de la plaie, et que dans le second elle ne fait que s'emparer des liquides sécrétés et versés en abondance sur les muqueuses. La potasse n'est que peu ou point absorbée. Moiroud a vu cette absorption, lorsque ce caustique avait été appliqué à grande dose dans le tissu cellulaire ou injecté dans les séreuses, rendre le sang plus alcalin qu'à l'état ordinaire (1). Toutefois, en supposant que la potasse passe dans le sang, l'action de ce caustique rendu alors soluble, et mélangé avec ce liquide, est tout à fait innocente.

La potasse caustique est employée dans les mêmes circonstances que le beurre d'antimoine. On fait usage, et avec beaucoup d'avantage, d'un solutum de potasse employé comme bain, pour nettoyer la peau des chiens galeux. Ces bains guérissent même cette maladie si elle est récente et légère. On l'emploie en lotions, en frictions pour nettoyer la peau des grands animaux atteints de la même maladie, pour l'assouplir et la préparer à recevoir l'action des onguents irritants. Les dartres humides ou croûteuses sont souvent bien guéries en les touchant avec une solution plus ou moins chargée de potasse. La solution dont nous nous servons ordinairement est de 8 grammes (2 gros) de potasse dans un décilitre d'eau. M. Négrin a annoncé la guérison d'un albugo dans un poulain d'un mois, par la cautérisation avec la potasse caustique (2).

2° *Protoxyde de sodium*, soude caustique, *soda*. Mêmes propriétés thérapeutiques, même emploi que la potasse.

3° *Protoxyde de calcium*, *Chaux*, *chaux vive*, *Calx*. La chaux vive n'est point employée comme caustique-escharotique; elle cause des douleurs vives, irrite violemment les tissus pour ne former qu'une légère pellicule escharotique. La chaux à cause de son affinité pour l'eau, constitue un dessiccatif énergique qu'on emploie quelquefois à la surface des plaies pâles et toujours humides; on l'unit souvent à la poudre de charbon en proportions variables pour dessécher les eaux aux jambes, les plaies farcineuses, les crevasses humides des plis du genou et du jarret. Un agriculteur distingué,

(1) Moiroud, *Recueil de Méd. vétér.*, t. V, p. 522.
(2) Négrin, *Compte rendu*, Ecole de Lyon, 1823, p. 40.

M. Malingié, a fait une application heureuse de l'eau de chaux pour la guérison du piétin. Le traitement se fait en grand en forçant les animaux à mettre les pieds, en sortant de la bergerie ou en y rentrant, dans une bouillie formée de chaux (1) délayée et contenue dans des caisses en bois enfoncées dans le sol. Nous avons employé ce traitement aussi facile qu'économique sur plus de deux mille moutons et toujours avec succès.

Deuto-chlorure de mercure. Nous avons cherché à prouver ailleurs (page 505), que le sublimé corrosif mis en contact avec les tissus, n'était point entièrement décomposé, qu'il pouvait être absorbé et causer des accidents fâcheux. Nous répèterons encore ici que ce caustique doit toujours être usité avec beaucoup de ménagement. Cependant nous devons nous empresser de dire que l'action toxique dont il s'agit n'est point à redouter lorsque le sublimé est employé à petite dose sur des parties peu organisées, peu vasculaires, et surtout lorsqu'il est déposé à la surface ou dans l'épaisseur de productions morbides pourvues de peu de vitalité.

Javart cartilagineux. La cautérisation de la carie du cartilage latéral de l'os du pied par le sublimé corrosif, d'abord conseillée par Solleysel (2), puis par Garsault (3), Blaine (6), et surtout par M. Girard père (5), et plus tard par MM. Barreyre (7), Gérard (7), Renault (8), d'Arboval (9), est généralement suivie de succès, lorsqu'elle est récente et qu'elle occupe la partie postérieure ou fibreuse du cartilage. C'est tantôt à l'aide d'une pâte

(1) Malingié, *Journal d'Agriculture pratique*, avril 1842.

(2) Solleysel, *Parfait Maréchal*, p. 214.

(3) Garsault, *Nouveau parfait maréchal*, p. 304.

(4) Blaine, Notions citées, t. III, p. 407.

(5) Girard père, *Recueil de méd. vét.*, t. II, p. 185.

(6) Barreyre, id., p. 200.

(7) Gérard, id., p. 209.

(8) Renault, *Traité du Javart cartilagineux.*

(9) D'Arboval, *Dict. de Méd. et de Chirurg. vétér.*, art. JAVART CARTILAGINEUX.

faite avec des poudres inertes, le miel, l'aloès et le sublimé corrosif qu'on attaque cette carie en introduisant la préparation dans le fond de la fistule. D'autres fois, et ce qui est bien préférable, on introduit, après avoir dilaté la plaie fistuleuse et mis son fond à découvert, un morceau de sublimé corrosif taillé en crayon qu'on soutient par un plumasseau et quelques tours de bande. Ce cône caustique doit être retiré après trois à quatre jours. L'eschare se détache lentement après les huitième, dixième ou douzième jours. Bientôt la plaie se cicatrise, et le cheval peut être soumis au travail sur un terrain doux (1).

Carie du ligament cervical. Le sublimé employé en morceaux arrondis ou sous la forme d'une pâte faite avec le levain, est un caustique que nous avons employé avec succès un grand nombre de fois contre la carie du ligament cervical dans le mal d'encolure. Après avoir débridé la plaie et mis la partie cariée à nu, nous plaçons le caustique sur le point ramolli après en avoir enlevé le plus possible avec l'instrument tranchant. Nous soutenons l'application du caustique par un pansement compressif, et nous laissons le sublimé agir pendant douze, quinze et dix-huit heures. L'eschare qui se forme abrite les parties voisines du contact du pus qui cause presque tout le mal ou entretient la carie, l'action du caustique excite le bourgeonnement du rare tissu cellulaire du ligament, de celui des tissus voisins, et lorsque l'eschare se détache, la plaie se cicatrise ordinairement.

Crapaud. Ce caustique est non moins utile dans le pansement du crapaud pour enlever les petites végétations blanches, molles, qui se montrent sous forme d'îlots, répandues çà et là dans la plaie.

Muqueuses accidentelles. Les muqueuses accidentelles des

(1) Pour plus de détails, voyez le *Traité du pied* de M. Girard, et le *Traité du Javart* de M. Renault.

trajets fistuleux, le mal de taupe et du mal de garrot, sont très bien cautérisées par les injections d'une ou de plusieurs solutions de sublimé corrosif.

Chabert se servait de ces préparations pour cautériser les ulcères de la membrane nasale dans la morve. Les dartres anciennes, croûteuses et ulcéreuses, cautérisées légèrement avec les mêmes solutions, se cicatrisent quelquefois très promptement.

Acide arsénieux. Oxyde d'arsenic. Ce violent caustique, en solution dans l'eau et incorporé avec certains médicaments, a été essayé en lotions, en bains, en fomentations dans beaucoup de maladies cutanées; mais c'est surtout contre la gale, le farcin, les tumeurs de diverses natures, qu'on en fait usage.

Gale. Les lotions pures d'acide arsénieux, les pommades, les onguents, dans lesquels entre ce poison, sont très efficaces. Ils guérissent parfois les gales les plus anciennes et les plus rebelles; mais ils sont très dangereux, et ont été souvent suivis d'empoisonnement. Nous avons déjà dit que Gohier, MM. Godine et Drouard en avaient constaté des exemples (voy. page 509), et nous répèterons ici que ces bains, ces lotions, ces préparations, ainsi que les ont formulés Blaine (1), Viborg (2) et Gohier (3), ne doivent être mis en pratique qu'avec la plus grande attention. On prévient ces sortes d'accidents en associant l'acide arsénieux au deuto-sulfate de fer; dans cette association, l'acide arsénieux, se transforme en arséniate de fer, qui, n'étant point soluble, ne peut être absorbé. Tessier, le premier, a conseillé des bains dans lesquels entraient tout à la fois et l'acide arsénieux et le sulfate de fer, contre la gale du mouton. Ces bains, très actifs et d'une grande énergie, guérissent très

(1) Blaine, *Notions fondamentales*, t. III, p. 404.

(2) Viborg, *Traité sur le porc*, p. 138.

(3) Gohier, *Mémoires sur la méd. et la chirurg.*, t. II, p. 58.

bien la gale du mouton. Les lotions confectionnées de la même manière, sont aussi employées avec beaucoup d'efficacité contre cette maladie dans tous les animaux domestiques (1). (Voyez, pour ces bains arsénieux, le *Traité de pharmacie*, page 505.) Un ou deux bains, quelques lotions, deux ou trois frictions, suffisent pour guérir les animaux.

Farcin. La cautérisation des boutons de farcin avec l'acide arsénieux, lorsqu'ils sont isolés çà et là et peu nombreux, est très souvent suivie de résultats heureux. Après avoir excisé chaque bouton, on y introduit, à l'aide d'un petit plumasseau, une très petite quantité d'acide arsénieux associée avec un peu de graisse et de poudre d'aloès. Bientôt la cautérisation envahit l'épaisseur entière du bouton, qui est transformé en eschare ; celle-ci se détache avec lenteur, et laisse voir une plaie rose de bonne nature qui se cicatrise rapidement. Cette cautérisation n'est assurément point un moyen nouveau. Les plus anciens hippiatres en font mention, Vitet (2), Huzard (3), Drouard (4), en ont parlé avec éloges. Nous avons aussi employé cette cautérisation avec succès; cependant nous lui préférons la cautérisation avec le fer rouge. Mais autant cette cautérisation potentielle est bonne et suivie de guérison, autant elle est dangereuse lorsqu'elle est répétée sur un grand nombre de boutons à la fois. Ici l'acide arsénieux est absorbé, et ainsi que nous avons eu occasion de le constater deux fois, il empoisonne les animaux et les fait mourir.

Tumeurs diverses. L'acide arsénieux a été conseillé dans le traitement du crapaud, pour la cautérisation des tumeurs indurées et des tumeurs osseuses ; mais ce caustique, dans ces

(1) Voyez les observations de guérison de Tessier, *Instruct. sur les bêtes à laine*, art. GALE, p. 215 ; Drouard, *Recueil de méd. vét.*, t. XI, p. 582 ; Compte rendu de l'École de Lyon, *Recueil*, t. XIII, p. 24.

(2) Vitet, *Médecine des animaux*, art. FARCIN.

(3) Huzard, *Mém. de la Soc. d'Agric.*, t. I, p. 348.

(4) Drouard, *Recueil de médecine vétérinaire*, t. II, p. 581.

sortes de cas, peut être suivi d'accidents redoutables qui doivent détourner d'en faire usage.

L'acide arsénieux est encore employé dans certaines préparations à l'intérieur comme fondant. (Voyez *Médication altérante.*)

Sulfure d'arsenic. Les sulfures d'arsenic, ainsi que nous l'avons dit, sont ou innocents ou dangereux comme caustiques, à cause de l'acide arsénieux qu'ils contiennent en plus ou moins grande proportion (*voyez* page 511). On en fait usage pour la cautérisation des boutons de farcin, des tumeurs diverses, et surtout des tumeurs osseuses, des porreaux, des excroissances polypeuses. Il vaut mieux préférer d'autres caustiques à ces sulfures, parce que leur emploi peut être suivi d'accidents redoutables, ainsi que M. Leblanc en a rapporté des exemples(1).

Deuto-sulfate de cuivre (*Deuto-sulfas cupri*). Ce sel a été recommandé par quelques agronomes pour cautériser légèrement le piétin du mouton. L'emploi de ce caustique nous paraît très irrationnel dans cette maladie, tant à cause de sa force caustique, que par les dangers de son absorption. Nous avons eu occasion de constater l'empoisonnement de soixante moutons chez un propriétaire des environs de la capitale, parce que son berger, homme inexpérimenté, s'était servi de ce sel pour panser le piétin, croyant se servir du vert de gris. Conseillé par M. Youatt à petite dose contre la morve, employé à grande dose par M. Swel (2) dans cette même maladie, l'expérience n'est point encore venue annoncer les succès ou les insuccès de ce nouveau remède anti-morveux.

Sous-deuto acétate de cuivre neutre. Encore nommé *vert de gris.* Ce sel insoluble, qu'il ne faut point confondre avec le *deuto-acétate de cuivre*, encore appelée *verdet crystallisé, crystaux de Vénus*, qui est soluble et vénéneux, ainsi que Moiroud

(1) Leblanc, *Recueil de médecine vétérinaire*, t. III, p. 335 et 454.

(2) *Recueil de méd. vét.*, Leçons de M. Youatt, t. XV, p. 286.

l'a constaté dans ses expériences sur l'absorption des sels cuivreux solubles (1), est surtout employé dans le traitement du piétin. Après avoir enlevé la portion d'ongle détachée par la suppuration, on en saupoudre le tissu podophylleux. Bientôt le vert de gris absorbe le sang et la matière purulente, pour former ensuite un corps dur, résistant et dessiccatif, qui préserve le tissu malade de toute humidité et le met à l'abri des corps étrangers. Le pansement du piétin avec le vert de gris a été conseillé par Thomas Peel (2), Petit et Dandolo (3), Favre (4), M. Girard (5), M. de Gasparin (6) et d'Arboval (7), comme un remède excellent contre le piétin. C'est aussi ce sel que nous conseillons et que nous employons dans le traitement de cette maladie, alors qu'elle a décolé l'ongle, et qu'elle s'accompagne de suppuration.

Préparations caustiques. Ces préparations caustiques escharotiques, composées d'acides caustiques, associés à des substances qui en diminuent la causticité, de sublimé corrosif, d'acide arsénieux, de sulfate de cuivre, doivent toujours être employées avec beaucoup de discernement et d'attention. Elles sont cependant bien moins dangereuses que les substances simples, parce qu'elles n'entrent dans le remède que dans une proportion telle que leur absorption, si toutefois elle a lieu, ne peut être dangereuse. Dans la pratique nous préférons donc ces préparations aux agents caustiques simples que nous venons de passer en revue. Nous indiquerons ici celles de ces préparations dont l'expérience a sanctionné le bon usage

(1) Moiroud, *Recueil de méd. vét.*, t. V, p. 526.

(2) Thomas Peel, *Annales de l'Agr. française*, deuxième série, t. XXIII, p. 135.

(3) Petit et Dandolo, id., première série, t. XXVIII, p. 220.

(4) Favre, *Mémoires de la Soc. d'Agriculture*, an 1825, p. 278.

(5) Girard, *Traité du pied*, p. 386.

(6) De Gasparin, *Traité des Maladies des bêtes à laine*, p. 215.

(7) D'Arboval, *Dict. de Méd. et de Chirurg. vét.*, art. PIÉTIN.

qu'on en peut attendre dans certaines maladies. Nous citerons donc :

1° Le *solutum de Villate* (1), qu'on emploie pour cautériser les plaies du garrot, de l'encolure et les trajets fistuleux ;

2° Le *solutum de Veret* (2), conseillé pour le piétin du mouton, le crapaud du cheval, les crevasses, les dartres humides, les eaux aux jambes ;

3° Le *mélange de White* (3), renouvelé par M. Mercier (4), contre le crapaud du cheval. Ce mélange donne une eschare noire qui se détache lentement et qui prévient l'humidité du sol ;

4° Les *pommades arsénicales* de Naples (5), de Solleysel (6), que l'on emploie pour la cautérisation de tumeurs indurées, des boutons de farcin, la pommade arsénicale simple (7), le cérat arsénical (8), qui sont mises en usage dans le traitement de la galle et des dartres, la pommade de Schaak (9), qui n'est autre chose que la pommade de Dubois, que ce praticien vétérinaire a employée avec succès comme dessiccatif et caustique contre les eaux aux jambes anciennes ;

5° Enfin *l'eau de Rabel*, plus ou moins étendue d'eau, conseillée par Chabert et par M. de Gasparin, contre le piétin du mouton, et par M. Mercier pour la cautérisation des plaies articulaires (10). Dans ce dernier emploi, M. Mercier augmente la proportion d'alcool que contient cette eau caustique. L'eau de Rabel est surtout un excellent caustique, pour la destruction

(1) Voyez le *Traité de Pharmacie*, Delafond et Lassaigne, p. 51.
(2) Veret, *Recueil de Méd. vét.*, t. XVI, p. 138.
(3) White, *Abrégé de l'art vét.*, p. 163.
(4) Mercier, *Traité de la Podoparenchydemté* ou Crapaud.
(5) Voyez le *Traité de Pharmacie*, p. 437.
(6) Id. p. 551.
(7) Id. p. 458.
(8) Id. p. 464.
(9) *Receueil de méd. vét.*, p. 524 et 513.
(10) Mercier, *Recueil de méd. vét.*, t. XVI, p. 457 et 471.

des kystes à parois internes muqueuses et séreuses, qui résistent aux autres caustiques. On l'étend alors d'une plus ou moins grande quantité d'eau ou d'alcool, selon l'indication fournie par l'organisation de la membrane du kyste, et on en touche toute cette membrane à l'aide d'un pinceau. On doit avoir soin de faire cette cautérisation lorsque l'hémorrhagie est arrêtée.

FIN DE LA PREMIÈRE PARTIE.

TABLE

DES MATIÈRES

SUIVANT L'ORDRE ADOPTÉ DANS L'OUVRAGE.

PREMIÈRE CLASSE.

MÉDICATION DÉPLÉTIVE.

EMPLOI DE LA MÉDICATION ÉMOLLIENTE DANS LES MALADIES.

DES ASTRINGENTS EN PARTICULIER.

DEUXIÈME CLASSE.

DE L'EMPLOI PARTICULIER DES NARCOTIQUES.

FIN DE LA TABLE DE LA PREMIÈRE PARTIE.

Imprimé en France
FROC022130060720
24426FR00015B/386

9 782329 422053